복지국가 전략

스웨덴 모델의 정치경제학

福祉國家という戰略：スウェーデンモデルの政治經濟學

by Taro MIYAMOTO

© 1999 Taro MIYAMOTO Printed in Japan

복지국가 전략
스웨덴 모델의 정치경제학

초판1쇄 발행 2003년 9월 15일
초판2쇄 발행 2004년 11월 10일
수정1쇄 2011년 11월 20일

지은이 미야모토 타로
옮긴이 임성근

펴낸곳 논형
펴낸이 소재두

등록번호 제2003-000019호
등록일자 2003년 3월 5일
주소 서울시 관악구 성현동 7-77 한립토이프라자 6층
전화 02-887-3561
팩스 02-887-6690

ISBN 978-89-90618-30-4 94330

복지국가 전략

스웨덴 모델의 정치경제학

미야모토 타로 지음
임성근 옮김

한국어판 서문

　한국과 일본 등 동아시아 국가에서 복지국가의 경험이란 어떠한 의미를 갖는 것일까? 글로벌화 과정에서 복지국가는 그 역할을 마쳤으며, 동아시아의 정치경제도 미국류의 신자유주의적인 재편의 길로 걸을 수밖에 없다는 견해가 강하다. 또한 한국과 일본에서 복지정책의 모색을 본격적으로 시작한 1970년대에서 1980년대에 걸친 시기는 서구에서는 이른바 '복지국가병'이 지적되었고, 복지국가의 부정적인 측면이 강조되었던 시기였다. 성장기에 복지국가를 추진한 서구 국가들에 반해서 동아시아의 복지국가화는 세계경제의 성장이 둔화된 시기에 추진될 수밖에 없었다는 상황 때문에 한국과 일본에서는 '복지국가의 실패'를 반복하지 않도록 가족과 민간기업의 역할이 강조되었다. 김영삼 정권은 '한국적 복지모델'을 지향하였으며, 이에 앞서 일본에서도 '일본형 복지'가 강조되었다. 이러한 과정에서 복지국가는 반면교사(反面敎師) 외에 다른 것이 아니었다. 게다가 그 후 영향력을 강화한 이른바 '제3의 길'을 둘러싼 논쟁에서도 그 자체로서는 중요한 논점을 내포하고 있었으면서도, 예를 들어 앤서니 기든스(Anthony Giddens) 등의 논리전개에 대해서 말하자면, 복지국가의 경험을 과도하게 단순화하거나 왜소화시키고 마는 경우가 많았다. 이러한 논쟁 과정에서 서구의 복지국가의 경험, 특히 가장 고도로 발달한 북유럽 복지국가의 진정한 모습이 올바르게 전해지고 음미되어 왔다고 보기 어렵다.

최근 복지국가 연구는 복지국가의 존재형태는 다양하며, 이른바 '복지국가병'은 그 중의 일면적인 현상이었다는 점을 밝혀주고 있다. 실제로 북유럽의 복지국가에 관한 한 현재 경제적으로 매우 순조롭다. 스웨덴 등은 복지지출의 규모에서 보자면 가장 심각한 '복지국가병'에 걸렸어야 하겠으나, 스웨덴의 2000년도의 경제성장률은 3.6%이며, 재정은 GDP 대비 3.7% 흑자이다. 실업률도 4% 전후까지 낮아졌다. 다른 선진국과 마찬가지로 가족이나 지역사회, 교육현장 등에서는 많은 문제를 가지고 있지만 미국 등과 비교해보면 상대적으로 안정된 사회를 구축하고 있다. 이것은 왜 그런가?

본서를 읽게 되면 스웨덴 복지국가에는 공정과 효율, 복지와 경제를 양립시키기 위한 고유한 메커니즘이 미리부터 설치되어 있었음을 알게 될 것이다. 그리고 스웨덴 복지국가가 대형화된 것은 중간층의 이익과 모순되는 것이 아니라, 오히려 중간층의 근로의욕에 대응하여 높은 생활수준을 보장하려고 하였기 때문이라는 것도 밝혀질 것이다. 그런 의미에서 스웨덴형 복지국가는 '제3의 길'이 제기한 몇 가지의 문제, 예를 들어 '일하기 위한 복지'나 '사회적 투자', 혹은 '적극적 복지'라는 사고방식을 어떤 면에서는 앞서서 받아들였던 것이다. 그러나 그것을 -기든스와 비교해 보면- 시장경제와의 과도한 타협을 피하면서 실현하였다. 그리고 산업민주주의를 경제효율의 개선과 상승적이 되도록 추구한 것도 스웨덴 복지국가의 전략이었다. 그런 면에서 스웨덴 복지국가는 김대중 정권이 내건 '생산적 복지'의 노선과도 통하는 많은 경험을 축적해 왔다고 하겠다. 1997년의 경제위기 후에 복지국가에 대한 모색을 다시 시작한 한국에게 스웨덴 복지국가의 역사적 경험은 재고의 여지가 있을 것이다.

물론 스웨덴 복지국가도 역시 현재 많은 곤란을 겪고 있으며, 그것의 개별 정책이나 제도를 그대로 복제하는 것은 그다지 의미 있는 일은 아닐 것이다. 문제시해야 할 것은 복지국가를 지탱하는 기본이념이다. 스웨덴 모델의 설계자인 예스타 렌(Gösta Rehn)은 복지국가가 지향해야할 형태를 '자유선택사회'라는 이념으로 표현하였으며, 그것이 전후에 스웨덴 복지국가의 형성을 주도한 타게 엘란데르(Tage Erlander) 수상에게 계승되었다. 이러한 이념에 기초한다면 복지국가는 단순한 빈곤층의 구제시스템이 아니라 교육, 가족, 실업, 퇴직이라는 인생의 단계와 노동시장 사이에 다리를 놓아 사람들이 그것을 왕래하며 스스로의 생활기회를 확대시켜 나가도록 지원하는 것이었다. 예를 들어 그것은 생애교육의 다양한 프로그램이며, 또한 여성취업을 지원하는 육아, 수발정책이었다. 여기에는 복지국가가 개인의 선택가능성을 높여 가는 메커니즘이 있었다.

이러한 이념은 한국과 일본의 시민사회의 장래에 있어서 특별히 중요하다고 본다. 한국과 일본은 혈연 원리에 기초하는가, 아니면 '이에(家)' 원리에 기초하는가 하는 차이는 있을지라도 역사적으로는 모두 집단주의적 지향이 강한 사회를 형성해 왔다. 물론 오늘날은 예전에 비하면 개인의 주체성과 자립성을 추구하는 경향은 강해졌다. 그러나 여전히 많은 사람들이 미국식의 개인주의를 전제로 한 시스템에 대해서는 위화감을 갖고 있다. 많은 사람들에게 있어 자기실현은 어떤 커뮤니티 속에서 승인되고 평가되는 것과 어떠한 형태로든 연계되어 있다.

그러나 기업이든지, 지역이든지, 혹은 가족이든지 어떠한 커뮤니티도 개인을 압박하는 존재로 전화될 수 있다. 커뮤니티의 가치를 존중하는 것과 거기에서 이탈하는 회로를 확보하는 것은 양립될 수 있다. 그리고 남자이든지 여자이든지 직장, 가정, 지역과 복수의 커뮤니티에 균형 있게 귀속되어 가는 것이 중요해지고 있다. 이러한 동아시아 시민사회의 새로운 전개에 있어서 새로운 직장으로 옮기는 것을 가능하게 하는 적극적 노동시장정책과 생애교육, 가정과 직장의 왕래를 지원하는 육아정책, 수발정책 등은 사람들에게 자신이 속하는 커뮤니티를 주체적으로 선택할 기회를 제공하게 된다.

어쨌든 한국, 일본, 그리고 스웨덴간에 새로운 대화와 경험 교류의 영역이 열려지고 있다. 본서가 그러한 계기의 하나가 된다면 더할 나위 없는 기쁨이다. 마지막으로 이러한 새로운 지적 대화의 가능성을 위해서 본서를 번역해 준 도쿄대학 대학원의 임성근 씨에게 감사를 표한다.

2003년 8월
미야모토 타로

역자 서문

이 책은 미야모토 타로(宮本太郎) 교수의 『福祉國家という戰略: スウェーデンモデルの政治經濟學』(法律文化社, 1999)을 번역한 것이다. 단, '한국에 대한 시사' 부분은 한국어판 출판을 위해서 저자에게 집필을 의뢰하였고, 이를 번역하여 추가하였다. 복지국가와 스웨덴 사회민주주의에 대해 체계적으로 분석한 책이 일본뿐만 아니라 서구에서도 의외로 적은 상황에서 원저가 갖는 의미는 크며, 현재 재판을 거듭하여 출판되고 있다(현재 4쇄). 원저에 대한 학계의 평가는 서평을 통해서도 짐작할 수 있는데, 게이오 대학의 이노 야스시(飯野靖四) 교수는 "스웨덴을 매우 날카롭게 분석한 진정한 학술서"라고 평가했으며, 릿쿄 대학의 이시하라 슌지(石原俊時) 교수는 "국내외의 연구성과를 구사하여 실로 다양한 역사적 사실을 다루면서 스웨덴 복지국가 연구를 한 단계 도약시켰다"고 평가하였다. 더욱이 원저가 사회정책학회상을 수상하였음을 볼 때 일본 내에서 공적인 평가는 굳혀졌다고 하겠다.

이 책은 스웨덴 복지국가의 형성, 성숙, 동요 과정을 권력자원론을 개량, 적용해서 역사적으로 세밀하게 분석하였으며, 약간의 전망과 대안을 논하고 있다. 그런데 그의 관심은 단순한 권력자원에 있다기보다는 계급 동맹에 좀더 주안을 두면서, 특히 동맹과정에서 보여지는 '전략'을

9

부각시키는 데 있다. 눈치 빠른 독자들은 그가 이 책에서 전략을 중요시하고 있다는 점을 책 제명을 보고 짐작했을 것이다.

미야모토 교수의 동맹전략에 대한 관심은 에스핑안데르센(G. Esping-Andersen)으로부터 비롯되었으나, 거기서 한 발 더 나아가 복지국가를 형성시킨 전략내용의 구조를 파악하려 했다. 그가 이 책 제1장에서 지적하고 있듯이 경제정책과 복지정책이 어떤 식으로 연계되어 보편주의적 복지국가를 지탱했는가, 사회민주주의 모델에서 노동운동은 어떤 방법으로 어떤 보편주의적 복지정책을 내세우게 되었는가, 그리고 젠더나 가족문제를 어떤 식으로 전략 속에 포함시켰는가 하는 관점에서 복지국가 전략에 대한 구조 분석을 시도하고자 했다.

최근 복지국가 연구에서는 자본주의체제의 정치경제적 특징과 복지국가를 관련 지우는 연구가 주목을 받고 있는데 이 책도 그러한 방법론적 시도가 엿보인다. 미야모토 교수는 스웨덴의 노동운동이 추구한 것은 '보편주의적 복지정책'과 '선택적 경제정책'의 결합이었다고 하면서 영국에서 실현된 −경기순환에 대응한− '일반적 경제정책'과 '선별주의적 복지정책'의 결합과 대조시키고 있다.

각국의 노동운동은 선별주의적 복지정책이 상대적으로 부유한 계층을 대상으로부터 배제시키는 것이 재분배 효과가 커진다고 보아 그러한 정책을 선호하는 경향이 있었다. 그래서 강력한 노동세력이 존재했지만 그것이 바로 고도의 복지정책 즉, 보편주의적 복지정책으로 이어지지 못했던 경우가 생긴 것이다. 그리고 미야모토 교수는 체제 차원의 보편주의와 정책 차원의 보편주의의 관계에 대해서 관심을 기울이면서 양자가 항상 동일한 보조를 취하는 것은 아니라고 지적한다. 개별 정책 차원에서 보편주의가 추구될지라도 해당 정책이 놓여진 사회경제적 조건에 따라서는 체제 차원에서 선별주의적인 구조를 형성시키고 마는 경우가 있음을 강조한다.

미야모토 교수는 최근 복지국가 연구의 발전으로 복지국가에 대한 젠더 시각이 성숙됨으로 인해 복지국가가 어떻게 젠더 관계의 형성이나 재생산과 깊이 관련되어 있는지가 서서히 밝혀지고 있다고 하면서, 스웨덴에서는 인구문제 위기를 계기로 일찍이 젠더 시각이 복지국가 전략에 포함되었음을 지적하고 있다.

현재 한국의 학계에서는 한국의 복지국가 성격에 대한 논의가 활발하게 일고 있다. 그 중에서도 많은 연구가 에스핑안데르센의 복지유형론을 적용하고 있으나, 그의 이론이 서구 복지국가들을 중심으로 하여 도출되었기 때문인지 한국을 어느 한 유형으로 분류하는 데에는 한계를 보이고 있다. 결국은 대부분의 연구가 두 가지 유형 즉, 보수주의 복지국가와 자유주의 복지국가의 성격이 복합된 특징을 보이고 있다고 주장하거나, 국가의 역할을 강조하는 결론으로 귀결되는 경향을 보이고 있다.

이러한 연구 경향은 일본에서도 비슷하게 나타나고 있다. 복지국가의 국제비교 연구에 지속적인 관심을 가지면서 많은 연구성과를 내고 있는 우즈하시 다카후미(埋橋孝文) 교수는 에스핑안데르센의 복지유형론을 적용시켜 분석한 한 저서에서 일본의 복지국가를 자유주의 복지국가의 요소를 상당히 가지고 있는 보수주의 복지국가 유형에 속한다고 결론짓고 있다. 한편, 에스핑안데르센조차 그의 저서 『복지자본주의의 세 가지 세계(The three world of welfare Capitalism)』(Polity Press, 1990)의 일본어판 서문에서 일본의 복지시스템은 자유주의 모델과 보수주의 모델 쌍방의 주요 요소가 균등하게 조합되어 있다고 하면서, 일본(아마 동아시아도)은 자유주의와 보수주의의 독특한 합성형으로 정의되는 제4의 레짐이라고 보아야 하지 않을 것인가라고 잠정적인 결론을 내린다. 그러면서도 에스핑안데르센은 일본의 복지국가가 아직 발전도상에 있으며 완성체가 아니기 때문에 좀더 지켜보아야 한다며 조심스런 입장을 보이고 있다.

이상에서 살펴본 것처럼 한국과 일본에 대한 복지국가 연구는 두 나라의 복지국가 자체가 에스핑안데르센의 기준으로 보면 하나의 뚜렷한 유형으로 완성된 것이 아니라 아직 발전과정에 있기 때문에 에스핑안데르

11

센식의 유형화는 근본적 한계가 있는 것 같다.

한국과 일본에서 이루어지고 있는 복지국가 유형화 논의의 의미를 부정하는 것은 아니지만 좀더 다양하고 치밀한 분석방법의 필요성을 절감한다. 그런 면에서 미야모토 교수의 연구가 시사하는 바가 크다고 생각한다. 물론 한국의 복지국가 역사가 스웨덴과 비교하면 지극히 짧기는 하지만 역사적으로 정치과정을 세밀하게 분석할 필요가 있을 것이다. 그것이 '정치학적 복지 연구'가 복지 연구에 기여하기 위해서 감당해야 할 부분 중 하나라고 본다. 아울러 아시아 각국을 포함한 국제비교연구를 실행하기 위해서는 복지국가의 기초가 되는 고용 · 노동시장 상황, 인구 · 가족구조를 국제비교의 새로운 축으로서 추가할 필요가 있다고 하는 우즈하시 다카후미의 논의를 포함하여 다양한 학제적 연구도 필요하다.

전후 세계에서도 유례를 찾아보기 힘들 정도로 경제적 급성장을 달성해 온 한국은 선진국의 여러 정책들을 필요에 따라 도입해 왔다. 따라서 정책들간 정합성은 등한시되기 쉬웠으며 일관된 이념을 찾아보기 어렵다. 그래도 일관된 이념이 있다고 한다면 미야모토 교수가 지적하고 있는 것처럼 경제성장주의일지 모르겠다.

더욱이 남북분단이라는 특수한 한반도 상황과 강한 미국의 영향력 하에 있었다는 국제적 조건 때문에 정책이나 이념들의 소개, 도입은 제한적이었다. 그러한 과정에서 자연스럽게 우리의 시야와 사고도 제한되었다. 우리 기준으로 보면 엄청난 세금을 내고 있는 북유럽의 복지국가는 도저히 이해가 되지 않으며, 1980년대에는 덴마크가, 1990년대에 들어서는 스웨덴이 재정적, 경제적 곤경에 처하자 너무도 당연스럽게 받아들여졌다. 그러나 덴마크가 1990년대에 다시 경제를 회복시켜 복지국가 재건에 성공하였음을 보여주었다거나, 스웨덴이 여전히 경제적인 도전 하에 있지만 1990년대 말부터 경제가 어느 정도 회복되었고 2002년 9월 총선거에서는 사민당이 40%에 가까운 득표를 얻어 승리하였다는 것 등에는 별 관심을 갖지 않는 것 같다. 앞으로 우리의 시야와 사고를 넓힌다는 측면에서도 북유럽을 비롯한 다양한 지역의 국가들의 복지에 대해서 더욱 많이 소개될 필요가 있을 것이다.

우리는 이 책을 통해서 스웨덴 복지국가가 단지 고부담 고복지의 모습만을 갖고 있는 것이 아니라, '케인스 없는 케인스 정책', '중간층의 복지국가', '자유선택사회', '워크페어' 등의 키워드를 통해서 설명되는 다양한 내용들을 담고 있는 레짐이라는 것을 깨닫게 된다. 다시 말해서 스웨덴 복지국가는 경제적 생산성을 도외시하기보다는 장려하는 경제정책들과 연계되어 왔으며, 중간층으로부터 지지를 받도록 고안, 개혁되어 왔으며, 국가의 권한 확대를 통해 개인의 자율성을 억제하는 것이 아니라 자유선택 기회를 확대하고자 하는 의도가 있었음을 알 수 있다. 또한 복지제도가 노동시장 참가를 전제로 구성되어 있다는 지적은 김대중 정권이 내세웠던 생산적 복지와 관련하여 생각해 볼 때 많은 시사를 얻을 수 있을 것이다.

그런데 미야모토 교수가 이 책에서 스웨덴 복지국가에 전적으로 찬사를 보내고 있는 것은 아니라는 점에도 주의해야 할 것이다. 그리고 앞으로 스웨덴은 경제 글로벌리제이션과 유럽통합이라는 국제적 환경변화에 대응해 가지 않으면 안 되는 상황이다.

스웨덴 모델이 우리 현실에 적용 가능한가 아닌가를 떠나서 이 책은 복지국가에 대한 이해의 폭을 넓혀주며, 연구방법론적인 측면에서도 얻는 점이 많으리라고 생각한다.

역자는 저자인 미야모토 교수를 그의 저서를 통해서 먼저 접하게 되었고, 이 책의 번역을 시작하면서 직접 대면하게 되었다. 글을 통해서 느꼈던 꼼꼼함과 날카로운 이미지와는 달리 마음씨 좋아 보이는 인상의 연구자였다. 그러나 그의 입을 통해서 나오는 말들은 역시 분석적이었으며 예리했다.

미야모토 교수는 연구자로서는 아직 젊은 층에 속한다고 하겠다. 그는 정치학을 전공하였으나 복지국가 연구를 계속해 오고 있다. 최근에 한국에서도 정치학 전공자들 가운데 복지를 연구하는 연구자들이 조금씩 늘어가는 추세를 보이기는 하지만, 여전히 정치학에서 복지에 대한 연구는 이질감이 없지 않은 것 같다. 물론 일본에서도 '정치학적 복지 연구'가 뚜렷한 하나의 영역을 구축한 것 같지는 않으나 정력적으로 시도되고 있는 것만은 분명하다. 그리고 미야모토 교수가 바로 이러한 연구 경향을 이끌고 있는 학자 중 한 명이라 할 수 있다. 그는 최근에 복지국가 현황과 재편에 관한 학제적 연구에 참여하고 있으며, 그 결과가 5권으로 구성된 시리즈로 출판되고 있다. 여기에서 일본에서의 복지국가 연구의 최신 성과와 경향을 읽을 수 있으리라 기대된다.

미야모토 교수는 이 책의 한국어판 번역을 계기로 한일연구자간 더 나아가 아시아연구자들간의 교류 확대를 기대하며, 한국을 비롯한 동아시아 복지국가에 대해서도 많은 관심을 보이고 있다. 역자로서도 한일복지국가 비교연구를 비롯하여 동아시아 복지국가 비교연구 등을 위한 국제적 교류가 활발해지기를 바라는 바이다.

이 책의 번역 출판은 원저를 한국에 소개하고 싶다는 역자의 강한 바람이 있었다고는 하나, 어려운 한국의 사회과학서적 출판 상황에도 불구하고 사회과학의 국제적 교류가 중요하다는 경영이념 하에 격려해주고 출판을 허락해준 소재두씨 덕택에 가능했다. 이 자리를 빌려 깊은 감사를 드린다. 또한 세심하게 교정을 봐주고 조언을 해준 김현호 씨와 편집을 담당해준 신달림 씨에게도 감사의 마음을 전하고 싶다.

2003년 8월
도쿄에서 임성근

머리말

    내가 흔히 우등생으로 여기는 스웨덴 복지국가에 관심을 가진 것은 그다지 순수한 관점은 아니었다. 스웨덴이라는 나라의 배후에는 뜻밖의 대담한 제도상의 장치나 고도의 정치적 수법 등, 좀더 흥미로운 또 다른 얼굴이 숨어 있을 것이라고 생각하였다. 스웨덴 복지국가는 어떻게 가능했을까, 그리고 거기에서 어떤 교훈을 얻을 수 있을까라는 관점에서 접근하였다.

    지금 돌이켜보면 그와 같은 관점은 빗나가지 않았다. 복지국가 스웨덴 모델은, 공정인가 효율인가, 시장인가 정부인가, 복지인가 경제인가라는 단순한 이항 대립(binary opposition)을 넘어선, 일반적인 방법으로는 성립하지 않는 시스템이었다. 시장주의가 팽배한 오늘날의 일본에서는, 스웨덴은 시대에 뒤떨어진 큰 정부를 갖고 있으며 과도한 복지 수혜를 누리는 탓에 노동의욕을 상실했으며, 경제에 무거운 족쇄를 달고 있는 형국이라고 빈번히 언급한다. 그러나 이와 같은 단순한 견해대로라면 애당초 스웨덴 모델은 먼 옛날 이야기가 되었을 것이다. '상식적'으로 공중에 뜰 수 없는 어떤 것이 날아다닌다면 거기에는 무언가 특별한 장치를 하고 있을 것으로 생각하지 않겠는가?

    시스템을 형성하는 과정은 근면한 우등생이 걸어온 길이었다기보다는 스릴 넘치는 '정치'의 연속이었다. 제법 위험한 다리를 건넜고 적지 않은 대가도 지불한 것으로 생각한다. 그러나 갖가지 수단을 최대한 이용하여 이념을 현실화하려는 강인한 의지가 존재했다는 점, 더욱이 그것을 가능하게 한 정치적 역량이 있었다는 점은 주의 깊게 보아야 할 것이다. 이 점에서 일본의 정치는 견실한 이상을 내세우면서도 현실화하려는 전략을 결여하든지, 아니면 전혀 이념도 없이 정치를 위한 정치만을 지향하든지 하는 양자택일을 하는 경향이 강하다.

말하자면 시스템이라고 하는 점에서도, 과정이라는 점에서도 복지국가 스웨덴 모델은 매우 전략적인 사고의 산물이었다. 스웨덴 복지국가 그 자체가 90년대에 들어 큰 전환기에 있으며, 일본에서도 복지를 둘러싼 논의가 갑작스럽게 주류가 된 오늘날, 일방적인 긍정론이나 부정론을 넘어서 스웨덴 모델을 뒷받침 해준 전략적 사고의 에센스를 추출해내는 것이 중요하다고 본다. 때마침 권력자원론이나 신제도론을 중심으로 한 복지국가 이론이 괄목할 만한 발전을 보여주고 있다. 이러한 이론을 활용한다면 복지국가 전략 구조를 비교론적으로 분석하는 것도 가능하리라고 생각한다.

이 책은 이러한 시각에서 스웨덴 모델의 성립과정(System과 Process)을 가능한 한 체계적이고, 구조적으로 설명하려는 시도이다. 그렇지만 이 책은 복지국가의 모든 정책을 다루고 있는 것은 아니며 소득유지정책 등 한정된 영역에 머물고 있다. 구체적으로 말하자면 국가의 규모 문제나 국제경제에서 차지하는 위치 등, 조금 더 파헤쳐야 할 점들이 많이 있다. 이러한 한계 속에서 이루어진 논의를 통해 이 책의 목적을 어느 정도 달성했는가에 대한 독자 여러분들의 질타와 비판을 기대한다.

이 책은 기본적으로 새로 작성한 원고이지만, 전에 다른 곳에 게재했던 원고를 부분적으로 싣기도 했다. 특히 제4장은 다음과 같은 이전 원고에 상당 부분 의존하였다.[「歐州經濟統合とコーポラティズム: スウェーデンモデルのゆくえ」(日本政治學會 編, 『EC統合とヨーロッパ政治』, 岩波書店,

1993), 「スウェーデンにおける労働基金問題の展開」(上・下)(『大原社會問題研究所雜誌』, 四二号, 四三〇号, 1994), 「労使關係と労働市場」(沢岡憲芙・奥島孝康 編, 『スウェーデンの經濟』, 早稲田大學出版部, 1994)]

지금 돌이켜보면 1989년 가을, 처음으로 스웨덴을 방문한 이후 이 책을 출간하기까지 정확히 10년의 세월을 보냈다. 그 사이 가족을 동반한 2번의 유학을 포함해 거의 매년 스웨덴을 방문하였다. 그만큼의 시간과 비용을 들인 정도로 이 책이 가치가 있는지는 솔직히 자신이 없다. 그리고 대학원 시절까지 거슬러 올라가 필자가 받은 수많은 도움들을 고려한다면 이 책은 자그마한 중간보고로 볼 수밖에 없다.

이 연구를 하면서 스웨덴 필드 조사시 루돌프 메이드네르(Rudolf Meidner) 교수와 오카자와 노리오(岡澤憲芙) 교수로부터 많은 도움을 받았다. 메이드네르 교수는 내가 연구실에 찾아간 7년 전부터 공·사적으로 친절히 지도해주셨다. 80세가 넘는 교수가 운전하는 빨간 자동차 안에서 몇 번이고 들었던 스웨덴 모델의 이면사(裏面史)는 잊을 수 없다. 오카자와 교수는 스톡홀름에서 −때때로 거리를 거닐거나 메이데이 데모대를 따르면서− 자신이 터득한 스웨덴 연구의 노하우를 가르쳐주셨다.

이론적인 면에서는 지금 운 좋게도 같은 학부에 재직하는 다구치 후쿠지(田口富久治) 교수와 야마구치 야스시(山口定) 교수로부터 많은 도움을 받았다. 다구치 교수로부터는 국가론에 관해서 많은 것을 배웠다. 그리고 다구치 교수가 −다른 젊은 연구자에게도 마찬가지지만− 내 원고에 대해 해준 친절한 코멘트가 혹시 나의 연구에 약간은 괜찮은 구석이 있지 않을까 하는 착각을 불러일으키기도 했다. 그리고 이 책의 사회민주주의 비교는 야마구치 교수의 현대정치사연구에서 촉발된 면이 크다. 매우 개인적인 것이지만 학부장인 야마구치 교수로부터 같은 학부 집행부로서 지도를 받았던 것이 먼저 떠오르는 것은 요즘 대학의 실정으로서는 어쩔 수 없는 일인지도 모르겠다.

나는 여러 선장들에 의해서 −타의적으로− 산에 올려놓은 배와 같은 존재인지도 모르나, 어쨌든 많은 훌륭한 인도자를 만났다는 것은 행운이 아닐 수 없다. 고(故) 고바야시 조지(小林丈兒) 교수 그리고 후루키 도시아키(古城利明) 교수, 가토 데쓰로(加藤哲郞) 교수는 나의 미숙한 논의에도 불구하고 인내심 있게 대응해주었으며 연구의 기초를 가르쳐주었다. 그리고 다카하시 히코히로(高橋彦博) 교수, 가모 도시오(加茂利男) 교수, 나카타니 요시카즈(中谷義和) 교수, 스즈키 미치루(鈴木滿) 교수으로부터는 연구생활 과정에서 여러 가지 지원을 받았다. 와타나베 나오루(渡辺治) 교수, 바바 야스오(馬場康雄) 교수, 이토 미쓰토시(伊藤光利) 교수, 이시다 도루(石田徹) 교수, 우즈하시 다카후미 교수, 우시다 후사오(後房雄) 교수, 후지이 고지(藤井浩司) 교수, 신카와 도시미쓰(新川敏光) 교수, 다케가와 쇼고(武川正吾) 교수, 구메 이쿠오(久米郁男) 교수님 등을 비롯한 간사이정치경제연구회(關西政治經濟硏究會)의 회원 여러분들은 항상 나에게 지적 자극을 주고 있다. 리츠메이칸 대학(立命館大學) 정책과학부의 동료 교수들, 특히 정치학·행정학 전공 교수들은 활기찬 교육·연구 환경을 조성해주고 있다.

이 책의 집필과정에서 스웨덴 노동생활연구소의 사서인 벵트 오케르말름(Bengt Åkermalm) 씨에게 많은 신세를 졌다. 그리고 스웨덴 사회민주당 중앙집행위원회는 당집행위원회 의사록을 비롯하여 귀중한 자료를 열람할 수 있도록 해주었다. 이 책의 초고가 완성된 후 야마구치 야스시 교수와 신카와 도시미쓰 교수는 세심히 검토하고 유익한 조언을 해주었다. 그러나 그러한 조언 모두를 수용할 시간적 여유가 없었던 점을 애석하게 생각한다. 그리고 오사카 대학 대학원의 오타(太田美帆) 씨는 원고를 체크하는 수고를 해주었다.

법률문화사의 고니시(小西英央) 씨와는 서로 막 출발한 편집자와 연구자로 만난 이후 지금까지 적지 않은 일을 함께 해오고 있는데 나로서는 첫 단독 저서인 이 책에도 도움을 받았다. 편집자로서의 고니시 씨의 성장에 상응하여 연구자로서의 나의 능력도 더불어 성장했기를 바랄 뿐이다.

마지막으로 내가 연구자로서 자립하게 된 것에 대해서 어머니에게, 또 그런 대로 연구생활을 계속해 나가고 있는 것에 대해서는 아내에게 감사하고 싶다.

1999년 늦은 가을

미야모토 타로

목차

주요 단체명

•AK(Riksdagens Andra Kammare) 스웨덴의회 상원

•AK(Statens Arbetslöshetskommission) 실업위원회

•AMS(Arbetsmarknadsstyrelsen) 노동시장청

•LO(Landsorganisation i Sverige) 전국(블루칼라)노동조합연합회

•KF(Kooperativa Förbundet) 생활협동조합연합

•PTK(Privattjäönstemannakartellen) 민간직원노조교섭 카르텔

•RLF(Riksförbundet Landsbygdens Folk) 농민연맹

•SACO(Sveriges Akademikers Centralorganisation) 대졸직원노동조합

•SAF(Svenska Arbetsgivareföreningen) 스웨덴경영자연맹

•SIF(Svenska Industritjänstemannaförbundet) 일반산업사무직노동조합

•TCO(Tjänstemännens Centralorganisation) 직원(화이트칼라)노조연합

24

제1장

과제와 시각

1. 복지국가 연구의 의미

1) '극단의 시대'의 종언과 복지국가

(1) 복지국가의 임팩트

영국의 역사가 홉스봄(E. Hobsbawm)이 '극단의 시대(Age of Extremes)' 라고 부른 20세기에 복지국가와 관련한 정치는 어느 쪽으로부터도 별로 주목을 받지 못한 영역이었다(Hobsbawm, 1994). 자본주의와 사회주의라 는 두 체제 간 −혹은 세력 간− 의 긴장에 비하면 복지국가라는 선택은 매 우 타협적인 중용의 길로 간주했거나, 행정의 연장으로 간주했다. 유력한 당파가 복지국가를 일관된 정치노선으로 내건 적이 없었던 일본에서는 그 경향이 특히 강했다.

그러나 '극단의 시대'가 종언을 맞이하면서 사실은 복지국가의 형태가 선진자본주의 국가의 시민생활에 가장 중대한 영향을 끼쳐온 요인이었다 는 것이 분명해지고 있다. 이와 동시에 주목을 끄는 것은 복지국가 상호간 에는(역주: 복지국가 유형은 에스핑안데르센([G. Esping-Andersen]에 따르면, 스웨덴 · 노 르웨이 등의 사회민주주의 모델, 미국 · 캐나다 등의 자유주의 모델, 독일 · 오스트리아 등 의 보수주의 모델로 나뉘어진다.) 겉모양보다 훨씬 현저한 상이점이 있으며, 그 것이 선진 자본주의 국가들의 시민 생활을 상당히 다른 방향으로 이끌어갔 다는 사실이다.

복지국가가 시민생활의 필요한 부분이 되어 그 정통성이 정착된 국가 에 서는 그렇지 못한 국가에 비해서 계층간, 성별간 평등이 크게 진전되었다. 가계소득의 분포를 10단계로 나누어 최상위와 최하위의 격차를 보면 미국 은 5.94배임에 비해 스웨덴에서는 2.72배에 지나지 않는다(Björklund and Freeman, 1997: 37). 그리고 스웨덴과 독일을 비교해보면 육아와 수발의 정 책적 지원형태에 따라서 여성의 노동시장 참가 증대 경향은 확연하게 차이가 생기고 있다. 1960년부터 1980년까지의 여성 노동력 비율의 증가는 스웨덴이 24%임에 비해서 독일은 3.5%에 머무르고 있다(van Kersbergen, 1995: 146). 성별간의 경제적 평등화는 결혼 제도의 변화로 이어져 오늘날의 스웨덴에서는 혼외아 출생률이 50%를 넘어서고 있다. 그럼에도 불구하고 합계출생률은 1990년대 초에는 2%를 넘어설 정도로 계속 상승하였으며, 이 점에서는 더욱 뚜렷하게 독일을 상회하고 있다.

스웨덴과 같은 정치경제체제를 선호하는가 그렇지 않는 것과는 별개로 복지국가가 계급과 가족이라는 자본제 사회의 기초구조의 형태에 대해서 결정적인 영향력을 가지고 있다는 것만은 확실하다. 종래의 정치경제체제가 완전히 기능 불능이 되어가고, 급격히 저출산과 고령화 사회를 맞이하고 있는 일본에서는 다양한 복지국가의 경험을 자세히 고찰할 필요성이 점점 커지고 있다. 그런데 복지국가 특히 스웨덴 복지국가라는 상징은 일본적 논의의 토양에서는 자주 틀에 박힌 부정적 반응을 초래하거나 혹은 일면적인 긍정론을 야기하는 경우가 많아 생산적인 논의가 차단되는 일이 많았다.

(2) 반복지국가 토양

틀에 박힌 부정적 반응을 배태한 배경에는 두 가지 요인이 작용하고 있다. 하나는 일본에서 복지국가라는 상징의 위치와 관련된 것이고, 또 하나는 복지국가를 둘러싼 오늘날의 환경변화다.

첫째, 복지국가, 혹은 그 상징으로서 스웨덴에 대해서 일본적 논의의 토양에서는 이데올로기를 초월하는 어떤 반감이 공유되어왔다.

우선, 좌익진영은 빈번히 복지국가를 타협과 기회주의의 상징으로 간주하였다. 복지국가를 자본주의 모순의 '근원'을 온존시켜 체제연명에 공헌하는 것으로 보았던 것이다. 1960년대 후반에 '기성좌익' 비판을 통해서 대두한 신좌익 혹은 관리사회비판 조류도 복지국가에 대해 부정적인 입장이라는 점에서는 동일하다. 그들은 복지국가를 관리와 통제의 수단으로 판단했다. 여기서 복지국가는 하버마스(J. Habermas)가 말하는 '생활세계의 식민지화'의 메커니즘으로 간주했다(Habermas, 1981).

한편 보수주의 세력은 복지국가를 전통적인 가족질서와 지역질서를 문란케 하는 것으로 생각하였다. 이 점에서 일본의 보수주의는 가톨릭을 중심으로 한 대륙유럽의 보수주의와 크게 다르다. 대륙유럽의 보수주의 세력은 가톨릭의 '보완성 원리'에 근거하여 가족질서에 대한 개입을 배척하면서도, 한편으로는 사회주의와 자유주의의 공세에 대항하기 위해서 복지국가를 활용했던 것이다(Esping-Andersen, 1990: 38-41). 이에 반해서 일본의 보수주의 세력은 구태여 복지국가 상징에 의지할 정도까지 몰리지는 않았다.

일본에서는 보수주의와 융합했던 경제적 자유주의가 1980년대에 들어서 자율성을 강화하였다. 신좌익세대의 전향도 경제적 자유주의 활동을 강화시켰는데, 그들은 복지국가 비판이라는 점에서는 일관되었다. 경제적 자유주의 혹은 신보수주의는 보호·규제와 복지국가를 동일시하면서 이것을 경제효율의 교란요인이라고 비판했다.

이와 같이 일련의 복지국가 비판은 각각 전혀 다른 가치원리에 근거하고 있는데, 기능적으로는 일종의 제휴관계를 맺고 복지국가론의 본격화에 제동을 걸어온 것으로 생각한다. 일본에서는 미시적 수준의 복지연구가 풍부하게 축적되어 있으나 일부의 선구적 연구를 제외하면 그 축적은 복지국가론이라는 틀 속에 종합되거나 하나의 정치경제체제로까지는 형성되지 못했다.[1] 일련의 복지국가에 대한 비판처럼 복지국가는 노동운동의 회유책이었던 적도, 시민사회에 과잉 개입했던 적도, 경제의 발목을 붙잡았던 적도 있었다. 그러나 그것이 복지국가 역사의 모든 것은 아니다. 일부 복지국가에서는 노동운동이 독자의 복지국가 전략을 가지고 경제성장과 양립에 어느 정도까지는 성공했다. 어떤 정책의, 어떤 조합이 그것을 가능하게 했던

---

1   일본에서도 점차 본격적인 복지국가론이 나타나고 있다. 도쿄대학 사회과학연구소가 전6권의 강좌로 펴낸 『福祉國家』(東京大學出版會, 1984~85)가 선구적 연구이며, 국제적인 연구동향에 한층 더 깊이 연동된 것으로서는 毛利(1990), 新川(1993), 埋橋(1997), 岡澤·宮本 編(1997) 등이 있다. 마르크스주의의 입장에서도 복지국가를 -그 재편을 전제로- 적극적으로 위치 지으려는 움직임이 있다. 渡辺·後藤(1997) 참조

가? 이러한 관점에서 복지국가에 대한 분석이 요구 되고 있다고 하겠다.

(3) 글로벌리제이션과 복지국가의 쇠퇴

복지국가에 대한 부정적인 반응의 두 번째 배경은 복지국가를 둘러싼 환경 변화와 관련 있다. 즉 일본에서는 복지국가에 대한 논의를 본격화하지도 못한 채 경제 글로벌리제이션과 산업사회 변화가 촉진되어, 시대는 '복지국가에서 복지사회로' 향하고 있다는 인식이 일반화되어가고 있기 때문이다. 경제 글로벌리제이션 속에서 국민국가의 권력이 쇠퇴하는 한편, 시민사회의 성숙에 따라 다양한 비영리조직이나 시장에 의해 복지국가의 역할이 대체되어간다는 전망이 제시되고 있다. 급격한 환경 변화 속에서 복지국가는 시대에 뒤떨어지고 있다는 견해이다.

앞에서 제기한 일련의 복지국가 비판이 각각의 관점에서 이러한 견해에 동의하고 있다. 그뿐만 아니라 지금까지 복지국가가 감당해온 역할에 긍정적인 연구자도 복지국가가 더욱 발전해 가는 과정으로서 복지사회로의 이행을 전망하게 되었다. 그러나 잠재적으로 대립하는 근거가 검증, 정리되지 않은 채 '복지국가에서 복지사회로'라는 슬로건만 독주하기 시작한다면 그것은 이상한 논의 형태가 되고 말 것이다.

경제 글로벌리제이션이나 비영리조직의 대두로 복지국가가 중대한 기로에 서 있는 것은 사실이다. 그리고 여기에는 복지 수준이 고도화되어갈 가능성이 있다는 것도 아마 사실일 것이다. 그러나 복지국가가 글로벌한 경제관계 속에서 완전히 해체되고 말 것이라든가, 비영리조직이나 시장이 복지국가를 완전히 대체할 것이라는 견해는 현실적이지 않다. 현실적으로 '복지사회'가 의미하고 있는 것은 복지국가가 민간의 복지공급주체와의 관계를 긴밀하게 하여 더욱 다원적이면서도 분권적인 시스템을 형성해 나간다는 의미일 것이다. 그렇다고 하면 복지국가의 어떤 부분이 발전되고, 어떤 부분이 보충되어야 할 것인가? 이와 같은 물음에 답하기 위해서도 복지국가의 다양한 경험을 분석할 필요가 있다(cf. 武川, 1999).

2) 스웨덴은 우등생인가?

(1) 찬양과 반발을 넘어서

문제는 복지국가 경험을 어떻게 설명할 것인가, 혹은 그 경험으로부터 무엇을 배울 것인가에 있다. 이 책은 스웨덴 복지국가의 형성과 전개 과정을 고찰하고자 한다. 그러나 그 과정을 본받을 만한 모범 혹은 '우등생'의 행적을 묘사하고자 하는 의도는 없으며, 어떤 제도나 정책의 수입을 제창할 의도도 없다. 앞에서 언급한 것처럼 일방적인 찬양론이나 모범화는 역으로 복지국가 비판을 증폭시키거나, 혹은 문화의 차이나 규모가 작은 국가라는 이점만을 강조하는 '이질론'적인 반론을 야기할 뿐이다. 그뿐만이 아니다. 실제로 스웨덴 복지국가의 형성과 전개 그 자체가 세밀하게 그려진 청사진에 따른 과정이 결코 아니었으며, '우등생'의 행적이라는 이미지와 크게 다르다. 물론 그것은 행정의 연장도 단순한 타협과 중용의 길도 아니었다. 스웨덴 복지국가의 형성과 전개는 좋게 얘기하면 극적이고, 나쁘게 얘기하면 교활한 계략으로 가득 찬 흥정의 연속이었다. 이 책에서 주목하는 것은 스웨덴 복지국가, 혹은 스웨덴 모델을 탄생시킨 현실 정치와 전략이다.[2]

이와 같이 말하는 것은 복지국가를 둘러싼 정치가 단지 임기응변적 교섭의 반복이었다는 것을 의미하는 것은 아니다. 그와 같은 흥정 속에서 복지국가를 둘러싼 이념과 전략이 출현하여, 나아가 새로운 대항관계 속에서 수정되었다. 이러한 과정을 통해서 노동운동은 시민의 경제합리성이나 경제성장과의 양립가능성을 모색하면서 독특한 복지국가 전략을 발전시켰던 것이다.[3] 복지국가 전략을 탄생시킨 계기가 된 사건은 경제공황, 인구문

---

2 '스웨덴 모델'이라는 용어는 다의적인데 이 책에서는 다른 유형의 복지국가와 구별되는 스웨덴 복지국가의 구조상, 전략상의 특질을 가리킬 때 이 용어를 사용하고 있다. 따라서 여기서 '스웨덴 모델'이라고 할 경우 그것이 의미하는 것은 개별 정책이나 제도가 아니라 그것들의 상호연관 혹은 시스템이다. 이 책의 제2장 참조

3 이 책에서 '노동운동'이라는 표현은 스웨덴어의 'Arbertarrorelsen'에 대응하며, 사회민주주의의 정치운동과 협의의 노동조합운동 양자를 포괄하는 것으로 사용하고 있다.

제의 위기, 산업구조의 전환에 따른 화이트칼라 계층의 대두 등 많은 선진 자본주의 국가가 공통적으로 직면해온 문제들이었다. 이러한 공통의 경험에 대해서 어떤 이념과 전략을 가지고 대응하였던가? 스웨덴 모델로부터 배울 점은 개개의 정책이나 제도보다도 그 시스템을 탄생시킨 전략의 존재 그 자체가 아닌가?

실제로 뒤에서 자세하게 살펴보겠지만, 국제환경과 산업사회의 변화가 스웨덴 복지국가에도 영향을 끼쳐 종래의 제도나 정책을 대폭적으로 궤도 수정을 할 수 밖에 없었다. 개별 제도와 정책만을 주목해서 본다면 '스웨덴 모델의 종언'이 거론되는 것도 이상한 일은 아니다. 그러나 진정으로 주목해야 할 것은 지금까지의 이념과 전략을 새로운 환경에 적용시켜 새로운 제도와 정책의 형성으로 연계하려는 노력이다. 이런 시도가 실패한다면 그때야말로 '스웨덴 복지국가의 종언'을 논해야 할 것이다. 오늘날 스웨덴의 '고뇌'에 스웨덴 복지국가의 경험의 에센스가 있다고 할 수 있겠다(岡澤, 1989).

그런데 복지국가 형성을 뒷받침한 이념과 전략에 주목하고자 하는 이 책의 기본적인 시각은 한편으로는 복지국가 연구의 새로운 전개나 현대 정치학의 방법과도 깊은 관련이 있다. 이하에서는 최근의 복지국가 연구의 전개를 간략하게 검토한 후 이 책의 기본적인 시각의 이론적인 의미를 명확히 하고자 한다. 복지국가 이론이나 현대정치학의 방법론에는 관심이 없고 오직 스웨덴 복지국가의 전개의 구체적인 경위를 알고 싶은 독자는 제1장의 이후 부분을 제쳐두고 바로 제2장으로 넘어가도 괜찮을 것이다.

2. 비교복지국가 이론

1) 비교복지국가 연구의 전개

(1) 사회경제적 요인설에서 권력자원론으로

1960년대까지 비교복지국가 연구는 복지국가의 발전을 산업화나 경제 성장 혹은 고령화 등의 사회경제적 요인으로 설명하는 방법을 택했다. 복지국가는 사회경제적 변화에 따라서 필연적으로 발전하는 것이며, 각국의 정치경제는 복지국가의 방향으로 수렴해 가는 것으로 생각했다. 윌렌스키(H. Wilensky)나 커트라이트(P. Cutright) 등의 연구가 이러한 입장을 대표하고 있다. 한편 그들은 거의 동일한 사회경제적 조건하에 있는 복지국가 상호간의 차이에 대해서는 그렇게 큰 관심을 보이지 않았다(Wilensky, 1975; Cutright, 1965).

확실히 이러한 사회경제적인 요인이 복지국가 형성의 흐름을 결정한 것에는 틀림이 없다. 이 책이 대상으로 하는 스웨덴에서도 인구 고령화와 제도 발달의 관련이 지적되고 있다. 그러나 고령화나 경제성장의 수준이 동일할지라도 복지국가의 형태는 매우 다른 모습을 보이고 있는 것이 사실이다. 그리하여 1970년대 중반부터는 사회경제적 요인에 주목하여 단일 복지국가 체제로의 수렴 경향을 이끌어내기보다는 정치적 요인에 주목하면서 복지국가간의 상이점을 분석하는 연구가 증대하고 있다. 이것이 복지국가 형성의 정치적 요인설이다. 그리하여 복지국가 형성 요인에 관한 활발한 논의가 시작되었다(Trousdell, et al., 1986; Uusitalo, 1984).

정치적 요인설 중에서도 특히 코르피(W. Korpi), 에스핑안데르센, 스티븐스(J. D. Stephens) 등 권력자원론자로 불리는 연구자들은 다양한 정치적 요인 중에서 노동운동의 힘이 복지국가의 전개에 미친 영향에 주목하였다. 권력자원론의 정치학 방법론으로서의 위치에 대해서는 후술하겠지만, 일반적으로 권력자원론은 노동운동이 동원할 수 있는 조합원의 수, 자금, 의회나 내각의 의석 등을 권력자원으로 규정하여 복지국가의 제도 형성을 위한 동원 방법에 주목한다. 노동조합이나 사민당은 일반적으로 평등 지향적이며 재분배 정책의 강화를 주장한다. 그러므로 정치적으로도 영향력을 보유한 강력한 노동운동이 존재하는 국가와 노동운동이 사회 세력으로서 약하거나 혹은 정치적 영향력을 행사할 수 있는 통로를 갖지 못했던 국가간에는 복지국가 제도에서 큰 차이가 생겨났던 것이다(Korpi, 1983; Shalev, 1983; 新川, 1999: 8-49).

전자와 같은 경우를 대표하는 것이 스웨덴 등 북유럽의 국가들이며, 그것에서는 국가의 사회지출이 상대적으로 많고, 소득조사 없이 복지 급부와 서비스를 제공하는 구조가 만들어졌다. 이에 반해서 노동운동이 상대적으로 약했던 국가들에서는 사회지출이 상대적으로 적고 복지는 시장이나 가족으로부터 충분한 소득이나 서비스를 제공받을 수 없는 계층에 한해서 제공되는 선별주의적 체제가 만들어졌다(Korpi, 1983).

(2) 에스핑안데르센의 복지국가 유형

그러나 권력자원의 다과와 사회지출의 대소를 직접 대응시키는 데 그치는 논의에서는 현실 복지국가의 다양성을 포착할 수 없다는 것을 쉽게 알 수 있다. 권력자원론의 전개를 복지국가의 다양성을 파악하는 이론 틀로서 발전시키는 데 결정적인 기여를 한 것이 에스핑안데르센이 1990년에 발표했던 『복지자본주의의 세 가지 세계(*The Three World of Welfare Capitalism*)』라는 점에 대해서는 대부분의 연구자들도 동의하고 있다.

에스핑안데르센은 복지국가의 다양성을 포착하기 위해서 단지 사회지출의 대소에만 주목한 것이 아니라 다음의 두 가지 지표를 통해 복지국가가 사회구조에 미치는 효과를 밝히고자 했다. 첫째, 각종 사회정책의 급부를 받을 자격과 관련하여 그 관용도 —예를 들어 소득조사의 유무— 를 측정하는 '탈상품화 지표'이다. 탈상품화란 사회지출이 확대되어 노동자가 시장의 룰에 종속되는 노동력 상품의 성격으로부터 자유로운 것을 의미한다. 그리고 둘째, 사회정책의 계층성과 관련된 '계층화 지표'이다. 공정복지의 확대와 탈상품화가 진행되어도 모든 시민에게 동등하게 그 혜택이 주어진다고는 단정할 수 없다. 민간의 연금보험이나 직역(職域)별 제도의 비중이 높고 직종이나 계층에 따라서 급부나 서비스를 받을 자격과 그 내용에 격차가 있을 경우는 사회정책의 계층성이 강하다는 것을 의미한다 (Esping-Andersen, 1990: 35-78).

에스핑안데르센은 이 두 가지 지표를 조합하여 복지국가에 대해 질적인 분석을 진행한 결과 세 가지 복지국가 유형을 도출해냈다. 즉, 탈상품화가 진행되어 계층성이 약한 사회민주주의 모델(스칸디나비아 국가들), 탈상품화가 저수준이며 계층구조면에서 이중구조를 보이고 있는 자유주의 모델(미국·캐나다 등), 그리고 탈상품화는 어느 정도 실현하였으나 사회보장 프로그램이 사회계층을 반영하는 계층 구조를 가지고 있는 보수주의 모델 —코포라티즘 모델이라고도 한다. 독일·오스트리아 등— 의 세 유형이다(Esping-Andersen, 1990).

사회민주주의 모델이란 노동운동의 강한 주도권 하에 형성된 복지국가이며, 자유주의 모델이란 자유주의 세력의 영향력이 반영된 복지국가이다. 그리고 보수주의 모델이란 가톨릭 정당을 중심으로 한 보수주의 세력이 주도하여 형성한 복지국가이다. 일반적으로 가톨릭 세력은 사회정책에 관용적인 태도를 보이기 때문에 탈상품화라는 면에서는 진전을 보이고 있다. 그러나 노동운동이 지향하는 평등주의적 성격은 약하며, 노동운동을 분단시키기 위해서도 사회정책은 계층별, 직역별로 분화되는 형태를 띠게 되었다. 사회민주주의 모델에서는 정부가, 자유주의 모델에서는 시장이 큰 역할을 하는 데 반해 보수주의 모델에서는 가족의 역할이 크다(Esping-Andersen, 1999: 85).

2) 권력자원론 비판

에스핑안데르센의 복지국가 유형론으로 결실을 맺은 권력자원론이 복지국가 연구에 새로운 지평을 열어주었다는 것은 의심의 여지가 없다. 그러나 권력자원론의 틀로 각국의 복지국가의 형성과정을 더욱 치밀하게 분석하려고 하거나, 복지국가의 미래를 전망하려고 할 경우에는 몇 가지 문제가 제기되는 것도 사실이다.

첫째, 노동운동의 주도성에 관한 문제이다. 가톨릭 세력이 복지국가 형성에 미친 역할을 강조하는 윌렌스키 등의 논의에 대해서 에스핑안데르센은 서로 다른 정치세력에 의해서 주도된 각기 다른 복지국가 유형을 제시했다(Wilensky, 1982). 그러나 일례로 볼드윈(P. Baldwin)은 노동운동이 주도한 사회민주주의 모델의 전형으로 여기는 스웨덴에서조차 보편주의적인 연금정책 형성에서는 보수주의 세력이나 자유주의 세력의 역할이 중요했다고 지적한다. 바꾸어서 말하자면 노동운동의 주도성은 이러한 대항세력의 주장을 수용하는 가운데서 발휘되었다는 것이다(Baldwin, 1990: 139-146).

그리고 캐슬스(F. G. Castles) 등은 강력한 노동운동이 존재하는 국가에서도 반드시 그 자체가 그대로 고수준의 복지국가 형성으로 연결된 것은 아니라는 점에 주의해야 한다고 본다. 예컨대 뉴질랜드나 오스트레일리아는 노동조합의 조직률 면에서도, 사회민주주의 정당의 정권참가라는 면에서도 노동운동이 활발한 국가였다. 그런데 선별주의적인 복지국가 전략을 고집했기 때문에 전후 복지국가 발전에 제동이 걸렸고, 현재는 복지국가의 형태면에서는 오히려 에스핑안데르센이 말하는 자유주의 모델에 가깝게 되었다(Castels, 1985; Castels and Mitchell, 1992).

둘째, 국가론의 입장에서 권력자원론에 대한 비판이 있다. 스카치폴(T. Skocpol), 위어(M. Weir), 헤클로(H. Heclo) 등 국가론자로 불리는 입장에 선 연구자들은 다양한 사회적 행위자의 영향력보다 그 배후에서 행위자 개개의 영향력을 강화시키기도 하고 약화시키기도 하는 국가의 제도에 주목한다. 예를 들어 스카치폴과 올로프(A. S. Orloff)에 따르면 '산업화논리' 접근법 -이 책에서 말하는 사회경제적 요인설- 도 '노동자 계급의 힘'접근법(권력자원론)도 국가를 수동적인 피설명변수로 환원시켜버린다는 점에서는 동일하다(Orloff and Skocpol, 1984: 729-730). 그런데 사회정책 형성과정에서 결정적으로 중요한 것은 오히려 제도의 문제이다. 결국 해당 국가에서 어떤 정치제도나 정책체계가 만들어져 있고, 국가 관료가 어떤 주도권을 발휘하는가, 그 결과 어떤 행위자의 영향력이 강화되며, 어떤 정책의 실현가능성이 높아지는가 하는 문제인 것이다.

셋째, 권력자원론의 과도한 낙관주의에 대한 비판이다. 코르피는 의회제 민주주의를 전제로 한 '민주적 계급투쟁'을 통해서 권력자원은 점차 축적되고, 노동운동의 영향력 하에서 복지국가가 발전해 가는 것으로 예상했다(Korpi, 1983). 그러나 적어도 1980년대 이후 각국의 노동운동과 복지국가가 직면한 곤경을 보면, 코르피의 전망은 이미 설득력을 갖지 못하게 되었다. 폰투손(J. Pontusson)은 코르피 등의 논의의 한계를 '자본주의의 역사성'을 경시했다는 점에서 찾는다. 즉, 권력자원론이 제기한 계급간의 타협 전략은 자본주의의 한 단계 즉, 일국 규모에서 대량생산 대량 소비를 기초로 하는 포디즘적인 단계에서만 통용되는 것이었다는 뜻이다. 따라서 자본주의 구조가 근본적으로 변화하게 되면 그 전망은 흔들리게 된다(Pontusson, 1992a: 33-34).

이 책의 시점에서 본다면 일련의 비판은 권력자원론 그 자체를 부정한다기보다는 권력자원론을 어떤 방향으로 한층 더 심화시킬 필요성을 제시하고 있다. 즉, 권력자원론을 기초로 한 전략분석의 심화이다.[4] 복지국가 전략이 타당성을 결여하고 있다면 권력자원이 아무리 축적되어 있을지라도 활용되지 못한 채 노동운동의 영향력은 쇠퇴하게 될 것이다. 그 경우 노동운동 대신에 다른 정치세력이 복지국가 형성의 주도권을 갖게 될 것이다. 그리고 전략에는 정치제도와 복지제도를 어떤 식으로 설계하여 권력자원 증대로 연계할 것인가 하는 전망도 포함시켜야만 한다. 더 나아가 어느 시

---

4 국가권력에 대해서 '관계설'적인 시점을 내세운 네오 마르크스주의의 국가론에서도 현대국가 분석에 대한 전략론적 접근을 제기하고 있다(加藤, 1986). 예를 들어 제솝 (Jessop)의『국가론』은 그 하나의 도달점을 제시한다고 생각하는데, 적어도 그의 현상분석을 보면 경제환원론의 색채가 강하며, 전략적인 접근법을 잘 적용하고 있다고 보이지 않는다(Jessop, 1993; Jessop, 1990).

기에는 성공적으로 전개했던 복지국가 전략도 자본주의의 구조전환에 대응하여 조정하지 않는다면 유효성이 감퇴된다.

3) 권력자원론과 전략문제

⑴ 노사분쟁에서 제도형성으로

코르피나 에스핑안데르센 등의 권력자원론이 객관적인 권력자원의 많고 적음에만 집착한 정태론이며 전략론적 시점을 완전히 결여하고 있다고 말하는 것은 과도한 단순화이며 공정하지 않은 논리다. 권력자원론은 자원동원시 전략이나 동맹관계에 적지 않게 주시를 하며, 그 점에서 정치과정에 대한 다이내믹한 분석으로 이어질 수 있는 이론이다.

권력자원론의 기초를 세운 코르피의 이론은 원래의 자원동원에 관한 전략 특히, 제도 형성에 관한 전략의 형태를 밝히려고 한 것이다(Korpi, 1985a). 거기서 코르피가 주목한 것은 노동운동이 그들의 이익을 실현하기 위해서 파업 등 분쟁적인 수단에 호소하든가, 그렇지 않으면 좀더 장기적인 관점에서 권력자원을 새로운 제도형성을 위해 '투자'하여, 자원동원이 유리한 환경을 만들어가든가 하는 차이였다. 그런 면에서 본다면 코르피의 논의에는 전략론적인 시점이 이미 들어 있었다.[5] 예를 들어 코르피가 샬레브(M. Shalev)와 함께 실시한 노사분쟁의 계량적 비교연구는 자원동원에 관한 전략의 분기를 밝히려는 것이었다. 그들의 연구에 따르면 제2차 세계대전 전까지의 각국의 노사분쟁 참가자는 거의 각국의 권력자원의 다소에 대응하였다. 그 시기에는 노동운동의 조직이 확대됨에 따라 역량이 노사분쟁 동원이라는 형태로 나타났던 것이다. 그에 반해서 제2차 세계대전 후에는 권력자원과 노사분쟁은 직접적으로 대응하지 않게 된다. 전후에는 좌파 분열문제를 안고 있었던 핀란드를 제외한 스칸디나비아 국가나 오스트리아 등에서처럼 노동운동의 복지국가 전략이 성숙한 국가, 혹은 네덜란드

---

5 이 논점은 로스슈타인(B. Rothstein)과 같이 권력자원론과 제도론의 통합을 시도하는 연구자들이 이어가고 있다(Rothstein, 1990). 이 장의 주10을 참고할 것.

나 스위스 등 가톨릭이나 자유주의가 주도한 코포라티즘에 발전한 국가에서는 노사분쟁이 감소했다. 그에 반해서 노사분쟁이 확대된 국가는 두 개의 패턴을 보였다. 하나는 노동의 권력자원이 상대적으로 적은 미국, 캐나다 등이며, 다른 하나는 영국, 오스트레일리아, 프랑스, 이탈리아 등 노동조직률이 높거나 좌파 정당 득표율이 높은 국가였다. 후자는 일정한 권력자원을 갖고 있었음에도 불구하고 분쟁적인 수단이 더욱 중시된 국가이다 (Korpi and Shalev, 1980: 327-328; Hibbs, 1978).

그러나 이 노동전략의 분기는 그렇게 자명한 것은 아니다. 계속적으로 노사분쟁이 빈발한 국가에서도 노동운동이 광의의 복지국가 전략을 포기한 국가는 없다고 할 수 있다. 그러면 일부의 국가에서는 코르피가 말하는 권력자원의 '투자'즉, 복지국가의 제도 형성이 순조롭게 진행되었고, 그외 다른 나라에서는 그렇지 않았던 것은 어떤 이유에서일까? 그것은 복지국가전략을 취했는가 아닌가라는 선택에 있는 것이 아니라 복지국가 전략의 내용에 있었다고 보아야 할 것이다. 그러면 성공리에 전개되었던 복지국가 전략과 충분한 성과를 내지 못한 그것과의 결정적인 차이는 무엇이었는가?

⑵ 노동운동의 동맹전략

에스핑안데르센의 경우 노동운동의 권력자원 축적과 복지국가의 발전을 단순하게 대응시키고자 하는, 이른바 단순화된 권력자원론을 '계급동원이론'이라고 하여 자신의 접근법과 구별하고자 했다(Esping-Andersen, 1990: 16-18). 그가 관심을 갖고 본 것은 노동운동이 목적을 달성해 나가면서 맺는 다양한 동맹전략의 문제였다. 스웨덴을 비롯한 스칸디나비아 사회민주주의가 복지국가 전략을 성공시킨 경위로, 노동운동의 협소한 이해에 고집하는 '겐트체제'(역주: 실업보험을 노조가 운영하는 체제를 말한다. 겐트체제 하에서 노조는 실업기금 활용을 통해 조직의 힘을 유지, 강화시킬 수 있는 여건을 확보할 수 있다. 이러한 이유로 스웨덴에서 보수당과 농민당은 겐트체제에 대해서 부정적이었으며 제한을 가하고자 했다.)로부터 일찍이 탈각하여 적록동맹(역주: 블루칼라 노동조합을 지지 기반으로 하는 사민당과 농민 세력을 지지 기반으로 하는 농민당 간의 동맹을 말한다.) 즉, 노농동맹을 성립시켰고, 더 나아가 산업구조가 전환되어 농민층이 감소된 후에는 보편주의적인 복지정책의 전개를 통해서 화이트칼라 계층을 복지국가의 지지 세력으로 끌어 들였다는 점을 강조하고 있다(Esping-Andersen, 1990: 29-30).

이와 같이 에스핑안데르센의 전략론적 시점의 전개는 자유주의적 혹은 보수주의적인 복지국가 전략의 존재나 노동운동과 다른 계층과의 동맹전략의 중요성을 밝혔다는 점에서 큰 전진이었다. 그러나 에스핑안데르센의 이론이 복지국가의 형태를 결정지은 전략 내용의 구조를 파악하는 충분한 재료를 제공하고 있지는 못하다. 경제정책과 복지정책이 어떻게 연계되어 보편주의적인 복지국가를 지탱했는가, 사회민주주의 모델에서 노동운동은 어떤 방법으로, 어떤 보편주의적 복지정책을 내세우게 되었는가? 그리고 젠더(gender)나 가족문제를 어떤 식으로 전략 속에 포함했는가? 이와 같은 관점에서 복지국가 전략에 대한 구조분석을 진행할 필요가 있다. 그런데 에스핑안데르센의 전략분석은 동맹전략의 문제에 환원되고 말아, 복지국가 전략의 내용에 대해서 심도 있는 분석이 이루어지지 못했다고 하겠다.[6]

3. 복지국가 전략의 구조

복지국가 형성을 주도한 전략에 대한 분석이 중요해졌음에도 불구하고 권력자원론을 포함해서 그에 대한 검토는 충분히 이루어지지 않고 있다. 이 책에서는 복지정책과 경제정책의 관계, 복지정책 그 자체의 성격, 젠더

---

6 에스핑안데르센은 사회민주주의 모델 이외의 국가에서 노동운동이 왜 주도권을 갖지 못했던가에 대해 보수주의 혹은 자유주의의 제도적 유산 문제로 환원시키고 만다. 그런 점에서 노동운동의 전략과 제도 형성의 관계에 대해서는 반드시 충분한 검토가 이루어졌다고는 말할 수 없다.

와 가족이라는 세 가지 측면에서 복지국가 전략을 검토하고자 한다.

1) 복지정책과 경제정책

(1) 변형된 '케인스주의적 복지국가'

복지국가 전략의 첫 번째의 요소는 경제정책과 복지정책의 연대가 어떻게 구상되었는가 하는 문제이다. 전후 복지국가가 자주 '케인스주의적 복지국가'로 불렸던 것에서도 알 수 있듯이 복지국가가 어떤 식으로든 경제정책과 완전고용을 통해 뒷받침되지 않으면 안 된다는 점은 어느 나라에서나 공통적인 인식이었다. 따라서 여기서 문제가 되는 것은 복지정책과 경제정책의 결합에 대한 일반적인 문제가 아니라 어떤 복지정책과 어떤 경제정책이 어떤 식으로 결합하는가라는 문제이다. 일찍이 미쉬라(R. Mishra)는 복지정책과 경제정책 내지는 고용정책의 관계에 주목하여, 양자가 결합되어 상승적으로 발전한 통합적 복지국가(Integrated Welfare State—스웨덴·오스트리아)와 양자가 모두 정체된 분산적 복지국가(Differentiated Welfare State-미국·영국)로 구분했다. 미쉬라의 논의는 복지국가가 일정 수준 이상의 발전을 이루려면 재정기반을 뒷받침해주는 경제정책이나 고용정책과의 연계가 반드시 필요하다는 것을 강조했다는 점에서 의미가 깊다.[7] 다만 미쉬라가 말하는 '분산적'이라는 표현은 잘못된 이해이다. 왜냐

---

7 복지정책과 경제정책의 관계는, 상승적인 발전을 성취하였는가, 둘 다 정체 되었는가뿐만 아니라 그 어느 쪽이 강하게 추진되고 다른 한쪽이 억제되는 관계, 혹은 어느 한쪽이 다른 한쪽을 대체하는 관계도 성립 가능하다. 이와 같은 경우는 독일이나 일본 등의 복지국가 전략의 형태를 이해하는 데 중요하다(Pierson, 1991: 186).
독일의 경우에는 이전적 지출이 상대적으로 큰 데 비해서 고용정책에 대해서는 소극적이며 실업률이 일관되게 높았다. 이것은 지역별로 특권화된 복지제도와 무거운 고용자 부담 등의 고용확대를 막았다는 것을 짐작하게 한다. 다만 상대적으로 두터운 이전적 급부가 여성을 가정에 머무르게 하여 실업의 현재화를 부분적으로 억제했다. 이에 반해서 일본의 경우는 낮은 실업률과 작은 복지국가가 눈에 띄며, 고용정책이 일정 정도 복지정책을 대체하지 않았는가 하는 가설이 성립된다. 결국 대기업의 장기고용관행, 돌출한 공공투자, 중소기업에 대한 보호·규제 등이 고용창출에 큰 역할을 하였고, 특히 지방에 대한 공공투자나 중소기업보호정책은 일정의 재분배효과를 가져왔다. 반면에 복

하면 미쉬라가 말하는 분산적 복지국가인 영국에서도 복지정책과 경제정책의 연동은 중시되었기 때문이며, 이 점은 베버리지 보고서(Beveridge Report)의 고용정책에 대한 인식을 살펴보아도 명백하다. 베버리지는 완전고용의 실현을 복지국가의 조건으로 중요하게 여겼다. 따라서 문제는 복지정책과 경제정책의 결합 내용이었다.

(2) 두 가지 결합 패턴

메이드네르(R. Meidner)와 헤드볼(A. Hedborg)의 표현을 빌리자면, 영국에서 실현된 것은-경기순환에 대응한 - '일반적 경제정책'과 - 베버리지형 보편주의의 좌절에 따른-'선별주의적 복지정책'의 결합이었다. 영국과 같이 경제정책이 경제순환에 수동적으로 대응하는 이른바 '스톱 앤드 고(stop and go)'식의 일반적인 수요 자극책인 경우에는 단기적인 것은 어찌되었든 장기적으로 고용을 증대하여 경제성장을 촉진하기란 곤란하다. 그리고 부문의 여하를 막론하고 수요가 전반적으로 증가되면 흔히 인플레이션이 심각해진다. 경제가 지반침식되어 선별주의적인 복지에 의존하는 자들이 증가하게 되면 그 부담 때문에 경제가 한층 더 정체하게 되는 악순환이 거듭된다.

여기서 중요한 것은, 경제부문별로 서로 다른 방법으로 대응하여 경제성장과 완전고용을 실현하는 선택적 경제정책이며, 이와 같은 경제정책을 보편주의적 복지정책과 결합시키는 것이다(Hedborg and Meidner, 1984: 230). 여기서 선택이라는 의미는 일반적인 수요환기가 아니라 산업구조 고도화 전략을 구사하는 경제정책이라는 뜻이다. 완전고용이 유지되고, 더 나아가 보편주의적 복지정책이 여러 각도에서 시민의 노동생활을 지원한다면 경제와 복지가 상승적으로 발전 가능하다.

메이드네르 등은 선별주의적 복지정책과 일반적 경제정책의 결합을 부르주아적인 전략이라 하였으며 스웨덴 노동운동이 도달한 보편주의적 복

지정책 그 자체는 가능한 한 억제되었던 것이다(埋橋, 1997; 宮本, 1997).

지정책과 선택적 경제정책의 결합을 <표 1-1>처럼 대조시켰다. 복지 정책과 경제정책의 결합과 관련한 두 가지 패턴을 명확하게 노동운동의 이데올로기와 부르주아 세력의 이데올로기로 귀속시키는 것이 가능할지는 약간 의심스럽지만, 복지국가를 비교할 때 이 두 가지 패턴을 도출하는 것은 매우 유익하다고 생각한다. 휴버(E. Huber)와 스티븐스(Stephens)에 따르면 스웨덴뿐만 아니라 노르웨이, 핀란드, 오스트리아 등 고도로 발달한 복지국가의 경제정책적 특징은 경기 변동에 대응한 수요 측면정책이 아니라, 그들이 말하는 공급 측면정책 즉, 산업구조의 고도화 전략을 포함한 선택적 경제정책이다. 다만, 노르웨이, 핀란드가 선택적인 경제정책을 위로부터의 계획이라는 형태로 추구했음에 비해 스웨덴의 특징은 동일한 목표를 렌·메이드네르 모델이라는 독자의 정책 연계를 통해 실현하려고 했다는 데 있다(Huber and Stephens, 1998: 363-364). 이 책의 제2장에서는 스웨덴의 선택적 경제정책과 보편주의적 복지정책의 형성을 서술할 것이며, 제3장에서는 양자의 연동을 실현시킨 렌·메이드네르 모델의 전개를 설명할 것이다.

〈표 1-1〉 복지정책과 경제정책의 결합 패턴

정책영역 이데올로기	복지정책	경제정책
노동운동	보편주의적	선택적
부르주아 세력	선별주의적	일반적

• 출처: Hedborg and Meidner, 1984: 230.

2) 보편주의와 선별주의

복지국가 전략의 두 번째 요소는 복지정책 그 자체를 어떻게 설계했는가 하는 문제이다. 이 책에서는 복지정책과 경제정책의 연대를 논의하면서 이미 보편주의와 선별주의라는 용어를 사용하였다. 보통 보편주의(Universalism)란 소득에 관계없이 모든 시민을 대상으로 복지의 급부나 서비스를 실시하는 것을 말한다. 이에 반해서 선별주의(Selectivism)란 급부나 서비스의 대상을 소득조사에 의해서 한정하는 것을 말하며, 그 때문에 급부나 서비스 수급에는 흔히 차별적 각인(stigma)이 따른다.[8]

⑴ 노동운동과 보편주의

일반적으로 노동운동이나 사회민주주의는 보편주의 복지정책을 추구하며 이에 반해서 선별주의는 자유주의적인 복지국가의 특징으로 여긴다. 메이드네르는 보편주의적 복지정책과 선택적 경제정책의 결합을 스웨덴 노동운동의 전략으로 보았다. 그러나 유의해야 할 것은 노동운동과 보편주의적 복지정책의 결합이 그다지 명확한 것은 아니었다는 점이다. 이후의 분석에서 알 수 있듯이 전전기의 스웨덴을 포함하여 각국의 노동운동은 자주 선별주의적인 복지정책에 집착했다. 왜냐하면 선별주의적인 복지정책을 통해 그 대상으로부터 상대적으로 부유한 계층을 배제하는 편이 재분배 효과가 커지고, 사회적 평등의 추구라는 점에서 효과가 있다고 생각했기 때문이다. 강력한 노동운동이 존재했어도 그것이 고도의 복지정책의 전개로 이어지지 못했던 뉴질랜드나 오스트레일리아에 대해서 앞에서 언급했는데, 그것은 이 두 나라의 노동운동이 복지정책에 대해서는 선별주의적 전략으로부터 벗어나지 못했기 때문이다. 따라서 노동운동이 얼마나 보편주의적 복지정책을 확립하고 있느냐가 그것을 분석할 때 하나의 초점이 된다.

그런데 여기서 문제가 되는 것은 보편주의라는 개념이 오늘날 복지 연구

---

8 보편주의와 선별주의의 개념을 정리한 연구자로, 히라오카(平岡, 1998)가 있다. 히라오카는 일본에서 보편주의 논의의 특징으로서 ① 부담의 측면에 대한 논의가 결여되어 능력에 따른 부담을 당연시하는 경향, ② 복지공급체제의 다원화와 연계시켜보는 시각, ③ 논의가 복지서비스 영역에 한정되는 경향을 들고 있다. 일본의 보편주의론을 대표하는 미우라(三浦, 1995)의 보편주의 복지정책론은 제2임시행정조사회의 선별주의적 복지론에 대항하는 과정에서 제시된 것이다. 그런데 미우라의 논의는 정책 차원에서의 보편주의가 체제 차원에서의 선별주의로 전화되어버리는 위험부담에 대해서는 충분히 다루고 있다고 보기 어렵다. 만약 그의 논의에 ①, ②와 같은 경향이 내포되어 있다면 더욱 주의하지 않으면 안 될 것이다.

의 키워드이면서 실제로는 다의적이며, 경우에 따라서는 선별주의와의 경계조차 불명확하다는 사실이다.

(2) 보편주의의 유형

보편주의 개념 <그림 1-1>과 같이 정리할 수 있다. 우선 여기서 체제 차원의 보편주의라고 하는 것은 사회복지의 급부나 서비스를 각 정책분야에 걸쳐서 모든 시민에게 제공하고 있는 상황을 의미한다. 그런데 엄밀히 말하자면 모든 시민에게 골고루 각 분야의 서비스나 급부의 수급자격이 주어진다는 것은 생각하기 어려우므로 이것은 단지 하나의 이념형이라 할 수 있다.

〈그림 1-1〉 보편주의의 유형

현실적으로 보면 보편주의의 이념은 개별 정책 차원의 더욱 한정된 범위 안에서 실현되었다. 볼드윈에 따르면 보편주의는 수평적 보편주의와 수직적 보편주의로 나누어 볼 수 있다(Baldwin, 1990: 113). 수평적 보편주의라는 것은, 예를 들어 스웨덴의 보편주의적 복지국가 원점으로 보고 있는 1913년의 국민연금제도와 같이 어떤 직역에 한정하지 않고 모든 부문를 동일선상에서 포괄하는 정책을 말하며, 이 경우 수직적으로는-즉 소득계층에 대한 대응이라는 점에서 말하자면-소득조사에 의한 일정의 선별이 있을 수 있다. 이에 반해 수직적 보편주의라는 것은 소득계층에 맞춘 이른바 종(縱)의 포괄화이며, 이 경우 소득조사는 기본적으로 폐지된다.

그러나 소득조사를 배제한 수직적 보편주의에서도 구체적인 제도의 설계는 서로 다른 방향을 취할 수 있다. 연금정책을 예로 들어 매우 단순한 유형화를 시도해보면, 하나는 소득 여하를 묻지 않고 균일 급부를 실시하는 이른바 형식적 평등화의 방향이 있다. 이 책이 다루고 있는 묄레르(G. Möller)의 보편주의 구상과 같이 누진적인 조세를 재원으로 균일 급부를 실시하면 수직적 재분배의 성격이 강해지며, 베버리지(W. Beveridge)의 연금구상과 같이 균일 갹출을 재원으로 하면 수직적 재분배 효과는 중립적이 된다. 이에 비해서 다른 하나는 스웨덴의 부가연금제도가 대표하는 것과 같은 소득비례적인 급부 실시로 더욱 실질적인 소득보장을 꾀하는 방향이 있다. 이 두 제도 모두가 평등화, 포괄화를 지향하기 때문에 보편주의적이라고 간주되지만 양자의 이념은 크게 다르다.

<그림 1-1>에 관해서 마지막으로 지적하고 싶은 것은 체제 차원의 보편주의와 정책 차원의 보편주의의 관계이다. 양자가 항상 동일 보조를 취하는 것은 아니다. 개별 정책 차원에서 보편주의를 추구할지라도 해당 정책이 놓여진 사회경제적인 조건에 따라서는 체제 차원에서 선별주의적인 구조를 형성시키고 마는 경우가 있다.

예를 들어 균일 급부의 보편주의를 대표하는 베버리지 연금은 전후 영국의 저성장 경제 때문에 제약되어 급부 수준이 극히 낮았기 때문에 화이트칼라 계층의 생활수준을 만족시키지 못해 많은 이들이 노사협약에 의한 직역연금이나 사적연금으로 향했다. 그 결과 복지국가 전체로는 공적인 사회보장과 민간 연금제도라는 이중구조를 만들어냈다. 또 한편으로 소득비례형의 보편주의에도 위험이 있다. 여기서는 상층 소득자를 포함하여 더욱 광범한 사회계층의 지지를 얻을 수 있지만 만약 경제정책과의 연계에 문제가 생겨서 실업 때문에 급부 요건을 만족시키지 못하는 계층이 증대한다면 이것도 복지국가 전체로서는 이중구조로 전화되고 말 가능성이 있다. 후술하는 것처럼 이것이 현재 스웨덴이 직면하고 있는 문제이다.

(3) 보편주의 가치이념

복지정책 제도와 함께 중요한 의미를 갖고 있는 것이 제도의 배후에 있는 가치이념의 문제이다. 스웨덴의 1913년 국민연금제도가 농민사회의 지지를 받고 있었다는 사실, 혹은 베버리지 연금제도에 대한 영국 국민의 열광의 배후에는 전시 영국의 내셔널리즘의 고양이 있었다는 것 등 초기 보편주의적인 복지에는 흔히 공동체주의(communitarian)적인 가치가 내포되어 있었다.[9] 이 책 제2장에서는 1930~40년대 스웨덴의 보편주의적인 복지정책의 형성이 인구문제와 관련된 내셔널리즘을 배경으로 했다는 점과, 그것의 전략적인 동원을 기초로 하고 있었다는 점을 밝힐 것이다.

그러나 전후 경제성장 속에서 전통적인 내셔널리즘은 영향력이 점차 저하된다. 전후 스웨덴에서 보편주의적인 복지국가 전략이 견지되고 정착되었던 배경에는 보편주의 제도에 대한 개혁과 함께 가치이념을 쇄신했다는 배경이 있다. 즉 보편주의적 정책을 뒷받침하는 이념으로서 공동체주의적인 가치를 대신하여 한층 더 리버럴한 개인의 자율을 지원하는 복지이념이 제창되었던 것이다. 이 책 제3장에서는 복지국가 이념과 관련한 대립 속에서 사민당이 '자유선택사회'라는 슬로건 하에서 이념전환을 추진했던 경위를 서술할 것이다.

3) 젠더와 가족

(1) 복지국가의 원점이 된 인구문제

복지정책과 경제정책의 연계, 보편주의와 선별주의 선택과 함께 복지국가 전략을 특징짓는 제3의 요소는 가족 및 젠더의 위치 설정이다. 최근 복지국가 연구의 발전 속에서 복지국가에 대한 젠더 시각의 성숙으로 복지국가가 어떻게 젠더 관계의 형성이나 재생산과 깊이 관련되어왔는지가 서서히 밝혀지고 있다. 다만 여기서 강조하고 싶은 것은 젠더와 가족의 문제는 복지국가에서 결코 새로운 주제가 아니라는 것이다. 금세기초 급격한 사회변화와 출생률의 저하 속에서 여성과 가족의 형태에 대해서 어떻게 대응

---

9 여기에서 공동체주의적이라고 할 때 그것을 단지 퇴행적인 공동체의 역사적 유제로서만이 아니라 나중에 더욱 리버럴한 제도로 탄생하는 합의의 기반으로서도 보고 있다(cf. Rothstein, 1994).

을 할 것인지에 대해 각국은 전략을 강구해야만 했다. 흔히 1920년대에서 1930년대에 걸쳐 경제위기에 대한 대응이 다양한 복지국가의 방향성을 결정했다고 지적하고 있지만, 같은 시기에 부상한 인구문제에 어떻게 대응하여 가족에 대한 공적 책임범위를 한정할 것인가 하는 문제도 이후 복지국가의 방향을 좌우한 중요한 분기점이었다. 따라서 인구문제의 위기는 복지국가 형성의 원점으로서 경제 위기에 뒤지지 않는 의미를 갖고 있다고 할 수 있다(Pedersen, 1993).

노동운동의 복지국가 전략에 초점을 맞추어 말하자면, 스웨덴 노동운동은 인구문제의 위기를 계기로 하여 일찍이 젠더 시각을 복지국가 전략에 포함했다. 스웨덴 노동운동이 보편주의적 복지 이념을 획득하여 그후 복지국가 형성에 발판을 굳히게 된 것은 젠더와 가족이라는 문제에 대한 대응을 통해서였다고 말해도 과언이 아닐 것이다. 그 경위에 대해서는 제2장에서 상세하게 살펴볼 것이다. 이에 비해서 예를 들어 독일 노동운동이 나치즘의 대두를 용인한 배경으로서는 경제적 위기에 대한 현실적인 대응의 결여가 자주 지적된다. 그런데 동시에 급속한 산업화 속에서 가족과 여성에 관련한 환경이 격변하여 사람들의 불안이 확대되는 와중에 그러한 불안에 능동적으로 대처하지 못했던 사실도 기억해야 할 것이다. 그 결과 인구문제에 대한 관심과 여성운동의 에너지는 민족주의적인 우생학의 물결에 규합되어 나치즘이 그것을 계승하였다.

(2) 젠더 분석 시각

오늘날 복지국가는 이와 같은 기초 위에 젠더와 가족과의 관계를 한층 더 강화하고 있다. 여러 복지국가 전략에서 젠더와 가족의 위치 설정은 시로프(A. Siaroff)가 잘 정리하고 있다. 시로프는 여성노동의 양호도(female work desirability)와 가족복지지향(family welfare orientation)이라는 두 가지 시점에서 복지국가의 비교분석을 시도하였다. 지금까지의 논의와 대응시켜 말하자면 여성노동의 양호도는 복지정책과 고용정책의 연대와 관련되어 있으며, 여성의 노동시장 진출이 어떤 조건하에서 어느 정도 가능한가 즉, 유상노동의 자유가 얼마만큼 보장되어 있는가 하는 지표이다. 시로프는 이것을 남녀임금격차와 관리직에서 여성이 차지하는 비율 등을 이용해서 도표화했다. 이에 대해서 가족복지지향이란 복지정책의 내용과 관련되어 있으며, 복지정책이 육아, 수발 등 가족의 무상노동을 어떻게 대체하고, 얼마나 여성에게 무상노동으로부터의 자유를 보장하고 있는가에 관한 지표이다. 시로프는 이것을 가족정책지출과 육아휴가의 제도화를 통해 도표화하고 있다(Siaroff, 1994).

전자의 유상노동에의 자유와 관련해서는 에스핑안데르센에 대한 페미니스트의 비판이 있다. 그 비판의 포인트는, 여성은 가령 유상노동에서 탈상품화되어도 가정에서 무상의 가사노동과 수발노동에 종속된다는 점에서는 근본적인 변화가 없다는 것이다. 오히려 무상노동에의 종속이라는 문제를 고려한다면 당면하는 단계에서 여성이 바라는 것은 노동력의 상품화라 하겠다. 가정에서 무상노동에의 종속은 여성의 노동시장에의 접근을 방해하고 있다. 따라서 탈상품화라는 개념이 실질적인 의미를 갖기 위해서는 그 전제로서 여성의 강제된 무상노동으로부터의 자유와 유상 노동에의 접근을 가능하게 하는 제도와 정책이 형성되어 있어야 할 것이다(Orloff, 1993; O'Connor, 1993).

시로프가 이 두 지수를 이용하여 각국의 포지션을 나타낸 것이 <그림 1-2>이다(지수화 방법에 대해서는 北(1997)을 참조할 것). 스웨덴에서는 고용정책이 양성의 노동시장참가를 촉진했기 때문에 이에 대응해서 육아와 수발의 사회 서비스가 한층 더 정비되었고, 사회보험의 성편향도 해소되어갔다. 결국 여성노동의 양호도와 가족복지는 상승적으로 발전했다고 하겠다. 이에 반해서 중앙보다도 왼쪽에 위치해있는 독일과 일본에서는 여성의 노동시장진출이 억제되었으며 전통적(근대적) 가족모델이 제도의 전제가 되었다.

전통적 가족 모델을 뒷받침하는-혹은 강제하는-구조는 두 나라에서 크게 달랐다(주 7을 참조). 독일에서는 가족정책의 수준이 상대적으로 높고 가족에 대한 두터운 이전적 급부가 실시되었으나, 이 수급자격의 인정과 조세, 보험료의 지불방식 등이 일하는 여성에게 불리하게 적용되었기 때문에 여성이 가정에 머무르는 경향이 높아졌다. 아니 그보다는 전통적 가족 모델을 유지하는 것 자체가 가톨릭 보수주의 복지관(福祉觀)이었던 것이다. 이에 반해서 일본의 경우에는 선별주의적인 성격이 강한 복지정책을 고용정책이 대체하였기 때문에 남성 소득자의 소득에 의존해 가족이 육아와 수발의 현장이 되었다. 그 결과 그림에서 보면 가족정책의 수준에서도 노동의 양호도에서도 포인트가 낮게 표시되어 있다. 덧붙여 말하자면 미국은 일본과 마찬가지로 가족복지는 선별주의가 강하나 고용과 관련한 성편향은 상대적으로 약하다(宮本, 1997).

전통적 가족 모델이 제도의 전제가 된 국가에서는 복지제도의 젠더 바이어스가 강한 경우가 많다. 여기서 말하는 복지제도의 성편향이란 피부양자에 대한 연금과 복지 서비스가 배우자인 남성노동자의 연금권과 노사협약에 의해서 좌우되는 케이스를 말한다. 세인즈베리(D. Sainsbury)는 이와

〈그림 1-2〉 여성의 복지환경

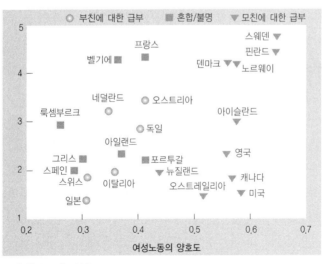

• 출처: Siaroff, 1994.

같은 제도를 한 가족 한 남성의 소득자 즉, 브레드위너(bread-winner)를 상정한다는 점에서 '브레드위너 모델'이라고 부르며, 남녀 상관없이 개인을 단위로 해서 제도를 설계하는 '개인 모델'과 대비시킨다(Sainsbury, 1994: 153).

4) 복지국가 전략과 정치적 역학관계

⑴ 타협의 초점으로서의 복지국가

복지국가 전략의 세 개의 기축, 즉 복지정책과 경제정책의 관계, 복지정책의 특질, 가족과 젠더의 위치 설정은 상호간에 밀접하게 관련되어 있다. 이와 같은 복지국가 전략의 구조는 시각을 달리해서 보면 복지국가에서 시장, 국가, 가족이라는 삼자에 대해서 어떠한 연대가 구상되는가와 관련되어 있다. 그리고 이 구상의 형태는 이미 지금까지의 고찰에서 명확해졌듯이 복지국가 전략을 추진하는 정치세력의 성격을 강하게 반영하고 있다.

그러나 각 정치세력의 복지국가 전략은 실제로는 다른 정치세력과의 복잡한 대립과 동맹관계 속에서 구상된다. 따라서 모든 복지국가에서 실제의 복지정책은 복수의 정치세력의 타협과 균형으로부터 나오게 마련이다. 에스핑안데르센이 복지국가 모델의 예로 든 국가에서도 예외가 아니다. 예를 들어 덴마크의 복지정책은 같은 사회민주주의 모델에 속하는 스웨덴과 비교해서 시장원리에 대한 의존도가 상대적으로 높다고 평가된다. 그것은 노동운동이 대두하기 전에 자유주의 세력에 의해서 복지국가의 기초가 다져졌다는 사실과, 농민층의 시장경제에 대한 대응이 진척되어 있었다는 사실 등의 역사적 배경이 깔려 있기 때문이다. 또 같은 보수주의 모델로 분류되는 국가 중에서도 노동운동이 상대적으로 강력하고 기독교 민주주의 정당이 가톨릭 노조 등을 통한 노동운동과의 연계를 중시한 네덜란드와 오스트리아의 경우가 기독교 민주주의 세력이 노동운동에서 기반이 약했던 독일에 비해서 공적인 복지지출 수준이 높다(宮本, 1996b).

⑵ 균형 잡힌 역학관계의 케이스

영국, 일본, 뉴질랜드, 오스트레일리아 등의 경우는 에스핑안데르센의 유형 분류로는 명확히 위치를 설정하기 어려운 사례로 간주되어 왔다. 이러한 국가들은 복지국가 전략을 둘러싸고 복수의 세력이 상당히 뚜렷이 대립하거나 균형을 이루거나, 혹은 동맹관계에 있었기 때문에, 아니면 복지국가 형성과정에서 주도세력이 교대되었기 때문에 복지국가 전략에 복수의 원리가 침투되어 성격이 더욱 복잡하게 되었다고 본다.

예를 들어 영국 복지국가의 경우에는 자유주의 세력의 주도성이라는 점에서는 미국과 동일하나, 상대적으로 강력한 노동운동의 존재라는 점에서 미국과는 크게 달랐다. 따라서 베버리지 연금제도의 균일 급부형의 보편주의와 국민 의료서비스 등 영국의 복지정책은 공적인 제도에 대한 의존도에서는 미국적 자유주의와 다른 길을 걷게 되었다. 다만 영국의 노동운동이 자기 나름대로의 복지국가 전략이 미성숙했기 때문에 복지 국가형성에 대한 영향력은 간접적인 것에 머무르게 되었다. 이러한 고유의 역학관계로부터 긴스버그(N. Ginsburg)가 '컬렉티브한 자유주의'라 부르는 영국 복지국가 특유의 성격을 배태했다(Ginsburg, 1992: 141). 일본형 복지국가의 특질은 그 형성을 주도한 자민당이 도시의 대기업 노사를 기반으로 한 자유주의 세력과 지방의 보수주의 세력을 포괄하는 정당이었다는 것을 반영하고 있다. 자민당은 혁신자치제의 신장 속에서 뒤늦게 복지국가 전략에 착수할 수밖에 없었다. 그러한 과정에서 자민당은 복지정책 자체는 억제하여 작은 정부를 유지하였다. 그러나 대기업 노사연합의 자유주의적인 이익 추구 때문에 지방 보수세력의 이익이 일방적으로 유린되지 않도록 자민당은 복지정책이 아닌 공공투자와 중소기업, 유통업에 대한 보호·규제 등의 경제정책을 통해서 지방의 고용공급에 힘을 기울였다. 그 결과 사회민주주의적인 완전고용이 실현된 것처럼 보였는데, 그러한 외관은 사회민주주의 세력의 영향력에 의한 것이라기보다는 자유주의 세력과 보수주의 세력의 균형이 만들어낸 것이라는 점에 주의할 필요가 있다. 실제로는 공공사업과 보호·

규제를 통해 만들어낸 남성 브레드위너의 고용을 주부의 육아, 수발과 연동시키는 의사복지(擬似福祉)시스템이었다.[10]

5) 제도 · 전략 · 합리적 선택

(1) 복지국가 전략과 제도형성

복지국가 전략의 구조를 반영한 정치적 대항관계까지도 함께 검토하려고 할 경우에는 복지정책 형성의 정치과정에 대한 분석이 필요하다. 이 책의 다음 장 이하의 분석은 그것을 시도한 것인데, 문제는 정치과정을 어떤 식으로 기술할 것인가 하는 방법이다. 이 책에서는 권력자원론을 분석의 기초로 하고 있으면서 특히 노동운동이 주어진 제도 · 정책과 정치적 역학관계를 토대로 어떻게 새로운 제도형성을 꾀했는가 하는 전략에 초점을 맞추고 있다.[11] 여기서 권력자원론과 신제도론의 관계에 대해서 상세한 검토

---

10 에스핑안데르센은 최근 저서에서 이와 같은 균형 잡힌 역학관계 케이스에 대해서 좀 더 주의 깊게 분석을 하고 있다(Esping-Andersen, 1999:86-94). 일본에 대해서는 자유주의 모델과 보수주의 모델의 '세계적으로 독특한 혼합체'라는 이 책과 동일한 견해를 보이면서도 가족주의와 기업복지라는 점에서는 보수주의 모델에 가깝다고 보고 있다(Esping-Andersen, 1999:82, 92).

11 신제도론은 권력자원론을 비판한 국가론과 동일한 것으로 여겨왔기 때문에 권력자원론과의 대립점이 강조되기 쉬운데 실제로는 많은 면에서 양자의 방법이 중첩된다. 스카치폴 등의 국가론자들이 권력자원론은 복지국가의 발전을 '노동자의 힘'으로 환원시키고 있다고 비판하는 것에 대해서 코르피는 권력자원론이 국가의 제도를 경시하고 있는 것은 아니며 오히려 권력자원의 효율적인 동원이라는 관점에서 제도의 형태에 주목하고 있다고 강조한다(Orloff and Skocpol, 1984; Korpi, 1985a: 31-33, Korpi, 1989: 313-314). 권력자원론이 단기적인 이익을 억제하면서까지 제도나 역학관계 자체를 바꾸어가려는 전략적 행동-권력자원의 '투자'-에 주목하는 것은 바로 그것 때문이다. 한편 국가론 이외의 역사적 제도론의 동향을 보면 제도를 주어진 구조로 보지 않으며, 형성과 변형의 과정을 포착하는 것이 과제로 부상하고 있다(Thelen and Steinmo, 1992: 21-22). 여기서 권력자원론적 발상으로의 접근이 보인다.
합리적 선택 제도론도 주어진 제도 속에서 행위자의 능동적인 전략에 초점을 맞춘다는 점에서 코르피의 논의와 통하는 면이 있다. 특히 합리적 선택 제도론의 좌파라고 할 수 있는 엘스터(J. Elster)와 프셰보르스키(A. Przeworski) 등의 논의는 노동운동의 코포라티즘 전략을 장기적 시점에서 합리적 선택의 귀결로 본다는 점에서 코르피의 논의와 깊이 관련되어 있다고 하겠다(Elster, 1982: 464; Przeworski and Wallerstein, 1982).

를 할 여유는 없지만, 복지정책의 정치과정에 대한 이 책의 분석시각을 신제도론과 관련시켜 설명하자면 다음과 같다. 우선 신제도론, 특히 역사적 제도론이라고 불리는 조류는 역사적으로 형성되어온 정치와 경제의 제도가 어떻게 정치 행위자의 선택여지를 제약하는가를 강조한다. 노동정치와 복지정치의 영역에 초점을 맞추어 말하자면, 각국의 정치제도의 형태에 따라서 노동조합과 사민당의 권력자원의 축적의 정도와 동원의 효율이 좌우되며, 선택할 수 있는 정치전략의 범위가 결정된다. 스웨덴의 노동운동이 어떤 정치제도의 영향을 받았는지는 이 책에서도 논의의 출발점으로서 중요하다.

먼저 많은 유럽 국가들에서 실시되어 온 비례대표제는 내셔널한 차원에서 노동운동의 통합을 촉진하게 되었다. 이것은 미국이나 일본과 같은 소선거구 내지는 중선거구제가 정치를 이익 배분으로 치닫게 하는 경향이 있으며, 미국과 같이 분권적인 구조가 철저하게 이루어진 국가에서는 그러한 경향이 현저하게 나타나는 것과는 대조를 이룬다. 특히 보수세력이 보수, 리버럴, 농민당 등으로 분열된 북유럽 국가들에서 비례대표제는 보수통합의 유인을 없애 분열을 고정화시켰으며, 결과적으로 노동자 정당의 입지가 우세해졌다(Katzenstein, 1985: 101-103; Castles, 1978).

비례대표제와 보수세력의 분열이라는 유럽 중소국의 고유한 조건은 이익표출 제도로서 코포라티즘이 성립하는 데 큰 의미를 갖고 있다. 여기서 코포라티즘이란 의회정치와 밀접한 관련을 가지면서도 상대적으로 독자적으로 행동하는 노사를 중심으로 한 이익집단과 정부의 협의체제를 말한다. 비례대표와 다당제 하에서는 정치세력이 균형을 이루어 연합정권이 일상화됨에 따라 의회 밖에서 모든 정당과 이익집단의 협의와 타협이 불가피하게 되어 코포라티즘이 촉진되었던 것이다. 그리고 이 코포라티즘의 성립

주목할 만한 것은 최근 역사적 제도론과 합리적 선택 제도론이 분석틀로서 상호보완관계에 있다는 점이 지적되고 있다는 것이다(Hall and Taylor, 1996; Kato, 1996). 두 이론 조류의 관심의 교차는 각 행위자가 장기적 관점에서 합리적 선택으로 어떠한 제도형성을 꾀하는가 하는 제도전략의 형태에서 이루어질 것이다.

은 노동의 이익표출과 다른 정치세력과의 이익조정을 용이하게 했다.

더욱이 스웨덴의 경우에는 1971년까지 유지된 양원제 의회제도가 사민당의 정권유지에 유리한 조건을 제공했던 점도 지적되고 있다. 양원제하에서는 지방정부에 의한 간접선거를 통해서 매년 상원(上院)의 8분의 1씩이 재선출되었다. 지방의 견고한 지지 기반을 배경으로 사민당은 상원에서 1940년 이후로 계속해서 과반수 이상의 의석을 획득했다. 이에 반해서 하원에서는 사민당이 절대다수를 차지했던 것은 1932년 이후 1968년까지 두 번뿐이었다. 1971년에 사민당이 야당의 강경한 상원 폐지론에 굴하기 전까지 사민당은 양원제의 장점을 최대한으로 이용해서 정책운영에 임할 수 있었다(Steinmo, 1993: 129-131).

이와같이 정치제도가 노동운동의 영향력을 증폭시키거나 억제시킨 것이 사실인데 노동운동은 단지 그것을 다행스럽게 받아들인다거나 제도상의 불리함을 한탄하기만 한 것은 아니다. 비례대표제이든지 코포라티즘이든지, 아니면 양원제이든지 그것은 원래 보수세력과 자본측이 이익을 안정화시키기 위해서 만들어낸 것이었다. 노동운동은 장기적인 이익 확보의 전망에 서서 이러한 제도를 자신들의 이익표출에 적합하도록 개혁하여 활용하였다. 이렇게 해서 정치제도를 통해서 노동운동의 영향력이 강해져, 복지제도가 형성되었고, 다시 이 복지제도가 노동운동의 권력자원을 확대시키는 방향으로 기능했다. 이 책에서는 노동운동의 권력자원을 확대하는 데 특히 효과가 있었던 복지제도로 1930년대 만들어진 겐트제도의 실업보험제도와 1959년에 도입된 부가연금제도를 다루고자 한다.

(2) 제도 · 합리적 선택 · 사회규범

한편 이 책에서는 복지국가 전략 형성과 시민의 합리적 선택의 관계에 관심을 갖는다. 복지국가 전략이라고 할지라도 그것을 정치 행위자에 의한 일방적인 조작인 것처럼 받아들여서는 안 된다. 노동운동의 복지국가 전략은 항상-각각의 노동자를 포함하여-시민의 합리적 선택을 조건으로 상정해야만 했다. 일반적으로 노동운동의 복지국가 전략은 사회적 연대와 평등을 복지국가 형성을 통해서 실현하려고 한다는 점에서 강한 규범성을 갖고 있다. 그러나 그 규범이 시민의 경제적 합리성과 정면으로 대립된다면 복지국가 전략의 실행력은 크게 저하될 것이다. 그에 반해서 복지국가 전략이 규범성과 시민의 경제합리성을 능숙히 조정하여 새로운 제도형성에 성공한다면 이제 그 새로운 제도가 고유의 규범을 만들어 내게 되어 시민의 합리적 선택의 형태를 좌우하게 된다.

시민의 합리적 선택의 방향은 그 전제가 되는 복지국가 제도에 의해서 크게 달라진다. 밀너(H. Milner)에 따르면 복지반동을 상징하는 감세(減稅) 제안 프로포지션 13에 찬성하는 캘리포니아주의 화이트칼라도, 중세(重稅)노선의 사민당에게 투표하는 스웨덴의 화이트칼라도, 투표행동으로서는 합리적인 것이다(Milner, 1994: 9-13). 캘리포니아의 화이트칼라에게 복지는 독립심을 결여한 빈곤층에게 '버려지는 돈'이나 다름없는 것으로 받아들여졌으나, 스웨덴의 화이트칼라에게 복지는 자신들의 생활 설계에 필요한 것으로 판단되었다.

서로 다른 제도 속에서 유일무이의 경제합리성이 기능하고 있는 것은 아니다. 이 점에 대해서 엘스터는 스웨덴의 코포라티즘적인 노사관계를 세밀히 분석하여 교섭제도와 절차가 조합원의 경제합리적 선택성뿐만 아니라 고유의 평등과 공정 이념에 기초하고 있다는 것을 밝혀냈다(Elster, 1989: 186-187, 215-221). 또한 로스슈타인은 복지국가 제도가 일단 성립되면 역으로 경제적 합리성과 사회규범을 특정한 형태로 융합시켜나간다고 주장한다. 예를 들어 복지국가는 국가가 복지정책을 통해서 무엇을 해야만 하는가 하는 '일반적인 공정'에 대한 사고방식, 그 경우에 비용을 상호간에 어떻게 부담할 것인가 하는 '부담의 배분'에 관한 룰, 더 나아가 복지정책의 집행은 어떻게 해야 하는가 하는 '절차적 정의'라는 세 가지 규범적 요소를 구체화한다. 이러한 규범적 요소는 '국민적 성격'과 '계급의식' 등으로부터 생성되는 것이 아니라 복지국가 제도 그 자체가 만들어가는 것이다(Rothstein, 1994: 162-175).

4. 이 책의 구성과 시기 구분

헤클로는 복지국가의 발전과정을 1870년부터 1920년에 걸친 시행기, 1930년대부터 1940년대의 정착기, 1950년대부터 1960년대에 걸친 확장기 그리고 1970년대 이후의 재편기라는 네 가지 시기로 구분한다. 헤클로에 따르면, 시행기는 말하자면 복지국가의 준비단계이며 여러 제도가 맹아적으로 형성되는 시기이다. 정착기에는 복지국가를 구성하는 모든 제도가 상호간에 조정, 통합, 정착된다. 그리고 확장기는 각국이 고도성장의 기류를 타고 복지국가를 확장시킨 시기이며, 재편기는 저성장기로 전환됨에 따라서 팽창에 제동이 걸려 재편 방안이 모색되기 시작한 시기이다. 이 헤클로의 시기 구분은 1950년대부터 1960년대에 걸친 각국의 복지국가가 직면한 질적인 전환을 경시하고 있다는 점 등 불만족스러운 면이 없지 않으나 네 가지 시기 구분 자체는 타당한 것으로 본다. 이 책에서는 기본적으로 헤클로의 시기구분에 의거하며, 그가 말하는 정착기 즉, 1930년대부터 1940년대의 시기에서 시작하여 스웨덴 모델의 형성과 변형 과정을 추적한다 (Heclo, 1981: 384-394).

헤클로가 말하는 시행기 즉, 19세기 말부터 1920년대에 걸친 시기가 중요하지 않은 것은 아니다. 이 시기에 그때까지의 구빈(救貧)행정과 구별되는 각종 사회보험이 발달하였다는 것, 사회보험의 발달에 따라 공적부조의 팽창에 대한 경계심이 완화되었다는 것 등이 복지국가 형성에서 하나의 지표가 되고 있다(毛利, 1990: 73).

스웨덴에서도 이 시기에는 자유주의 세력이 주도하는 제도개혁이 진행되었다. 예를 들어 헤딘(A. Hedin)과 같은 자유주의자가 독일의 일련의 사회보험제도 도입에 강한 영향을 받아, 그것을 독일 이상으로 농촌사회적인 성격이 농후한 스웨덴의 조건에 맞게 조정하려고 했다. 이에 비해서 출범한 지 얼마 되지 않았던 사민당은 복지정책에 대해서는 독자적인 견해를 갖고 있지 못했다. 초대 당수인 얄마르 브란팅(Karl Hjalmar Branting)은 다소 예외적으로 복지정책에 대해서 폭넓은 지식을 가지고 있었으며, 동시에 조사위원회 등의 정책논의에도 적극적으로 참가하였다. 그러나 노동운동의 주변에서 융겐(E. Jungen), 묄레르, 뮈르달 등과 같이 빼어난 사상가들이 계속해서 나타난 것은 1920년대 중엽 이후의 일이다.

이 책의 주요 관심은 노동운동의 복지국가 전략의 전개이다. 따라서 이 책 제2장은 1930년대로부터 1940년대에 걸쳐서 있었던 스웨덴의 복지국가 발전부터 서술한다. 이 시기에 중요한 것은 1950년대부터 1960년대의 단계에서 하나의 시스템으로서 형성되어가는 스웨덴 모델의 두 개의 기축이 개별적으로 미성숙한 형태로 모습을 나타냈다는 것이다. 즉, 경제위기에 대해서는 적록연합을 기초로 한 새로운 경제정책의 전개가 있었으며, 인구문제의 위기를 계기로 해서 보편주의적인 복지정책이 가족정책의 영역에서 출현하였다. 보편주의적인 이념은 곧바로 연금정책과 건강보험정책의 영역에서도 적용되어 정착되어간다. 여기서는 이와 같은 경제정책과 복지정책의 전개를 노사의 집권적 교섭제도와 노동조합 주도의 실업보험제도 등과 관련된 제도형성을 함께 고찰한다.

제3장에서는 1950년대부터 1960년대에 걸쳐 복지국가 전략의 성숙과정이 다루어진다. 이 시기에 경제정책은 렌·메이드네르 모델에 기초하여 쇄신되었으며 복지정책과 한층 더 긴밀히 연계하게 된다. 또한 경제정책과의 일체화를 통해서 복지정책의 내용 자체가 전환된다. 즉, 모든 시민이 고용되어 경제능력을 갖게 되는 시기에 복지정책의 역점은 소득계층간의 수직적인 재분배로부터 시민 각자의 생활지원으로 중점이 이동한다. 개인의 인생에서 선택의 자유를 복지국가가 뒷받침하는 '자유선택사회'의 구축이 사회민주주의의 목적으로 제창되어 복지국가 전략은 공동체주의적인 가치로부터 좀더 리버럴한 가치로 변화되었다. 이 장에서는 이와 같은 복지국가 전략의 성숙을 코포라티즘 등의 관련된 제도형성과 함께 고찰한다.

제4장에서는 1970년대 후반 이후의 경제 글로벌리제이션과 경제구조

의 변화 속에서 1930년대 이후의 복지국가 전략을 뒷받침해온 모든 조건이 해체되어 복지국가 전략이 '좌' '우'로 크게 동요되는 경위를 고찰한다. 1970년대에는 밑으로부터의 참가요구가 분출되면서 산업민주주의 입법과 노동자 기금이 논의의 초점이 되었으며, 복지국가 전략은 '좌'로 키를 돌리게 된다. 그러나 1970년대를 통해서 인플레이션 기조가 개선되지 않고 경제성장도 정체됨에 따라 1980년대에는 자본의 수익성을 중시하여 복지국가 전략을 '우'편으로 조정하는 시도가 이루어진다. 역사적 과정에서 스웨덴 모델의 변형이 어떻게 진행되었는가가 이 장의 주제이다.

제5장에서는 스웨덴 모델의 재구축을 둘러싼 논의를 살펴보고, 새로운 환경 하에서 복지국가 전략의 가능성을 검토했다. 완전고용을 전제로 한 '자유선택사회'라는 스웨덴 모델의 이념은 새로운 환경에 대한 적합성을 갖고 있다. 동시에 이 적합성을 현실적인 것으로 만들기 위해서는 적극적인 노동시장정책의 쇄신, 복지 다원주의 수용 등 새로운 과제와의 조정이 불가피하다는 것을 주장할 것이다.

제2장

스웨덴 모델의 형성

1. 스웨덴 모델이란 무엇인가

1) 시스템으로서의 스웨덴 모델

스웨덴 복지국가를 흔히 '스웨덴 모델'이란 이름으로 불러왔다. 그러나 스웨덴 모델이라고 할 경우 그 내포하고 있는 뜻은 동일하지 않았다. 이 하나의 용어를 스웨덴 복지국가의 실로 다양한 측면들을 거론했다(岡澤, 1991: 78).

예를 들어 노사관계 연구자들은 스웨덴의 집권적 노사관계와 중층적 인 교섭 시스템을 가리켜 스웨덴 모델이라고 불렀다(Johansson, 1994: 5; Ervander, 1988: 11; Anlén, 1989: 330-331). 자본주의체제 하에서 '역사적 타협'을 기초로 해서 노사가 그 공통의 이익을 최대한으로 추구하고자 했던 사실을 스웨덴 정치경제체제의 기초로 보았던 것이다. 또한 다른 연구자들은 스웨덴의 경제정책과 노동시장정책이 인플레이션을 회피하면서 완전고용을 이끌어낸 수완에 초점을 맞추어 스웨덴 모델이라는 용어를 사용했다(Meyerson, 1991). 이에 반해서 행정학자는 '역사적 타협'의 귀결로 배태한 거대한 공공부문를 스웨덴 모델의 '기축'으로 보았다(Premfors, 1991:84). 더 나아가 정치학자는 복지국가에 대한 정치적 합의를 도출해낸 코포라티즘적인 정치제도를 포함시켜 이 용어를 사용했다(Petersson, 1991: 74).

다양한 해석 중에서 어떤 것이 가장 스웨덴 정치경제체제의 본질을 표현한 것일까? 헤드볼과 메이드네르에 따르면, 노사협조든지 복지국가든지 아니면 강력한 공공부문이든지 그 하나하나의 요소에 대해서만 말한다면 그것이 반드시 스웨덴 고유의 특질이라고 할 수는 없다. 그것들은 다른 선진공업국에서도 적든지 많든지 간에 실현해온 요소들이었다. 그러나 스웨덴만큼 그 모든 것을 높은 수준으로 달성한 국가는 없었다. 바꾸어 말하자

면 이런 일련의 요소를 엮고, 서로 연계시켜 뛰어난 성과를 실현해온 것이
야말로 스웨덴의 특질이었다(Hedborg and Meidner, 1984: 12).

거의 같은 내용을 프리먼(R. Freeman) 등 스웨덴 모델의 구조를 검토한
미국의 경제학자들도 강조했다. 프리먼은 스웨덴이 여러 제도와 정책이 상
호간에 연관된 하나의 시스템 즉, '복지국가 시스템'이었다는 것에 주의할
필요가 있다고 했다(Freeman, Topel, and Swedenborg, 1997: 22). 바꾸어 말
하자면, 여러 제도와 정책이 하나의 시스템으로서 상승(相乘)적으로 발전
할 수 있는 관계였다는 것이야말로 스웨덴 모델의 특질이었다. 그리고 프
리먼은 시장의 국제화와 산업구조의 변화로 호순환을 뒷받침해온 환경이
변해버렸다는 데서 현재의 스웨덴 모델의 곤경이 비롯되었다고 보고 있다
(Freeman, 1995: 19; 奧野(藤原), 1997).

프리먼처럼 스웨덴 모델을 하나의 시스템으로 보는 견해는 매우 시사적
이다. 헤드볼과 메이드네르는 이와 같은 제도와 정책 시스템이 실현된 배
경으로 노동운동의 힘과 전략을 강조한다. 그렇다면 어떤 전략이 어떤 시
스템을 형성시켰던 것일까? 물론 스웨덴의 노동운동도 사전에 시스템에
관한 완성된 청사진을 가지고 있지 않았다. 스웨덴 사민당 내부의 전략적
인 전망도 반드시 단일하지는 않았으며 서로 다른 견해들이 자주 첨예하게
대립하곤 했다. 스웨덴 모델의 형성도 과거의 제도·정책과 현실의 정치적
역학관계를 주어진 조건으로 한 시행착오의 귀결이었던 것이다.

2) 스웨덴 모델의 생성

스웨덴 모델의 특징을 이상과 같이 이해할 경우 역사적으로 그 출현
을 어느 시점으로 볼 것인가. 많은 연구자들은 스웨덴 복지국가의 원점을
1932년 즉, 스웨덴 사민당의 장기집권이 시작된 해로 보고 있다.[1] 사민당의

---

1 정식으로는 스웨덴 사회민주노동당(Sveriges socialdemokratiska arbetareparti)이다. 스
웨덴의 각 정당은 상대적으로 일관된 흐름을 갖고 있다. 사회민주당을 제외하면 각 당
들은 여러 번 당명을 바꾸었다. 그 상세 내용은 다음 장의 <그림 3-8>을 참고하기 바란
다. 이 책에서는 혼란을 피하기 위해 '농민당(Bonderförbundet→중앙당(Centerpartiet)',
'좌익공산당(Vänsterpartiet kommunisterna)→좌익당(Vänsterpartiet)'처럼 당명의 변경

약진을 배경으로 탄생한 한손(P. A. Hansson) 내각은 적극적인 경제정책 -케인스의『일반이론』발간보다 4년 앞선다고 하는 '케인스 없는 케인스주의'-을 전개하는 한편 '인민의 집'으로 비유된 복지국가 형성에 착수했다. 확실히 스웨덴 복지국가의 역사에서 이 시기가 하나의 획을 긋는다는 것은 의심할 여지가 없다.

　　1930년대부터 1940년대에 걸친 시기에 나중에 하나의 시스템으로 통합되어 연동되어가는 일련의 정책과 전략이 계속해서 나타났다. 복지국가 전략에 대한 이 책의 분석틀에서 본다면 이 시기는 노동운동에서 사회주의 전략의 전환이 진행되었으며, 경제정책이 영역에서 노사의 '역사적 타협'에 기초한 성장전략, 완전고용을 지향하는 노동시장정책, 노조의 연대적 임금정책 등이 나타났다. 동시에 복지정책의 영역에서는 인구문제의 위기를 계기로 해서 가족정책 분야에서 보편주의적인 복지정책이 제기되었으며, 이 보편주의적 접근이 점점 노령연금제도와 건강보험제도 등의 영역에도 적용되었다. 이렇게 해서 전후 스웨덴 모델을 구성한 모든 요소가 갖추어졌다고 하겠다.

　　그러나 앞에서 언급한 것처럼 스웨덴 모델의 특성을 시스템이라는 정합성, 상승성이라는 면에서 본다면 이 시기의 전개는 아직 많은 제약이 있었던 것도 사실이다. 이 시기 노동시장정책, 임금정책, 복지정책 등이 전후 정책의 원형이었는데 아직 여러 면에서 미성숙했다. 그리고 무엇보다도 정책 상호간에 후에 보여지는 것과 같은 긴밀한 연계가 아직 형성되지 않았다. 우선 경제정책의 내부에서는 노동시장정책과 임금정책 사이에 후술하는 렌·메이드네르 모델과 같은 정책 연계가 형성되지 않았다. 더욱이 좀 더 거시적으로 말하면 노동시장의 조정에 역점을 둔 경제정책과 보편주의적 복지정책이 어떻게 연동 가능한가라는 점에 대해서도 구체적인 구상은 존재하지 않았다고 하겠다.

　　1930년대부터 1940년대에 걸친 시기의 정치과정을 검토해보면 이 시기

　　이 상당히 실질적인 이념 변경을 동반했던 경우에 대해서만 당명 변경을 표기에 반영했다.

의 경제정책과 복지정책의 전개에서 그와 같은 정합성을 찾는 것은 무리라는 것을 알 수 있다. 이 시기 스웨덴 사민당은 말하자면 생사를 건 정치 게임을 할 수밖에 없었다. 복지국가 전략의 모든 요소는 그와 같은 아슬아슬한 정치적 대항 속에서 때로는 임기응변적으로 형성되었다. 그렇다면 시스템이라는 스웨덴 모델이란 우연의 반복이 만들어낸 것이냐고 하면 그것도 정확하지는 않다. 그 하나하나의 요소는 노동운동의 장기적 이익을 고려했다는 점에서는 긴 안목을 갖고 있었으며, 그렇기 때문에 나중에 하나의 시스템으로 묶일 수 있었던 것이다. 바꾸어 말하자면 이 시기의 사민당의 일련의 대응에는 노동운동의 이익을 고려하는 면에서 공통되는 이념이 있었다. 우선 그와 같은 이념을 태생시킨 스웨덴 사회민주주의 전략 전환부터 검토하고자 한다.

2. 노동전략의 전환

1) 초기노동운동의 전개

(1) 스웨덴 산업화의 특질

19세기 말부터 본격화한 스웨덴의 공업화는 매우 급속히 진행되어 1880년부터 1910년 사이에 광업, 제조업, 건설업에 종사하는 노동자가 노동인구에서 차지하는 비율이 14.8% 증가한 24.7%가 되었다. 이 속도는 유럽에서도 가장 빠른 것이었으며, 그 다음이 벨기에의 10.2%이었다. 1907년에는 스웨덴 공업생산이 농업생산을 추월한다. 그렇다고 해도 노동인구에서 차지하는 공업노동자의 비율은 유럽에서 보면 중간에 속해 있었으며, 당시 영국, 벨기에, 스위스가 모두 45% 전후였던 것과 비교하면 아직 농업국의 흔적이 농후하게 남아 있었다. 농촌사회적인 특질이 강하게 남아 있는 상태에서 급격히 노동자 계급이 형성되었다는 점이 스웨덴에서 강력한 노동운동이 탄생한 하나의 배경이 되고 있다.

우선 이러한 급속한 산업화는 영국과 같이 장기간에 걸쳐서 이루어진 온화한 근대화 과정을 거쳐온 나라와 대조를 이루며 상대적으로 동질적인 노동운동을 만들어냈다. 1870년대부터 1880년대에 걸쳐서는 숙련노동자를 중심으로 한 조합결성이 중심적이었으나, 1880년대 이후로는 미숙련 노동자를 중심으로 한 조합결성도 진척되었다(Fulcher, 1991: 46-47). 금속·기계공조합이나 제재공(製材工)조합 등은 산업을 횡단하는 직능조합적 요소도 띠고 있었는데 이 점도 영국과 다르다고 하겠다. 그리고 사민당이 노조의 전국조직에 앞서 결성되어 정치적인 주도권을 발휘했기 때문에 노동운동 전체의 단결이 우선되었으며, 직능조합의 요소는 제한적으로 수용되었다(Fulcher, 1991: 53; Pontusson, 1988).

한편으로 노동운동은 농촌사회의 급격한 변동의 와중에 생성된 이른바 국민운동 즉, 농민과 독립생산자 등에 의한 금주운동, 자유교회운동, 보통선거운동 등과 깊게 관련되어 있으며, 계급적 기반을 초월한 사회개혁 경험을 쌓았다. 1909년 전후로는 노동조합에 가입한 노동자가 약 20만 명이었음에 비해, 예를 들어 금주운동은 약 35만 명이 참가하는 대운동이었다. 금주운동은 자율적이며 도덕적인 노동자 문화를 형성시키는데 중요한 역할을 함과 동시에 다른 한편으로는 음주와 방탕을 대신하는 교양주의적인 문화운동과도 접합되었으며 노동운동을 중간층의 문화공간에 접근시켰다(石原, 1996). 급격한 공업화 기반이 광업이나 임업 등의 비도시형 산업이었다는 점도 노동운동과 농민운동의 접근을 용이하게 했다(Alestalo and Kuhnle, 1987: 20).

(2) 초기 노동전략

이와 같이 노동운동은 스웨덴 사회에 침투력을 강화시켜 그 권력자원을 축적할 수 있었으나, 제1장에서 강조한 것처럼 권력자원의 양이 자동적으로 효과적인 동원을 보장하는 것은 아니다. 권력자원을 효과적으로 동원하여 이례적으로 사민당 장기정권을 뒷받침한 노동운동의 전략구상은 어디서 온 것인가? 국민운동의 경험과 노동운동 내부의 교양주의와도 관련된 당수 브란팅(H. Branting)의 유물사관에는 비숙명론이 색채가 강했으며, 사회주의를 실현하는 데 국가의 개혁능력을 평가하는 경향이 강했다는 것도 지적된다. 최초의 공식 강령인 1897년 강령에는 국가나 코뮌의 개혁능력에 대한 신뢰나 농민세력 등의 독자적 이해에 대한 인식도 나타난다(石原, 1996: 227-262). 그러나 동 강령도 생산수단의 사적 소유와 부의 집중에서 빈곤과 사회적 병리의 근원을 찾는다는 점에서는 모델이 된 독일 사민당의 에르푸트 강령 등과 비교해도 특별히 독특한 점은 보이지 않는다. 1911년에 동 강령이 개정되어 농업과 독립생산자의 독자적 이해에 대한 언급이 증가되었으며, 사회화 방법에 약간 유연한 대응이 제시되었으나 강령의 논리 골격은 변하지 않았다. 이 점은 1920년의 강령 개정에서도 마찬가지였다. 사회화와 계획화를 구별하는 등 부분적으로는 새로운 대응도 보였으나 사회화 즉, 국유화를 사회주의의 본질로 보는 발상은 일관되었으며 특히 정치 프로그램은 사회화의 대상을 구체적으로 제시하는 등 오히려 한층 더 심화된 내용이 되었다(cf. Sainsbury, 1980: 22-28).

따라서 1920년 정치적 민주주의의 물결을 타고 등장한 최초의 사회당 단독 소수파 내각 브란팅 정권은 이 1920년 강령에 기초하여 바로 사회주의적 개혁에 착수하였다. 산업민주주의와 산업의 사회화에 관한 각각의 조사위원회를 설치하여 개혁플랜 검토에 착수했던 것이다. 그러나 이 움직임이 반사회주의 진영으로부터 강한 반발을 불러일으켜 브란팅 정권은 그 해 실각하고 말았다.

사회화에 관한 두 개의 조사위원회는 보수파의 반발과 더불어 사민당 리더십의 대립문제 때문에 구체적인 성과를 내지 못한 채 해산된다. 산업 민주주의위원회는 1923년, 종업원 25인 이상의 기업에 노사협의회를 설치하는 안건을 제출했으나 의회에서 채택되지 못했으며, 사회화위원회는 산업국유화에 대해서 구체적인 제안을 내지 못한 채 실질적인 활동을 중단하게 된다. 그리고 1932년의 한손 정권 발족 직전의 사민당 대회에서는 국유화 안건의 검토를 촉구하는 일부 그룹의 동의가 소폭의 차로 부결되는 상징적인 일이 벌어졌다(Tingsten, 1941<I>: 343-345). 그 과정에서 등장한 한손 정권은 사회화 문제를 보류한 채 복지국가 전략을 본격적으로 펼쳐나가게 된 것이다.

1920년대부터 1930년대 사이에는 강령의 수정은 없었지만 스웨덴 사회당은 사회주의를 국유화로 직결시키는 노선을 상대화했다고 할 수 있다. 스웨덴 사민당에게 이 시기 어떤 일이 벌어졌던 것일까? 이 시기에 사회당에서는 브란팅, 다니엘손(A. Danielsson), 스테르키(F. Sterky) 등 제1세대의 지도자들을 대신하여 한손, 묄레르(G. Möller), 비그포르스(E. Wogforss), 셸드(P. Sköld) 등 제2세대로 리더십 전환이 있었는데, 제2세대 지도자들이 결코 어떤 전망을 공유하여 하나로 뭉쳐져 있었던 것은 아니었다. 따라서 시각에 따라서는 보수파의 저항 앞에 줄줄이 '사회주의 원칙'을 포기하고 현실에 적응한 것처럼 보이기도 한다.

2) 1930년대에 어떤 일이 벌어졌는가

(1) 사회주의 포기인가, 새로운 사회주의인가

오랫동안 강한 영향력을 가졌던 것은 팅스텐(H. Tingsten)의 해석이었다. 팅스텐은 이제는 고전이 된 그의 방대한 저서 『스웨덴 사민당사 연구』에서 이 시기에 사민당의 사회화 정책은 파탄에 이르렀으며 마르크스주의를 포기하고 리버럴한 사회개혁론을 제창하게 되었다고 주장하였다(Tingsten, 1941(I): 394). 즉 팅스텐은 이 시기 사민당의 전환을 피동적인 현실 적응으로 보아 '이데올로기의 종언'을 한 발 앞서서 받아들인 것이었다고 평가한 것이다. 그러나 팅스텐의 견해는 그후 많은 연구자들로부터 비판을 많았다.

많은 비판 중에서도 레빈(L. Lewin)의 연구는 새롭게 지위를 굳혀가고 있으며 주목할 만하다. 레빈에 따르면, 팅스텐은 이 시기에 나타났던 새로운 사회주의론을 올바르게 평가하고 있지 않다(Lewin, 1967: 80). 이 시기에 비그포르스를 중심으로 전개된 새로운 전략은 분명히 예전의 산업국유화정책으로부터의 결별이었으나 다른 한편으로는 그것은 새로운 사회주의 구상의 형성이기도 했다. 레빈은 이 새로운 사회주의 구상을 '계획경제사상(Planhushållningsideologi)'이라고 부른다. '계획경제 사상'에서는 사회화의 의미가 산업국유화에서 비그포르스가 말하는 '경제의 일반적 조정'로 바뀌어진다. 다만 그것은 중앙에 의한 단일한 계획경제를 의미하는 것이 아니라 협동조합과 노사협의회 등을 통한 다원적인 조정의 복합시스템이다. 그리고 계획경제의 전개는 그것 자체가 목적이 아니라 현대사회에서는 이러한 공적인 개입이 개인의 자유 증대를 위해서 필요하기 때문이다. 즉, 레빈에 따르면 보수파에 대한 타협이 아니라 개인의 자유와 발전을 뒷받침하기 위한 공적개입이라는 새로운 사회주의론을 선택했다는 점에 이 시기 전환의 본질이 있는 것이다.

(2) 레빈설의 문제점

레빈이 팅스텐을 비판하면서 이 시기에 사민당의 전략 전환을 밝혀낸 것은 중요한 시각이다. 다만 레빈의 연구에도 문제가 없지는 않다. 가장 큰 문제점은 세인즈베리도 지적한 것처럼 레빈이 1930년대의 전환을 지나치게 결정적인 것으로 봄으로써 그후의 복지국가 전략의 발전을 과소평가하고 있다는 점이다(Sainsbury, 1968: 117). 예를 들어 공적 개입에 의한 개인의 자유 증대라는 논리는 이 책의 뒤에서 밝히고 있는 것처럼 1950년대부터 1960년대에 걸쳐 엘란데르가 제창한 '자유선택사회론'에서는 결정적으로 중요한 것이 된다. 그런데 경제위기에 대한 대응이 급선무였던 1930년대의 상황 속에서는 결코 전면에 등장했다고 말할 수 없다. 레빈의 연구는 1960년대의 복지국가 전략의 시점에 서서 그 전략전환이 1930년대에 일거에 실현된 것 같은 인상을 주게 된다. 1920년대부터 1930년대에 걸친 복지국가 전략의 형성에서 1960년대의 '자유선택사회론'의 출현까지는 아직 밟지 않으면 안 되는 많은 단계가 있었다. 이것도 후술하는 것처럼 이 단계의 복지국가 전략에는 개인 자유의 확대라는 시점보다는 공동체주의적인 가치가 농후하게 보인다.

또한 레빈이 말하는 '계획경제 사상'과 종래의 사회화 전선은 그렇게 단순히 대치될 수 있는 것은 아니다. 산업의 사회화에 대해서 정치 프로그램은 부분적으로는 당 강령에 남아 있을 뿐만 아니라 현실의 정책논의에서도 자취를 감춘 것은 아니었다. 실제로는 종전 직후 '노동운동의 전후 프로그램'을 둘러싼 노사대결에서는 '사회화 위협'이 다시 주제로 등장한다. 국가개입과 민주주의의 관계라는 문제는 오히려 그 후 한층 비중이 커진다. 그리고 1970년대에 들어서면 철저한 경제민주주의의 실현을 통해서 집권적인 시스템을 수정하는 것이 사회민주주의의 과제로 부상한다.

우리는 1930년대 '새로운 사회주의론'의 형성이라는 레빈의 주장을 큰 맥락에서 지지하면서도 정책과 제도면의 전환은 레빈이 말하는 정도로 명료하지는 않았다는 것도 더불어 지적했다. '새로운 사회주의' 이념이라고 할지라도 이 시기의 그것은 정합적으로 정리되어 리더들에게 공유된 것은 아니었다. 상호간에 일치되지 않는 부분도 있는 복수 연구자의 언설이 사민당과 노조에 점차 침투되어 리더십에 반영되고 있었다는 것이 사실에 가깝다. 그와 같은 영향력을 가진 연구자의 대표로 칼레비(N. Karleby)와 비그포르스의 존재가 우선 떠오른다.

3) 칼레비의 리버럴 사회주의

칼레비는 룬드 대학 시절에 경제학자로서 장래가 촉망되었으나 정치적 실천의 길을 선택하여 사회당 이론지《티이덴》의 편집자가 되었다. 1920년대에는 사회화위원회의 사무국장을 지내면서 사회주의에 대한 공식적인 견해에 반대하는 사람들의 진영을 이끌었다. 그러나 불행하게도 1926년에 34세의 나이로 죽었다. 너무도 이른 죽음으로 그는 그의 사상을 체계화시키지 못했으나, 그의 논문들을 통해서 엿볼 수 있는 스케일이 컸던 사상은 많은 사민당 지도자들에게 영향을 주어 전략적 발상의 근원이 되었다. 특히 전후에 장기간 수상으로서 복지국가 건설을 주도한 사민당 제3세대 리더인 엘란데르(T. Erlander)는 고향이 같았던 칼레비에게 경도되었으며, 전후 재간된 칼레비의 주요 저서에 해설논문을 실어 "칼레비의 식견은 스웨덴 노동운동 특히 제2세대, 제 3세대의 많은 지도자들에게 지적 기반이 되었다. 그의 식견은 스웨덴 사회의 발전에서 많은 부분의 형태를 결정하게 했다"고 서술하였다(Erlander and von Sydow, 1976: 341).

칼레비 논의의 특징은 철저한 방법론적 개인주의에 있다. 칼레비는 사회주의를 사회유기체론의 전통으로부터 분리시켜 해석하였으며 리버럴리즘의 계승자로 볼 수 있다. 칼레비에 따르면, 사회주의는 개인의 소유가 자유와 발전의 기초라는 사고방식을 리버럴리즘으로부터 계승한다. 그런데 개인적 소유는 대공업시대에는 대량실업과 종속적인 노동에 의해서 항상 위협받고 있다. 칼레비에 따르면, 사회주의란 이와 같은 새로운 조건 하에서 개인적 소유의 실현을 지향하는 이른바 대공업시대의 리버럴리즘인 것이다(Karlely, 1976: 54). 일본 사회주의 사상사에서 보면 '시민사회파 마르크스주의'와 통하는 이러한 논의가 20세기 초엽 스웨덴에서 20대 사상가에 의해서 전개되고 있었다는 점은 주목할 만하다. 칼레비에 따르면, 개인적 소유의 동요라는 문제에 대처하는데 산업국유화와 일원적 계획경제라는 컬렉티브즘을 절대시하는 것은 전도된 논의라 할 수 있다. 그러면 대공업시대에 개인적 소유를 실현시켜 나가는 길은 무엇인가? 개인이 거대한 생산기구의 일원이 되어 대량소비시장 속에서 생활하는 시대에는 소유란 법적 개념으로서가 아니라 여러 영향력의 묶음으로 이해할 필요가 있다. 개인의 영향력 확대는 한편으로는 정치적 민주주의와 다양한 사회적 조정에 대한 관여를 통해서 실현된다. 동시에 시장에서 소비자로서 선호 표명도 정치적 민주주의와 함께 개인의 영향력 행사로 회로가 될 수 있는 것이다(Karleby, 1976: 101, 276-278). 그런데 개인의, 특히 노동자의 정치적 혹은 사회적 영향력은 매우 한정되어 있으며 더욱이 소비자로서 선호 표명의 능력에는 각자의 구매력에 따라서 큰 격차가 있다. 따라서 이와 같은 상황을 바꾸어 노동자의 사회참가(delaktighet)를 전면화시키는 것에 소유 문제의 본질이 있다. 그렇다면 개인으로서 노동자의 영향력을 확충시키는 방법은 무엇인가? 이 점에 대해서 칼레비는 현재 만들어지고 있는 여러 사회 입법이 사회적 격차를 시정하여 노동자의 입장을 강화시키고 있는 사실에 주의를 촉구한다. 칼레비가 제시한 것은 '도시계획법, 건강보험법, 사회법, 사회정책적 목적을 가진 조세제도' 등이다. 이러한 개혁을 가리켜 칼레비는 "이것들은 사회적인 규범이라는 관점에서 말하자면 새롭게 소유권(Äganderätten)이 형성된 것이 아니고 무엇이란 말인가"라고 말한다(Karleby, 1976: 101-102). 결국 각종 사회입법은 한편으로는 노동자의 자율성을 높여 자유시간을 확대하고 다른 한편으로는 시장에서 구매력을 증가시켜 개인으로서 노동자의 영향력을 확대한다는 것이 칼레비의 견해였다. 여기 소유론에 대해서는 나중에 약간 통속적으로 전개된 '기능적 사회주의론'의 원형이 있으며, 또한 사회주의론으로서는 노동자의 '탈상품화'를 통해서 점진적인 사회주의를 전망한 권력자원론의 선구적 수용이 있었다(Esping-Andersen, 1999: 45).

4) 비그포르스의 정책과학

칼레비에게서 나타나는 것과 같은 새로운 사회주의 이념을 어떠한 형태로 실현시킬 것인가? 이념과 현실을 매개하는 정책의 형태에 대해서 이른바 정책과학적인 사고를 다룬 이론가가 비그포르스였다. 비그포르스는 룬드 대학에서 문학과 철학을 배우면서 학생운동을 통해서 점차 정치에 눈을 뜨게 되었고 룬드 시의회 의원이 되었다. 1919년 사민당 국회의원으로 당선된 이후 1953년까지 국회의원으로서 활동을 계속하였으며, 1932년부터 1945년에 걸쳐서는 사민당 정권의 재무부장관을 역임했다. 그리고 칼레비와는 대조적으로 96세까지 살았으며 사민당의 경제정책에 간접적인 영향을 지속적으로 끼쳤다. 비그포르스는 1932년에 케인스의 『일반이론』에 앞서 케인스주의적인 재정정책을 구상해서 현실화시키고 있었는데, 이 면에서 비그포르스의 활약은 비교적 잘 알려져 있다. 그러나 그외의 비그포르스의 사회주의론 혹은 그 일종인 정책과학론은 스웨덴 이외에는 아직 충분하게 알려져 있다고 보기 어렵다.

비그포르스도 또한 사회화에 관한 공식적인 견해에 반대하였으며, 1920년대의 사회화위원회의 논의에서는 칼레비와 함께 산업국유화를 사회주의로 가는 유일한 길로 보는 견해를 비판하였다. 비그포르스의 경우 이러한 입장의 배후에는 그의 정책과학적인 발상이 있었다. 비그포르스는 1926년에 발표한 논문 「사회주의: 도그마인가 작업가설(作業假設)인가」에서 사회주의를 도그마가 아니라 끊임없이 경험적으로 검증해야 할 '작업가설'로 볼 필요가 있다고 주장했다. "우리는 몇십 년, 몇백 년 후의 패러다이스를 준비하기 위해서 살고 있는 것이 아니다"라고 하며, 비그포르스는 사회주의로 가는 길을 작업가설에 기초하여 실험과 부분적 개량의 축적에 의해서 사회를 최적화하면서 전진해야 할 것으로 주장하였다(Wigfoss, 1926<1980>; Higgins, 1985). 비그포르스에게 있어서 사회주의로 가는 와중에서도 현실의 정치과정 형태는 린드블롬(C. Lindblom)이 말하는 점진주의(incrementalism)와 그렇게 멀리 떨어진 것은 아니다(Tilton, 1984: 41-44).

그러나 다른 한편으로 노동운동은 경험주의에 매몰되어서는 안 된다. 작업가설로서 사회주의는 경험주의로부터 구상력을 자유롭게 하기 위해서라도 유토피아적인 성격을 가져야 할 것이다. 이 점에서 비그포르스는 모든 유토피아적인 사고를 전체주의와 연결시키는 포퍼(K. Popper)를 비판하면서 포퍼가 말하는 부분적 개량주의가 실효성을 가지기 위해서는 그야말로 유토피아적인 사고가 필요하다고 주장한다. 그러나 다른 한편으로는 그 유토피아 구상 자체가 현실의 경험을 반영하면서 끊임없이 재구성되지 않으면 안 된다. 비그포르스는 그러한 유토피아 구상을 '잠정적 유토피아(Provisoriska utopia)'라고 명명했다. '잠정적 유토피아'와 현실 간의 왕복운동 속에서 사람들의 합리적 선택을 전제로 정책이 제시되어, 그것이 제도화됨으로써 역으로 합리성의 틀 자체가 변화되어 가는 것이다(Wigforss, 1958<1980>).

그런데 비그포르스에 대한 어느 회상에서는 칼레비의 너무나 일렀던 죽음을 가슴 아파하는 비그포르스의 모습을 전하고 있다(Bergström, 1984). 그 둘은 스웨덴 사회민주주의의 이데올로기적 기초를 다졌다는 점에서 공통적인 일을 하였으며, 기본적으로는 이념을 공유하고 있었다고 하겠다. 그러나 비그포르스에게는 칼레비의 주장에 대해서 약간의 의구심이 있었다. 비그포르스는 칼레비가 소유개념의 기능주의적인 확장에 철저한 나머지 그것을 재분배 일반의 문제로 해소하고 말았으며, 생산 현장에서 노사의 역학관계라는 근본문제를 경시하였다고 보았던 것이다. 비그포르스가 구상한 사회주의상은 생산 현장에서 노동자의 권력에 보다 큰 역점을 둔 것이었다. 구체적으로는 그것은 협동조합과 노사협의회 등 생산현장에서 노동자의 영향력을 확대하는 조직 형태를 중시하면서 동시에 다양한 기업 형태를 조합시킨 다원적인 경제체제였다(Wigforss, 1967).

결국 비그포르스와 칼레비는 소유와 사회화에 대한 이론 쇄신 -특히 개인을 기점으로 한 시각- 이라는 방향으로 함께 걸었으나 논의의 주안점은 달랐다. 이러한 입장의 차이는 그후 스웨덴 사회민주주의 역사에서 예를 들어 노동자기금 문제 등을 둘러싼 노동운동 내부의 대립이라는 형태로 나타나게 되었다.

여기서 우리는 1930년대 현실 정치의 현장으로 돌아와 이와 같은 이념 쇄신과 현실 정치적 대립 속에서 나중의 '시스템으로서의 스웨덴 모델'을 구성해나가는 경제정책과 복지정책이 어떻게 형성되었는가를 고찰하고자 한다.

3. 새로운 경제정책의 형성

1) 1930년대 경제정책의 진정한 쟁점

(1) 케인스 없는 케인스주의

1920년대 말의 세계공황은 다소 늦은 1930년대에 들어서 스웨덴에도 불길이 번져왔는데, 큰 타격을 입은 수출산업을 중심으로 실업률이 급격히 상승하여 1931년에는 25% 수준까지 올라갔다. 자유당의 에크만 내각의 대책은 기본적으로는 생산 코스트의 억제와 재정균형을 수단으로 하는 자유주의 노선이었는데 괄목할 만한 성과를 내지는 못했다. 이 경제위기는 사민당 내에서 생성되고 있던 전략의 시금석이 되었다. 1932년 선거에서 사민당이 취한 자세는 후술하는 것처럼 위기에 대해서 아무런 대응책을 세우지 못했던 영국과 독일 사회민주주의 정당과 비교해보면 흥미롭다. 스웨덴 사민당은 선거전을 통해서 부르주아적 정당이야말로 시장 맹신이라는 경제결정론에 빠져 사태에 대한 대응력이 결여되어 있다고 비판했던 것이다. 이 선거전에서 처음으로 도입된 라디오 토론에서는 비그포르스가 직접 출석하여 사민당이야말로 위기타개의 정당이라고 호소하였다. 이 선거에서 사민당은 42%의 득표율을 획득하여 1928년 선거에서 잃어버렸던 실지를 회복하고 약진하였다(Lewin, 1967; Esaiasson, 1990: 152-157).

이 선거 결과, 브란팅으로부터 당수 지위를 계승한 한손을 수반으로 하는 사민당 정권이 탄생한다. 그리고 동 정권이 실시한 경제정책은 케인스 『일반이론』에 앞서 나타났던 케인스주의적 경제정책으로, 또한 경제위기를 타개하여 복지국가 형성에 기여한 것으로 잘 알려져 있다. 다만 1932년 경제정책의 원형은 이미 1930년 국회에서 사민당이 제출한 의회동의 속에서 사민당이 공공사업예산을 2.5배로 대폭 확대할 것을 요구할 때 나타났다. 이 동의는 의회의 역학관계에서 볼 때 받아들여질 수 있는 상황이 아니었다. 사민당은 다음 해에 비그포르스와 셸드를 중심으로 한 위원회를 발족하여 새로운 경제정책의 준비에 착수한다. 이곳에서의 논의가 재무부장관 비그포르스에 의해서 1932년 의회에 제출된 1백 쪽에 이르는 포괄적인 위기안정화 안건과 3천만 크로나의 공공사업예산으로 결실을 맺게 된 것이다.

(2) 새로운 경제정책의 배경

그러면 '케인스 없는 케인스주의'는 어떤 이론적 혹은 경험적인 원천에서 유래한 것이었을까? 이 점에 대해서는 여러 가지 설이 있으며 비그포르스 등이 이미 1929년에 출간된 케인스의 시사평론 팸플릿 등을 통해서 케인스의 사고방식을 흡수했다는 설, 빅셀 이후의 스톡홀름 학파의 영향력을 강조하는 설, 마르크스의 과소비공황론이 비그포르스 발상의 원천이 되었다고 하는 설 등으로 나누어진다(Axelsson, Löfgren and Nilsson, 197: 37-44). 비그포르스 자신은 이러한 여러 설을 다룬 논고에서 케인스와 마르크스로부터 많은 발상을 얻었다고 인정한 한편, 실업문제를 공공사업으로 대처하는 사고방식 자체는 사민당에게 결코 새로운 사고방식이 아니라고 서술하였다. 오히려 그것은 사민당이 오랫동안 추구해온 과제이기도 했던 것이다. 그렇다고 한다면 이 시기에 사민당은 오랫동안 안고 있던 현안을 신전략을 기초로 한 위기안정화 프로그램을 통해서 실현하려 했다고 말할 수 있다(Wigforss, 1967: 529).

그러나 여기서 말하는 사민당의 현안이란 구체적으로 무엇인가? 그리고 이 위기안정화 대책의 진정한 의도는 무엇이었는가? 사민당의 위기안정화 대책이 직면한 야당진영의 저항이라는 문제를 통해 이 계획의 진정한 의도에 대해서 고찰해보자. 1933년의 의회에서 야당은 사민당의 새로운 경제정책에 강경하게 반대했다. 사민당 정권의 제안은 의회의 위원회 심의단계에서 부결될 것이 분명한 상황이었다. 물론 이것은 사민당도 이미 예상하고 있었으며, 사민당은 농민당을 파트너로 끌어 들여 다수파를 이루려고 하였다. 이 동맹전략을 이론화했던 이가 비그포르스였으며, 그는 고용확대와 노동자의 구매력 증대가 농산물가격 유지로 연결된다는 점 등, 양 계급의 이해 일치를 강조하여, 적록동맹의 구상을 천명했다(Wigforss, 1932: 290). 더 나아가 위기 안정화 프로그램에서는 사민당의 원칙인 자유무역주의를 농산물에 한해서는 유보하여 2천 4백만 크로나에 이르는 농산물가격 유지를 위한 보조금을 예산으로 책정하였다. 이 정책은 유제품을 중심으로 한 가격유지 정책이었다는 점에서 '카우딜'이라고 불리게 되었다.

그럼에도 불구하고 농민당은 다른 야당과 함께 이 제안에 반대했다. 왜 그랬을까? 사민당의 경제정책이 단순한 적극재정정책에 머무르지 않고 어떤 의미에서는 노사의 역학관계의 근간에 관계되는 중대한 제도개혁을 포함하고 있었기 때문이었다. 그것은 우선 첫째로 이제까지 실업대책사업을 관리해온 행정기관인 실업위원회(AK: Arbetslöshetskommission)를 폐지함과 동시에 실업대책사업의 임금을 건설노동자의 협약임금 수준으로 설정하는 것이었다(Swenson, 1989). 그리고 둘째로 새롭게 노동조합의 기금에 정부의 보조를 추가하여 노동조합 스스로가 관리하는 이른바 겐트제도(Ghent system)의 실업보험제도를 실시하는 것이었다.[2] 결국 사민당의 경제정책은 단지 공공사업을 통한 경기부양과 완전고용을 목표로 한 것뿐만 아니라 노동운동에 의한 노동시장의 조정 강화 목표가 내포되어 있었다.

(3) 실업위원회 해체 과제

스웨덴에서 실업자에 대한 직업소개와 실업대책사업 등은 기본적으로는 자치체 즉, 코뮌의 업무이다. 그런데 제1차 세계대전 반발로 경제 침체를 우려한 보수정권은 1914년에 중앙정부 단위에서 실업위원회를 설치할 것을 결정했다. 실업위원회는 처음에는 정부직속의 조언 기관이었으나 점차 독립성이 강화되어 보조금을 자원으로 코뮌의 실업대책사업에 강력하

---

2 1901년 벨기에의 겐트에서 도입된 제도를 원형으로 하였다는 점에서 이 이름이 붙게 되었다. 노르웨이를 제외한 북유럽과 벨기에에서 정착되었으며, 이들 국가에서는 조합 조직률이 높아졌다(Rothstein, 1992: 42)

게 개입하였다. 스웨덴은 영국과 물론 독일과 비교해도 실업보험 도입이 늦었기 때문에 실업자는 실업대책사업에 의존할 수밖에 없는 구조가 형성되었다. 그런데 실업위원회가 지도하는 실업대책사업에는 노동운동의 입장에서 보면 도저히 간과할 수 없을 정도로 편파적이었다. 실업대책사업의 임금은 매우 낮게 설정되어 노동시장 전체의 임금수준을 억제하는 역할을 하고 있었다. 또한 동 위원회는 노사분쟁에 참가한 노동자에 대해서는 실업대책사업의 취로를 제한하였고, 파업이 발생했을 경우에는 저렴한 대체노동력을 제공하는 등 노조저지의 기능도 하고 있었던 것이다.

따라서 실업위원회 해체는 1920년대부터 노동운동의 현안이었다. 그러나 1920년대 사민당 정권은 단독 소수파 내각이었기 때문에 강한 독립성을 가진 실업위원회를 조정할 수 없었다. 1920년대 세 개의 사민당 정권 중에서 둘은 이 실업위원회 문제가 계기가 되어 실각하였다. 즉, 1923년에 노사분쟁 참가자에 대한 차별적 취급 철폐를 꾀했으나 실현되지 못했으며, 1926년에는 스트리파 광산 파업에 실업 노동자 파견을 저지 하려고 했으나 실패하여, 각각 정권을 상실하는 결과를 맞았던 것이다. 실업이 심각해지는 상황에서 1931년의 LO(블루칼라 노조연합) 대회에서는 실업위원회 해체와 새로운 실업보험제도를 요구하는 동의가 계속되었다. 전술한 전략전환과도 관련되어 노동운동에서는 점차 생산조직의 합리화와 산업구조의 고도화에 거부감을 갖는 것을 그만두고 오히려 그것을 국제경쟁력 강화를 위해서 노동력 유동화가 노동자의 위협이 되지 않는 조건이 필요했다. 실업대책사업과 실업보험을 노동조합의 영향력 하에 두는 것은 그것을 위한 필요한 조건이기도 했다(Johansson, 1989: 103-119). 결국 경제성장이 노동운동의 이익과 대립되지 않는 환경 조성을 위해서도 노동운동이 노동시장에 조정을 행사할 필요성이 커졌다. 이러한 움직임의 영향으로 위기안정화 프로그램에는 다시 실업위원회를 폐지하여 실업대책사업의 임금을 협약임금 수준으로 하는 것, 노동조합의 관리 하에서 새로운 실업보험제도를 실시하는 것이 포함되었던 것이다. 오늘날의 시점에서 보면 여기에 스웨덴 모델의 기축 중 하나인 적극적 노동시장정책의 조건이 형성될 것인가 아닌가가 달려 있었다.

(4) 농민당을 둘러싼 그물치기

사민당의 경제정책이 이와 같은 성격을 띠고 있었기 때문에 농민당 당수인 올손(O. Olsson)은 다른 보수세력과 함께 반대 입장을 명확히 하였다. 그러나 사민당 정권이 1920년대의 실패를 반복하지 않기 위해서는 농민당과의 적록동맹을 통해 다수파를 구성하는 것 이외는 방도가 없었다. 의회위원회에서 다수파를 구성하고 있는 농민당, 보수당, 자유당은 균형재정과 실업위원회의 유지 주장을 굽히지 않았기 때문에 사민당 정권과 그 경제정책은 다시금 위태롭게 보였다. 그러나 그 배후에서 사민당의 비그포르스, 셸드 등이 농민당 속에서도 새로운 경제정책에 관심을 보이고 있었던 페르손브람스토르프(A. Perhsson-Bramstorp) 등을 상대로 끈기 있게 비공식 절충을 계속하였다. 그 결과 여전히 반대 입장을 굽히지 않던 당수 올손의 배후에서 농민당 내의 다수가 사민당과 타협에 나서는 사태가 벌어졌다(Hadenius, Molin and Wieslander, 1988: 120).

사민당은 이 기회를 놓치지 않고 농민당과 대담한 타협을 하였다. 즉, 실업위원회의 관리 하에 있는 예산을 대폭 삭감하여 상당액을 사회부소관으로 이전하는 대신에 실업위원회의 존속을 인정하였던 것이다. 또한 겐트제도의 실업보험에 대해서는 이것을 프로그램으로부터 제외시키고 더 나아가 공공사업비 자체를 감액했다(Lewin, 1988: 142). 사민당과 농민당의 합의가 공표되던 날 올손이 농민당 내부를 장악하고 있는 것으로 믿고 있었던 타당의 당수는 경악하였다. 이 합의는 올손의 실권으로 이어져 농민당의 리더십은 페르손 브람스토르프에게로 넘어갔다. 사민당은 많은 양보를 하는 대신에 적록동맹을 성립시켜 경제정책을 실현시킬 수 있는 조건을 만들어냈다.

사민당은 실업위원회 해체를 포기한 것이 아니라 시간을 들여 폐기하는 방안을 선택했다고도 할 수 있다. 장기적인 관점에서 제도개혁의 효과를 예측한 전략적 사고가 돋보인다. 실제로 실업위원회의 예산은 그후에도 점차 삭감되어 1939년에 최종적으로 폐지된 후 1948년에는 새로이 노동시장청(Arbetsmarknadsstyrelsen)이 설립되었다. 이 노동시장청이야말로 전후 스웨덴 모델을 뒷받침하는 존재가 되었다. 또한 겐트제도의 실업 보험제도는 그후에도 사회부장관 묄레르에 의해서 집요하게 추구되어 1934년에 자유당과의 타협을 통해서 실현되었다. 이때도 묄레르는 많은 양보를 하였다. 실업보험에 대한 고용자 갹출을 면제하였고, 또한 급부 조건과 수준을 엄격하게 하였으며 노동조합원 이외도 급부 대상에 포함시키도록 하였다. 묄레르는 일단 제도를 성립시켜 놓기만 하면 내용은 나중에라도 변경시킬 수 있다고 생각했던 것이다. 그러한 예상은 적중하여 1941년에 실업보험의 급부 수준과 운영에 대한 노조의 영향력이 크게 개선되었다. 로스슈타인은 적극재정정책 자체보다도 이러한 고용정책의 개혁이야말로 1930년대 스웨덴 경제정책의 핵이라고 본다. 겐트제도 도입은 제도개혁이 노동운동의 권력자원을 증대시킨 중요한 사례로 간주된다(Rothstein, 1990: 333-338).

최근 연구에서는 적극재정정책의 경기자극책으로서의 유효성은 그렇게 현저하지 않았다는 사실, 사민당 정권 출현 후의 경제회복은 경기순환의 상승 국면과 우연히 합치되었었던 면이 있었다는 사실이 밝혀지고 있다(Lundberg, 1985: 9). 더욱이 후술하는 것처럼 전후 스웨덴 모델 이론에서는 단순한 경기자극책은 인플레이션을 악화시키는 요인으로서 오히려 소극적인 평가를 받고 있다. 단순한 수요환기가 아니라 노동시장에서 노동운동의 영향력을 강화시켜, 그것을 통해서 완전고용을 실현하는 데 사민당의 전략적 과제가 있었으며, 1930년대 경제정책을 둘러싼 쟁점이 있었던 것이다.

2) 경제정책과 코포라티즘

(1) 불안정했던 노사관계

사민당의 새로운 경제정책의 집행에서 필요했던 것은 적록동맹과 같은 정치동맹분만이 아니었다. 안정된 노사관계 형성이 급선무라는 것이 점차 분명해졌다. 스웨덴에서는 노사조정법(1920), 단체교섭법(1928)의 제정과 노동재판소 설치(1928) 등 단체교섭의 법적 장치가 마련되어왔으나 결코 처음부터 협조적인 노사관계가 전개된 것은 아니었다. 1909년에 대규모 노사분쟁이 발생했는데 경영측의 공장폐쇄 공격에 의해서 블루칼라 노조연합(LO)이 패배하여 조직면에서도 조합원이 반감되는 타격을 입었다. 그 결과 노사관계의 분권화가 진행되어 중앙통제가 결여된 노동쟁의가 한층 빈발하게 되었다. 특히 가장 강력했던 건설관계 노조는 자주 격렬한 파업 공격을 펼쳤는데 그런 사태는 사민당의 새로운 경제 정책에는 큰 위협이 되었다. 왜냐하면 건설업의 쟁의는 새로운 경제정책이 계획하고 있는 공공 사업의 원만한 집행을 방해하기 때문이다.

한편으로 노동조합운동을 전체로 보면 새로운 전략형성의 움직임이 착실히 진행되고 있었던 것도 사실이다. 1920년대에 제조업에 급속히 침투된 테일러주의적 기술혁신의 물결이 그때까지는 실업을 증대시킨 원흉으로 간주되었으나 금속노조 등에서는 비그포르스의 영향도 있어 생산성 향상을 오히려 적극적으로 추구하려는 입장으로 나타났다. 때마침 경제위기는 합리화가 빚어내는 실업보다는 합리화의 지체와 국제경쟁력의 저하가 노동자로부터 직업을 빼앗는 최대의 위협이라는 것을 통감하게 했다(Johansson, 1989: 52-58). 1928년에는 보수당 린드만 내각 하에서 노사가 참가하여 산업평화에 관한 회의가 열렸으며, 그후에도 협의는 계속되었다. 또한 1930년에 LO 내부에 산업평화위원회(Arbetsfredskommittén)가 설치되었으며 노사협조에 대한 검토가 시작되었다.

그러나 격렬한 노사분쟁은 여전히 계속되었다. 1931년에는 네덜란드에서 발생한 분쟁으로 5명의 데모 참가자와 1명의 여성이 피살되는 사건이 발생했기 때문에 그 해 LO대회에서는 노사대결 경향이 일제히 격렬해졌으며 산업평화위원회 철폐가 결정되었다(Johansson, 1989: 112, 125). 그중에서도 전투적인 건설노조는 소위 노사분쟁에서 태풍의 눈이었다. 건설노조의 성과급 비율은 기술혁신에 따라서 계속적으로 개정될 필요가 있었는데 건설노조는 개정시에 빈번히 파업을 일으켰다. 그것은 스웨덴 산업의 국제경쟁력의 강화라는 전망을 가지고 신전략을 구상하기 시작하던 사민당과 LO의 지도부, 수출산업인 금속노조의 입장에서 보면 심각한 사태였다. 건설노조는 금속노조에 비해서 고임금이었으며, 금속산업은 많은 금속기술자 등을 건설산업에게 빼앗기고 있었다. 게다가 건설산업의 고임금은 주택비의 상승이라는 형태로 다른 노동자를 압박하고 있었다.

(2) 노사관계 안정화 요청

특히 사민당 정권이 성립되고 나서 1년 후인 1933년에 건설노조의 파업은 10개월 이상 계속되어 사민당 정권의 기반을 흔들었다. 이제 막 성립한 적록동맹의 한 당사자였던 농민당이 건설노조를 억제하지 않는 LO와 사민당에 대해서 불신감을 표출하였으며, 그로 인해 적록동맹 자체가 와해될 수도 있는 상황이 전개되었다. 농민당의 새로운 당수인 브람스토프는 의회에서 사태의 근본적인 개선을 위해서 정부가 적극인 자세를 보이지 않는다면 정부에 대한 지지를 철회할 것이라고 천명하였다(Swenson, 1989: 46; Fulcher, 1991: 139-140).

경영자단체 SAF내부에서는 아세아, SKF, 엘렉트로룩스, 에릭손 등 수출산업의 경영자들이 점차 주도권을 잡게 되었다. 독자적인 경영자 그룹 '디렉터즈 그룹'으로 결집한 그들은 전통적인 경영자들에 비해서 노사관계에 대해서 리버럴한 사고를 갖고 있었다. 그러나 수출산업을 압박하는 건설노조 주도의 분쟁에는 강한 반감을 갖고 있었으며, 만약 사민당과 LO가 건설노동자의 파업에 대해서 어떠한 효과적인 조정을 보여주지 않는다면 모든 LO노조를 대상으로 한 공장폐쇄도 배제하지 않는다는 태도를 표명하였다(Söderpalm, 1976; Swenson, 1989: 47).

결국 경제정책 집행, 농민당과의 동맹전략, 경영자단체의 신조류라는 세 개의 요인이 복합적으로 작용하여 LO내에서도 금속노조가 내건 연대주의 와 생산성 중시 노선이 떠올랐으며, LO의 건설노조 쟁의에 대한 개입을 불가피하게 함과 동시에 정당화시켰다(Swinson, 1991). 스톡홀름 금속노조는 이미 1926년 LO대회에서 연대임금정책이라는 이름으로 집권적 임금교섭에 의한 임금격차 시정을 제창하였으나 LO 내부에서는 극히 작은 소수파였다. 그런데 이러한 요구를 뒷받침하고 건설노조에 압력을 가할 수 있는 정치적, 경제적 조건이 조성되고 있었던 것이다. 드디어 1933년 건설쟁의에 LO가 개입하여 성과급 비율을 억제시켜 산업노동자 평균임금의 170%였던 건설노동자의 임금은 130%까지 압축되었다. 동시에 건설쟁의 해결을 통해서 막 출범했던 사민당 정권은 궁지를 벗어날 수 있었다.

이러한 순풍의 영향으로 금속노조는 1936년 LO대회에서 LO가 임금교섭을 할 때 저임금노조의 최저수준을 끌어올리는 리더십을 발휘할 것을 주장하였으며, 그것을 위한 규약개정을 요구했다. 이 시점에서 동의는 부결되었으나, 5년 후인 1941년에 LO대회에 제출된 보고서 「노동운동과 소득생활」은 1936년 금속노조의 제안을 기본적으로 답습한 것으로, 연대 임금정책 이념 하에서 노사교섭에서 LO리더십의 강화를 꾀했다. 여기서 연대 임금정책이 LO공식노선으로 처음으로 등장한다. 다만 이 시점에서는 연대임금정책이란 저임금노조에 대한 지원 일반을 의미하는 데 머물렀으며 구체적인 내용은 극히 애매했다.

(3) 안정화에서 코포라티즘화로

이러한 움직임과 더불어 사민당 정부는 새로운 조사위원회를 설치하여 LO 및 SAF의 대표와 더불어 노사협조와 생산성 향상에 관한 논의를 시작하였다. 그 큰 규모로 인해 맘모스조사위원회(Mammututredningen)라고 불린 이 위원회는 1935년에 보고서 「국민생활과 산업평화」를 제출하였고 노사교섭의 새로운 시스템 형성을 제창하였다. 그리고 구체적인 방법으로서 법제화를 통해 위로부터 제도를 성립시키는 방법과 노사간의 협약을 통해 자발적으로 실시하는 방법이라는 두 가지 길을 제시하였다. 노사협조 시스템은 사민당의 새로운 전략의 주요한 구성요소였으며, 사민당은 기본적으로 법제화를 통한 노사관계의 통제를 추구하려는 의도를 갖고 있었다. 동시에 정부는 새로운 협정 시스템의 구성원으로서 참여할 것을 주장하였다.

SAF에서는 1931년에 전무이사에 취임한 쇠델룬드(G. Söderlund)에 의해서 LO와의 협약을 통한 시스템 형성의 길이 모색되고 있었다. '디렉터즈 그룹'에 결집한 경영자들은 노동입법을 통해서 노동쟁의를 억제할 수 있기를 바라고 있었으나 쇠델룬드는 사민당 정권이 장기화될 것으로 예상하고 있었기에 법제화는 오히려 노동자측을 이롭게 할 가능성이 높다고 보았다(Söderpalm, 1976). 한편 LO측도 법제화에는 신중하지 않을 수 없는 사정이 있었다. 사민당 정권은 소수파 내각으로 독자의 힘으로 제도를 만들 힘은 없었고, 보수진영으로부터 제기된 수정에 응한다면 법안은 반노조적인 것이 될 가능성이 있다고 생각하였다.

다만 하나의 장애는 오랫동안 SAF와 LO 간에 현안 사항이 되어왔던 이른바 23조 문제였다. 23조 문제란 산하의 경영자 단체가 노조와 맺는 협약에서 경영자의 종업원 해고 최종권한 보유 명기를 SAF가 의무 지우고 있는 것을 말하며, SAF 규약의 23조(후에 32조)에 명기되어 있었기 때문에 그런 식으로 불려지게 되었다. 노동운동의 입장에서는 이 조항을 온존시킨 채 협조적인 노사관계로 이행할 수는 없었다. 쇠델룬드는 SAF내부를 설득하여 이 조항에 부분적인 수정을 가하는 형태로 마무리 지었다(De Geer, 1992: 97-105).

⑷ 살트셰바덴 협정

1938년 스톡홀름 교외의 살트셰바덴에서 기초협정(Huvudavtalet)이 조인되었다. 일반적으로 살트셰바덴 협정이라고 불리며 분쟁의 조정기관으로 노사 쌍방이 참가하는 노동시장위원회(Arbetsmarknadsnämnden)의 설치를 규정함과 동시에 노사 교섭 절차를 명확히 하는 역할과 해고나 일시

해고(lay off)의 절차를 정하였다. 이 협정은 그후 1960년에 해고, 일시해고의 제한이 엄격해졌으며, 1970년대에는 일련의 산업민주주의 입법에 따른 개정이 있기도 했으나 기본적으로 오늘날에 이르기까지 스웨덴 노사관계의 기초를 이루고 있다. 살트셰바덴 협정 조항 자체는 노사관계의 집권화를 결정지을 정도로 대담한 것은 아니었다. 이 협정의 의의는 1930년대 중엽부터 모색되어온 노사관계 안정화라는 흐름을 결정짓는 상징이 되었다는 점에 있다(Johansson, 1989: 72).

실제로 살트셰바덴 협정을 계기로 노사관계의 집권화는 급속히 진행되어간다. 여기서 노동조합을 중심으로 그 조직율의 상승과 집권화 과정을 극히 간략히 살펴보고자 한다. 우선 <그림 2-1>은 LO조직률의 추이를 쟁의에 참여한 노동자수와 관련지어 표시한 것이다(그래프의 밑으로 갈수록 쟁의가 증대됨을 의미하는 것에 주의). 1938년 기초협정 전후는 LO조직률이 비약적으로 늘어난 시기에 해당한다. 1920년에 38%였던 블루칼라 노동자의 조직률은 1940년대에는 73%에 이르게 되었다. 덧붙여서 말하자면 1933년부터 1939년까지 SAF의 가맹기업수도 67% 상승하였다. 그리고 1950년대 들어서 스웨덴 모델의 성숙기에 LO의 조직률은 80% 이상의 수준에 달했고, 역으로 노동쟁의 건수는 극소화되었다.

살트셰바덴 협정 전후부터 노조의 조직률뿐만 아니라 노사 쌍방의 조직내부의 집권화도 진행되기 시작하였다. LO는 1941년 협정틀을 유지하기 위해서 규약을 개정했으며 산하 노조가 LO구성원의 3% 이상이 관계하는 쟁의를 할 경우에는 중앙의 승인을 필요로 하게 했다. 또한 동시에 각 노조에서 파업 및 협약에 관해서 조합원의 구속적 직접투표 실시를 원칙적으로 금지하였다. 살트셰바덴 협정의 집권지향적 성격에 반발하여 거기에 참여하지 않았던 건설노조와 식자공노조는 당연히 이러한 규약 개정에도 강하게 반발했으나 LO를 탈퇴하지는 못했으며 최종적으로 승인하였다(Hadeius, 1976: 57-68, 126-130). 한편 SAF는 원래 LO이상으로 집권적인 조직이었는데 1948년에 규약을 개정하여 "연맹지도부가 구성단체 내부의

〈그림 2-1〉 노동조합 조직률과 파업 건수의 변화

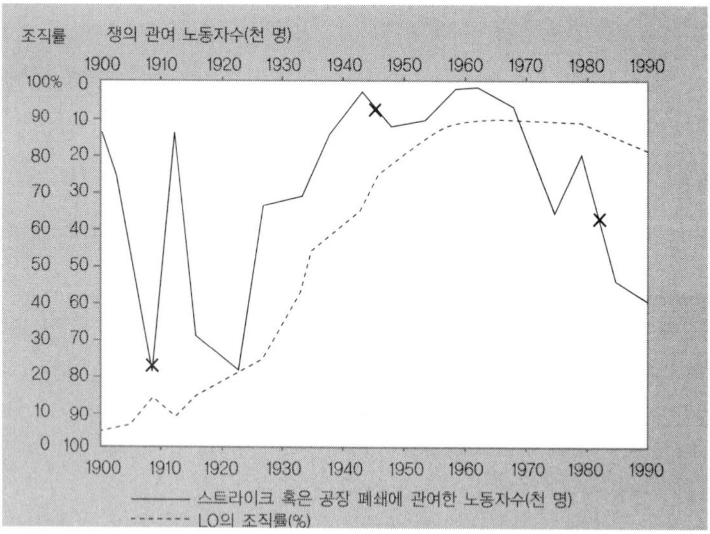

* 출처: Lewin, 1992: 41.(일부간략화)

규율을 강화하는 권위와 권한을 갖는다"는 취지를 명기하는 등 내부기구
를 한층 더 집권화시켰다(De Geer, 1986: 112).

3) 정책과정의 코포라티즘화

이와 같이 살트셰바덴 협정은 정치로부터 독립한 노사의 자발적인 협정
으로서 시작하였으나, 노사는 겉으로 보이는 것처럼 정치와 거리를 두고
있었던 것은 아니었다. 노동운동이 점차 분쟁을 축소하여 노사협조체제로
이행할 수 있었던 것은 복지국가 형성을 통해서 생산성 상승과 경제 성장
의 과실을 자신들의 이익으로 연결시키려는 장기적인 전망을 가지고 있었
기 때문이다. 이와 같은 전망은 첫째는 사민당이 집권당으로서 기반을 서
서히 굳혀가고 있기에 가능한 것이었으나 노조와 정당의 입장이 완전히 동
일할 수는 없었다.[3] 따라서 더욱 중요한 것은 의회정치 밖에서 노조가 독자

---

3 스웨덴 사민당은 1889년에 스톡홀름에서 노조를 중심으로 하는 69개의 노동조직이 모
   여서 결성하였다. 노동조합의 전국조직인 LO를 결성한 것은 그로부터 9년 후인 1898

적으로 정책과정에 영향력을 행사하는 회로를 확보하고 있었다는 것이다. 그것이 정책과정과 연계되어 있는 다양한 코포라티즘적 제도였다. 즉, 노사관계 코포라티즘화(집권화, 안정화)는 노사의 정책과정에 대한 영향력 강화라는 또 하나의 코포라티즘화와 불가분의 관계에 있다.

스웨덴 정책과정의 코포라티즘적 제도 중에서 비교적 공식적인 성격이 강한 것으로 한정해서 들자면, 정책형성과정의 조사위원회제도, 정책집행 과정의 행정위원회제도를 들 수 있다.[4] 두 제도가 모두 긴 역사를 가지게 되었으며, 이 시기에 노사의 참여가 본격화되어 코포라티즘적 성격이 강화되었다. 스웨덴 정책과정에 대한 설명은 이 책의 이후 내용을 쉽게 이해하기 위해서도 필요하다. 앞으로는 제도에 대해서 간단히 정리하고자 한다.

(1) 조사위원회

정책형성 과정의 참가제도로는 조사위원회(utredning, kommittéer)와 레미스(remiss)라고 불리는 의견청취 절차가 핵심을 이룬다. 내각은 중요한 안건에 대해서는 의회의 논의 등을 거쳐 조사위원회를 설치한다. 소관 장

년이다. 이 점에서 영국의 사회민주주의정당(노동당)이 노동조합의 이익대표로서 결성되었던 것과는 뚜렷하게 대조를 이룬다. 스웨덴에서 LO는 원래 사민당의 주도 하에서 정치적인 역할을 담당하기 위해서 탄생되었던 것이다. 따라서 이제 막 탄생한 LO와 사민당 사이에는 매우 강력한 네트워크가 형성되어 있었다. LO는 창립대회의 논의 결과 사민당에 대한 집단 가입제를 결정했다. 많은 노조가 이 제도에 반발하여 LO가맹을 회피하였기 때문에 1908년에 노조구성원의 사민당 가입 유보를 인정하는 방향으로 전화되었으나 LO가 사민당의 재정적, 전력적(戰力的) 기초인 것에는 변화가 없었다. LO는 집단 가입한 노조원의 당비를 일괄해서 부담하였으며, 이것이 사민당의 중요한 재원이 되었다. 이 제도는 1986년에 최종적으로 폐지되었으나, 1965년 조사에서는 89만의 사민당원 중에서 75%가 집단가입에 의한 멤버였다(Svensson, 1994: 53).

4　더욱 비공식적인 제도로서 잘 알려진 것으로는 전후에 엘란데르 수상이 하르프순도의 저택에 경제단체 대표를 개인적으로 초대해 개최하였다고 하는 '하르프순도 회의'가 있다. SAF, LO, TCO, KF(생산협동조합연합) 대표가 참여하여 1955부터 1964까지 계속되었다. 그 이익조정기능이 비공식적인 모임치고는 컸기 때문에 일부로부터는 비난의 목소리가 나왔으며, 자유당 당수 올린(B. Ohlin)은 이것을 비꼬아서 '하르프순도의 민주주의'라고 불렀다.

관은 지침서(direktive)에 취지를 명확히 한 다음, 인원을 인선한다. 조사위원회는 행정관료만으로 구성되는 것과, 관료, 국회의원, 노사 등의 각 이익집단 대표로 구성되는 것으로 구분되며, 전자는 극히 소수위원(보통1명)으로 구성되며, 이와 같은 형태의 위원회가 전체의 3분의 1을 차지한다. 이에 반해서 코포라티즘적 제도로 발전해가는 기반이 된 것은 후자이다. 후자의 경우 통상은 의장을 행정관료가 맡고 국회의원과 이익집단대표를 구성원으로 한다. 조사위원회의 규모는 평균 4명 정도가 된다.

<표 2-1>은 1905년 이후 1972년까지의 조사위원회수(기간 누계), 평균적인 구성원수, 멤버의 구성을 나타내고 있다. 이익집단대표가 조사위원회에서 차지하는 비율은 1905년부터 1914년까지는 평균 21%였으나, 이것은 1945~1954년까지는 34%로 높아졌다. 이익집단의 내역을 알 수 있는 통계는 현재 찾을 수 없으나 스웨덴의 이익집단 중에서 노동단체와 경영자단체의 규모를 고려해볼 때, 이 이익집단 대표의 증대는 노사대표의 증대를 내포하고 있다고 보아도 무리가 없을 것이다.

조사위원회가 보고서 작성을 끝내면 그 보고서는 관련되는 이익집단 및 관계관청으로 보내진다. 송부된 보고서에 대해서 관련이익집단은 의견서를 제출한다. 이것이 '레미스'라고 불리는 의견청취 절차이다. 노동조합과 경영자단체에게는 노사관계뿐만 아니라 폭넓은 문제에 대해서 의견 표명

〈표 2-1〉 조사위원회의 구성-1905년 이후 변화

연도	조사위원회	평균 인원수	국회의원	공무원	이익집단대표	총계
1905~14	403	3.9	27	51	21	1,579
1915~24	504	4.1	27	47	26	2,083
1925~34	452	3.7	32	43	25	1,690
1935~44	618	4.1	23	47	30	2,560
1945~54	752	4.4	25	41	34	3,306
1955~67	989	3.7	19	60	20	3,651
1972	293	n.a.	19	63	18	1,498

• 출처:Pestoff, 1983: 44.

이 요구된다. 보고서를 받은 단체는 전담 직원과 책임기관, 경우에 따라서는 특별 작업팀이 협의를 거쳐 회답한다.

정부 부처는 그 회답들을 집약하여 조사위원회 보고와 함께 검토자료로 하여 관계 부처와도 협의한 후에 의회에 제출할 법안 작성 작업에 들어간다. 이때 이익집단의 활동은 비공식적으로 계속된다. 최종적으로 정부의 손에서 정리된 법안은 의회의 상임위원회로 송부된다. 의회의 상임위원회에서는 심의과정에서 공청회 등의 개최와 함께 다시 레미스를 한다. 이른바 레미스의 제2라운드인데, 이 경우 의견을 청취하는 집단수는 조사위원회 보고에 대한 제1라운드 레미스에 비해 극히 소수의 유력 단체에 한정되며, 따라서 그만큼 레미스 회답의 영향력은 크다.

이 책에서 밝힌 것처럼, 조사위원회는 노조가 복지정책 형성과정에서 자신들의 이해를 표출하는 회로로서 중요했음은 물론이며, 다른 한편으로는 경영자단체, 보수·중도정당과의 접촉을 통하여 전략을 조정하는 곳으로도 큰 의미를 가지고 있었다.

(2) 행정위원회

'부(部)'가 정책형성기관의 성격이 강함에 비해서 '청(廳)'은 의회가 결정한 정책의 집행에 대해서 책임을 진다. 여기서 청이라고 임시적으로 부르고 있는 것은 스웨덴어로는 'styrelsé verk' 등 다양한 호칭을 가진 행정기관을 가리킨다. 청은 부에 비해서 통상은 규모도 크고 상대적으로 자율성을 갖는다. 자율성이 높은 청이 발전한 역사적 배경으로는 독립 농민층의 힘이 강한 스웨덴에서 귀족층이 농촌부가 아니라 도시의 관료제를 기반으로 해서 왕권에 대항하려고 했던 경험이 지적된다. 따라서 원래는 이러한 행정기관은 법복 귀족층에 의한 합의제로 운영되었으나 18세기 중엽부터 1명의 장관(Generaldirektör)에게 결정이 위임되는 형태가 늘어났다. 그리고 20세기 초부터는 스웨덴어로 관련단체위원회(Lekmännastyrelse)라고 불리는 행정위원회 조직이 중심이 되었으며, 장관은 어디까지나 위원회의 일원(보통 의장)으로 의결에 따르는 형태가 늘어난다. 관련단체위원회라는 호칭에서 짐작할 수 있듯이 노사대표와 같은 관련이익단체 대표가 관료와 함께 위원회를 구성하는 것이 이 제도의 특징이었다(Petersson and Söderlind, 1992: 68).

행정위원회가 노사를 중핵으로 한 코포라티즘적 성격이 강화된 것은, 1903년에 몇 개의 코뮌에서 직업소개 등의 업무를 시작했을 때 노사대표의 참가가 제도화된 것이 계기가 되었다. 수년 후에는 이러한 기관은 모든 주요 도시에서 활동을 하였다. 노동조합은 당초 이 기관의 중립성에 의구심을 표명했으나, 그 활동이 반드시 편향된 것은 아니라는 것을 확인하게 되자, 조합측의 태도는 한층 더 적극적이게 되었다. 1912년에 중앙 레벨에서 사회청(Socialstyrelsen)이 설치되어 노사 대표가 2명씩 참가하였다. 당초 이 행정위원회는 도시의 노동문제를 주로 다루었으며, 행정담당자와 노사의 정보교환의 장소가 되었다. 다음 해인 1913년에는 국민연금제도를 집행하는 전국사회보험청(Riksförsäkringsanstalten)이 동일한 형태로 활동을 시작하였다. 그리고 후술하는 것처럼 1939년에 실업위원회가 해체된 후에 노동시장청이 행정위원회를 중핵으로 설치한 것은, 이 행정위원회라는 코포라티즘적 제도가 노동운동의 전략에 본격적으로 위치 지워졌다는 것을 나타내는 사건이기도 했다(Rothstenin, 1991: 86-93).

〈표 2-2〉 행정위원회의 이익집단대표(1976)

집단		대표위원의 총계	
LO	36		
TCO	19	노동조합의 총계	63
SACO/SR	8		
SAF	10		
그외의 민간경제단체	42	사용자집단 총계	68
중앙 · 지방	16		
LRF(농민동맹)	7		
KF(생활협동조합연합)	11		
기타	22		

> 출처: Lewin, 1992: 67.

제2차 세계대전 이후로 일련의 청 조직에서 행정위원회가 한층 더 큰 비중을 차지하게 된다. 1946년에는 전체 청 조직에서 행정위원회를 보유한 청의 비율은 28%에 지나지 않았으나, 1968년에는 64%, 1974년에는 74%가 된다. <표 2-2>는 1970년대 후반 시점에서 대표적인 행정위원회 구성을 나타내고 있는데, 주축이 되는 것은 노사 대표이며, 이 시점에서는 경영대표가 68인, 노동대표가 63인으로 양자는 거의 균형을 이루었다. 같은 시기에 LO와 TCO는 노동시장청을 비롯하여 교육청, 직업안전·위생청, 전국산업청 등 30개 이상의 행정위원회에 대표를 보냈으며, SACO의 경우 그 수는 8이었다. 행정위원회를 축으로 정책분야마다 코포라티즘이 형성되었다고 하겠다.

　이와 같이 노동운동의 복지국가 전략은 권력자원의 효과적 동원을 위해서 영향력 행사의 회로가 되는 정치제도에 대한 전략도 중요한 구성요소로 하고 있었다. 조사위원회와 행정위원회 등의 코포라티즘적 제도가 얼마나 노동운동의 영향력 증대에 기여했던가에 대해서는 후술할 것이다. 그런데 정치제도에 대한 설명에서 우리는 전후의 전개에까지 들어가고 말았다. 여기서 다시 1930년대로 돌아와서 스웨덴 모델에서 또 하나의 기축인 보편주의적 복지정책의 형성을 고찰하고자 한다.

4. 보편주의적 복지국가의 형성

1) '인민의 집'이라는 상징

　앞에서 1920년대부터 1930년대에 걸쳐서 노동시장정책, 임금정책, 노사관계, 그리고 코포라티즘의 형성을 개관하였다. 스웨덴 모델이라는 시스템에서 또 하나의 기둥인 복지정책은 이 시기 어떠한 전개를 보였던 것일까?

스웨덴 복지국가 형성은 자주 '인민의 집(Folkhemmet)'라는 상징의 출현과 관련지어 논의되었다. 이것은 1928년 의회 논의에서 한손 수상이 스웨덴의 장래를 "어떤 사람이 다른 사람들을 경시하거나, 그 희생으로 이득을 얻거나 하는 자가 없으며, 강자가 약자를 억압하거나 약탈의 대상으로 하지 않는 좋은 집"에 비유한 것에서 유래되었다(AK 1928, nr 3: 11). 같은 해 사민당대회에서 한손은 이 당을 "국민 다수의 지지에 의해서 인민의 집이라는 꿈을 실현할 수 있는, 진정으로 강력한 국민정당(Folkspartiet)"으로 만들어나갈 것을 선언했다(Svensson, 1994: 79-90).스웨덴 노동운동의 선전에서는 노동자 계급을 한 가족의 불우한 양자(styvban)로 비유하는 경우가 자주 있었는데, '인민의 집'이라는 용어도 직접적으로는 이 양자가 행복하게 되는 것의 상징이었다고 여겨진다. 그런 의미에서 이 용어는 우선 단순히 노동자 계급을 중심으로 한 국민이 안정된 생활을 향유할 수 있는 환경을 의미하고 있다고 하겠다(Hirdman, 1989: 88).

동시에 이 비유에는 일종의 공동체주의적인 가치가 농후하게 배어있다는 것도 부정할 수 없다. 이 점에 대해서는 사민당 내부에서도 반발이 있었으며, 예를 들어 비그포르스는 '인민의 집'이라는 용어가 매우 전통적인 가족 이념에 의존하고 있는 것을 싫어하여 이 용어를 사용하지 않았다고 한다(Tilton, 1990: 128). 또한 히르드만(Y. Hirdman)에 따르면 이 상징에는 당시 사회민주주의적인 여성운동에서 보여진 모성주의적인 페미니즘의 영향도 엿볼 수 있다. 그것은 구체적으로는 케이(E. Key)의 논의로 대표되는 것처럼 여성 역할의 기초를 어디까지나 모성에서 찾으면서, 모성 발휘의 장소를 개개의 가족에 한정시키지 않고 넓게 사회 전체에서 찾아내려는 것이었다. '인민의 집'은 그런 의미에서도 전통적인 가족 이념의 연장이었다(Hirdman, 1989: 81-91).

그러나 역으로 말하면 '인민의 집' 상징의 이러한 '퇴행성' 부분이 복지정책에 대한 저항감을 약화시켜 복지국가 형성에 사람들을 동원하는 힘을 배태시켰다고도 할 수 있다. 그런 의미에서 전전 스웨덴에서 보편주의적 복지정책이 먼저 가족정책의 영역에서 확립되어 전개되었던 것은 우연한 일은 아니다. 이 가족정책으로부터 배태된 보편주의 이념이 국민 속에 뿌리내려, 점차 건강보험제도와 노령연금제도에도 적용되었으며 복지국가를 방향 지워가게 된 것이다.

그리고 이 상징에 구체적인 내용을 담아 그와 같은 힘을 발휘할 수 있는 한 것은 당시의 스웨덴이 직면해있던 인구문제와, 이 문제에 독자적인 방법으로 접근한 뮈르달 부부(Alva and Gunnar Myrdal)의 복지국가 전략이었다. 비그포르스가 경제위기를 계기로 새로운 경제정책을 집행할 조건을 조성하였던 것과 마찬가지로 뮈르달 부부는 인구문제의 위기로부터 보편주의적 복지정책에 대한 합의 형성의 찬스를 이끌어냈다고 할 수 있다. 이 착안은 탁월한 것이었으며 스웨덴 복지국가의 역사에서 결정적인 의의를 가지고 있다. 뮈르달 부부의 복지국가상 그 자체는 한손의 조금은 촌스러운 '인민의 집' 상징에 비하면 훨씬 모던하며 사회공학적인 성격이 강하여 국민 각층에 골고루 침투될 수 있는 조건을 갖추고 있다고 하기는 어려웠다.

'인민의 집' 상징과 뮈르달 부부의 복지국가 전략을 매개하고 조정하여 보편주의적 복지국가 형성을 향한 폭넓은 합의를 현실화시킨 것은 사회부장관 묄레르의 공적이었다. 이와 같이 보편주의적 복지국가정책의 원점이라고 할 수 있는 1930년대 복지국가 정책을 둘러싼 구도는 약간 복잡한데, 우선 그 배경이 된 인구문제를 설명하는 것에서부터 시작하고자 한다.

2) 인구문제의 위기

(1) 위기의 내용

이 시기에는 많은 유럽국가들이 산업화에 따른 사회변동에서 나타난 출생률의 저하로 골머리를 앓고 있었는데, 소국이면서 산업화가 매우 급속히 진행되었던 스웨덴은 더욱 심각한 상황이었다.

우선 인구문제의 전제로, 19세기 말부터 20세기 초엽에 걸쳐서 스웨덴은 급격한 도시화와 인구증대가 진행되었다. 1870년의 스웨덴은 농업인

구가 70%를 넘어서고 있었는데, 1910년에는 50% 이하로 떨어졌다. 사망
률 저하로 인해 1840년부터 약 1백년간 인구는 배로 증가하여 1935년에는
6백20만 명이 되었다. 한편 도시 빈곤과 열악한 주거환경 속에서 1870년
부터 1930년 사이에 약 1백 10만 명이 미국으로 이주하게 된다. 동시에 스
웨덴에서 일어났던 것은 사망률이 크게 개선되었음에도 불구하고 출생률
이 급속히 저하되는 현상이었다. <그림 2-2>에서 알 수 있듯이 인구 1천 명
당 보통출생률(CBR)은, 1899~1910년이 26.8이었는데, 1931~1935년에는
14.1까지 저하되었다. 이것은 이 시기 유럽국가들에서 공통적인 현상이었
는데 그중에서도 스웨덴의 출생률 저하는 특히 현저한 것이었다(Carlson,
1990: 2-4; Kälvemak, 1980: 38-39). 참고로 말하자면 거의 같은 시기 일본
의 보통출생률은 30 이상이었으며, 일본이 스웨덴 1930년대 수준에 가깝
게 된 것은 1980년대 이후의 일이다.

〈그림 2-2〉 출생률 · 사망률 · 인구의 장기간 추이

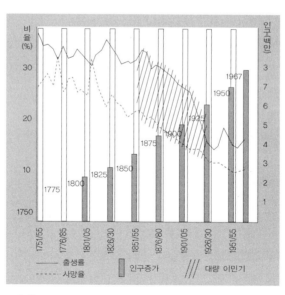

•출처: Kälvemark, 1980: 39.

출생률 저하의 분명한 이유는 기혼부부의 급속한 출산 감소였다. 혼인율 그 자체는 1900년을 기점으로 상승으로 전환되었음에도 불구하고 15세부터 45세까지의 기혼여성 1천 명에 대한 신생아수를 보면, 1900년의 2백74 명에서 1933년에는 1백14명으로 감소하였다. 출생률의 저하는 스톡홀름을 중심으로 한 도시부에서 현저했으며, 북부를 중심으로 한 농촌부일수록 높은 출생률을 유지했다. 또한 소득계층별로 출생률을 유지했다. 또한 소득계층별로 출생률을 보면 고소득층과 저소득층은 출생률을 유지한 데 반해 중간층에서 낮아지는 경향을 보였다(Kälvemark, 1980:40). 나중에 뮈르달 부부가 분석한 것처럼 도시화 과정에서 생활수준을 상승시킬 가능성이 있는 사람들이 자녀를(많이) 낳지 않는 선택을 하는, 혹은 어쩔 수 없이 선택하게 되는 사례가 증대했던 것이다.

(2) 대립되는 관점

출생률의 급격한 저하문제에 대한 대응에서 보수세력과 노동운동은 대조적이었다. 보수파는 이러한 사태를 기본적으로는 근대화에 따른 성 윤리의 위기로 보았으며, 이러한 경향이 계속된다면 수세대 후에는 스웨덴 민족이 지상으로부터 소멸될 것이라는 위기의식을 강조했다. 더욱이 보수파 일부에는 독일의 민족주의적인 우생학의 영향을 받아 인구문제를 민족의 '질'이라는 관점에서 논하려는 이들도 나타났다. 여기에는 민족순화라는 관점에서 이민과 장애자 배제와 관련되는 주장도 들어 있었다.

보수파는 당초에는 여러 제재 수단 내지는 규제 수단을 통해서 위기에 대처하려고 했다. 보수정권 하에서 1910년과 1911년에 연속해서 도입된 반출산 조정법은 이러한 보수파적 대응의 전형이었다. 이 법은 피임기구를 여러 사람들 눈에 띄게 하거나, 신문이나 라디오를 통해 피임기구를 광고하거나 제공하는 것을 금지시켰으며, 독신자나 자녀가 없는 부부에게 새로운 세금을 부과하는 방안이 국회에서 계속 논의되었다.

한편 노동운동측은 이러한 보수파의 주장을 강한 경계심을 가지고 바라보았다. 노동운동 속에서는 신맬더스주의의 영향력이 매우 강했다. 신맬더스주의는 인구는 기하급수적으로 증가하나 생산력은 산술급수적으로밖에 증가되지 않기 때문에 생활수준 상승은 항상 위협받는다고 했던 맬더스 학설을 계승한 것이다. 신맬더주의적인 견해는 스톡홀름학파의 할아버지라 불리는 빅셀(K. Wicksell)이 처음 주장한 이후 사민당과 노조 속에 급속히 퍼졌으며, 나아가 마르크스의 과잉노동론과 연계되었다. 그 결과 인구의 현저한 증대는 노동력 가치를 억제시켜 생활수준을 악화시키기 때문에 노동운동의 입장에서 보면 바람직하지 않다는 사고가 노동운동에 넓게 정착되었다. 그런 관점에서 사민당과 노조의 주류는 인구문제의 정책화를 경계하였다.

그러나 1920년대 전략전환을 거쳐서 국민정당의 길을 걷기 시작한 사민당은 적록동맹의 파트너인 농민당의 내셔널리즘에 배려할 필요가 있었음은 물론, 더 나아가 '인민의 집' 상징에 구체적인 내용을 제공할 수 있는 정책 전망도 요구되었다. 인구문제는 점차 국민 속에서도 관심이 높아지고 있었던 만큼 종래와는 다른 접근법이 요구되었다.

3) 뮈르달 전략

(1) 새로운 시각

이러한 상황을 타개하는 데 결정적인 역할을 담당한 것이 1934년에 출판된 뮈르달 부부의 저서 『인구문제의 위기』였다. 말할 필요도 없이 여기서 뮈르달 부부는 스톡홀름학파의 경제학자로서 사민당의 경제정책 형성에 큰 영향력을 끼친 군나르 뮈르달(Gunnar Myrdal), 새로운 가족상에 관한 제언으로 주목을 받았던 사회심리학자 겸 교육학자인 알바 뮈르달(Alva Myrdal)을 말한다. 그 둘은 철저한 합리주의적, 사회공학적인 사고라는 면에서 스웨덴 사민당의 사상가들 중에서도 특출했다. 그 둘이 저서에서 의도한 것은 인구문제를 둘러싼 보수파와 노동운동의 분열을 가교함으로써, 이른바 사회민주주의적인 프롤레타리아=출산장려주의라고도 할 완전히 새로운 구상을 제기하여, 그것을 축으로 해서 복지국가 형성에 필요한 콘센서스를 이끌어내는 것이었다. 그러면 이 저서에서 두 사람은 어떤 주장을 하였는가.

그 저서에서 뮈르달 부부는 스웨덴 인구문제의 배경을 철저히 분석하여 그것이 도시화와 사회구조의 변화로부터 기인되었다는 것을 밝혀냈다. 오늘날 스웨덴의 주택환경을 알고 있는 이들에게는 믿기 어렵겠지만, 당시 스웨덴의 주택사정은 유럽 표준에서 보면 상당히 열악하였다. 1930년대 초엽 스톡홀름에서는 35.5%가 단칸방이었으며, 25.7%가 방 2개였고, 목욕탕도 샤워시설도 없는 주택이 85%에 달했다. 뮈르달 부부의 분석에서는 국민의 41%가 단칸방에 살았는데, 서부 공업도시 예테보리의 예를 들자면, 한 사람 당 거주면적은 5평이었다. 이러한 환경은 당연히 가족을 늘리는 데 큰 장해가 되었다(Myrdal and Myrdal, 1934: 125-151). 또한 실업은 25세 이하의 노동자에게 집중되었는데 젊은 세대가 안고 있는 실업의 위협은 자녀를 갖겠다는 결단을 내리기 어렵게 하였다. 출산·육아에 따른 지출로 자녀를 갖는 비용은 점점 높아졌다.

뮈르달 부부는 단지 경제적 곤란만이라면 과거에는 더 어려운 환경 하에서도 출생률은 증대했다는 사실에 주의해야 한다고 했다. 결혼한 부부가 출산을 피하는 경향을 보이게 된 것은 취업한 여성이 생활수준을 상승시킬 수 있음에도 불구하고 아이를 갖게 되면 직장을 그만두어야만 하는 구조가 형성되었기 때문이다. 뮈르달 부부는 사람들의 생활 양식을 과거로 되돌리려 하기보다는 그와 같은 구조 자체를 문제시하지 않으면 안 된다고 주장한다(Myrdal ana Myrdal, 1934: 164-172).

이와 같은 관점에서 본다면 노동운동측도 보수진영도 사태를 정확하게 파악하고 있다고 보기는 어렵다. 뮈르달 부부는 우선 노동운동의 신맬더스주의에 대해서는 기술의 눈부신 발전 속에서 고용과 자연인구를 직접 연결시켜 생각하는 것은 잘못되었다는 점과, 만약에 인구감소가 당면한 고용문제를 개선한다고 해도 장래 인구구조의 고령화에 따라서 경제발전 기반 그 자체가 위협받는다는 점을 지적한다. 한편 보수파에 대해서는 인구문제의 위기를 성 윤리로 환원시키는 것은 잘못되었으며, 그것은 사회구조의 변화에 기인하는 것으로 보아야 한다고 주장하였다. 따라서 출산장려를 위해서 규제적인 수단을 통해 여성을 가정과 낡은 성 윤리에 묶어두는 것은 불가능하다고 설명하였다.

(2) 예방적 사회정책

뮈르달 부부가 지향한 것은 여성의 취업 확대를 당연시하는 페미니즘적인 시점에 서서 노동운동과 보수파의 이익을 통합시키는 것이었다. 뮈르달 부부는 나치류의 반강제적인 출산장려주의를 비판하는 입장에서 자유의지 문제를 강조하였으며, 피임기구에 대한 통제 등은 오히려 철폐되어야 한다고 했다. 그러나 한편으로 아이를 갖고 싶은 바람을 막는 사회적 장애는 제거해야 한다. 그 수단으로써 뮈르달 부부가 말하는 예방적 사회정책(Profylakti sksocialpolitik)이야말로 인구문제 타개의 결정적인 방안이 되어야 한다. 여기서 예방적이라는 표현은 빈곤과 사회병리에 사후적으로 대처하는 당시 복지정책의 실상에 대한 대안으로써 내세워진 것이다.

예방적 사회정책의 목적은 빈곤과 사회병리가 현재화되지 않는 사회구조를 만드는 것이며, 그 대상은 궁핍한 사람들에게만 한정되지 않는다. 계층간 소득 재분배 자체가 직접적 목적이 아니기 때문에 일반적으로 서비스 공급시 소득조사를 배제시키는 것이 원칙이다. 예방적 사회정책의 가장 중요한 영역은 자녀와 가족이며, 시각을 달리하면 인적 자본에 대한 투자이기도 하다. 따라서 예방적 사회정책은 사회적 공정이라는 관점에서 바람직할 뿐만 아니라 경제성장을 위해서도 필요한 것이다(Myrdal and Myrdal, 1934: 197; Myrdal, 1938). 뮈르달 부부의 예방적 사회정책론은 대체로 이상과 같은 내용이었으나 적어도 기초적인 이념에 관해서만 보면 여기에서 스웨덴의 보편주의적 복지의 원형이 이미 나타났다고 할 수 있다.

따라서 예방적 사회정책에는 위기안정화 프로그램과도 중첩되는 주택정책, 자녀가 있는 가정에 대한 수평적 재분배라는 성격을 가지고 출산·육아지원책, 여성취업을 가능하게 하는 조건의 정비와 노동시간의 단축 등 광범위한 정책분야가 포함된다. 뮈르달 부부는 예방적 사회정책 실시를 통해서 구조개혁이 진행된다면 평균적으로 한 가족 3인 자녀가 될 것이라고 주장하였다.

(3) 악마와의 거래

이러한 정책의 제기와 더불어 뮈르달 부부의 주당에는 오늘날의 관점에서 보면 수긍할 수 없는 내용도 몇 가지 포함되어 있다는 것을 명기해 둘 필요가 있을 것이다. 예를 들어 뮈르달 부부는 저서 『인구문제의 위기』에서 인구감소가 이민 노동력의 유입을 초래하여 스웨덴의 '중부 유럽화' 즉, 다민족화에 따른 혼란을 야기할 것이라는 경고를 하고 있는데, 이 경고는 그들의 국제주의를 알고 있는 이들에게는 약간 의외로 들릴 것이다(Myrdal and Myrdal, 1934: 110). 또한 그 저서의 제7장은 '사회정책과 국민의 질'이라는 이름이 붙어 있는데, 제목에서 엿볼 수 있는 것처럼 여기서 뮈르달 부부는 인구의 '질'에 관한 문제를 다루고 있다. 물론 뮈르달 부부의 관점은 나치류의 민족배외주의와는 다르며, 산업사회의 고도화가 그것을 담당하고 있는 국민의 '질'의 향상을 요청한다는 인식에서 출발한다. 즉, "현대사회 전체의 활동 리듬이 빨라지고 복잡해지는 가운데 적성에 대한 요구도 높아지며, 배려와 책임감, 신속한 판단력, 자제력과 기술적 통찰력 등이 요청된다"는 것이다(Myrdal and Myrdal, 1934: 206).

그리고 뮈르달 부부는 이러한 의미에서 국민의 '질' 향상 수단으로써 국가의 지적 장애자를 대상으로 한 불임수술 실시 권리를 옹호하고 있다(Myrdal and Myrdal, 1934: 219). 뮈르달 부부가 이와 같은 '질'의 문제를 포함하여 민족주의에 접근한 이유 중 하나로 민족주의적인 보수파에 페미니즘과 예방적 사회정책론을 '팔고자' 하는 복지국가 전략을 들 수 있겠다(Carlson, 1990:85). 당시 의회에서는 나치의 영향을 받은 '민족 그룹(Nationella gruppen)'과 같은 민족주의 그룹이 인구문제 타개를 위한 사회정책에 특히 열심을 보였다. 그들은 민족의 '질'의 유지라는 관점에서 특히 정책의 대상으로 중간층에 역점을 두었다. 중간층에 스웨덴 민족의 '양질'적인 부분이 집중되어 있다고 생각되었기 때문이다. 그러한 점에서 민족주의적 보수파는 보편주의적 복지정책이 복지행정의 탈구빈화를 지향하는 것에 공명할 수 있었던 것이다(Kälvemark, 1980: 56).

⑷ 과학주의의 함정

이와 같은 배경 하에서 추진된 뮈르달 부부의 합의형성 전략이 스웨덴의 강제불임수술 문제의 한 배경이었던 것은 사실이다. 여기서 말하는 강제불임수술 문제란 1997년에 보수계 언론인 자렘바(M. Zaremba)가 1934년부터 1976년 사이에 지적 장애자 등을 대상으로 약 6만 건의 불임수술이 실시되었다고 보도하여 파문을 일으킨 사건을 말한다. 이 사실 자체는 이전부터 알려져 있던 것이었으나 자렘바 논문의 특징은 이 문제를 '인민의 집'의 이념과 분리시킬 수 없는 것으로 보고 무엇보다도 사민당의 복지국가구상 가운데 일부로 규정했다는 점이다. 즉, '인민의 집' 구상에는 원래 배외주의적인 성격이 들어 있으며, 또한 장애자 등에 대한 장래 비용을 억제하기 위하여 강제불임수술이 필요했다는 것이다. 자렘바는 뮈르달 부부야말로 '인종우생학의 선동자'였다고 하면서, 그 중심적인 역할을 강조하였다(Zaremba, 1997a).

이 자렘바 논문과 그것을 계기로 하는 일련의 논평이 안고 있는 많은 문제에 대해서는 다음 절에서 다시 서술하겠지만, 어쨌든 이 강제불임수술 문제가 스웨덴 복지국가 역사의 어두운 부분임에는 틀림이 없다. 나치류의 민족배외주의로 나아갈 수 있는 에너지를 복지국가 건설로 유도했다는 것, 결과적으로는 장애자와 외국인의 권리 옹호에 대해서 매우 선진적인 복지국가를 배태시킨 것은 사실임으로, 이 점을 포함하여 뮈르달 부부의 전략성을 최대한으로 평가한다고 해도 실제로 발생한 사태에 대한 책임의 일단을 피할 수 없을 것이다.

모든 것이 합의형성 전략으로 환원될 수는 없는 면이 있다는 뮈르달 부부의 주장에도 주목하고자 한다. 뮈르달 부부의 사고 속에서 사회를 합리적으로 제어하여 이상적인 형태로 조성하고자 하는 강한 사회공학적인 지향이 있었으며, 강제불임수술 용인 등에 관한 주장도 이러한 사상과 밀접히 관련되어 있다고 여겨진다. 결국 일견 보수파 국가주의와는 상극에 있었던 뮈르달 부부의 사회공학적 발상 속에는 국가 조정에 대한 과도한 신뢰라는 점에서 보수파의 국가주의와 일맥상통하는 요소가 내재되어 있었다고 할 수 있다. 이와 같은 사고가 뮈르달 부부의 예방적 사회정책론에서도 엿보인다는 지적도 있다.

예를 들어 히르드만은 뮈르달 부부의, 특히 알바 뮈르달의 전략 속에는 전문적 지식과 과학에 대한 신앙에 기초해서 일상세계를 과도하게 질서 잡으려는 경향이 있었다고 지적한다. 육아에 대한 지원과 아동교육을 -당시의 가톨릭 국가들에서 나타난 것처럼- 가족에 대한 보조금 지원 형태가 아니라 어디까지나 공적 서비스를 통한 제공에 고집하는 뮈르달 부부의 논의는, 한편으로는 정책목적을 확실히 실현하면서 여성을 전통적 성 역할로부터 해방시키려는 의도를 가지고 있었고, 다른 한편으로는 친권이라는 '아마추어리즘'보다도 공무원의 전문성을 훨씬 높게 평가하여 사생활 영역에 대한 개입을 정당화하려고 했다. 더 나아가 알바 뮈르달의 경우에는 그 연장선에서 푸리에적(혹은 헉슬리적)인 공공육아기관의 철저한 집단보육을 구상하는 등 매우 유토피아주의적인 경향을 보인다(Hirdman, 1989: 110-111, 125-126). 히르드만은 이렇게 해서 스웨덴 복지국가 형성과정에서 '생활세계의 식민지화' 과정을 도출해냈다.

이 히르드만의 논의는 강제불임수술 문제를 복지국가의 원리와 불가분의 문제라고 보는 연구자들이 답습하고 있는 논리이다. 즉, 뮈르달 전략과 1930년대 복지국가 형성을 동일시하면서 거기에서 직접적으로 '생활세계의 식민지화' 개시를 도출하는 논의이다. 그러나 여기서 강조해두고 싶은 것은 뮈르달 부부의 사상과 스웨덴 복지국가 전개를 단순하게 겹치게 한다든지 양자를 동일한 것으로 볼 수 없다는 것이다. 분명히 뮈르달 부부는 복지국가를 지향한 합의형성 전략을 제창했다는 점에서 결정적인 '공헌'을 했지만, 로스슈타인도 강조한 것처럼 뮈르달 부부의 복지국가 구상과 1930년대에 실현된 복지정책은 명확히 구별하지 않으면 안 된다 (Rothstein, 1994: 208-209). 현실정치 속에서는 뮈르달 부부의 사회공학적인 유토피아주의는 강하게 억제되었으며, 동시에 그 페미니즘도 눈에 띠게 회석되었던 것이다. 그 문제에 관해서는 뮈르달 전략과 한손의 '인민의 집' 상징을 연계시킨 사회부장관 묄레르의 역할이라는 관점에서 볼 필요가 있다.

4) 묄레르와 뮈르달

(1) 『인구문제의 위기』의 반향

당시의 노동운동의 상식에 비추어 본다면 뮈르달 부부의 출산장려주의는 보수파로 잘못 여겨질 수 있었다. 그 때문에 노조계 출판사로부터 출간을 거절당했던 『인구문제의 위기』가 1934년 가을에 보니에르출판사 (Bonniers)로부터 간행되자 큰 반향을 불러일으켰다. 이 책은 즉시 매진되었으며 재판을 거듭하였다. 신문과 라디오도 이 주제를 적극적으로 다루었으며 뮈르달 부부도 자신들의 주장을 확산시키기 위하여 다양한 기회를 활용했기 때문에 화제의 인물이 되었다. 두 사람의 복지국가 전략은 여론의 지지라는 점에서 견실한 일보를 내딛었던 것이다. 뮈르달 부부의 주장에 감화된 시민으로부터 뮈르달 부부가 2명의 자녀밖에 두지 않은 것은 3명의 자녀를 모델로 하는 가족상과 모순되지 않느냐는 의견이 들리는 와중에 뮈르달 부부는 여러 번의 유산을 거쳐서 1936년에 셋째 아이 카이(Kaj)를 낳았다(Carlson, 1990: 116).

1935년 국회에서는 인구문제가 크게 부각되었으며, 각 정당이 연이어서 인구문제에 관한 정책제안(motion)을 하였다. 보수당은 이 문제를 기본적으로는 윤리문제로 보면서도 세금공제와 임신 부조 등의 도입을 포함한 복지정책을 제창하였다. 또한 나치의 영향을 받은 가장 민족주의적인 집단이 임신을 이유로 한 여성의 해고를 금지하는 입법을 요구하여 세상을 놀라게

했다. 또한 각 정당은 이 문제에 대해서 조사위원회 설치를 요구하였다.

뮈르달 전략의 충격은 사민당 내부에도 확산되었다. 그 해 겨울에는 사민당지 《사회민주주의자》가 스웨덴의 출생률이 세계 최저수준이 되어가고 있다는 사실을 다루었는데, 이대로 가면 3백년 후에는 스웨덴 민족이 지상으로부터 소멸될 것이라고 지적하였다(Carlson, 1990: 60). 그러나 이 문제에 대해서 사민당은 명확한 방침을 세우지 않은 채였다. 뮈르달 부부의 주장을 이해한 일부의 사민당 지식인과 간부는 이것을 열렬히 환영하였지만, 노동운동 전체로는 출산장려주의에 강한 의문을 갖고 있었다. 그래서 사민당의 집행부가 이 문제에 어떤 판단을 내릴지에 귀추가 모아지고 있었다.

(2) 극적 국면에 처한 사민당 정권과 묄레르

실은 이 시기 사민당 정권은 기반을 견고히 할 수 있느냐 없느냐 하는 국면에 처해있었다. 앞에서 서술한 것처럼 사민당은 정권 획득 후 적록동맹을 기초로 한 위기안정화 프로그램을 실현시켰으며, 또한 살트셰바덴 협정으로 상징되는 노사협조·코포라티즘 체제를 구축해가고 있었다. 그러나 다른 한편으로는 그러한 추세에 암운이 끼기 시작한 것도 사실이었다(Carlson, 1990: 110). 경제위기가 일단 수습되어 농민당이 사민당과 동맹을 계속할 유인이 약해진 것을 간파한 자유당은 농민당과 사민당 사이를 갈라놓고자 했다. 특히 1933년에 독일에서는 히틀러가 정권을 획득하여 방위문제가 쟁점이 되었다. 방위문제에 대해서는 농민당이 자유당 이상으로 '우(右)'에 위치해 있었기 때문에 적록동맹을 와해시킬 수 있는 찬스였다. 자유당은 의도적으로 본래의 입장보다도 우파적 방위정책을 제시하였으며, 1935년 방위문제조사위원회의 보고에서는 군비증강 안에 대해서 농민당과 보조를 맞추었다(Hadenius, Molin and Wieslander, 1988: 124-125). 1936년 선거가 가까워지는 가운데 사민당 내부에서는 정권유지가 가능할지 아닐지 위기감이 확산되었다. 위기관리에서는 어느 정도 성과를 올린 사민당 정권이 이번에는 어떤 방법으로 그 진가를 발휘할지가 주목되었다.

'인구문제의 위기'의 전략적 의의를 일찍이 간파하여 그것을 복지국가 전략 추진의 발판으로 철저하게 활용해간 것은 한손 정권의 사회부 장관 묄레르였다. 복지정책을 통한 가족과 민족의 구제라고 하는 이미지는 보수층에게도 강력한 흡인력을 갖는다는 것을 한손 정권은 알고 있었으며, 무엇보다도 그것은 한손 자신이 제시한 '인민의 집' 상징과 조응되었다. 또한 1930년대의 노동시장정책에서 중요한 역할을 한 묄레르는 다른 한편으로는 덴마크의 브람스네스(C. V. Bramsnaes) 등의 영향을 받아 일찍이 보편주의적 복지국가정책에 대한 이념을 가지고 있었다. 영어권에서 '복지국가'라는 용어가 처음으로 사용된 것은 1941년 템플(W. Temple)의 『시민과 성직자』에서라고 하는데, 묄레르는 이미 1928년의 선거 책자에서 "국가는 단순히 야경국가(Nattväktarestat)에 머물러서는 안 되며 복지국가(Välfärdsstat)가 아니면 안 된다"고 서술하고 있다(Therborn, 1989: 19).

묄레르는 인구문제와 그에 대한 뮈르달 부부의 전략 제기에서 한손의 '인민의 집' 구상과 자신의 복지국가 이념을 실현시킬 중요한 실마리를 찾아냈다. 그리고 묄레르의 주도 아래 하에서 사민당이 보편주의적인 사회정책을 향한 큰 걸음 내딛는 전환점이 된 것이 1936년 사민당 대회였다. 이 대회에서는 여전히 신맬더스주의적인 발상을 고집하는 일부 대의원들로부터 신노선에 대한 강한 반대론이 제기되었으나, 묄레르는 이 문제를 통해서 복지정책에 대한 지지를 광범한 정치세력으로부터 모을 수 있다고 하면서, "그것이 우리 나라의 인구문제에 대처해 나가는 유일한 관점이며, 나로서는 그것만으로도 충분하다"고 단언하였다(Hatje, 1974: 31).

이런 다소 냉소적인 표현에서 뮈르달 부부의 구상에 대한 묄레르의 입장을 엿볼 수 있다. 묄레르는 여기서는 분명히 반대파 국회의원에 대해서 뮈르달 전략을 바탕으로 한 신노선을 옹호하고 있다. 그러나 묄레르는 뮈르달의 복지국가 구상에 대해 강한 위화감을 가지고 있었다고 자주 지적된다. 1932년에 군나르 뮈르달 등이 주택문제와 관련하여 처음으로 묄레르와 만나 그 구상을 피력했을 때의 반응에 대해서 뮈르달 자신이 "묄레르는 약간의 관심을 보이기는 했지만 매우 냉담하게 우리들의 얘기를 들었다"
고 적고 있다(Myrdal, 1982: 190). 뮈르달은 묄레르가 그러한 반응을 보인
것은, 이시기에는 위기 안정화 프로그램과 노동시장정책 문제에 몰두해 있
었기 때문이었으며, 뮈르달 전략의 의의를 이해하고는 태도를 바꾸었다고
서술하였지만, 전술한 대회 발언을 볼 때 묄레르의 위화감이 진정으로 해
소되었는지는 의문이다(Myrdal, 1982: 220).

(3) 전략의 일치, 다른 가치관

그러면 여기서 위화감은 어디에서 기인했던 것일까. 이 점에 관해서 로
스슈타인은 뮈르달 부부의 전략을 스웨덴의 복지국가 전략과 동일시하는
히르드만의 견해에 대해 논박하면서 뮈르달과 묄레르의 복지국가론의 중
대한 상이점에 대해서 논한다(Rothstein, 1994: 209-216). 묄레르는 분명히
뮈르달 부부의 인구문제와 관련한 전략을 승인하였으며, 그 수단으로서 예
방적 사회정책론 내지는 보편주의적 복지정책론을 계승하였다. 그럼에도
불구하고 양자의 복지국가 구상은 크게 달랐다. 시민사회에 개입하는 관
료제의 전문적 능력을 믿었던 뮈르달 부부에 반해서 묄레르는 일관되게 반
관료제적인 발상이 강했다. 묄레르가 노동시장정책에서도 겐트제도와 같
은 조합관리형 실업보험제도를 추구한 것도 그것이 표출이었다. 보편주의
적인 복지정책을 지지했던 것도 첫째는 지지기반의 확충이라는 효과에 주
목했기 때문이며, 둘째는 보편주의적인 복지정책은 소득조사를 필요로 하
지 않아 관료제의 재량을 축소시킬 수 있다고 판단했기 때문이기도 했다
(Rothstein, 1985).

전전에 묄레르 사회부장관 밑에서 차관을 지낸 역사학자 뉘스트룀(P.
Nyström)도, 마찬가지로 히르드만을 비판하면서 묄레르가 사회공학적 사
고와 얼마나 무연하였던가를 강조한다. 뉘스트룀은 노동운동 출신 정치가
인 묄레르가 뮈르달 부부의 사회공학적 개입주의에 자주 강한 비판을 표명
하였으며, 때로는 농지거리로 삼았다고 회상한다. 예를 들어 임신 부조의
급부시에 세밀한 영양지도를 철저하게 하려고 했던 알바 뮈르달의 견해에

대해서, 뮐레르는 "남편과 자식에게는 죽을 먹이고 자기만 고기를 먹는 어머니는 스웨덴에 없다"고 말하곤 했다고 한다(Nyström, 1991: 116).

전술한 것처럼 뮈르달 부부의 구상에 대해서 사민당의 내부에서도 반발은 컸다. 그러나 상징적인 수준에서는 한손의 '인민의 집'과 일체화되었으며, 정책론 수준에서는 뮐레르라는 필터를 통해서 전략론으로서 순화되어 들어옴에 따라 사민당 내부의 반발은 완화되었으며, 1936년의 당 대회에서 노선화에 성공했던 것이다(Ohlander, 1992: 224). 그리고 현실 정책으로서 집행에서도 보수파와의 정책 집행에 임했다. 그 반면에 젠더에 대한 풀뿌리 보수주의는 온존하게 되었으며 알바 뮈르달의 급진주의적인 페미니즘은 기세가 꺾였다.

5) 강제불임수술의 문제

이쯤해서 강제불임수술 문제의 경위를 살펴보고, 오늘날의 논평에 대해서도 언급하고자 한다. 스웨덴의 강제불임수술 문제는 1934년과 1941년 두 건의 단종법(斷種法, Steriliseringslag)을 배경으로 하고 있다. 1934년의 법률은 불임수술의 의미를 이해하지 못하는 정신장애자를 대상으로 한 것이었다. 이에 반해서 1941년의 법률은 1936년 인구문제위원회의 중간보고에 기초하여 도입되었던 것인데, 자기신고에 근거하여, 혹은 제 3자의 권고에 근거하여 불임수술 대상을 확대시킨 것이었다. 1941년 법에서는 본인의 동의가 없이는 수술을 인정하지 않았기 때문에 형식적으로는 '본인 의사에 반해서' 단종을 물리적으로 강제할 수 없었다. 적어도 이 기간에 실시된 6만 3천 건의 불임수술이 모두 강제적으로 행해졌다고 할 수는 없다. 현행 법체제 하에서 본인의 희망에 따라서 실시되고 있는 불임수술의 수치를 보면 1976년부터 1996년까지 16만 6천 건이나 된다.

따라서 6만 3천의 케이스 중에도 순수하게 본인의 희망에 따라서 이루어진 것이 상당수 포함되어 있다고 보는 것이 자연스러우며, 또한 실제 조사에서도 피조사자 8할이 불임수술을 자신의 판단으로 한 것으로 드러났다(SOU, 1999: 119-120).

물론 이것이 전혀 강제가 없었다는 것을 의미하지 않으며 실제로 많은 수의 강제수술이 있었다고 생각된다. 본인의 승낙서가 있었을지라도 사실상 강제적으로 실시되었을 가능성도 있다는 것은 불임수술이 형무소 등 시설로부터 퇴소와 임신 부조 등의 수급 조건이 되었거나, 낙태법이나 혼인규칙과 연동해서 정신장애자 등이 결혼을 하거나 수태할 때의 조건이 되었기 때문이다. 브로베리(G. Broberg)와 튀덴(M. Tydén)은 이와 같은 형태로 강제수술이 이루어진 케이스를 최대한으로 잡아서 약 2만 건으로 계산하였다(Broberg and Tydén, 1997). 덧붙이자면 1997년에 설치된 강제 불임수술 문제에 관한 조사위원회는 위와 같은 형태로 실시된 강제수술을 가능한 한 폭넓게 국가배상의 대상으로 해야 한다고 했는데, 1999년 시점에서 대상이 될 유력한 케이스를 200건으로 보았다(SOU, 1999: 24). 문제는 이러한 강제수술을 실시한 의도와 그 책임의 소재이다. 자렘바의 논문은 스웨덴에서 강제불임수술은 복지국가의 비용을 억제하기 위한 것 이외에 산업사회에 적합하지 않은생활 양식을 가진 탓타레(역주: 집시나 보헤미안 등으로 불리우는 유랑민족)나 로마인(역주: 그들이 스스로를 일컫는 말)을 배척하기 위한 의도도 있었다고 지적하고 있다(Zaremba, 1997b). 그러나 뮈르달 부부에 대해서 말한다면 이 단계에서는 복지국가의 비용을 억제하는 것보다는 우선은 복지국가 형성에 관한 합의를 이루는 것이 기본적인 관심이었다. 이 시기에 미국, 영국 등을 포함하여 단종법 제정이 폭넓게 이루어졌던 배경으로는 강한 우생사상의 영향과 더불어 심각한 빈곤문제에 대처하기 위해서는 불임수술과 같은 조치야 말로 사회적 비용을 최소한으로 억제하는 것으로 여겨졌기 때문이었다. 그러나 복지국가 발전이 빈곤을 억제하고 장애자의 인권을 확립시켜가는 가운데 이러한 우생사상은 −어느 정도는− 극복되었다. 따라서 린드크비스트(S. Lindqvist)가 주장하는 것처럼 우생사상은 복지국가와 일체였던 것이 아니라 역으로 복지국가 형성과 정착이 우생사상을 억제하였다고 하겠다(Lindqvist, 1997).

다만 이와 같이 말했다고 해서 저자가 강제불임수술 문제를 복지국가 형성에 앞선 에피소드로서 처리할 수 있다고 생각하는 것은 아니다. 뮈르달 부부가 배타적인 민족주의에 젖어 있었던 것처럼 말하는 것은 잘못되었다고 해도, 뮈르달 부부가 우파의 민족주의적인 주장을 합의형성의 대상으로 의식하고 있었다는 점, 또한 뮈르달 부부에게는 우파의 국가주의와 기묘한 공명관계를 보이는 사회공학적인 사고가 농후하였다는 점은 전술한 바와 같다. 복지국가를 뒷받침한 다양한 요소 중에서 민족주의와 사회공학적인 사고가 포함되어 있었다는 사실은 분석을 할 때 염두에 두지 않으면 안 되는 문제이다.

　마지막으로, 자렘바 논문의 의도는 강제불임수술 문제를 복지국가의 원리와 관련되는 문제로 보는 것에 머무르지 않고 무엇보다도 이 문제를 사민당 정치의 책임으로 어필하는 것에 있었다. 그런데 책임이라는 용어의 정의에 따라 달라지겠지만, 사민당은 이 문제에 대해서는 정책추진의 중심에 있지는 않았다. 20세기 초부터 한손 정권의 시대에 이르는 시기에 이 분야에서 정책형성과 집행의 중심이 되었던 것은 코크(G. H. von Koch) 등 자유당 이론가들의 영향을 강하게 받은 사회복지센터(CSA: Centralförbundet för Socialt Arbete) 주변의 전문가들이었다. 또한 농민당의 이니시어티브에 의해서 1941년 의회에서 단종법 개정이 이루어지던 때도 묄레르 자신은 사적인 문제에 대한 개입에는 신중한 자세를 보였다(Greider, 1997; ch. Olsson, 1990: 64-74). 그럼에도 불구하고 사민당이 복지국가 형성을 우선하여 전시 대연립과 농민당과의 동맹을 깨트리지 않았던 것도 사실이다.

　덧붙이자면, 그후 일본을 방문한 자렘바는 우생보호법 하에서 일본의 불임수술이 80만 건 이상에 이른다는 사실, 일본 법률에는 스웨덴과 달리 구속 등의 강제 하에서 시술을 인정하는 조항이 있으며, 적어도 1만 6천 건 이상의 직접적인 강제수술이 실시된 것으로 보여진다고 기사화했다(Zaremba, 1998).

6) 1930년대의 가족정책

(1) 결정적인 승리

다시 1930년대 스웨덴으로 돌아가고자 한다. 1936년 당 대회를 거쳐 복지정책을 기초로 한 사민당의 선거 캠페인이 전면화된다. 선거 직전에 방위예산 삭감에 실패하여 실각한 사민당에게는 배수진을 친 선거전이 되었다. 선거에 앞선 성명에서 한손과 묄레르는 인구문제 타개를 위해서 복지정책 및 경제정책을 최중점 정책으로서 내세웠다. 우선 1932년 이후의 공공사업과 고용정책의 성공을 언급하는 한편, 주택문제=인구문제의 해소를 위한 '대건설 프로그램'으로 전개해나갈 방침을 밝혔다. 보수파가 내거는 군사예산 확충을 비판하면서 가족정책과 연금의 증액 등 복지 예산의 확충을 통해서 '가족의 건전한 육성과 인구 유치'를 꾀할 것을 주장했다. 한손의 '인민의 집' 상징이 여기서 처음으로 구체적인 내용을 가지고 스웨덴의 국민 앞에 제시되었던 것이다(Esaiasson, 1990: 157-161; Carlson, 1990: 170-171).

이에 대해서 보수·중도정당은 사민당에 의한 '사회화의 위협'을 내걸고 선거전에 임하였으나 국민의 당면 관심과 맞지 않았다. 1936년 선거는 사민당의 대승으로 끝났다. 사민당은 1932년 선거에서 얻었던 41.7%의 득표율보다 높은 45.9%를 획득하였다. 스웨덴 국민의 인구감소에 대한 우려를 고려하여 거시적 차원에서의 '인민의 집' 상징을 미시적 차원에서의 가족의 수호자라는 이미지로 연결시킨 한손, 묄레르의 전략이 공을 세웠던 것이다. 여기서 장기정권의 기초가 다져져 보편주의적인 복지국가 형성의 조건이 마련되었다.

1936년 선거에 앞서서 묄레르는 보수파로부터의 제안을 받아들여 1935년에 인구문제에 관한 조사위원회인 인구문제위원회(Befolkningskommissionen)를 설치하였다. 이 위원회는 농민당의 워린(N. Wohlin)을 위원장으로 하여 군나르 뮈르달을 포함한 사민당의 국회의원, 보수당의 국회의원, 의사, 저널리스트로 구성되었는데, 실질적으로는 군나르 뮈르달과 전문위원으로서 참가한 알바 뮈르달의 영향력이 컸다. 이 위원회는 1938년 까지 왕성한 활동을 계속했으며, 20편의 보고서는 1930년대 보편주의적 복지정책의 지침이 되어갔다. 전술한 것처럼 조사위원회는 스웨덴 정책과 정에서 중요한 존재이며, 많은 제언들이 1937년 및 1938년의 국회에 법안 으로 제안되어 정책화되었다. 군나르 뮈르달도 조사위원회와 국회의 매개 역으로서 1935년에는 상원에서 의석을 얻는다.

(2) 출산수당의 보편주의적 접근

가장 중요한 무대가 되었던 것은 1937년 국회였다. 이 국회에서 여러 정 책 중에서 주목할 만한 것은 출산과 육아에 대한 지원 형태를 둘러싼 논의 일 것이다. 우선 교원 및 공무원의 급여에 육아수당을 부가하도록 하는 비 그포르스의 제안이 논쟁을 불러일으켰다. 비그포르스의 계획은 남녀 임금 격차를 시정한 후라는 전제를 달고 있었는데, 실질적으로 이것은 프랑스와 벨기에 등에서 보여진 가족임금이나 다름없었다. 군나르 뮈르달은 이것에 대해 완강히 반대했으며, 당내 여론을 환기시켜 계획을 무산시켰다. 그러 나 뮈르달 부부가 주장하는 육아지원을 위한 직접적 서비스 급부가 하루아 침에 실현될 수 없다는 것도 분명해졌다. 또한 뮈르달 부부의 구상, 특히 과 도한 관리주의에 대해서는 묄레르가 강한 위화감을 가지고 있었다는 것도 전술한 바와 같다.

최종적으로 1937년에 묄레르의 주도에 의해서 실현된 것은, -일가의 부양자가 아니라- 기혼인가 독신인가를 묻지 않고 임산부 개인에게 급부 되는 출산수당(mödrahjälp)이었다. 인구문제위원회가 소득조사 없이 급부 할 것을 주장했던 출산수당을 묄레르는 연수 3천 크로나라는 느슨한 소득 제한을 설정하고, 급부액은 1백 10~1백 25크로나로 설정하여 도입하였다. 소득조사가 없는 보편주의에 대해서는 농민당, 보수당 외에 정부 내부에서 도 반대론이 강했는데, 묄레르의 제안은 이러한 반대론에 대해서 정치적인 배려를 한 것이었다. 그러나 이 소득제한에 의해서 급부대상으로부터 제외 된 자는 약 1할에 지나지 않았다. 또한 자치제가 실시하는 구빈적인 수당과 구분을 짓기 위해 출산수당은 중앙정부의 재원에 기반하여 도(道) 단위에 새롭게 설치된 출산수당위원회를 통해서 급부되었다. 수급 신청은 당초 예측을 훨씬 넘어 모든 신생아의 모친의 반수 가깝게 수당이 지급되었다. 이 출산수당은 스웨덴의 보편주의적인 복지정책의 제1보라고 할 수 있을 것이다(Kälvemark, 1980: 85-106).

더 나아가 인구문제위원회의 답신에 따라서 분만 침대수의 증대와 국가보조에 의한 분만시 부담 경감, 2백만 크로나 주택대부기금, 고아나 과부 등을 대상으로 한 아동수당의 도입이 연이어 이루어졌다. 다른 한편으로는 일면적인 출산장려주의와 달리 여성의 선택의 자유와 노동시장 참가 권리를 확충하는 시책도 실시되었다. 1938년 국회에서는 보수파의 반대에도 불구하고 피임용구의 광고나 판매를 제한하였던 1910년 및 1911년의 법률이 개정되어 피임용구의 취급이 의약품 수준으로 자유화 되었다. 또한 낙태법 개정으로 낙태 인정 범위가 대폭 확대되었다. 그와 더불어 1939년에는 종업원 3인 이상의 기업에서 결혼, 임신, 출산을 이유로 여성노동자를 해고하거나 감봉하는 것이 금지되었으며, 12주간 육아 휴가가 인정되었다(Hatje, 1974: 32-41; Carlson, 1990: 173-176).

7) 1940년대의 가족정책

(1) 다시금 조사위원회

그러나 유럽에 전쟁기운이 드리우자 개혁에 제동이 걸리기 시작했다. 국방예산의 확대에 따라 재원의 압박을 받게 되었고, 임신 부조의 소득제한이 2천 5백 크로나로 끌어내려지는 등 퇴행적 조치들이 늘어나기 시작했다. 그런데 상승했던 출생률이 다시 하강했다는 사실이 밝혀지자 인구문제 논의에 다시 불이 붙었다. 1930년대의 복지국가 전략에 의해서 인구문제를 매개로 내셔널리즘이 복지정책에 연동되는 회로가 만들어졌다. 새로운 국제관계의 긴장 하에서 인구 감소가 외부로부터의 위협을 배가 시키는 내부로부터의 위협으로 받아들여졌으며, 이 회로를 재가동시키는 더욱 강한 압력이 생겨났다. 의회 밖에서는 SAF, LO, TCO도 참여한 국민운동이 전개되었으며, 1939년부터는 4당으로 구성된 전시연립내각이 등장하였다는 점도 영향을 끼쳐 의회 내부에서도 이 문제는 당파를 초월한 국가적 문제라는 인식이 높아졌다.

이러한 가운데 1941년에는 인구문제위원회를 계승한 제2차 조사위원회인 인구문제조사위원회(Befolkningsutredning)가 설치되었다. 이 조사위원회에서는 묄레르 사회부 장관 밑에서 차관을 지낸 바 있는 엘란데르가 원장이 되었으며, 제1차 인구문제위원회에 비해서 전문가 집단적 성격이 강한 구성으로 시작되었다.

인구문제조사위원회는 강한 사회적 합의를 배경으로 하고 있었기 때문에 1942년부터 1945년 사이에 결혼자금 대부, 가사서비스나 보육원에 대한 보조, 아동 하계여행의 무료화 등 작은 규모의 프로그램을 연이어 실현시켰다. 그러나 더 큰 프로그램인 아동수당(Barnbidragen)이 과제로 부상하자 정책설계를 둘러싸고 논쟁이 벌어졌다.

(2) 아동수당과 보편주의의 정착

아동수당은 형식적으로 보면 1930년대 개혁으로 출산수당과 함께 소득조사를 거쳐 지급되고 있었던 아동수당을 일반화한다는 의미를 갖고 있었다. 아동수당에 대해서 보수파는 우선 가족임금의 형태로 도입할 것을 주장하였다. 스웨덴에서도 1920년대까지는 경영자가 임금에 가족수당을 더해 지급하는 관행이 있었는데 단체교섭이 발전해오면서 섬유 등 일부 산업을 제외하고는 없어지고 말았다(Olsson, 1990: 215). 보수파는 새롭게 그것을 부활시키려 했던 것이다. 그러나 이것은 출산수당제도에서 실현된 모친을 대상으로 한 급부 원칙으로부터 일탈이며, 여성단체의 강한 반대 외에도 노동조합도 이것을 구실로 해서 임금이 축소되는 것을 우려하여 반대했다. 묄레르나 엘란데르도 가족임금은 중소기업 종업원이나 미취업자 등이 대상으로부터 누락되기 쉬우며 보편주의적 관점에서 승인할 수 없다고 하였다(Hatje, 1974: 87-88).

다음으로 부상한 것이 아동수당을 세제상 소득공제의 형태로 할 것인가, 아니면 현금 급부로 할 것인가, 혹은 두 방안을 동시에 채용할 경우에 양자의 비율을 어떻게 할 것인가 하는 문제였다. 보수파는 소득공제가 중·고소득자에게 유리하다는 면에서 기존 소득공제의 확대를 주장했다. 인구문제조사위원회 내에서 이 입장을 대표한 이가 보수파나 농민당과 밀접한 관계에 있는 통계학자 발룬드(S. Wahlund)였으며, 그는 어디까지나 인구문제가 기본적인 문제이지 수직적 재배분이 목적이 아니라는 입장에서 고액소득자에게 유리한 소득공제와 저소득자를 대상으로 한 아동수당을 조합시킬 것을 주장했다.

이에 대해서 사민당측에서는 인구문제의 위치 설정에 미묘한 변화가 생겼다. 1930년대 인구문제위원회의 단계에서는 사민당 입장에서 인구 문제는 사회개혁을 추진하는 데 유일무이한 돌파구였으며 최우선시되어야 할 테마였다. 그런데 1940년대 후반에 들어서 사민당 정권의 기반이 안정되자 모든 문제를 인구문제 관점에서 논하지 않고도 사회적 공정의 실현(수직적 재배분) 그 자체만을 내걸 수 있는 조건이 조성되었다는 인식이 확산되었던 것이다(Elmér, 1963: 101; Hatje, 1974: 111). 엘란데르는 인구문제조사위원회 회장을 맡고 있는 상황에서 인구문제가 모든 것은 아니라고 언명하게 된다. 그리고 아동수당문제에 대해서도 동시에 논의가 진행되고 있던 주택수당(bostadbidrag)이나 국민연금 개정이라는 과제와 연계된 것으로 위치 지울 것과 수직적 재분배 기능도 더불어 추구할 것을 내세우게 된다. 이와 같은 관점에서 본다면 소득공제라는 선택은 대상이 되기 어려웠다.

최종적으로 1946년에 엘란데르의 주도로 정리된 인구문제조사위원회의 보고서는 고액소득자에게 유리한 소득공제는 모두 폐지하고 16세까지의 모든 아동에게 소득조사 없이 급부하는 내용이 되었다. 1947년 의회심의에서 보수당은 계속해서 소득공제 유지를 주장했으나 최종적으로 아동 1명당 2백 60크로나를 지급하는 아동수당제도 도입이 결정되었다. 여기서 주목할 만한 것은 수직적 재분배에 대한 관심이 부활되어 선별주의적인 복지에 대한 유인이 형성되는 가운데서도 출산수당에서 싹이 튼 보편주의적인 가족정책의 틀은 무너지지 않았다는 것이다. 아동수당은 소득조사의 완전한 배제라는 점에서는 오히려 보편주의를 철저화시키는 형태로 제도화되었던 것이다. 수직적 재분배의 기능은 거의 동시기에 도입된 소득조사가 수반되는 주택수당에 위임되는 형태가 되었다. 인구문제조사위원회의 여성위원의 요구도 있어서 출산수당과 마찬가지로 아동수당은 모친에게 지급하게 되었다(Hatje, 1974: 102-105).

8) 국민연금개혁과 보편주의 확대

(1) 문제의 배경

가족정책과 함께 1940년대 복지 논의의 초점이 된 것은 국민연금제도 개혁과 건강보험제도 도입이었다. 논의의 무대가 된 것은 1938년에 설치된 조사위원회인 사회복지위원회(Socialvårdskommittén)였다. 이 위원회는 여러 복지 프로그램의 상호 조정 등 광범한 과제를 대상으로 활동을 시작했는데, 스웨덴 복지국가 형성이라는 관점에서 결정적으로 중요했던 것은 국민연금 및 건강보험에 대한 보고였다고 하겠다. 결론부터 말하면 국민연금에 대해서도, 건강보험에 대해서도 가족정책 분야에서 정착되고 있었던 보편주의가 도입되었다. 그리고 이 위원회의 제언을 정책화 하는 데 중요한 역할을 한 인물 역시 묄레르였다.

그러나 국민연금이나 건강보험제도의 정치과정은 가족정책의 정치과정의 단순한 반복이었던 것은 아니었다. 가족정책의 케이스는 인구문제의 위기에 대한 이른바 긴급피난적인 측면이 있었으며, 묄레르의 전략적 주도로 사민당에서부터 보수당에 이르기까지 소득조사를 배제한 보편주의 방향으로 정리되는 데 그렇게 큰 어려움은 없었다. 그러나 전술한 것처럼 긴급피난적인 분위기가 가라앉고 더욱이 협의의 가족정책과는 별도의 영역에서 정책원리가 논의되는 단계에 이르자 사정은 달라졌다. 특히 사민당 지도부 내에서는 선별주의 도입으로 수직적 재배분을 강화하거나 재정적인 효율화를 꾀하자는 논의가 부활되어, 뮐레르의 전략과 대립하게 되었다. 이에 대해서 뮐레르는 가족정책의 전개를 통해서 배태된 보편주의를 다른 복지정책 분야에도 적용하려는 자세를 명확히 하여 국민연금개혁에서는 자신의 주장을 관철시킨다. 그런데 건강보험제도에 관해서는 전후 사회의 현저한 변화 속에서 뮐레르류의 보편주의의 '한계'도 명확해진다. 우선 국민연금부터 살펴보자.

스웨덴 연금제도의 기초는 1913년 농업사회 성격이 농후하게 남아 있던 상황에서 독일과 같은 직능형 연금이 아니라 농민층을 비롯한 전국민을 대상으로 한 갹출제 국민연금제도로 출발한 데서 찾아볼 수 있다. 이 제도는 저소득자이며 노동능력이 없는 자에 대해 소득조사를 거쳐 급부하는 선별주의적인 특징도 갖고 있었다. 또한 국민연금의 기초는 자유주의 세력의 주도로 만들어진 것으로 사민당이나 노동운동은 아직 확고한 연금정책 구상이 없었다. 그후 국민연금제도는 1935년에 대폭 개정되었으며, 보충 급부의 요건이 소득조사만으로 되는 동시에 적립방식에서 부과방식으로 바뀌었고, 소득과 급부의 대응관계가 약화되었다. 또한 1937년부터는 지역별 생계비 격차를 고려한 지역가산제도가 도입되었다(Elmér, 1960; Heclo, 1974: 178-195, 211-226; 戸原, 1984).

그런데 1943년에는 보충급부를 수급하고 있는 연금생활자의 17%가 공적부조에 의지하지 않을 수 없게 되는 등 연금수준의 실질적인 저하는 누가 봐도 분명해졌으며, 국민연금을 확충하는 것 자체에 대해서는 사회복지위원회를 구성하는 각 당파간에 합의가 이루어졌다. 그리고 드디어 1944년경부터 이 위원회에서 국민연금에 대한 논의가 본격화되자 연금수준과 소득조사의 여부 등에 대한 위원회 내의 견해차도 드러났다.

(2) 국민연금을 둘러싼 대립

1945년 사회복지위원회는 연금개혁의 방향에 대해서 세 가지 선택안을 정리했다. 선택안 1과 선택안 2는 모두 균일 급부와 소득조사가 수반되는 보조를 조합한 것이었는데 양자의 비중이 달랐으며, 선택안 1은 기초연금을 월 2백 크로나, 소득조사를 수반하는 보족연금은 8백 크로나로 설정하고 있었던 반면에, 선택안 2는 기초연금을 6백 크로나, 보족연금을 4백 크로나로 설정하고 있었다. 이에 대해서 선택안 3은 1천 크로나 균일 급부로 소득조사를 폐지하는 내용이었다. 또한 소득조사를 수반하는 주부연금(hustrutillägg)과 주택부가금(bostadstillägg)을 추가하는 데 있어 각 선택안은 공통되고 있었다. 자유당과 사민당 위원의 다수가 선택안 2를 지지하였으며, 보수당과 농민당 위원 및 사민당 위원 중에서 한 명이 선택안 3을 지지하고 있었다(Elmér, 1960: 77-81).

리버럴한 사회개혁을 내거는 자유당은 물론 보수당도 가족정책이 인구론적 관점에서 중요한 것과 마찬가지로, 연금개혁은 노동자의 세대교대를 진행시켜 빈곤을 억제한다는 점에서 장기적으로 보면 채산이 맞는다는 견해로 기울고 있었다. 특히 사민당이 복지정책을 내걸어 전진을 계속하는 가운데 후퇴를 계속하고 있던 보수당은, 신세대를 대표하는 지도자인 얄마르손(J. Hjalmarsson) 하에서 정책강령을 개정하여 자유경제를 보완하는 복지정책의 의의를 강조하였다. 새로운 정책강령에서는 소득조사를 배제한 보편주의적 복지정책에 대해서 보수당의 새로운 지지층이 될 화이트칼라층을 이롭게 하는 것이라는 점을 강조하였다(Elmér, 1960: 85; Baldwin, 1990: 137-138).

이에 반해서 사민당 내부는 약간 복잡하였다. 1930년대 이후의 보편주의적인 복지정책의 흐름에서 본다면 소득조사를 폐지하는 선택안 3이야말로 연장선상에 있는 것이 분명했다. 그러나 한손 수상과 비그포르스 재무장관 등 사민당 지도층 사이에 소득조사를 폐지하는 것에 대해서 상당히 주저했다. 특히 국민연금제도와 같은 복지국가의 기축이라 할 수 있는 제도가 초점이 되어 있기 때문에 더욱 그랬다. 우선 선별주의를 통해서 저소득층에게 두터운 복지를 실시하는 것이야말로 재분배 강화로 이어짐으로써 사회주의적이라는 사고가 아직 남아 있었다는 것을 들 수 있다. 또 집권당으로서 지반을 굳히고 있었던 사민당으로서는 연금정책의 보편주의는 가족정책의 보편주의에 비해서 훨씬 더 많은 재원을 필요로 한다는 문제가 있었다. 아동수당이나 건강보험 등의 도입도 동시에 논의되고 있는 상황에서 개개의 프로그램에 대한 재정지출을 억제할 필요가 있었다. 더욱이 비그포르스 재무부 장관으로서는 한손 수상의 후계자 문제가 부상하는 상황에서 보편주의를 강력히 밀어붙이는 묄레르 사회부 장관에 대항해야할 필요가 있었다.

⑶ 보편주의 확립과 연금문제 타결

이에 반해서 여기서도 묄레르의 입장은 일관되게 나타나고 있으며 소득조사 폐지가 바람직하다는 자세를 명확히 했다. 묄레르는 1946년 논문에서 1930년대 개혁은 이른바 전단계에 지나지 않으며 연금개혁이야말로 스웨덴에서 최저생활보장 달성을 위한 중요한 걸음이 될 것이라고 강조하였다. 그리고 소득조사는 재정악화가 심각한 경우에는 부가할 필요가 생길 수도 있지만 재정문제는 완전고용을 달성하게 된다면 해결될 수 있다고 주장하였다(Möller, 1946). 더 나아가 수년 후의 논문에서는 묄레르는 자신의 보편주의 원리를 한층 더 명쾌하게 정리한다. 즉, 스웨덴 복지정책을 관철하는, 해야만 하는 원리는 ① 급부가 생활을 지탱할 수 있는 수준이라는 면에서 실효적일 것, ② 소득조사에 의한 것이 아니라 시민으로서 권리에 근거한 급부가 실시될 것, ③ 자기 책임에 기인하지 않는 모든 필요를 커버할 것, ④ 소득의 재분배가 행해질 것이었다(Möller, 1952: 392).

여기서 묄레르도 소득의 -수직적- 재분배를 복지정책의 중요한 목적으로 내걸고 있다는 것에 주목하고자 한다. 원칙적인 사회주의자인 묄레르는 계층간의 재분배 문제를 결코 도외시하지 않았다. 소득조사를 배제한 균일 급부 제도의 틀 내에서도 연금재원이 누진세 혹은 소득비례적 갹출로 충당된다면 재분배 효과는 충분히 있다는 것이 묄레르의 생각이었다. 이 점에서 묄레르의 보편주의의 균일 갹출 균일 급부의 베버리지 연금제도의 보편주의와 크게 다르다. 덧붙여서 묄레르가 강하게 주장한 또 하나의 조건으로서 -그리고 뮈르달 부부와 첨예하게 대립하는 점으로서- 관료제의 팽창을 가능한 한 억제하는 문제였다(Rothstein, 1985). 번잡한 절차가 필요한 소득조사를 피하고 심플한 균일 급부를 중시하는 것은 묄레르의 반관료제 론과도 깊이 관련되어 있다. 이와 같은 기준에 비추어본다면 묄레르의 입장에서 국민연금의 형태로 선택안 3 이외는 생각할 수 없었다.

사회복지위원회의 보고서에 따른 공청회절차(레미스)에서 각 관청, 이익집단의 지지는 선택안 3에 집중되었다. 가족정책의 경우와 마찬가지로 보수·중도 각 당이 보편주의 방향을 지지한 것은 전술한 대로이다. 그리고 노동운동 내부에서도 우선 노조계 연금자 집단이 선택안 3의 방향으로 의회와 사민당에게 강력한 로비를 펼쳤다. LO 내부에서도 소득조사를 철폐하는 방향을 지지하는 목소리가 압도적이었다. 경제성장을 운동의 하나의 과제로 한 LO의 입장에서 소득조사는 장래에 역으로 자신들에 대한 족쇄가 될 가능성이 있었으며 화이트칼라 노조 TCO와의 연대라는 관점에서도 소득조사를 수반하는 제도는 생각할 수 없었다(Elmér, 1960: 86-88).

이러한 가운데 1945년 말부터 사민당 집행위원회와 의원총회에서는 소득조사 도입 여부에 대한 최종 결단을 위해서 논의가 진행되었다. 그리고 1946년 5월 당집행위원회에서는 한손, 비그포르스, 엘란데르 등이 선택안 2에 대한 지지를 표명하여, 선택안 3의 보편주의를 추진하는 묄레르와 대립이 해소되지 않은 채 3시간에 걸친 토론을 하였으며, 투표결과 묄레르에 대한 지지가 다수를 차지했다(Elmér, 1960: 90; Olsson, 1990: 103-105). 이렇게 해서 선택안 3의 방향으로 정리된 국민연금법안은 1947년 의회에서 가결되어, 1948년부터 시행된다.

9) 건강보험제도와 보편주의의 변형

국민연금 개혁에서는 묄레르의 주장이 관철되었다고 말할 수 있을 것이다. 그러나 같은 사회복지위원회로부터의 보고로 시작되는 건강보험제도를 둘러싼 정치과정은 더 복잡한 경위를 거쳤으며 여기서는 묄레르의 구상이 실현되지 못했다. 다만 그것은 보편주의의 좌절이 아니라 '풍요로운 사회'의 도래라는 새로운 문맥에서 보편주의의 발전을 의미했다. 건강보험을 둘러싼 경위는 전후 스웨덴 복지국가 형성을 상징하는 부가연금제도의 전개를 앞서서 경험한 것이라고 할 수 있다. 그 경위를 살펴보자.

(1) 새로운 접근

공적 건강보험제도 도입에 앞서서 직능별 협약에 의한 건강보험조합 (Sjukkassor)이 확대되고 있었다. 그러나 그것이 커버하고 있는 것은 15세 이상 국민의 57%(1945)에 머물렀으며, 고령자를 중심으로 많은 국민이 제외되었다. 게다가 건강보험 조합별로 보장 내용에 상당한 격차가 있었다. 건강보험조합의 역할은 의료행위에 대해서 비용보상과 질병이나 상해에 따른 소득손실에 대한 질병수당 지급이 주를 이루었는데, 특히 후자에 대해서는 화이트칼라의 경우에는 거의 모든 건강보험조합이 질병수당을 지급하고 있었던 반면에, 블루칼라인 금속노조의 조사에 의하면 23만 명의 조합원 중에서 질병수당의 지급을 받은 사람은 4만 명에 지나지 않았다 (Lindqvist, 1989: 55-57).

사회복지위원회가 국민연금개혁에 앞서서 1944년에 작성한 보고서는 무엇보다도 모든 국민이 건강보험에 가입하는 것을 가장 중요시하여 강제가입을 원칙으로 했다. 그러나 다른 부분은 기존 건강보험조합의 원리를 답습했으며, 조직구조도 건강보험조합을 공적인 제도의 기초조직으로서 끌어들이도록 제안하였다. 특히 중요한 점으로는 질병소득보험 (Sjukpenningförsäkring)의 질병수당을 소득비례로 하였으며, 또한 갹출은 가입자의 자기부담에다가 국고보조를 하는 형태를 취했다.

이 조사위원회의 보고에 사회부 장관 묄레르는 초조했다. 사회복지위원회의 보고에서는 국민연금개혁의 경우와 같이 선별주의가 선택안으로 된 것이 아니라, 광범한 국민을 제도에 끌어들인다는 점에서 보편주의적인 개혁이 지향되었다고 할 수 있다. 그러나 그것은 묄레르가 생각하는 보편주의의 형태와는 달랐다. 묄레르가 보기에는 공적 복지정책은 어디까지나 최저생활 보장을 권리로서 확립하는 것이며, 따라서 급부는 소득 여하를 불문하고 균일해야만 했다. 또한 그 속에서 소득의 재분배를 실현하기 위해서는 재원은 누진적 조세제도에 따라야만 했다. 더 나아가 관료제의 팽창 억제를 중시하는 묄레르에게 소득비례적 급부는 제도를 복잡하게 하여 관료제의 힘을 강화시킨다는 면에서도 소득조사를 수반하는 선별주의 제도와 마찬가지로 보였다.

(2) 묄레르주의의 종언

묄레르는 이 조사위원회의 보고에 대해서 스웨덴 정치과정의 룰에서 볼 때 극히 이례적인 대응을 한다. 즉, 보고서를 받은 사회부는 조사위원회의 보고에 기초하여 소득비례 질병소득보험안과 함께 묄레르가 추천하는 안 즉, 균일 급부이면서 그 수준은 소득비례안의 최저보장보다 증액시킨 안을 작성하여 공청회를 거쳐서 법안을 작성하였던 것이다. 사실상 묄레르는 조사위원회 보고를 거부하였던 것이다.

1946년 의회 심의에서는 사민당 내부에서도 일부 의원들은 균일 급부수준이 도시의 소비자물가를 고려할 경우 불충분하다고 반대하였다. 또한 자유당과 보수당 의원으로부터 소득비례 급부를 요구하는 동의가 여러 번 나왔다. 의사회는 일원적인 강제보험이 의료수준을 저하시킨다 하여 소극적이었다. 그러나 균일 급부의 국민연금제도 도입을 결정한 1946년 의회에서는 같은 내용을 담고 있었던 묄레르안은 정당화되기 쉬웠으며, 이 법안은 형식적으로는 의회를 통과한다. 그런데 이 법안이 특히 재원에 관해서 제도적인 미비가 있었고, 사민당 내부의 반대파가 최후까지 저항했기 때문에 법안의 시행 자체는 연기되는 변칙적인 사태가 벌어졌다(Svensson, 1994: 201-202; Lindqvist, 1989: 69; Hadenius, Molin and Wieslander, 1988: 174).

1951년 10월 건강보험 시행이 보류된 채 묄레르가 사회부를 사임하게 되었을 때 이 문제의 흐름이 결정적으로 바뀌었다. 묄레르의 뒤를 이어 사회부 장관이 된 스트렝(G. Sträng)은 새롭게 결말을 짓기 위해서 1952년에 건강보험 문제에 관한 새로운 조사위원회인 사회보험조사위원회

(Socialförsäkringutredning)의 설치를 결정하였으며, 스트렝 하에서 사회부 차관을 맡고 있던 엑케르베리(P. Eckerberg)가 위원장이 되었다. 1950년대에 활동을 시작한 사회보험조사위원회의 논의 상황은 특히 노동운동 내부에 한해서 말한다면 1940년대 중엽의 논의와 크게 달랐다. 경제성장이 가져온 '풍요로운 사회'와 화이트칼라의 증대에 따라서 균일 급부의 소득보장이라는 사고는 급격히 퇴색해졌다.

블루칼라노조연합(LO) 내부에서도 형식적인 평등보다도 실질적인 소득보장을 요구하는 목소리가 커졌다. 화이트칼라노조연합(TCO)은 원래부터 소득비례형 급부를 원했으며 묄레르의 플랜에 대해서도 어디까지나 그것은 최저보장으로 하고, 협약상의 건강보험조합을 통해서 보완하는 것을 전제로 받아들였다. 이러한 가운데 사회보험조사위원회는 형태상으로는 1944년의 사회복지위원회 보고와 유사한 소득비례형 급부를 제언했으며, 그 수준은 소득의 65%를 급부하는 것으로 했다. 또한 갹출에 대해서도 묄레르안에 비해서 자기부담분을 증액시켰다. 이전부터 소득에 비례하여 급부되고 있던 산재보험도 건강보험으로 통합되었다. TCO는 이미 협약상 보험조합을 가지고 있던 조합원을 위해서 적용제외제도를 포함시킬 것을 주장했으나 스트렝은 양보하지 않았다(Svensson, 1993: 203-205).

이렇게 해서 1953년에 도입된 건강보험제도는 동일한 보편주의적 복지 정책임에도 묄레르가 주도했던 국민연금제도와는 크게 다른 것이 되었다. 거기서는 균일 급부의 국민연금제도에서 보여졌던 결과의 평등이 아니라 풍요로움을 향유하기 시작한 노동자가 각각의 생활을 유지할 수 있는 조건의 평등에 초점이 맞추어졌다. 이 건강보험제도야말로 스웨덴 모델의 방향을 결정지었으며, 다음 장에서 다루는 부가연금제도의 원형이 되었다.

5. 경제위기와 인구문제에 대한 비교

1) 노농동맹과 경제정책

1930년대부터 1940년대에 걸친 시기에 스웨덴에서는 적록동맹을 기초로 한 경제정책을 통해서 경제위기에 대처하였으며, 보편주의적 복지정책으로 인구문제를 해결하려고 하였다. 여기서 나중에 깊이 연계하게 되는 스웨덴 복지국가의 두 개의 기축이 형성되었다. 그런데 제1장에서 서술한 것처럼 이 시기의 경제위기와 인구문제는 많은 유럽 국가들이 공통적으로 직면했던 사태였다. 그러면 다른 형태의 복지국가가 동일한 사태에 어떻게 대응하였던가. 이 시기에는 선행하는 시기에 비하면 모든 국가에서 노동운동의 정치적 영향력은 증대되고 있었다. 그런 만큼 복지국가 형성을 둘러싼 전략이라는 면에서는 각국 노동운동의 차이가 분명해지고 있었다.

여기서는 미국, 영국, 독일 3국을 대상으로 극히 간단한 비교론적 고찰을 시도하고자 한다. 다만 여기서의 서술은 스웨덴 복지국가 전략의 특질을 부각시킨다는 목적에 필요한 최저한의 범위에 머무를 수밖에 없다. 우선 경제위기에 대한 대응을 미국부터 살펴보자.

(1) 미국

1929년의 공항으로 시작된 경제위기에 루스벨트 하의 미국이 뉴딜의 이름을 딴 일련의 정책으로 대응했다는 것은 두말할 필요도 없다. 루스벨트(F. D. Roosevelt)가 뉴딜정책을 북부의 노동조합과 남부 농민층의 이익조정에 기초한 뉴딜연합을 통해서 지탱하려고 했다는 사실도 스웨덴의 '카우딜'과 유사성을 느끼게 한다. 그러나 현실적으로는 뉴딜연합의 경우 노동연합과 스웨덴의 적록동맹의 차이는 매우 뚜렷하였다. 뉴딜연합의 경우 노동조합은 수동형이었으며 특히 미국노동총동맹(AFL)은 오히려 사회보장의 확대가 부담증가로 이어질 것을 우려하였다. 그리고 또 하나의 축인 남부 농민층은 스웨덴과 같은 독립소농민이 아니라 분익소작제도(分益小作制度)하에서 흑인을 중심으로 한 농업노동자를 안고 있는 농장주였다. 농장주들은 연방정부의 권한강화와 복지정책에 극히 소극적이었는데 생산조정과 보조금에 대한 의존이 높아지면서 점차 북부 노동조합 및 리버럴측과의 연합에 뛰어들 수밖에 없었다(Finegold, 1988; Finegold and Skocpol, 1995).

뉴딜연합을 기초로 해서 케인스주의적인 경제정책이 실시되었다는 점도 스웨덴과 유사했다. 특히 1937년 이후에는 취업촉진국(WPA)에 모인 케인시언들이 공공사업 확대를 시도했으며, 더욱이 전국자원관리국(NRPB) 등을 중핵으로 하여 경제정책의 집행체제를 연방에 집중시키려는 움직임이 일어났다. 그러나 여기서도 뉴딜연합과 적록연합의 차이가 명확히 나타났다. 뉴딜연합의 일각인 남부출신 의원들은 공화당과 보조를 맞추어 예산안을 부결시켰으며, 전국자원관리국에 대한 재정지출을 거부했다. 스웨덴의 적록연합에서 보이는 것처럼 본래 농업이익은 도시 노동자의 고용이나 구매력 상승과 모순되는 것은 아니나, 미국의 농장주들은 고용정책의 확대로 농장 질서가 침식되는 것을 우려했던 것이다.

그 때문에 미국의 경제정책은 비어(M. Weir) 등이 말하는 '영리적 케인스주의(Commercial Keynesianism)' 즉, 경기순환에 대한 수동적 대응에 머물렀으며, 완전고용 자체를 정책목표로 하는 '사회적 케인스주의(Social Keynesianism)'로 나아가지 못했다. 이것은 완전고용 보장을 명시한 완전고용법의 제정이 전후 시도되었으나 실패했던 과정에서도 엿볼 수 있다. 뉴딜의 성과를 기초로 그것을 '사회적 케인스주의'로 발전시키려는 움직임에 대해서 남부출신 의원들은 경영자들과의 연합을 통해 저지시켰다. 실제로 제정된 1946년 고용법에서는 '완전고용' 대신에 '최대한'의 고용이 정책목표로 내세워졌다(Weir, 1988: 156; Weir, 1992: 50-53).

(2) 영국

영국이나 독일에서는 스웨덴이나 미국에서 보이는 노농동맹은 성립되지 않았다. 산업화를 일찍이 이룩한 영국에서는 원래부터 농민층과 동맹은 다른 나라만큼 중요한 의미를 갖지 못했다. 그런 의미에서 노동운동의 파트너가 자유주의 세력이었다는 것은 자연스러운 것이었다고 하겠다. 1880년대에는 웹 부부(S. and B. Webb)나 쇼(B. Shaw) 등을 중심으로 페이비언협회가 활동을 개시하였으며, 그때까지의 과격한 정치운동에 대한 반동도 있었던 관계로 협회는 자유당에 대한 침투전략을 전개하였으나 결국에는 급진자유주의 노선의 틀을 탈피하지 못했으며, 노동운동은 자유주의 세력의 부차적 파트너에 머물렀다(Esping-Andersen, 1990: 30-31).

이것은 경제공황에 대한 노동당의 대응에서 명확히 나타났다. 노동당은 스웨덴 사민당이 국유화노선으로부터 이탈하기 시작한 1920년대 후반에 당 대회에서 은행, 석탄, 교통 등의 국유화 방식을 구체화하는 등 오히려 사회화노선을 강화하였다. 한편 1929년 총선거에서는 실업문제에 대한 대처를 내걸어 제1당을 확보했으며, 제2차 맥도널드 내각을 구성하였다. 그러나 현실적으로는 경제위기를 타개할 방안을 노동당은 거의 갖고 있지 못했다. 재무장관 스노든(P. Snowden)은 이념적으로는 급진적인 사회주의자였음에도 불구하고 눈앞의 공황에 대한 시책에서는 재정균형론에 근거하여 자유주의적인 긴축재정으로 대응하는 이중적인 태도를 취했다(關, 1969: 154). 1931년에 들어서 실업이 더욱 심각해지자 노동당 정권은 실업가 메이를 위원장으로 하는 위원회 권고에 근거하여 공공사업의 축소, 실업보험 급부의 삭감 등 대폭적인 재정긴축을 실행하려고 했으나 당 내외의 합의를 얻지 못하였고 노동당 정권은 와해된다. 맥도널드(R. MacDonald), 스노든 등이 탈당하여 거국일치내각을 만들어 노동당 비난을 확산시키고 있는 상황에서 치러진 1931년 선거에서 노동당은 의석수가 287석에서 52석으로 격감되었다(山口, 1988: 56-78).

(3) 독일

독일에서도 노농동맹은 현실성이 결여된 전략이었다. 영국과는 달리 독일에서는 농민층은 훨씬 중요한 정치적 행위자였으나, 그 대부분이 스웨덴적 독립자영농민도, 미국적인 농장주도 아닌 전통적인 융커층과 가톨릭 교회의 지배 하에 있었다. 게다가 19세기 후반에는 이러한 토지소유층과 산업자본 간에 견고한 정치적 동맹이 형성되었다. 독일의 산업자본은 영국과 대항할 수 있는 충분한 생산성을 획득하지 못하고 있었기 때문에 토지소유층과 연합해서 고관세 정책을 통한 국내시장 보호를 선택했던 것이다 (Gourevitch, 1986: 83-103).

원래 노동운동 자체가 사민당의 이론적 지도자 카우츠키(K. Kautsky)의 자본주의 자동붕괴론과 대기주의(待機主義)의 영향 하에 있었으며, 동맹 전략의 모색보다는 당파성의 순화를 지향하는 '겐트' 접근법을 추구하던 개혁론이 잘 알려져 있는데, 베른슈타인 이론을 둘러싼 이른바 수정주의 논쟁이 1903년경에는 이미 거의 결론이 난 상태였다. 베른슈타인의 제안은 노동자 계급을 시민으로 상승시키는 것을 사회주의의 목적으로 내세운 것이었으며, 그런 면에서 칼레비나 비그포르스의 논의와 겹치는 것이었다. 그러나 베른슈타인의 논의에는 일상적인 정치적 실천과 사회주의를 연계시키는 구체적인 정책구상이 결여되었으며, 당내 다수파가 받아들일 수 있는 것이 되지 못했다.

1928년 총선거에서 승리한 독일 사민당은 바이마르 공화국의 최강 정당이 되었다. 그러나 뮐러(H. Möller)가 이끄는 사민당 내각은 세계공황이 발발했을 때 거의 유효한 수단을 취하지 못했다는 점에서 영국의 맥도널드 내각과 마찬가지였다. 유명한 마크르스주의 경제학자였던 힐퍼딩(R. Hilferding) 재무장관의 대응은 핍박한 재정 속에서 실업자에 대한 급부를 유지시키려 했다는 점에서 영국의 스노든 재무장관의 명백한 균형재정책과는 약간 달랐을지도 모른다. 그러나 경제위기에 대한 대응을 결여하고 있었다는 점에서는 완전히 합치되고 있으며, 스웨덴의 비그포르스 재무장관의 적극적인 위기타개책과 현저한 차이를 보인다.

뮐러 내각의 뒤를 이은 인민당의 브류닝 내각 하에서도 사민당의 태도는 기본적으로 변하지 않았으며 디플레이션 정책을 계속적으로 지지했다. 보다 못한 독일 노동총동맹의 보이친스키(W. S. Woytinsky) 등이 WTB 플랜이라 불리는 포괄적 공공사업계획을 작성해서 사민당에게 채용하도록 촉구했으나 당은 이것을 거절하였다(Woytinsky, 1960).

2) 인구문제와 가족수당

각국이 공통적으로 직면했던 것은 1920년대 말의 경제위기만이 아니었다. 도시화와 산업화에 따른 인구문제 위기를 느껴 대응책이 요구되었던 것도 각국에 공통적이었다. 사회 다윈이즘이 각국의 지식인층에 침투되었기 때문에, 이러한 사태에 대한 대응을 둘러싸고 우생학적 주장도 점차 영향력을 확대해 갔다. 우생학적인 주장은 '부적격자'의 불임화를 내용으로 하는 소극적 우생학(negative eugenics)과 '적격자'의 증대를 목적으로 하는 적극적 우생학(positive eugenics)이라는 두 가지 측면을 가지고 있는데, 특히 후자의 측면과 관련하여 각국에서는 여성과 육아에 대해서 정책적인 지원을 요구하는 기운이 일어났다. 동시에 급격한 사회변화 속에서 자신들의 아이덴티티를 재정립하려는 다양한 여성운동이 확산되었다.

이런 가운데 어느 정치세력이 문제해결에 대한 지침 제시에 주도권을 발휘했던가가 그후의 복지국가 전개에 큰 의미를 가졌다. 스웨덴에서 특징적이었던 것은 노동운동이 경제위기와 마찬가지로 인구문제 위기에 대해서도 주도적으로 대처하였으며, 강제불임수술 등의 문제를 남겼으나 전체적으로는 인종적인 우생학을 억제시켰고, 보편주의적인 복지정책이라는 해결책을 마련했다는 것이다. 다른 나라의 노동운동은 이와 같은 전략적인 통합력을 발휘하지 못했다.

(1) 미국

미국에서는 유럽 국가들과 동일한 의미에서 즉, 인구감소로 이어질 만한 인구문제는 존재하지 않았다. 그러나 19세기 말에 동유럽이나 남유럽으로부터 수백만의 이민이 유입되어 도시의 양상이 바뀌었으며 슬럼이 확대되었고, 이민가족의 출생률이 종래의 미국인의 출생률을 훨씬 상회한다는 내용이 발표되기도 한 관계로, 프로테스탄트 백인을 중심으로 인구문제에 관심이 높아졌으며 우생사상도 급격히 확산되었다. 범죄자나 정신박약자에 대한 강제불임수술을 인정하는 법률에 관해서도 미국은 '선진적'이었는데, 1907년에 인디애나주에서의 제정을 계기로 1917년까지 15개 주로 확산되었다. 한편으로 중산계급 백인 여성의 출생률의 의의가 강조되었다. 루스벨트 대통령은 산아제한을 '인종에 대한 범죄'라고 비판하였으며, 각 주에서는 피임용구의 판매, 광고에 대한 규제가 실시되기도 했다(Ginsburg, 1992: 118).

이와 같은 상황을 배경으로 하여 각 주에서 중산계급 여성을 중심으로 여성 노동환경의 향상과 모성보호를 요구하는 사회운동이 확산되었다. '여성은 모든 곳을 비춘다'를 슬로건으로 한 여성기독교금주연맹(WCTU)이나 약 1백만의 멤버로 구성되어 있으면서 '마을 전체가 가사의 장소(municipal housekeeping)'라는 슬로건을 내건 전국여성클럽연합(CFWC) 등은 어디까지나 아이를 낳는 성으로서의 여성에 초점을 맞추면서도 환경의 근본적인 개선을 주장하는 운동이었다. 이러한 여성운동은 노동운동이 유럽류의 복지국가 형성에 실패하는 와중에 그 틈을 메우면서 주(州), 커뮤니티 단위에서 영향력을 확대시켰다. 그 결과 미국에서는 20세기 초엽부터 1930년대 전반에 걸쳐 과부나 경제적 곤란에 처한 여성의 육아를 원조하는 '모친연금'제도와 여성 노동보호입법이 선행적으로 실시되었으며, 초기 미국 복지정책에 유럽대륙의 -가부장제를 전제로 한- '부성적' 정책과는 다른 '모성적' 복지국가상이 제시되었다는 것이 스카치폴의 해석이다 (Skocpol, 1992: 51-52).

스카치폴은 모성적인 복지국가가 선행된 배경으로서 미국에서는 보통선거권이 여성에게만 주어지지 않아 운동이 확산될 조건이 있었다는 점, 미국의 분권적인 제도 구조가 전국 단위의 노동운동을 억제시켜 커뮤니티에 기초를 둔 여성운동을 활성화시켰다는 점 등을 강조하면서 이른바 제도론적인 설명을 하고 있다. 그러나 여기서 스웨덴과 비교할 경우 주목해야 될 것은 노동운동과 여성운동이 복지국가 형성에 관해서 개별적인 흐름을 형성했다는 사실이다. 그리고 이번에는 노동운동이 한 축이 되어 전국 단위에서 뉴딜 복지국가가 형성되어갈 때 여성운동의 축적은 −보편주의적 성격을 잃어버리고− 흡수되어 버린다. 예를 들자면 1935년 사회보장법에 의해서 부성적인 연금제도가 복지국가의 본체로서 형성되는 한편, 여성연금과 같은 제도는 일부는 연금제도의 과부연금으로서, 또 일부는 미국복지국가의 선별주의의 상징이 된 요보호아동부조(ADC, 후에 AFDC) 등으로 재편, 흡수되어간다(Skocpol, 1992: 535-536).

⑵ 영국

영국에서도 인구문제 위기는 우생학적인 주장을 만연시켰다. 자유주의자인 베버리지와 페이비언 협회의 웹 부부는 다윈(C. R. Darwin) 조카이자 우생학 창시자라고도 불려지는 골튼(F. Galton)의 영향을 받았다. 그리고 그들은 중산계급이나 숙련노동자의 자녀가 줄어들고, 영국 사회의 저변을 이루는 층의 인구가 증대하는 것에 대해서 매우 우려하고 있었다(Teitelbaum and Winter, 1985). 이러한 배경 하에서 '질적인' 측면을 포함한 인구문제 해결 수단으로서 아동수당 등의 가족정책이 부상되었다는 점에서 영국도 다른 나라와 마찬가지였다. 문제는 인구문제가 어떤 이념을 근거하여, 어떤 형태로 제도화되었는가 하는 것이다.

영국의 여성운동에서 특히 제1차 세계대전 이후 라스본(E. Rathbone)과 같은 여성운동가, 페이비언 협회 부인회(FWG)나 여성노동연맹(WLL) 등이 출산과 육아로 인한 노동시장으로부터의 이탈을 국가가 경제적으로 보상하는 소득보장제도의 도입을 주장하며 운동을 전개하였다. 처음에는 미국의 제도에서 힌트를 얻어서 여성의 경제적 자립에 중점을 둔 모친연금 등이 주장되었다. 그러나 스웨덴과 달리 노동조합연합(TUC) 내부의 노동운동 주류는 이와 같은 프로그램에 대해서 남성부양자의 협약임금을 저하시킬 가능성 있다고 하여 극히 소극적인 태도로 일관하였다. 1925년에는 과부연금제도가 도입되었지만 대상을 한정한 선별주의적인 프로그램은 여성운동의 요구와는 매우 동떨어진 것이었다. 그리고 전술한 것처럼 경제위기에 계속해서 수동적인 대응해왔던 노동당 정권은 증대하는 실업보험 비용을 낮추기 위하여 1931년에는 기혼 여성노동자에 대해서 실업보험 수급을 제한하는 등 여성노동의 요구와 역행하는 대응까지 행하였다 (Pedersen, 1993: 297-307).

이러한 노동운동의 대응을 지켜본 라스본 등은 1920년대 중엽부터는 여성운동의 요구를 더욱 광범위한 사회적 이익과 일치시킨 형태로 내거는 전략을 취했다. 즉, 새로운 요구 항목인 아동수당에 대해서 인구문제와 관련을 전면에 내세워 그 필요성을 어필하였던 것이다. 전쟁의 영향으로 인구문제에 대한 관심이 높아지는 가운데 TUC는 1942년에 종래의 태도를 바꾸어 아동수당지지를 결정했으나 이 문제에 관해서 수동적이었던 점에는 변화가 없었고, 더욱이 종합적 복지전략을 추진할 의향은 전혀 없었다 (Pedersen, 1993: 316-336)

이러한 가운데 아동수당정책의 구체화는 자유주의자 베버리지의 손에 의해서 좀더 포괄적인 사회보장제도의 일환으로 추진되었다. 베버리지는 우생학적인 관심도 있었기 때문에 모친보다도 자녀에 초점을 맞춘 제도를 중요하게 생각하였으며, 1942년 베버리지 보고서는 그것을 위한 아동 수당제도가 포함되어 있었다. 그리고 1945년 베버리지 제안보다도 급부 수준이 다소 억제되었지만, 소득조사 없이 두 번째 아이 이후의 아이를 대상으로 지급되는 아동수당이 제도화되었다(Brown, 1995: 103).

이 보편주의적 아동수당제도는 형식적으로는 스웨덴 제도와 가까웠지만 복지국가의 형태에 대한 영향이라는 점에서 양자의 차이는 매우 컸다. 베버리지는 뮈르달 부부와는 결정적으로 달랐으며, 여성을 본질적으로 '아내이며 어머니인' 존재로서 이해했다(Brown, 1995: 53). 따라서 베버리지는 이 문제의 해결을 여성의 노동시장 진출과 양립시키는 구상을 갖고 있지 못했다. 사회보험의 구조로서도 여성이 일보다도 가정을 선택하도록 설계되었으며, 두 번째 아이부터 지급되는 제도에는 첫 번째 아이를 부양할 만한 임금은 남성노동자에게 지불되고 있다고 하는 '가족임금'적인 이해가 전제되어 있다. 덧붙이자면 인구론적인 문제와 더불어 베버리지가 아동수당 도입을 추진한 또 하나의 동기는, 급부 수준이 가장 낮은 노동자 중에서 자녀를 둔 가족의 생활수준이 공적부조 수급자보다 낮아지지 않도록 하려는 '열등처우원칙'의 관철이었다(大澤, 1995). 인구 문제에 대한 영국의 대응은 보편주의적인 아동수당 도입이란 점에서 미국과 차원을 달리하고 있으나 제도 전체의 구조에는 전통적인 가족주의를 전제로 한 자유주의가 관철되고 있었다고 하겠다.

(3) 독일

독일에서 인구문제는 단순히 소극적 혹은 적극적 우생학이라는 수준을 넘어서 나치즘에 의한 인종말살 프로젝트라는 형태로 전개되었다. 그 과정은 매우 특이하였으며, 이러한 비교론의 사례로 다루는 데는 한계가 있으나 대체적인 흐름만을 정리하자면 다음과 같다.

독일에서도 19세기 말부터 여성운동의 확산이 이루어졌다. 그 중심이 되었던 독일여성단체연합(BDF)의 산하단체 회원이 1919년에는 총 88만 인에 이르고 있었다. 다만 그 중심이 되었던 보이머(G. Bäumer)는 매우 모성주의적인 페미니스트였으며, 여성운동의 목표를 어디까지나 아이를 낳는 성이라는 정체성을 기초로 세웠으며, 그 특성을 살려 사회참가 기회를 넓히는 데 있었다. 동시에 여성의 민족공동체에 대한 공헌을 가장 중요시하였다(姬岡, 1993). 보이머가 회장에 취임하고 나서 독일여성단체연합은 사민당에 대해 대결자세를 강화시켰다. 이에 대한 노동운동의 입장은 여전히 겐트주의의 틀 내에 있었으며, 온건파 여성운동과 연대하려는 의식이 약했기 때문에 양자는 한층 더 소원해졌다. 한편 여성단체연합은 나치즘으로의 접근을 강화한다. 여성단체연합의 주류는 나치즘의 테러리즘에는 비판적이었으나, 동시에 모성주의와 민족주의에는 나치즘과 공통되는 점도 있어 점차 배타적 민족주의로 통합되어간다.

여성운동의 모성주의는 부분적으로는 인구문제를 둘러싼 우생학적인 주장에 의해서 뒷받침되었다. 이미 나치즘의 정권장악에 앞서서 국립유전학연구소와 같은 민족위생학센터가 활동을 개시하고 있었다. 나치는 이와 같은 기초 위에서 인종주의를 더욱 고양시켜 1933년 단종법의 제정으로 나아갔다(米本, 1989: 121-129). 다른 한편으로 나치는 '적격자'증대를 위해서 마찬가지로 1933년에 결혼자금 대부를 제도화시켰으며, 게다가 아이를 한 명 출산할 때마다 대부자금의 4분의 1씩 채무를 면제해주는 조치를 취하고, 다음 해에는 조세개혁을 통해서 자녀가 많은 가족의 부담을 경감시켰다. 1940년에는 종래의 노사협약에 의한 가족임금의 틀을 개정하여 수입 여하를 막론하고 모든 독일인 가정을 대상으로 세 번째 아이부터 지급되는 아동수당을 도입하였다. 그리고 1942년에는 출산 전후 6주간에 걸쳐서 지급되는 출산수당이 도입되었다(長沼, 1948).

6. 소결론

1930년대, 1940년대는 스웨덴 모델의 형성기였다. 복지국가 전략의 3요소(경제정책과 복지정책, 복지정책의 내용, 젠더와 가족) 및 정치과정에서의 전략, 제도, 합리성의 상호연관이라는 이 책의 분석틀에 따라서 이 장의 내용을 정리하면 다음과 같다.

1) 경제정책과 복지정책
이 시기에는 나중에 스웨덴 모델의 두개의 기축이 되는 선택적 경제정책과 보편주의적 복지정책의 원형이 나타난다. 각각 1920년대 말부터 1930

년대에 걸친 경제위기와 인구문제 위기에 대한 대응으로서 배태된 것이었는데, 위기에 수동적으로 대처하는 수준을 넘어서 노동시장에서의 연대, 보편주의적 복지정책(예방적 사회정책)의 형성이라는 장기적인 전망을 갖고 있었다. 다만 경제정책과 복지정책의 관계에서는 전후 스웨덴 모델에서 보여진 강한 관련은 아직 나타나지 않았다.

2) 복지정책의 내용

이 시기에 형성된 보편주의적 복지정책은 묄레르의 주도 하에 소득조사 없이 모든 시민에게 균일 급부를 실시하는 것을 기본으로 하였다. 그것은 우선 아동수당 등 가족정책의 영역에서 형성되었으며, 국민연금, 건강보험 제도에 적용되었다. 그러나 건강보험제도에서는 소득비례형 급부 도입 등 묄레르류의 보편주의적 틀을 벗어나는 움직임도 보였다.

3) 젠더와 가족

뮈르달 부부는 보편주의적 복지정책(예방적 사회정책)을 인구문제 위기를 계기로 여성의 사회해방이라는 목표에 맞추어 설계하였다. 그러나 묄레르는 뮈르달 부부의 구상이 가족과 시민사회에 대한 과도한 개입주의 성격을 가지고 있다는 점을 비판하면서, 현금 급부보다 간접적인 수단을 우선 시했다. 그 결과 지나친 관리주의가 회피된 반면에 기존의 젠더관계는 온존되었다. 인구문제를 지레로 해서 '인민의 집' 상징을 활용한 복지국가 전략의 전개를 통해 여성에 대해서 사회진출과 아이를 낳는 성(육아, 수발하는 성)으로서의 역할 수행, 그 쌍방에 대한 기대형성이 이루어졌다. 이 점은 나중에 스웨덴 페미니스트로부터 비판의 초점이 된다.

4) 전략·제도·합리성

1930년대와 1940년대 복지국가 전략의 형성은 한편으로는 고유한 제도 구상을 동반하였다. 경제정책과 복지정책에서 새로운 제도형성의 구상에 깊이 관여한 이가 묄레르였다. 경제정책에 관해서는 노동조합의 영향력이 행사될 수 있는 실업보험제도(겐트제도)나 공공사업제도의 형성, 노사관계 코포라티즘화가 전략적인 고리로 간주되었다. 또한 복지정책에 대해서는 보편주의적인 국민연금제도나 건강보험제도의 정착이 강구되었다. 모든 경우에서 이러한 제도가 일단 도입되면 노동운동의 자원동원은 한층 더 효율적이 되었다.

한편 복지국가 전략은 선거에서 다수파 형성을 위해서 당시의 시민사회의 가치구조나 합리성에 배려한 것이 되었다. 이 시기의 특징은 노동운동의 복지국가 전략이 인구문제 논의에서 표출된 것처럼 스웨덴 사회의 내셔널리즘 혹은 공동체주의적 가치에 크게 의존하였다는 점이다. 뮈르달 부부의 전략은 내셔널리즘을 발판으로 하면서도 이것을 가부장적 가족의 해체로 연결시키려 했던 다소 곡예적인 것이었다. 또한 한손의 '인민의 집' 상징도 공동체주의적인 가치를 호소하려고 했던 것이었다(Rothstein, 1998: 36).

제3장

스웨덴 모델의
성숙

1. 전후체제의 이륙

1) 스웨덴 모델의 전전과 전후

복지국가 스웨덴 모델은 일반적으로 1932년의 사민당 정권의 출현으로 탄생했다고 일컬어지는데, 이 견해가 잘못되지 않았다는 것에 대해서는 지금까지 검토해온 대로이다. 1920년대에 실질적으로 진행된 노동운동의 전환을 거쳐서 1930년대에는 적록동맹, 위기안정화 프로그램, 노조에 의한 조정을 지향한 노동시장 정책, 살트셰바덴 협정이나 노사의 정책참가기관과 같은 코포라티즘적인 제도, 보편주의적인 복지정책 등, 스웨덴 모델을 특징짓는 정책과 제도가 연이어 형성되었다. 이렇게 해서 스웨덴 모델을 구성하는 주요한 요소가 모두 나왔다고 하겠다. 그러나 전전의 스웨덴 모델은 전후의 그것과 비교하면 다음과 같은 중요한 차이가 있으며, 이를 감안한다면 아직 형성의 와중에 있다고 할 수 있다.

첫째, 전전의 몇 가지 요소가 전후에는 새로운 요소로 바뀐다. 적록동맹은 1950년대 말까지 계속되나 그후 해소되어 노동운동은 새롭게 화이트칼라층과의 동맹으로 전환한다. 또한 케인스주의적인 적극재정은 흔히 스웨덴 모델의 핵처럼 불리는데, 전후에는 일반적인 수요환기책이라는 면에서의 케인스주의는 회피되고 노동력 유동화를 통한 완전고용 실현이 강조된다.

둘째, 전전의 요소 중 몇 가지는 전후의 전개와 비교하면 뚜렷이 미성숙했다. 전전의 노동시장정책은 실업자와 취업자간의 균열을 막는다는 점에서는 전후 시기와 통하는 이념을 갖고 있었으나, 전후 스웨덴 모델의 핵심이 되는 노동력 유동화를 위한 정책과 장치는 아직 나타나지 않았었다. 살트셰바덴 협정에 의해서 시작된 노사교섭제도는 아직 산별 단위에서 실시되고 있었는데, 전후와 같은 노사의 전국조직간의 중앙교섭은 독일이나 영국 등 여러 국가들보다 뒤쳐져 있었으며, 공적 부문의 규모도 결코 돌출되지는 않았다.

셋째, 이러한 전전의 여러 제도와 정책에는 전후 스웨덴 모델을 특징짓는 것과 같은 상호 밀접한 관계가 만들어지지 않았다. 일련의 요소가 형성된 배경에 노동운동의 전략이 있었던 것은 사실이지만, 개개의 요소에 대해서 보자면 지금까지 살펴본 것처럼 정권을 유지하기 위한 아슬아슬한 선택으로, 이른바 임기응변적으로 형성된 것이었다. 전후 스웨덴 모델의 전개도 세밀한 청사진에 따른 것이 아니었으며 상황에 대응하기 위한 시행착오의 연속이었다는 점에서는 마찬가지였다. 그러나 전후에는 1930년대 이후 나타난 노동시장정책, 보편주의적 복지정책, 코포라티즘적 제도 등을 전제로 하여 이것들을 상호 밀접히 연계시키는 전략구상이 나타나게 된 것이다.

따라서 전전에 형성된 제도나 정책은 한층 발전했으며(부분적으로는 바뀌면서), 상호간에 시스템으로서 연계를 강화시켜 나가는 과정을 살펴보는 것이 이 장의 과제이다. 그것은 바꾸어 말하자면 전전의 복지국가전략이 구체적인 정치적 대항관계 속에서 성숙해가는 과정이기도 하다.

스웨덴 모델이 이와 같은 새로운 국면을 맞게 된 계기는 종전 직후 사민당 정권의 경제정책과 그것을 둘러싼 격렬한 노사대립에 있다. 이 과정을 거치면서 전전의 성과 속에 들어 있던 전통적인 사고의 잔재가 씻겨져 나갔으며, 전전의 성과를 어떻게 계승해나갈 것인가 하는 기본방향이 정해졌다고 하겠다.

2) 경제계획을 둘러싼 노사대립

⑴ 전후 사민당의 이데올로기 상황

제2차 세계대전을 스웨덴은 대연립정권을 통해 극복했으나, 국민적 단결의 이면에 전후 체제를 바라보는 각 당의 지향은 서로 달랐다. 사민당은

1930년대 이후 사민당 정권의 실적에 자신감을 갖게 되어, 전후에는 사회주의 실현을 향해 더욱 전진해가려는 움직임이 강해졌다. 이에 반해서 보수·중도세력은 경제통제를 전쟁이라는 특수한 환경 하에서의 예외적인 조치로 보았기 때문에, 전후에는 무엇보다도 통제 철폐와 경제자유화로부터 출발해야 된다고 생각하고 있었다.

여기서 간단히 사민당 내부의 이데올로기 상황에 대해서 살펴보자. 앞장에서 1920년대에 비그포르스나 칼레비에 의해서 경제정책에 대한 전략전환이 추진되었으며, 다른 한편으로 복지정책에 관해서는 뮈르달과 묄레르에 의해서 인구문제의 위기를 계기로 한 보편주의로의 전환이 실시되었다는 것을 서술하였다. 새로운 경제정책과 복지정책은 1930년대 개혁의 양 바퀴였다. 그런데 사민당 내부의 이데올로기 상황은 결코 통일된 것은 아니었으며, 산업국유화노선도 완전히 사라진 것은 아니었다. 사민당 내부에서는 복지정책과 경제정책의 혁신과 관련하여 다음과 같은 약간 기묘한 이데올로기의 교차 현상이 벌어졌다.

우선 비그포르스는 칼레비와 마찬가지로 산업국유화를 축으로 한 전통적인 사회주의 모습으로부터 이탈하였으며, 사회주의를 노동자와 시민의 권한 강화 과정으로 보았다. 비그포르스는 종전이 되자 바로 사민당의 강령 개정에 착수하였다. 비그포르스에 의한 신강령은 약간의 저항은 있었으나 1944년 당 대회에서 채택되었다. 여기에는 1920년 강령의 "부르주아적 사회의 경제조직을 개혁하여 피착취 계급의 사회적 해방을 달성한다"는 구절 대신에 사회민주주의의 목표는 "부르주아적 사회의 경제 조직을 개혁하여 생산에 대한 결정권을 전 국민의 손에 이양시키는 것"으로 정의되었다. 국유화 규정이 강령에서 사라진 것은 아니었으나 그 자리매김은 훨씬 한정적인 것이 되었다. 그런데 한편으로 복지국가의 이념에 대한 비그포르스의 견해는 '전통'적인 것이었다. 즉, 보편주의적인 복지에 대해서는 비판적이었으며, 재배분 효과가 높은 선별주의를 지지하는 경향을 보였다. 앞에서 살펴본 것처럼 아동수당이나 국민연금을 둘러싼 정책논의에서 비그포르스는 자주 묄레르 등의 보편주의에 반대했던 것이다.

이에 반해서 뮈르달이나 묄레르는 보편주의적인 복지정책의 구상을 통해서 스웨덴 모델의 형성에 큰 공헌을 했는데, 경제정책에 관해서는 전통적인 사회주의 모습에 가까운 견해를 갖고 있었다. 즉, 그들의 입장에서 사회주의로의 접근이란 산업국유화를 포함하여 위로부터의 경제 조정 강화였다. 용어상으로는 동일하게 경제의 계획을 주장하면서도 그 역점을 노동자의 참가에 두었으며, 어떤 의미에서 다원적인 경제체제를 구상하던 비그포르스와의 거리는 부정할 수 없었다. 묄레르는 자신이 관여해 제정한 1920년 강령이 비그포르스의 주도로 개정된 것에 대해 강한 불만을 표명하였다. 묄레르의 관점에서 신강령은 사회주의 원칙을 불명료하게 만든 것으로 보였던 것이다(Tilton, 1990: 103).[1]

(2) '노동운동의 전후 프로그램'

1944년에 사민당은 2년간 준비하던 포괄적 전후체제 구상이라고 할 수 있는 '노동운동의 전후 프로그램(Arbetarrörelsens efterkrigsprogram)'(이하

---

1 앞장에서도 어느 정도 살펴본 것처럼, 스웨덴 사민당의 최초의 공식강령은 1897년에 독일 사민당의 에르푸르트 강령(1891년)을 원형으로 해서 만들어졌다. 팅스텐에 따르면, 이 시기에 이미 스웨덴 사민당의 강령은 사회화에 대해서 점진적인 전망이나 중간층의 독자적 이익 중시 등 에르푸르트 강령에는 보이지 않는 특징을 가지고 있었다(Tingsten, 1941(Ⅰ): 139-197). 이 강령은 1911년에 개정되는데, 자본주의 질서와 중간계급의 이익대립이 강조되었다. 그러나 양 강령 모두 사회주의 지표로서는 금융을 중심으로 한 국유화를 내세웠다(정치 프로그램 제8항). 이것에 이어서 1920년 강령에서는 대응하는 제13항에서 국유화 대상이 "계획경제의 실시에 필요한 모든 천연자원, 제조업, 금융제도, 수송, 통신수단"으로 한층 더 구체적으로 열거되었다. 이에 비해서 1944년 강령에서는 동일한 정치 프로그램의 제8항에서 자원의 유효한 활용, 완전고용, 생활수준의 향상 등, 경제 계획의 목적을 나열한 후, 그 실현에 필요한 한도 내에서 "경제활동의 다양한 형태를 국가의 영향력 하에서 조정"함과 더불어 국유화를 달성하는 것으로 훨씬 한정적으로 규정되었다. 1960년 강령에서는 더욱 "시민의 이익에 합치되는 국유화 혹은 사회적 조정"(정치 프로그램 제13항, 강조는 인용자)이라고 표현했으며, 국유화 규정은 거의 완전히 유명무실해졌다. 각 강령에 대해서는 Från Palm till Palme: Den svenska socialdemokratins program 1882-1960(Rabén & Sjögren, 1972)에 정리된 것을 참조하였다.

'전후 프로그램')을 발표하였다. 이 프로그램에는 장기적인 관점에 선 고용정책이나 재분배정책과 함께 당면의 경제정책의 제안이 포함되었는데, 이당면 경제정책에 관한 논의에 가장 강한 영향을 끼친 인물은 군나르 뮈르달이었다. 뮈르달은 전후 스웨덴 경제에 대해서 극히 비관적인 전망을 하였고, 극심한 경기 침체가 일어날 것으로 예측하였다. 그리고 대량 실업을 피하기 위해서도 획기적인 경제확장책이 필요하다고 주장했다. 사민당 내부에서는 은행, 보험업을 중심으로 산업의 국유화를 신중히 검토해야 된다는 주장이 확산되었으며, 이 프로그램은 예상되는 경제위기를 정부의 강력한 개입에 의한 스웨덴 경제의 합리화를 통해 극복하려고 했다. 뮈르달은 전전에 인구문제 위기를 복지정책 형성으로 연계시켰던 것과 마찬가지로 전후에 예상된 경제위기를 경제정책 추진의 지레로 사용하려 했던 것이다.

1944년 선거에서 공산당의 약진도 사민당이 경제정책에서 첨예화된 배경이 된다. 공산당은 사민당의 1944년 강령 개정을 사회주의로부터의 이탈이라고 비판함과 동시에 자신들도 당 강령을 개정하여 평화혁명노선을 확정하였다. 새로운 공산당 강령은 어떤 의미에서는 사민당의 1920년 강령에 가까웠다. 공산당을 제외한 거국일치내각 하에서 내핍생활을 강요당했던 노동자들 사이에서 공산당은 지지를 확대하였으며, 1944년의 총선거에서는 득표율을 거의 배가시켰다. 그리고 노동조합의 임원 선거에서도 승리를 거듭하였다. 사민당은 좌로부터의 공격 앞에 사회주의적인 정책을 견지하고 있음을 나타낼 필요가 있었다(Sainsbury, 1980: 48-50).

그러나 사민당의 선명화에 대해서 보수 · 중도 정당의 반발이 거세졌다. 보수당과 자유당 내에서도 리더의 세대교체가 진행되었으며, 완전고용을 목표로 하는 정부개입 자체에 대해서는 1930년대와 같은 반발은 없어졌으나, "'전후 프로그램'이 경제의 조직을 변혁시켜 사회를 사회주의 방향으로 전환시킨다"(SAP, 1994: 30)고 주장한 것에 대해서는 강경한 태도를 보였다. 특히 1944년에 전후 경제정책을 포괄적으로 검토하는 조사위원회가 설치되어 위원장으로 뮈르달이 취임하고, 다음 해 6월에 사민당이 대연립을 해소하여 단독정권을 출범시키게 되자 보수당과 자유당에는 긴장감이 나돌았다. 사민당은 상원에서는 단독 과반수를 차지하고 있었으며, 하원에서도 공산당과의 협력을 통해 '전후 프로그램'을 실시한 조건이 갖추어졌기 때문이었다.

이 시기부터 1948년까지 스웨덴에서는 극심한 좌우간 정치대립이 계속되었다. 보수당, 자유당, 경영자단체(SAF)는 뮈르달이 이끄는 조사위원회에 형식적으로 참가하면서도 활동의 역점을 국민을 대상으로 하는 선전에 두었으며, 계획경제가 초래할 전체주의의 위험을 역설하였다. 이에 대해서 사민당은 개별 산업 부문의 합리화와 재편을 검토하는 조사위원회를 여러 개 설치하여 구체적인 개혁 플랜의 책정에 착수하였다. 1947년 전후로 제시된 일련의 조사위원회의 보고는 석유산업이 국유화를 제안한 하나의 위원회를 제외하면 산업 부문별 연락조정기관의 설치와 연구 · 교육면에서 지원 강화를 제안하는 정도에 머물렀으며, 보수 · 중도세력이 예상한 것보다도 훨씬 온건하였다(Lewin, 1967: 325-326; Sainsbury, 1980: 84).

(3) 프로그램의 좌절

사민당의 움직임이 둔해진 데는 이유가 있다. 전후 경제성장이 계속되는 가운데 '전후 프로그램'을 전제로 한 전후 경제불황의 도래라는 사민당의 시나리오가 잘못되었다는 것이 명백해졌기 때문이었다. 오히려 그 전제 위에 실시되었던 거래세(去來稅) 폐지와 저금리정책 등이 무역수지 악화와 외환보유고의 급격한 감소를 초래하였으며, 1946년 말에 일어난 인플레이션의 심각성은 누가 봐도 분명해졌다. 정부는 인플레이션을 억제하기 위해서 수입제한, 가격동결, 주택건설의 억제 등 경제정책을 대전환하지 않을 수 없게 되었으며, 1948년에는 임금인상 동결 조치도 취했다(Öhman, 1973: 85). 보수당, 자유당 그리고 경영자단체는 이때를 놓치지 않고 사민당의 전망 실패를 추궁했음은 두말할 필요도 없다.

이러한 비판의 화살에 직면한 이는 1946년 10월에 노면전차로 귀가

하던 중에 쓰러져 급사한 한손의 뒤를 계승한 새로운 수상 엘란데르(T. Erlander)였다. 한손의 후임으로는 처음에는 묄레르가 유력시되었으며, 뮈르달도 묄레르를 추천하였으나 비그포르스가 강하게 반대하였고 당 전체로서도 젊은 리더를 원하는 목소리가 점차 커져서 젊은 엘란데르가 부상하였던 것이다(Ruin, 1990: 21-34). 이후 1969년까지 23년간에 걸친 장기 재임기간과 큰 키를 비꼬아 '최장의 수상'이라고 불린 엘란데르가 취임 후 제일 먼저 하지 않으면 안 되었던 것은, 거의 성과를 내지 못하고 있었던 사회화 정책에 대해서 사실상 철회를 표명하는 것이었다.

엘란데르는 크게 궤도를 수정하는 가운데 1948년 총선을 맞이하는 어려운 상황에 처하게 되었다. 이 선거에서 자유당이 의석을 배가시켰으나 동유럽 국가의 민주주의 실태가 공산당에게 타격을 주게 되어 사민당의 후퇴는 미미한 정도에 머물렀다. 그러나 '전후 프로그램'이 적어도 단기적인 경제정책 플랜으로서는 좌절됨에 따라 일련의 개혁을 한층 더 추진할 힘이 상실되었다. 엘란데르는 이데올로기가 과도하게 되는 것을 바라지는 않았으나, 이데올로기가 극히 약해져 일상 정치를 방향짓는 가치와 이념이 상실되어버리는 것도 우려하였다. 전전의 경험을 총괄하여 새로운 환경에 대응하여 복지국가 형성을 진척시킬 전략이 요구되고 있었다.

2. 선택적 경제정책의 전개

1) 렌·메이드네르 모델

(1) '케인스주의'를 넘어서

'전후 프로그램'이 상정한 경기후퇴 대신에 격심한 인플레이션이 도래하였다. 이런 상황에서 LO 조사부의 경제전문가를 중심으로 인플레이션 억제를 중시하고 단순한 경제확대노선에 반대하는 그룹이 형성되었다. 그 중심이 된 것이 렌(G. Rehn)과 메이드네르였는데, 렌은 그외에 중요한 역할을 한 경제전문가로서 켈그렌(N. Kellgren), 헨릭손(A. Henriksson) 등을 든다. 엘란데르가 회고록에서 그들을 '귀찮은 무리(Kverulantgäng)'라고 표현한 것에서도 엿볼 수 있는 거처럼, 이 그룹은 수요환기책으로 일관하는 당시의 경제정책을 계속해서 비판하였다(Rehn, 1977<1988>: 219-220). 렌에 따르면 이러한 '너무나 단순화된 케인스주의'는 완전고용을 달성하는 유일한 수단이 아니다. 이러한 대응은 스웨덴 경제에 인플레이션 체질을 가져와 기초체력을 약화시키며, 최종적으로는 임금이나 가격의 동결 등을 야기한다는 점에서 폐해가 크다. 이를 대신하여 좀더 공정한 임금정책과 적극적인 노동시장정책이야말로 고용정책의 주축이 되어야 하는 것이다. 이 '귀찮은 무리'의 논의야말로 나중에 다수파로 되어 스웨덴 모델을 뒷받침한 렌·메이드네르 모델의 원형이 된다(Rehn, 1977b<1988>: 233; Martin, 1979).

'귀찮은 무리'의 논의가 렌·메이드네르 모델로서 체계화된 것은 다소 시간이 흐른 뒤의 일이며, 여기서는 우선 렌과 메이드네르의 저서와 두 사람의 견해를 체계적으로 제기한 첫 문서로 알려진 1951년의 LO대회 보고서인 「노동조합운동과 완전고용」에 기초하여 그들의 전략을 개관하고자 한다. 그런 다음에 그 전략이 어떤 경위를 거쳐 어디까지 현실 경제 정책으로 수용되었는가를 보고자 한다.

우선 강조하고 싶은 것은 이 모델이 그 당시에 바로 이해를 얻지는 못했으나, 1930년대에 만들어졌던 경제정책의 중요한 부분을 계승하여 발전시켰다는 점이다. 구체적으로는 연대임금정책, 노동생산성 중시, 노동조합의 영향력을 중시한 노동시장정책 등이다. 그러나 이러한 제 요소는 '단순화된 케인스주의' 하에서는 그 가치를 발휘하지 못한다는 것이 그들이 갖고 있던 사고의 독창적인 점이었다.

이와 같은 지적은 스웨덴 모델을 케인스주의적 경제정책과 복지정책의 결합 즉, '케인스주의적 복지국가'의 가장 성숙한 모습으로 보는 이들에게 는 의외로 들릴지도 모르겠다. 확실히 경제정책과 복지정책의 결합이야말 로 노동전략을 성공으로 이끈 열쇠였다. 그러나 제1장에서도 강조한 것처 럼 중요한 것은 선택적 경제정책과 보편주의적 복지정책의 결합일 뿐, 흔 히 다른 타입의 '케인스주의적 복지국가'에서 시도된 것 같은 일반적인 경 제정책-일반적인 수요환기를 내용으로 하는 경제정책-과 선별주의적 복지 정책의 결합은 아니라는 점이다(Hedborg and Meidner, 1984: 230). 오히려 일반적인 수요환기책으로 환원된 케인스주의와의 논쟁이야말로 렌 · 메이 드네르의 최초 과제였다.

(2) 기본적인 컨셉트

선택적 경제정책과 보편주의적 복지정책의 결합이라는 의미 및 그 실현 의 경위는 이 장 후반의 주제로 하고, 우선 여기서는 선택적 경제정책으로 서의 렌 · 메이드네르 모델의 개요를 메이드네르의 <그림 3-1>을 기초로 설명하고자 한다.

이 그림에서 x축은 생산성과 이윤율의 크기 및 임금수준, y축은 기업 내

〈그림 3-1〉 이윤지향형과 연대형의 임금구조

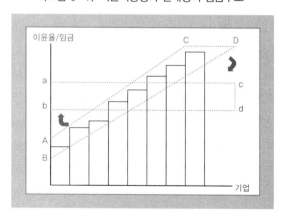

•출처: Hedborg and Meidner, 1984: 65.

지는 부문를 의미한다. 렌과 메이드네르는 '전후 프로그램'의 일반적인 수요환기책이 한편으로는 생산성이 낮은 부문를 온존시킨 채 고생산성 부문의 초과이윤과 임금 인상을 낳아 인플레이션을 심화시킨다는 것 그리고 그것을 억제하려고 하는 가격통제와 임금동결이 경제의 왜곡을 한층 심화시키고 말았다는 점을 지적한다. 그 대안이 되는 것이 산업구조 전체를 고생산성 부문로 전환하는 선택적 경제정책의 도입이다. 그러나 이때 저생산성 부문이 일방적으로 희생되어 노동운동의 기본적인 가치인 평등과 연대 원리가 유린되어서는 안된다. 또한 선택적 경제정책이라고 해도 위로부터의 자의적인 경제개입에 의해 1930년대 이래 전통이 된 노사의 자율적인 임금결정을 해쳐서는 안된다.

따라서 산업구조의 고도화, 인플레이션 억제, 연대와 평등 그리고 노사의 자율성이라는 언뜻 보아서는 상호 모순되는 제 목표를 동시에 달성하는 것이 렌·메이드네르 모델의 목표가 되었다. 이러한 대담한 과제에 대해서 렌·메이드네르 모델은 어떻게 도전하려고 한 것일까. 전술한 것처럼 연대임금정책과 노동시장정책이라는 1930년대 이후의 정책을 발전시켜 상호 연대시키고, 더 나아가 이것을 정부의 '단순화된 케인스주의'의 시정으로 연결시키려는 것이 그들의 전략이었다.

우선 노동조합의 연대임금정책 강화이다. 앞장에서 살펴본 것처럼 LO는 이미 1941년 대회에서 임금정책의 이념으로서 연대임금정책을 내세웠다. 다만 그 시기에는 아직 선명하지 않았던 연대임금정책의 내용이 여기서는 명쾌하게 동일 노동, 동일 임금으로 정의된다. 결국 직종간 합리적인 임금격차는 유지하면서 동일 내용의 노동에 대해서는 기업과 부문의 생산성이 높고 낮음을 불문하고 동일 임금수준을 적용하는 것이 연대임금정책이 지향하는 바였다.

<그림 3-1>의 ABCD는 이윤율에 따른 통상의 즉, 비연대적인 임금정책에 의한 임금범위를 나타내고 있다. 임금수준을 결정하는 것은 두 가지 요소 즉, 해당기업 내지는 부문의 생산성과 그 직종이다. 여기서 임금격차는

직종간 합리적인 격차를 넘어서 확대된다. 연대임금정책은 이러한 임금구조를 abcd로 수정하려고 한다. abcd가 의미하는 것은 기업 내지는 부문의 생산성 여하를 불문하고 임금은 동일 노동에 한해서 일정하다는 것이다. 현실적인 문제로서 기업과 부문를 넘어선 임금형성을 어떻게 실행할 것인가, 특히 직종간의 합리적인 임금격차를 어떻게 결정해나갈 것인가 하는 문제가 바로 제기되나, 이 점은 다시 뒤에서 논할 것이다.

이 연대임금정책의 효과는 <그림 3-2>와 같이 나타난다. 여기서는 직종별 임금격차를 해소하여 통상 임금구조를 AB, 연대임금정책에 의한 임금구조를 ab로 할 경우, 우선 ab는 이 모델의 본래의 목적에 비추어 인플레이션을 야기하지 않는 수준으로 억제할 필요가 있다. 그래도 왼쪽의 이윤율이 낮은 부문에서는 노동 비용이 이윤율을 상회하는 경우도 생기게 되어 생산성 향상과 합리화에 대한 부단한 압력이 가해진다. 경우에 따라서는 기업이 도산하는 경우도 있을 것이다. 이에 반해서 오른쪽이 경쟁력이 있고 이윤율이 높은 부문에서는 연대임금정책으로 인해 실시 이전과 비교해서 보면 MbB의 초과이윤이 생기게 되고 투자확대와 성장을 위한 한층 더 유리한 조건이 만들어진다(Hedborg and Meidner, 1984: 61-67).

<그림 3-2> 연대임금정책과 적극적 노동시장정책의 효과

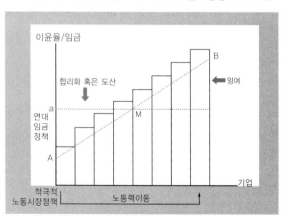

•출처:Hedborg and Meidner, 1984: 67의 그림을 일부 수정하여 작성함

그러나 이윤율이 낮은 부문에서 대량 실업이 발생된다면 노동운동 내부의 연대 자체가 성립되지 않는다. 그렇다고 해서 저생산성 부문의 고용을 유지하기 위해서 정부가 '단순화된 케인스주의'를 내세워 수요환기를 꾀한다면 인플레이션을 야기할 위험이 높으며 연대임금정책의 의미 자체가 없어지게 된다.

따라서 노동운동이 이와 같은 형태로 연대임금정책을 준수하여 인플레이션 억제에 협력하기 위해서는 정부의 시책을 통해서 몇 가지 조건이 충족되지 않으면 안 된다. 렌·메이드네르 모델을 정식화한 1951년의 LO대회 보고「노동조합운동과 완전고용」은 이 문제를 정부와 노동조합 사이에 일종의 사회계약 내지는 정치적 교환문제로 제기하였다(LO, 1951: 129). 정부가 해야 할 일은, 첫째, 인플레이션 억제에 책임을 가지고 경제 성장을 실현시킬 것 그리고 둘째, 적극적 노동시장정책을 통해서 인플레이션을 회피하면서 완전고용을 실현하는 것이다. 이 조건이 충족되지 않는다면 노동운동측도 임금정책에서 인플레이션을 배려할 의무가 없다.[2] 이러한 정부의 두 가지 책임에 대해 각각 설명하고자 한다.

(3) 정부는 무엇을 해야 하는가

렌·메이드네르 모델에서 정부의 역할은 무엇인가. 첫째, 정부의 경제정책이 일반적인 수요환기로 인한 인플레이션을 야기하지 않는 것이다. 「노동조합운동과 완전고용」에서는 인플레이션이 야기하는 국제경쟁력 저하가 노동자의 생활조건을 악화시킨다는 것이 새삼스럽게 강조되었다. 특히 스웨덴과 같이 해외시장에 대한 의존도가 높은 소국에서는 장기적인 인플레이션은 경제에 치명적이다(LO, 1951: 134-141). 여기서 일반적 수요환기책으로 저생산 부문를 구제하는 것이 불가능하다면 분명히 실업이 증대하

---

2 보고서는 가령 사회주의를 표방하는 정부일지라도 쉽게 새로운 '지배계급'이 될 수 있다면서 집권적 사회주의에 대해 경고했으며, 노동조합운동이 지향해야 할 것은 정부, 노조가 각각의 이익의 고유성을 전제로 관계를 맺는 다원적 체제임을 강조한다(LO, 1951: 133-134).

게 되어 연대, 평등, 복지 이념의 근본 자체가 위협받는다.

따라서 정부는-일반적 수요환기책이 아니라-적극적 노동시장정책의 전개를 통해서 문제 해결책을 강구해야 했다. 여기서 말하는 적극적 노동시장정책이란, <그림 3-2>에서 왼쪽의 저생산성 부문에서 합리화나 도산의 결과로 생겨난 잉여노동력을 노동자의 '자발적 이동'을 촉진하여 오른쪽의 고생산성 부문로 옮기는 것을 의미한다. 즉, 산업구조의 고도화에 맞추어 계속적으로 노동력을 이동시켜 완전고용을 달성하려는 것이다(LO, 1951: 148-149). 새로운 노동시장정책은 단순한 직업소개나 실업수당처럼 사태에 수동적으로 대응하는 것이 아니라 고생산성 부문의 고용촉진과 그에 대응시킨 실업자에 대한 직업훈련 등을 내용으로 한다는 의미에서 '적극적' 노동시장정책이어야 한다.

이와 같이 렌·메이드네르 모델은 연대임금정책과 적극적 노동시장정책 및 억제적 수요환기책의 조합을 통해서 '케인스주의적 복지국가'에 내재하는 실업이나 인플레이션 등의 딜레마를 극복하려고 한 것이었다. 그런데 렌·메이드네르 모델의 한 기축인 적극적 노동시장정책에 대해서 일부 연구자들은 노동자들을 종래의 생활기반으로부터 유리시키는 비인간적인 발상이며, 지역발전의 불균형을 심화시킨다고 비판했다. 이에 대해서 렌은 적극적 노동시장정책의 취지는 사람들을 경력·학력의 구속이나 실업에 대한 두려움으로부터 해방시켜 노동시장에서 '선택의 자유'를 확대하는 것이며, 오히려 '인간중심'의 사고라고 강조하였다. 또한 지역 발전의 불균형은 지역정책을 통해서 시정해야 하는 것이며, 렌·메이드네르 모델의 불가피한 귀결이 아니라고 하였다(Rehn, 1959<1988>: 458-460).

이 '선택의 자유'에 관한 렌의 논의는 후술하듯, 보편주의적 복지정책이나 스웨덴 복지국가 이념과 관련하여 결정적인 중요성을 가지고 있다. 렌은 적극적 노동시장정책이 복지정책과 연계하여 사람들의 '선택의 자유'를 확대하는 것이라고 했다. 여기서 렌이 생각하는 복지정책이란 완전고용에 의해서 사람들이 경제적으로 자립된 사회 위에 구축되는 것이다. 렌은 그와 같은 사회에서 복지정책의 목표를 이른바 구빈 -빈곤 그 자체는 선택적인 경제정책이 극복해야 할 것이다- 이 아니라 사람들이 자기 결정권을 확대시켜가는 것에 두었다. 교육, 출산, 고령화 등 인생에서 불가피한 여러 문제에 사람들이 주체적으로 대처할 수 있게 되는 것이 복지국가의 과제라는 주장이다. 렌은 이러한 복지정책 및 적극적 노동시장정책으로 지탱되는 사회를 '자유선택사회(valfrihetens samhälle)'라고 명명했다(Rehn, 1964<1988>: 376; Rehn, 1977a).

협의의 렌ㆍ메이드네르 모델에 렌의 복지국가구상을 겹쳐보면, '선택적 경제정책과 보편주의적 복지정책의 결합'의 구체적인 모습을 보인다. 즉, 완전고용과 소득격차의 공정화(단순한 평등화가 아니라)는 주로 경제정책이 과제로 하고, 복지정책은 소득재분배에 관련되면서도 계층간 수직적 재분배가 아니라 시민의 삶에서 선택가능성을 확대하는 수평적 재분배에 주요 역점을 두는 구조이다.

그러면 이런 전략은 어느 정도까지 현실 정책으로 수용되었는가? 또한 그 의도한 효과는 어느 정도나 나타났던 것일까? 이하에서는 렌ㆍ메이드네르 모델의 현실화 과정을 추적한다. 우선 노동조합운동이 연대임금정책을 어떻게 실현시켰는가를 보고 나서, 다음으로 사회계약의 파트너인 정부가 적극적 노동시장정책과 억제적인 수요환기책을 어떤 식으로 수용하였던가를 검토할 것이다. 덧붙여서 절을 바꾸어 부가연금문제를 통해서 복지국가를 둘러싼 논쟁을 살펴보고, 완전고용을 전제로 한 새로운 복지국가이념이 내세워지는 경위를 고찰하고자 한다. 이와 같은 순서로 선택적 경제정책과 보편주의적 복지정책의 결합이 진전되는 과정을 살펴보는 것이 이하의 과제이다.

2) 연대임금정책과 노사중앙교섭

⑴ 연대임금정책에 대한 저항

1949년 LO는 1946년 대회에서 설치되었던 자문기관인 조직문제위원회에 임금정책의 실상과 미래에 대한 포괄적인 검토를 위탁한다. 이 위원회에는 LO의 집행위원회 및 각 노조대표 외에 LO 조사부로부터 렌, 메이드네르를 비롯한 4인이 참여하였다. 이 위원회는 1949년의 크로나 평가절하와 1950년의 한국전쟁 발발을 배경으로 인플레이션 압력이 거세지는 상황에서 집중적으로 임금정책에 대한 검토작업을 진행시켰다. 초점이 된 것은 연대임금정책의 내용이었다. 렌 · 메이드네르 등은 조직문제위원회에서의 논의를 통해서 연대임금정책의 내용을 동일노동 동일임금으로 명확히 정의함과 동시에 그것을 그들의 일관된 주장이던 선택적 경제정책 특히 적극적 노동시장정책과 결합시키는 전략을 세웠다(Meidner, 973: 16-17).

연대임금정책의 내용을 동일노동 동일임금의 형태로 명확히 했다는 것은 LO가 임금교섭에서 주도권을 더욱 강화한다는 것을 의미했다. 그 상징이 되는 것이 조직문제위원회가 제창한 협약위원회(avtalsråd)의 설치였다. LO 내부에 설치될 협약위원회는 노사교섭 결과의 분석 · 평가와 더불어 각종 노동에 대한 필요 기능, 위험도, 노동과정 등에 대해서 정보를 수집하여 직무평가표를 작성하는 것을 임무로 한다. 렌, 메이드네르는 협약위원회의 설치를 통해서 연대임금정책을 실현할 제도적 조건을 만들고자 했다.

조직문제위원회의 논의에 근거한 보고서 「노동조합운동과 완전고용」은 1951년의 LO대회에 제출되었으며, 여기에서 렌 · 메이드네르 모델은 명확한 형태로 나타났다. 대회는 이 모델을 어떻게 받아들였는가. 연대임금정책이라는 사고 자체는 이미 전전까지 거슬러 올라가는 긴 역사를 갖고 있었으며, 1941년 LO대회에서는 LO의 임금정책으로 이미 승인되었다. 따라서 이것에 대해서 정면으로부터 이의는 없었다. 그러나 많은 노조에게 연대임금정책은 어디까지나 표면적 주장에 지나지 않았다. 현실을 보면 1951년 노사교섭은 한국전쟁에 의한 인플레이션의 영향도 있어서 개별 노조간의 임금인상 경쟁의 견본처럼 되었고, 산업노동자의 평균임금 인상률은 23%, 임금 드리프트(wage drift, 역주: 노사의 중앙단체교섭에서 체결된 임금 인상률보다 높은 임금을 개별 기업이 지급하는 것을 말한다.)는 6%로 전후 가장 높은 임금상승을 기록했으며, 인플레이션에 한층 더 압력을 가하게 되는 악순환이 계속되었다. 따라서 연대임금정책이 단순한 상징으로부터 한발 더 나아가 협약위원회 설치라는 형태로 나타난 시점에서 격렬한 논쟁이 일어났다.

후에 LO 의장이 된 예이예르(A. Geijer)를 비롯한 집권화 반대파는 협약위원회 구상에 소극적이었으며, 그 설치를 서기국 판단에 맡기는 동의를 제출하였으나 최종적으로는 협약위원회 설치가 결정되었다. 협약위원회는 다음해 활동을 개시하였으며, 여성노동자와 임금노동자의 노동조건에 관한 조사, 권고를 실시하는 등의 역할을 했다. 그러나 그 위원에는 집권화 반대파도 포함되어 있었으며, 협약교섭에 대한 개입에는 소극적인 태도로 일관했다. 특히 동일노동 동일임금 정책의 기초가 되는 직무평가표의 작성에는 거의 진척이 없었다(Rehn, 1977b<1988>: 238).

특히 1956년 이후로는 소극파인 예이예르가 LO 의장으로 선출되어 협약위원회의 대부분의 위원을 서기국 멤버가 차지하게 되었기 때문에, 그 활동은 본래의 역할로부터 한층 더 멀어지게 되었다. LO 서기국은 1956년 대회에서 연대임금정책이 큰 진보를 보이지 못했음을 인정하지 않을 수 없었다. 메이드네르 자신이 회상하는 것처럼 렌·메이드네르 모델은 형식적으로는 LO의 공식노선이 되었지만, 그것의 실현이 강력히 추진될 만큼 기운이 성숙되지는 못했다(Meidner, 1973: 20-27).

(2) 중앙교섭에 의한 임금정책의 실현

아이러니하게 전환의 기회는 경영측에 의해 이루어졌다. 과거로 거슬러 올라가는데 1951년 임금교섭에서 LO 각 노조는 임금협약 내용을 물가와 연동시키는 가격 인덱스 조항을 요구하였다. 처음에는 이것에 소극적인 태도를 취했던 SAF는 산별교섭에서 LO측의 임금요구가 고수준이 될 것 같이 보이자 태도를 바꾸었으며, SAF-LO 간의 중앙교섭을 실현시켜 각 노조간의 임금인상 경쟁이 억제되는 것을 조건으로 이 요구에 응하기로 했다. 같은 해 12월의 LO 가맹노조대표자회의에서 이 제안에 대한 대응이 논의되었는데, 결국 37대 5의 표결로 이 조건을 수락하기로 결정되었으며, 1952년에 제지산업노조 등 몇 개의 산별노조가 불참한 채, 처음으로 중앙교섭이 실현되었다. 다만 이 시점에서 LO는 어디까지나 수동적이었으며 교섭을 마무리하면서 스트란드 의장은 이러한 중앙교섭이 어디까지나 예외적이라는 것을 강조했다.

이후 1955년까지 교섭은 다시 분권화되었는데, 1955년부터 다시 인플레이션이 높아지자 사민당 정부의 강한 요구로 1956년도부터 다시 노사 중앙레벨 교섭이 개시되었으며 TCO도 추가되었다. 살트셰바덴 협정에 의해서 산별레벨에서 시작되었던 집권화가 여기에서 한층 진일보되어 중앙교섭체제가 이루어진 것이다. 그렇다고는 하지만 LO 산하의 많은 조합이 상당수의 교섭사항에 대해서 중앙교섭에 위임하지 않고 동시에 진행되는 산별교섭에서 분리교섭을 하였다. 예를 들어 1958년도 교섭에서는 26개의 조합이 중앙교섭에 대해서 이런 종류의 유보를 하였다. 또한 1960년의 교섭에서도 17개의 조합이 51개 개별교섭을 실시하였다. 많은 경우에 이러한 개별교섭은 중앙교섭의 평등지향과 거리를 두려는 것이었다.

이것은 바꾸어 말하면 LO가 중앙교섭을 통해서 저임금노동자의 임금인상을 착실하게 추진하기 시작하였음을 의미한다. LO는 처음에는 중앙교섭에 소극적이었으나 점차 중앙교섭이 연대임금정책을 집행하는 장치가 될 수 있다는 것을 알게 되었다. 물론 협약위원회에 기대했던 직무평가표 작성이 좌절된 이상, 동일노동 동일임금을 엄밀하게 실현하는 것을 바랄 수는 없다. 따라서 새롭게 중앙교섭에 기대했던 것은 노동시장의 임금

을 전반적으로 압축시키는 것이었다. 1963년에는 중앙교섭을 통해서 격
차압축 전략을 검토하는 작업그룹이 LO 내부에 설치된다(Elvander, 1988:
32-36; De Geer, 1986: 130-146; Swenson, 1989: 53-60).

1966년 중앙교섭에서는 LO-SAF의 중앙협약에서 격차를 더욱 압축시킬
2개의 제도를 도입했다. 하나는 고생산성 부문에서 임금 드리프트가 생겼
을 때 그것에 연동한 상승분을 다른 부문에도 보장하는 '임금인상 보충보
장(förtjänstutvecklingsgaranti)'이며, 또 하나는 저임금층의 임금인상률을
별도로 제시하는 '저임금조항'이다.[3] 이렇게 해서 협약위원회가 좌절됨으
로 인해 암초에 걸린 연대임금정책은 역설적이게도 경영측의 주도로 인한
중앙교섭을 통해 재시동되었던 것이다. 다만 당초의 이념이었던 동일노동

〈그림 3-3〉 LO 조합원간의 임금격차

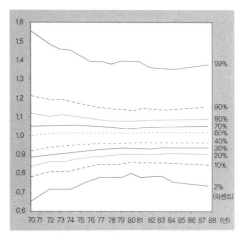

•출처: Hibbs, 1990: 190.(평균임금을 1.0으로 했을 경우의 격차)

---

3 이 임금인상 보충보장은 곧바로 1971년부터는 화이트칼라노조의 교섭에, 그리고 1974
   년부터는 공무원노조의 교섭에도 도입되었다. 원래 블루칼라노조 내부에서의 임금인상
   보충보장이 임금격차의 실질적인 압축을 지향한 것이었던 반면에, 뒤의 두 보장은 오히
   려 블루칼라-화이트칼라 간의 격차를 유지하려는 상호경쟁의 표출이었다는 점이 지적
   되고 있다(Olsson, 1991: 69; 稻上·ウィタッカー, 1994: 58-59). 이와 같은 임금인상 경
   쟁의 격화와 연대임금정책의 동요에 대해서는 제4장에서 다룰 것이다.

동일임금과는 약간 달라져 임금격차 전반의 축소라는 형태를 띠게 되었다 (Meidner, 1973: 28-46). <그림 3-3>이 보여주는 것처럼 LO 내부에서 임금 격차는 그후 점차 압축되어간다.

동시에 이 저임금정책은 저임금에 만족하고 있던 여성노동자의 임금정 책이라는 측면을 가지고 있었다. 전술한 조치에 더하여 1960년의 LO-SAF 의 협약에는 여성임금을 별도로 다루는 관행의 폐지를 요구하는 권고가 들 어 있었다. 산업별로 본 남성노동자와 여성노동자의 임금격차는 1960년의 60%에서 1982년에는 92%까지 상승하였다. 물론 남녀간의 직역분리를 염 두에 둔다면 이 숫자가 그대로 젠더간의 평등을 나타낸다고 말하기는 어려 우나, 이 분야에서 중앙교섭이 큰 공헌을 했다는 것은 의심할 여지가 없다 (Löfström, 1990/1991).

3) 적극적 노동시장정책

(1) 거절에서 수용으로

1951년 LO대회에서 제시된 렌 · 메이드네르 모델의 또 하나의 기축은 적극적 노동시장정책이었다. 연대임금정책이 기본적으로는 노사 간의 교 섭문제였음에 반해서, 적극적 노동시장정책은 정부의 경제정책과 관련된 문제이며, 사민당 정부에 의한 모델의 수용이 그 전제였다. 그리고 전후 사 민당 정부에서 렌 · 메이드네르 모델을 수용한다는 것은 경제정책의 근본 적인 전환을 의미했던 것이다. 엘란데르가 렌과 메이드네르를 '귀찮은 무 리'라고 불렀다는 것은 전술한 대로인데, 우선 그들은 정부의 경제정책의 비판자로서 활동을 전개하였다.

렌의 회상에 의하면 그들의 견해가 정부에 대해서 최초로 표출된 것은 1946년 11월, 경기부양을 위한 조세제도 개혁에 반대하는 이유를 설명하기 위해 정부수뇌를 만날 기회를 얻었을 때였다. 그때 정부수뇌의 반응은 냉담 했다고 렌은 술회한다. "내각회의 시간이 가까워져 우리들은 쫓겨났다. 엘란데르는 묵묵히 앉아 있었다. 군나르 뮈르달(상업장관)은 우리들이 떠날 때 무언가 심한 말을 중얼거렸다"(Rehn, 1985b). 그중에서도 재무장관 셸드는 렌 · 메이드네르 모델에 대해서는 철저한 거부반응을 보였으며, 1951년 LO대회에 「노동조합운동과 완전고용」이 보고되었을 때도 '이렇게 멍청한 보고는 읽어본 적이 없다'고 렌을 향해 내뱉었다(Rehn, 1977b<1988>: 234). 1951년 LO대회를 거친 후에도 내부에서 연대임금정책이 형태를 갖추지 못했다는 상황을 고려한다면, 재무장관으로서 LO를 교섭상대로 하는 입장에 있던 셸드가 렌 · 메이드네르 모델에 현실성을 느끼지 못한 것도 무리가 아니었다. 또한 셸드는 수요환기책의 억제가 대량실업으로 이어진다고 생각하고 있었으며, 적극적 노동시장정책은 사람들에게 전직을 강제하는 것으로 받아들였다.

그러나 1947년경부터 인플레이션이 심각해지자 정부와 LO 내부에서도 인플레이션 억제조치의 강화가 필요하다는 시각이 확산되었다. 1948년에는 엘란데르 주재로 '귀찮은 무리'와 LO 간부, 사민당 정권의 경제각료와 토론하는 자리가 마련되는 등 렌 · 메이드네르 모델은 점차 정부 내부에 영향력을 확대하기 시작했다(Rehn, 1985b). 엘란데르는 1951년 LO대회 보고 이후 기회가 있을 때마다 렌 등의 견해에 대해 언급하게 되었으며 1954년 지방의회선거를 위해 썼던 그의 팸플릿 「사람들의 협동」에서는 렌 · 메이드네르 모델의 영향이 농후하게 배어 있는 경제정책론을 전개한다(Erlander, 1954: 36-39). 또한 1956년 사민당 대회에서 채택된 정치 프로그램 '진보의 정치'에서는 적극적 노동시장정책이 경제정책의 기축으로서 내세워진다(SAP, 1956: 8-9, 33-34). 특히 '진보의 정치'는 나중에 부가연금문제와 관련하여 서술하는 것처럼, 사민당의 복지정책 이념의 혁신을 나타내는 문서이기도 하며, 적극적 노동시장정책이 포함되어 있었다는 것은 복지국가 전략의 전개에서 선택적 경제정책과 보편주의적 복지정책의 쌍방의 기어가 맞물리기 시작했다는 것을 나타내고 있어 흥미 깊다.

(2) 노동시장청의 출현

렌·메이드네르 모델이 경제정책으로서 현실화되는 과정을 적극적 노동시장정책을 중심으로 살펴보고자 한다. 우선 전후 스웨덴 노동시장정책의 흐름을 약간 정리할 필요가 있다. 실업위원회(失業委員會, AK)의 뒤를 이어 받아 1940년에는 전국노동시장위원회(AMK)가 발족되었는데, 이것은 전시 잠정기관으로서의 성격이 강했고, 전후 즉시 항구기관화를 위한 논의가 개시되었으며, 새로운 기관의 형태를 논의할 조사위원회가 설치되었다. 조사위원회의 논의 및 그에 뒤이은 의견청취절차에서 LO와 TCO는 완전고용유지를 위해서 노동시장 조정기관은 필요하다고 하여 그것의 설치에 적극적으로 찬성 의견을 나타냈다. 동시에 노동운동은 이전에 실업위원회가 정부의 노조 저지의 거점이 되어 노조를 해체하는 데 많은 에너지를 사용했던 역사를 경계하여 새로운 기관은 어떤 정권 하에서도 독립성을 가질 것과, 노동시장정책에 대한 노동운동의 영향력이 보장될 것을 중시하였다. 또한 새로운 기관은 실업보험이나 직업소개와 같은 수동적인 노동시장정책만이 아니라 장기적인 전망에서 적극적 노동시장정책을 전개해야 한다고 주장했다.

조사위원회가 의회에 제출한 보고서에 근거하여 1948년 1월에는 노동시장청(勞動市場廳, AMS)이 출범하였다. 이에 따라 실업보험(제2장 참조) 및 직업소개 업무에 대한 감독권한이 사회청으로부터 노동시장청으로 옮겨졌다. 노동시장청은 전국노동시장청과 도 수준의 24개 기관, 더 나아가 80개의 지역기관으로 구성되었는데, 모든 기관의 집행부에는 노동조합의 영향력이 확보되었다. 스웨덴의 청 조직이 관계단체의 대표로 구성된 행정위원회를 중심으로 운영되는 전통이 있으며, 노동행정의 분야에서도 이미 일정한 실적을 쌓아왔다는 것에 대해서는 제2장에서도 다루었는데, 노동시장청에서는 이 전통이 철저하게 활용되었다. 설치 당시의 노동시장청의 행정위원회는 장관과 부장관을 제외하면 노사 및 관련단체 대표를 중심으로 구성되었으며, 그 내역은 LO와 SAF가 각각 2인, TCO가 1인이었고, 농민 및 여성노동자대표가 각각 1인씩 참여했다. 1961년부터는 SACO의 대표도 더해졌다. 덧붙이자면 초대장관인 발베리(G. Vahlberg)는 LO 부의장 출신이었다(Elvander, 1996: 238; Rothstein, 1986: 141).

이러한 노동 우위의 위원회 구성도 기존의 관료기구에 접목되면 형식적인 대표로 끝날 가능성이 있다. 조사위원회 보고에서 노동시장의 변화에 유연하게 대응하기 위해 노동시장청에 독자의 조직구조를 도입할 필요성이 주장되었는데, 이러한 구상은 기존 공무원 채용제도에 구속되지 않으면서 노조나 경영자단체로부터 노동시장의 현황을 숙지한 자를 우선적으로 고용하는 인사방침으로 구체화되었다. 다만 실제의 고용조건을 보면 경영자단체로부터 적극적인 응모는 생각하기 어려웠고, 이 방침은 사실상 노동조합 활동가의 채용 우선을 의미했다. 로스슈타인의 계산에 의하면 노동시장청 설치 이후 매년 신규채용에서 15~50%가 노동조합조직으로부터의 채용이었다(Rothstein, 1986: 138-143). 노동운동은 기존의 코포라티즘적 제도를 기반으로 해서 자신들의 목표 실현에 한층 더 유리한 제도형성을 철저하게 추구했다고 하겠다.

1949년부터 본격화된 LO 조직문제위원회의 논의, 특히 적극적 노동시장정책을 둘러싼 전략형성이 노동시장청의 가능성을 주시하면서 이루어졌다는 것은 명백하다. 그러나 출범 직후 노동시장청이 결코 순풍을 만난 것은 아니었다. 1951년부터 사민당은 다시 농민당과 연립에 들어갔는데, 농민당은 종래형의 수요환기책 유지를 주장하였고, 노동시장청에 대해서는 이미 완전고용은 실현되었다고 하면서 규모 축소를 주장하였다. 새로 설치된 조사위원회는 이러한 논의를 수용하여 노동시장청의 축소를 제언했으며, 때마침 호황이었기 때문에 LO와 TCO의 반대에도 불구하고 정부는 제언에 응하지 않을 수 없었다.

(3) 올손의 리더십
여기서도 전기는 1950년대 후반이었다. 이 시기 엘란데르의 언설에 렌과 메이드네르의 영향이 나타나기 시작했다는 것에 대해서 이미 언급하였다. 1957년 셸드를 대신하여 스트렝이 재무장관에, 올손(B. Olsson)이 노동시장청 장관에 취임한 것이 결정적인 전기가 되었다. 특히 올손의 취임으로 노동시장청은 렌·메이드네르 모델에 준거한 적극적 노동시장정책의 거점이 되어간다. 올손은 렌·메이드네르 모델을 노동시장청의 정책지침으로서 철저화하였으며, 직원을 대상으로 한 12주간의 기초연수 코스에서 자신이 강사로 나서서 기본적인 내용을 설명하였다. 올손의 강의는 퇴임하는 1974년까지 계속되었다.

올손은 1958년에 사민당 기관지《티이덴》에 기고한 논문에서, 스웨덴의 고용정책의 원리는 '1940년대에 LO의 경제학자에 의해서 제기되었으며, 1951년 LO대회에서 승인된 구상' 즉,「노동조합운동과 완전고용」에서 정식화된 적극적 노동시장정책이라고 명확히 서술한 다음, 그 목적은 점차 달성되어가고 있다고 주장한다(Olsson, 1958: 69).

즉, 1957년부터 1958년에 걸쳐서 스웨덴은 경기후퇴를 맞았으나 새로운 재무장관 스트렝은 이전과 같은 수요환기책에 의거하지 않고 긴축기조로 일관하였다. 따라서 합리화나 도산에 의한 실업 자체는 증대했으나, 올손에 따르면 1957년 12월의 통계에서는 4만 인의 실업자 중에서 48%가 2주 이내, 17%가 2~4주, 16%가 1~2개월로 단기실업이었으며, 2개월 이상의 실업은 전체의 19%에 머물렀다. 이것은 노동시장청의 활동에 의해서 실업자의 상당수가 신속하게 새로운 직장에 취직되었다는 것 즉, 적극적 노동시장정책이 성공적으로 역할을 했다는 것을 나타내고 있다고 올손은 주장한다(Olsson, 1958: 70-73).

새로운 노동력 수요에 기술적인 면에서 대응할 수 없는 층에 대해서는 철광, 운수, 건설관계를 중심으로 한 직업훈련이 실시되었다. 1960년대 후반부터는 노동력의 1~1.5%가 상시적으로 직업훈련 프로그램에 참가하게 되었다(Rehn, 1985a). 그리고 새로운 직장에 취직하기 위해서 지역 이동을 하지 않을 수 없게 된 노동자에게는 무거운 부담을 고려하여 여비, 주택알

선과 6개월분 임대료, 가족을 동반할 수 없는 경우에 가족에 대한 수당 등 종합적인 대책이 세워졌다. 직원은 '객관적 현실'을 명확하면서도 애정을 가지고 대응하며, 어디까지나 실업자의 자발적인 결단에 맡기는 것이 기본 방침이라고 올손은 말한다(Olsson, 1958: 70-73).

이상과 같이 노동시장의 수급조절형, 공급촉진형의 프로그램에 더하여 노동시장청은 노동력의 수요환기형 프로그램에 대해서도 권한을 갖고 있었다. 노동시장청에서 정책수단의 중심이 된 것은 투자기금제도였다. 1955년 개혁을 거친 이 제도는 각 기업이 과세전이익의 일부를 중앙은행의 특별기금에 동결시키고, 대신에 해당부분에 대한 과세가 면제되는 시스템이다. 이 기금은 일정 기간 후에 사용이 가능하며 경기순환의 타이밍을 예상하여 해제되나, 특정 지역이나 산업에 대한 투자가 약속될 경우에는 그에 앞서서 동결이 해제된다. 1956~1965년 사이에 투자기금에 참가한 기업수는 6백 40에서 2천 5백 66개 기업으로 증가했으며, 기금총액은 2억 4천 7백만 크로나에서 33억 7백만 크로나로 증대했다. 이 투자기금 제도는 기업의 자발성을 중시한 온건한 계획제도의 측면을 가지고 있으며, 정부, 노동시장청, 각 기업의 밀접한 커뮤니케이션이 중시되었다(Jones, 1976: 22-23; Pontusson, 1992a: 69-79).[4]

(4) 적극적 노동시장정책의 성숙

여기서 적극적 노동시장정책이 그후에 어떻게 전개되어 갔는지를 간단

4　그후 적극적 노동시장정책이 더욱 다양한 경제정책과 연동해가는 것이 과제가 된다. 특히 적극적 노동시장정책이 일부 지역의 과소화를 야기하지 않고 지역간에 균형 잡힌 경제발전과 양립하기 위해서는 지역정책과의 연동이 중요하다는 인식이 높아진다. 따라서 부가연금 도입이 만들어 낸 연금기금 등을 기초로 해서 지역 단위의 자본형성을 추진해가는 것이 중요한 과제로서 부상한다. 적극적 노동시장정책을 좀더 종합적인 산업정책 속에 위치지운 것이 1961년 LO대회에 제출된 보고서 「종합적 경제정책(Samordnad näringspolitik)」이다(LO, 1961b; Öhman, 1973: 98-113). 1960년대를 거치면서 노동운동 내부에서는 과학기술정책과 투자정책을 포함한 종합적 산업정책이 지속적으로 모색되었으며, 이것이 나중에 노동자기금전략의 배경이 된다(Benner, 199: 112-126).

히 살펴보자. 1958년에는 GNP 대비 약 0.5%였던 노동시장정책에 대한 지출은 그후 계속 증가하여 1978년에는 3%에 가까운 수준에 달했다. 적극적 노동시장정책의 정의에 대해서 어떤 합의가 있는 것이 아니며, 엄밀한 국제비교는 어려우나 그 지출이 2%를 넘는 경우가 드물다는 것은 야노스키 (T. Janoski)의 연구에서 알 수 있으며, 어쨌든 스웨덴의 경우는 특이하다 (Janoski, 994). 노동시장정책의 내용을 노동력 공급촉진형 프로그램, 수요환기형 프로그램, 수급조정형 프로그램으로 구분해서 보면 그 구성은 변화했다. 수급조정형 프로그램이 7~8% 수준으로 유지되었던 것에 반해서, 공급촉진형 프로그램과 수요환기형 프로그램의 비중 변화는 현저하다. 직업훈련이나 지역이동보조와 같은 공급촉진형 프로그램은 1960년에는 전체의 6.6%에 지나지 않았으나, 1980년에는 38%가 되었다(Rehn, 1985a: 74).

1985년에는 새로 직업훈련프로그램에 참가한 9만 5천 명 중에서 약 6만 명은 종래의 직종과 다른 직종 코스를 선택했다(Spånt, 1989: 16-17). 도의 경계를 초월한 노동력 이동은 1970년대에는 20만 명을 넘어섰고, 그후에도 15만~18만 명 정도를 유지하고 있다(AMS, 1996; 81). 이에 대해서 수요환기형의 프로그램은 1960년의 85.3%에서 1980년의 53.9%로 비중이 저하되었다. 이렇게 해서 적극적 노동시장정책은 렌·메이드네르 모델의 위치 설정에 따라서 그 형태가 조정되었던 것이다. 이에 대응하여 노동조합의 태도도 변했다. 예를 들어 1950년대에 계속 고용이 감소된 섬유산업노조는 1961년에는 종래의 보호주의적인 요구를 철회하고 직업 훈련과 재고용에 중점을 둔 정책을 내세웠다(Rehn, 1984).

엘란데르 수상이 정부의 노동시장정책이 렌·메이드네르 모델을 기초로 한 것이라고 공식적으로 인정한 것은, 1951년 LO대회에서 「노동조합운동과 완전고용」이 보고되고 나서 실로 10년 후인 1961년 LO대회의 내빈 인사말을 통해서였다. 여기에 엘란데르의 인사말 일부를 인용한다.

> 1951년 LO대회에서 LO의 경제학자 루돌프 메이드네르와 예스타 렌은 완전고용문제에 관한 보고서를 제출했습니다. 처음에는 매우 기묘하고 혼란스런 구

상처럼 보였습니다. 오늘날 우리들은 이 새로운 고용정책에 대해서 말하는 것을 조그마한 자랑으로 생각합니다. 노동력 유동화와 경제활동의 활성화에 대해서 검토하고, 완전고용이 실현된 자유로운 노동시장에서 교육문제의 중요성을 감안할 때, 여기에는 새로운 시각이 들어 있다고 말하고 싶습니다. 이 새롭고 참신한, 그러면서도 동시에 대담한 사회적 개입의 형태와, 국가와 민간경제에 효율적인 협력관계를 가져온 발상은 전세계를 둘러봐도 그 예를 찾을 수 없을 것입니다. 따라서 우리들은 다음과 같은 것을 생각할 때 기쁨을 느낍니다. 즉, 1951년 메이드네르와 렌의 보고가 그후 스웨덴 사회의 발전 과정에서 점하고 있는 의의에 대해서 말입니다(LO, 1961a: 13-14).

3. 보편주의적 복지정책의 전개

1) 부가연금문제의 배경

1930년대에 가족정책과 관련하여 형성된 보편주의적 복지정책이 1940년대에는 사회보험 분야에도 적용되어 복지국가의 기초가 다져졌다는 것에 대해서는 앞에서 서술하였다. 1950~1960년대에는 새로운 경제정책이 완전고용을 정착시켜 '풍요로운 사회'를 실현해 나가는 가운데 보편주의적 복지정책이 새로운 단계로 발전하게 된다. 1930년대에 제기되었던 복지정책에는 적어도 묄레르의 견해에 따르는 한, 보편주의적 형식을 취하면서도 수직적인 재분배에 대한 강한 지향이 있었다. 이에 대해서 1950~1960년대 전개에서는 세대간 혹은 개인의 생애단계 간의 수평적인 재분배를 강화하면서 철저한 보편주의를 지향하게 된다. 그리고 이러한 전환은 노동운동의 동맹전략의 전환과 밀접하게 관련되고 있다. 이하에서는 이런 보편주의적 복지정책의 새로운 전개에 대해 부가연금문제를 중심으로 검토한다.

우선 부가연금문제가 부상하게 된 배경을 살펴보자. 1947년의 국민연금 제도는 묄레르류의 보편주의 이념에 기초해서 설계된 것으로, 누진세를 재원으로 하고 균일 급부로 연결시켜 수직적 재분배 효과를 꾀한 것이었다. 그러나 급부 수준은 단신퇴직자가 1천 크로나 정도의 수준이었고, '풍요로운 사회'의 도래 속에서 많은 국민에게 생활유지에는 불충분한 것이 되고 있었다. 따라서 공무원을 포함한 화이트칼라노조는 고용주와 협약을 통해 독자적인 부가연금을 도입하는 경우가 증가하고 있었다. 이에 비해서 블루칼라노조는 광산노조 등을 제외하면 협약상의 부가연금의 도입은 뒤쳐져 있었다. 이대로 간다면 영국과 같이 국민연금의 공동화(空洞化)와 사회보장의 분극화는 피할 수 없는 상황이었다.

따라서 1944년에 사민당에서 처음으로 부가연금문제에 대한 심의를 요구하는 목소리가 나왔을 때, 그 요구는 공무원을 포함한 화이트칼라층의 특권을 블루칼라층으로 확산시켜 평등화를 추진하려는 의도에 기초하고 있었다. 1947년에는 오케손(O. A. Åkesson)을 위원장으로 하는 조사위원회가 설치되었는데, 국민연금개혁이 실현되고 얼마 되지 않은 단계에서는 아직 기운이 무르익지 않았으며, 이 위원회의 보고서에는 어떤 적극적인 관심도 들어 있지 않았다. 그후 1951년에 다시 오케손을 위원장으로 하여 새로운 조사위원회가 설치된다. 이 위원회의 1955년 보고서는 국민연금과는 별도로 보편주의적인 강제가입연금 도입을 제안했는데, 이 보고를 둘러싸고 각 행위자의 입장은 크게 분기되었다. 논의가 분열되어 문제가 협약연금 확대와 법제화보다는 포괄적인 사회보장개혁의 성격을 강하게 띠게 되는 상황에서, 1955년에 소관을 사회부로 이전시켜 엑케르베리(P. Eckerberg)를 위원장으로 하는 조사위원회가 출범한다. 엑케르베리의 조사위원회는 1957년에 소득비례형 급부를 축으로 한 강제가입연금을 다수의견으로 하면서, 한편으로 두 개의 소수의견을 병기한 보고서를 제출한다. 이 보고서에 나타난 세 가지 견해는 그후 부가연금을 둘러싼 정치대립을 형태 짓는 세 가지 세력의 입장을 반영하는 것이었다(Molin, 1965: 29-36, 49-58; Svensson, 1993: 206-217).

다수 의견이 된 소득비례형 강제보험안은 말할 필요도 없이 사민당-LO 블록에 의한 것이었다. 여기서 소득비례형이란 의미는 연금가입자의 종전의 소득이 급부에 반영된다는 것이며, 제도의 기능으로서는 소득의 수직적 재분배 요소가 약해진다. 이 점에서 1946년의 국민연금과는 큰 차이가 있으며, 제도성격으로서는 건강보험제도의 구조에 가깝다. 이 차이는 단순히 부가연금이 연금제도의 2층 부분이라는 성격의 차이에서만 기인하는 것은 아니다. 두 연금제도 사이에는 사민당-LO 블록의 전략상 중요한 전개가 있었다. 사민당-LO 블록이 어떠한 경위로 이런 입장에 이르게 되었는가는, 이 책의 주제로 볼 때 매우 중요한 문제이기 때문에 절을 바꾸어 논하고자 한다. 그러나 그 전에 지적하지 않으면 안 되는 것은, 이 시기에 활성화된 보수·중도정당에 의한 복지국가비판이며, 그 연금정책이다. 사민당의 복지국가 전략의 전환은 이러한 복지국가비판과의 관계를 통해서만 설명이 가능하다.

2) 복지국가를 둘러싼 대립

우선 보수당, 자유당 그리고 경영자단체는 강제가입의 부가연금에 대해서 강하게 반대했으며, 노사의 협약이나 개인에 의한 연금가입을 추진할 것을 주장했다. 이들 세력에게 부가연금문제가 어떤 위치를 차지하는 문제였는가에 대해서는 약간의 설명이 필요하다.

(1) 자유당의 복지국가 비판

스웨덴의 보수당, 자유당 리더십은 전후 세대교대를 거쳐서 헥셰르(G. Heckscher)(보수당)나 올린(B. Ohlin)(자유당) 등, 케인스주의적인 소양을 가진 지식인에게 넘겨지게 되었다. 따라서 양당은 강령 개정 등을 통해서 복지국가이념에 대해 어느 정도 이해를 보였다. 다만 이와 같은 노선을 취한 보수·중도정당에는 사민당이 '전후 프로그램'과 같은 급진적 노선을 내건다면, 온건한 복지국가 전략만을 계속 추구해서는 그것에 말려들 수 있다는 모순이 있었다.

특히 자유당의 올린은 국민에게 최저한의 생활을 보장하는 안전망으로서 복지국가가 완성된 이상, 더 이상의 복지국가 확대는 국민 한 사람 한 사람의 자유를 압박하게 된다는 견해를 강하게 내세운다. 예를 들어 1956년 국회 예산심의에서 올린은 다음과 같은 논법으로 복지국가를 비판한다. "우리들이 지향하는 것은 국민소득에서 차지하는 국가활동의 비율을 억제하고, 그 상대적 비중을 적게 하는 것이다. 그렇게 함으로써 사람들이 자신의 인생을 어떻게 방향 설정할 것인가를 스스로 결정할 가능성이 높아진다. 자신의 소득을 가능한 한 많이 수중에 두고, 자신의 선호에 따라서 주택구입이나 연금을 자유롭게 선택하는 것이 어째서 문제가 되는가 …(중략)… 사회와 국가의 의의는 모든 인간이 자신의 인생을 스스로의 책임 하에 둘 권리를 부여하여 의무를 지우는 데 있다는 것을 과소평가해서는 안 된다"(AK, 1956, nr. 2: 14).

안전망을 보완하는 부분에 대해서는 복지국가가 손을 뻗치는 것은 바람직하지 않으며 시장에 위임해야 한다는 주장에 비추어본다면, 부가연금문제는 그 시금석이 되는 이슈였던 것이다. 안전망(국민연금)에 '부가'되는 연금부분을 공적인 제도로서 실현할 것인가, 아니면 민간에게 맡길 것인가는 복지국가이념 그 자체와 관련되는 문제였다. 따라서 올린은 부가연금문제를 스웨덴이 사회주의자로부터 벗어나고, '우리들이 역사의 새로운 장을 추가할 호기'라고 판단했다(AK, 1957, nr. 2: 21). 이러한 관점에서 올린의 복지국가비판, 부가연금비판은 1956년의 선거나 부가연금을 둘러싼 국민투표에서 일관되게 반복된다(Lewin, 1988: 206-213; Ruin, 1990: 216-217).

(2) 보수당의 '자산소유자 민주주의론'
보수당도 이 문제를 복지국가를 둘러싼 두 개의 길의 대결로 본다는 점에서 자유당과 일치했다. 보수당의 새로운 리더인 얄마르손(J. Hjalmarson) 은 보수당이 복지정책에는 오히려 적극적이라는 사실을 기회가 있을 때마다 강조했다. 그러나 사민당의 사회주의적 복지국가상과는 다르며, 보수당의 복지국가가 책임을 지는 것은 국민연금과 같은 최저한 보장에 한정된다. 얄마르손의 보수당이 1956년의 강령 개정에서 내세운 대안은 '자산소유자 민주주의(egendomsägande demokratin)'라는 이념이다. 경제성장에 의해서 이제는 거의 모든 시민이 부동산 등의 자산소유자가 되었다. 복지국가가 최저한의 보장을 한 후에는, 시민 한 사람 한 사람의 자산이야말로 복지의 기초가 되어야 한다. 즉, 사람들은 자산을 여러 형태로 자유롭게 투자하거나 부가적인 복지의 기초를 만들면 되는 것이다. 이와 같이 증대하는 화이트칼라를 염두에 두고 선택의 자유와 자조노력에 대한 정당한 보상이 강조되었던 것이다(Ljunggren, 1992: 113-166).

의회 논쟁에서 얄마르손은 "(사민당) 정부의 정책은 국민들에 대한 불신과 정부에 대한 신뢰에 기초하고 있다. 이에 반해서 보수당의 정책은 국민들에 대한 신뢰와 정부의 권력집중에 대한 불신에 기초하고 있다"며 추궁하였다(AK, 1956, nr 2: 19). 보수당은 1950년대 열린 선거에서도 1952년의 14.4%에서 1958년의 19.5%로 착실하게 득표율을 늘려가고 있었다.

이와 같이 자유당과 보수당의 복지국가 비판은 약간 온건한 형태이었지만, '풍요로운 사회'의 선택의 자유를 내세웠다는 점에서 1980년대에 뚜렷해지는 각국의 네오리버럴 세력에 의한 복지국가 비판을 선취한 것이었다. 바로 뒤에서 살펴볼 사민당의 복지국가 전략 전환은 이와 같은 개인의 자유를 내세운 복지국가 비판을 거치면서, 이것에 정면으로 대응하려 했던 것이라고 하겠다.

⑶ 농민당의 딜레마

이에 대해서 농민당은 강제가입의 부가연금에 반대함과 동시에, 보수당이나 자유당과 같은 협약 및 개인가입을 축으로 한 부가연금제도와도 거리를 두었으며, 국민연금 급부 수준을 대폭적으로 개선시킬 것을 주장하였다. 농민당의 기반인 농민층이나 자영업자의 이익은 소득비례형의 연금에도, 협약을 통한 연금에도 친근성이 없음을 생각해보면, 이와 같은 선택이 이상할 것은 없다. 그러나 여기서 유의해야 할 것은 사민당과의 연립정권의 파트너이며, 1955년의 제2차 조사위원회 보고에 대한 의견청취 단계에서는 아직 이 제3의 입장을 명확히 하지 않던 농민당이, 1957년의 제3차 조사위원회 보고에 대해서 그 입장을 한층 더 선명히 하게 된 배경이다.

농민당은 농민층의 축소에 따라서 선거에서 득표율이 서서히 감소하고 있었다. 사민당과의 연립을 계속 유지한다면 매몰될 위험성이 있다는 것은 분명했다. 사민당에게 이 연금문제의 초점이 화이트칼라층의 획득에 있었다는 점 그리고 이 새로운 동맹전략은 현재 파트너인 농민당의 쇠퇴를 예측하고 세워진 점에 대해서는 의심할 여지가 없었다. 다음 절에서 살펴보는 것처럼, 1956년 총선거에서 패배를 당한 사민당이 화이트칼라 전략 강화를 명확히 내세우는 가운데, 농민당이 제3의 노선을 선명히 한 것은 불가피한 전개라고 하겠다(Molin, 1965: 160).

⑷ 화이트칼라의 동향

이상 세 가지 연금전략이 대립하는 가운데 가장 미묘하고 그러기 때문에 전체의 흐름을 결정하는 중요성을 갖고 있었던 것은 화이트칼라층의 동향이었다. TCO나 대졸전문직노조(SACO)로 조직되었던 화이트칼라층은 국민연금에 더하여 고용자와의 협약에 의한 부가연금을 획득하였다. 따라서 공적부가연금제도가 그들의 이익에 어떠한 영향을 끼칠 것인가는 기존 연금과 새로운 공적연금제도의 조정 형태 등 제도의 세부사항과 관련되어 있었다. 1957년의 제3차 조사위원회 보고에 대한 태도는 TCO 내부에서도 가맹노조별로 상당히 달랐으며, 강제가입 공적연금에 찬성하는 노조는 15, 반대하는 노조는 13, 명확한 태도표명을 피하는 노조가 7이었다. 그런데 TCO 산하에서 가장 큰 노조인 일반산업사무직노조(SIF)는 공적인 부가연금에 반대 태도를 명확히 하였으며, 이에 은행노조 등이 더해져 구성원수에서 보면 반대파가 46.2%로 최대가 되었다. 이에 비해 찬성파는 상업종사자조합, 직장노조 등으로 30.5%, 태도가 불명확한 노조는 국가 및 지방공무원노조 등으로 22.6%에 달했다(Molin, 1965: 65). 제2차 조사위원회 보고와 비교해보면, 1957년 보고는 연금취득에 필요한 갹출기간을 단축하였으며, 소득 산정의 기초를 가장 수입이 많았던 15년간으로 하는 등 화이트칼라의 이익을 배려하는 내용이 있었는데, 그래도 화이트칼라의 다수파는 그때까지 공적부가연금에 소극적이었다(Svensson, 1993: 239-251).

3) 화이트 칼라와 전략전환

(1) 산업구조전환과 화이트칼라

1928년 사민당 대회에서 한손이 국민정당의 슬로건을 내걸고 새로운 동맹전략을 밝혔을 때, 염두에 둔 주요한 파트너는 농민당이었으며, 그 판단은 당시 노동인구 구성에서 볼 때 자연스러운 것이었다. 농민당과는 자주 이익대립이 있기는 했으나, 사민당에게 스웨덴 모델의 정치적 기반을 위해서는 적록동맹 이외에 선택의 여지는 없었다.

〈표 3-1〉 노동인구 중 각 계층의 비중(%)

직업＼년	1870	1910	1920	1930	1940	1950	1960
농업단체	71	48	41	34	27	16	12
농민	18	15	12	11	12	10	7
가족종업자	17	14	12	10	6	3	2
농업노동자	36	19	17	13	9	5	3
기업가	4	6	5	7	8	8	6
직원층	4	9	12	14	20	28	35
현업노동자	21	37	42	45	45	46	47
합계	100	100	100	100	100	100	100

• 출처: Svensson, 1994: 92.

그러나 <표 3-1>에서 알 수 있듯이, 한편으로는 산업구조 전환에 따른 화이트칼라층의 대두는 현저했다. 이미 1940년에 노동력 인구에서 차지하는 화이트칼라의 비중은 농민층의 27%에 비해서 20%로 좁혀졌으나, 부가연금문제가 부상한 1950년대에는 농민층이 16%로 저하되었음에 반해서 화이트칼라층이 28%로 역전되었다. 조직면에서도 1931년에 처음으로 화이트칼라노조의 전국조직(DACO)이 결성되었으며, 1937년에는 현재의 TCO(Tjänstemännens centralorganisation)로 발전하였다. 화이트칼라노조는 임금교섭 과정에서도 점차 영향력을 확대하여 존재감을 높여갔다. 정치적으로는 화이트칼라노조는 실용주의적인 요소가 강했고, 사민당과의 관계는 적대적이지는 않았으나, 그렇다고 LO와 같이 일관된 지지단체도 아니었다.

화이트칼라층에 대한 대응이 정치적으로 중요한 의미를 가진다는 것에 대해서는, 실제로 매우 이른 시기에 사민당 집행부가 이를 인식하고 있었다. 1944년에는 소규모 조사 프로젝트가 당내에 설치되어, 화이트칼라층에 대한 정치적 대응에 대해서 논의가 시작되었다. 또한 스톡홀름 등에서는 블루칼라의 지역조직인 노동코뮌을 모방하여 화이트칼라를 사민당의 지지단체로 조직화하려는 시도가 이루어졌다. 더 나아가 1948년의 사민당 대회에서는 화이트칼라 정책을 담당하는 상설 화이트칼라위원회(Tjänstemannarådet)가 엘란데르에 직속되는 기관으로 설치되었다. 또한 이 대회에서 당서기장에 취임한 아스플링(S. Aspling)은 이전부터 산업구조 전환이 산업노동자와 화이트칼라층의 이익 일체화를 진전시키고 있다고 강조한 인물이었다.

화이트칼라에 대한 대응이 초점이 되는 가운데 사민당의 정치문서 속에서도 블루칼라(arbetare)와 화이트칼라(tjänstemän)를 모두 포괄하는 임금생활자(läntagare)라는 용어가 사용되었다. 그러나 사민당의 화이트칼라 전략이 원활히 진행된 것은 아니었다. 화이트칼라층은 블루칼라층과 같은 조직화가 쉽지 않았으며, 설득력 있는 비전 없이 지지를 획득하기는 더욱 어려웠다(Svensson, 1994: 90-119).

⑵ 화이트칼라 정책의 본격화

큰 전환점이 된 것은 1956년이었다. 우선 이 해 봄의 사민당 대회에서 사회민주주의 정치의 환경변화가 중요한 테마로 부상하였다. 경제성장을 배경으로 하여 보수·중도세력이 복지국가노선에 대한 공격을 강화하고 있었다는 점에 대해서는 앞에서 서술하였는데, 엘란데르도 이러한 환경변화에 대해서는 강하게 의식하고 있었다. 엘란데르는 이 대회에서 "주택, 자가용, 생명보험, 채권, 은행구좌가 이제는 노동자 가정에 보편화되고 있다"는 것을 강조했다. 이러한 새로운 환경에 맞춘 사회민주주의 전략의 재편이 필요하다는 것이 점차 일치된 인식이 되고 있었다. 대회에서는 일부 대의원으로부터 새로운 환경에 대응하는 강령 개정의 동의도 제출되었다. 엘란데르는 강령 개정에 신중했는데, 그 대신에 새로운 정치 프로그램인 '진보의 정치'를 채택하였다. 이 정치 프로그램의 내용에 대해서는 다음 절에서 다룬다(Bergström, 1988: 35-40).

당 대회의 논의는 그 해의 총선거를 염두에 둔 것이었는데, 실제 선거전에서는 보수·중도정당의 공세가 현저하였다. 올린이나 얄마르손이 적극적으로 복지국가 비판을 전개하였으며, 부가연금문제가 감세문제가 선거의 쟁점이 되었다. 이 모두가 복지국가 형태의 근간에 관계되는 주제이며, 따라서 이 선거는 체제 선택적인 요소를 강하게 띠게 되었다. 또한 선거전에서 매스미디어의 역할이 커졌다는 것도 이 선거의 한 특징으로, 종래의 라디오 토론에 더하여 당수간 텔레비전 토론도 실현되었다. 이러한 새로운 복지국가 비판과 미디어 정치의 대두 속에서 보수당은 10의석을 늘려 약진하였으며, 자유당은 현상을 유지하였다. 이에 비해서 사민당은 4의석을 잃어 후퇴하였으며, 농민당은 7의석이 줄었다(Esaiasson, 1999: 196-200). 1940년에는 53.8%에 달하였던 사민당 득표율은 점진적 감소 경향을 보였는데, 이 선거에서는 44.6%로 1936년 이후 최저 수준으로 후퇴하였다.

총선거 직후 9월 25일 사민당 중앙집행위원회에서는 이 패배를 심각히 받아들이는 의견이 분출하였다. 엘란데르는 이 결과를 무엇보다도 사민당의 화이트칼라 대책의 지체가 가져온 것으로 총괄하였다. 엘란데르는 보수·중도정당의 선거캠페인이 '변혁의 때라는 분위기'를 조성하였으며, 더 나아가 개인주의적 가치를 내세워 화이트칼라층을 끌어들인 반면에, 사민당은 효과적으로 반격하지 못했다는 것을 지적한다. 그리고 "스웨덴 정치에서 주요한 영향력을 유지하기 위해서는 우리들은 화이트칼라층(tjänstermännen)을 우리들 편으로 끌어들이지 않으면 안 된다. 이 점에서 올해 선거는 패배하였다"고 언급하였다. 전술한 것처럼, 그해 봄의 당 대회에서 사민당은 화이트칼라층을 포함한 '풍요로운' 임금생활자층을 염두에 둔 전략전환으로 이미 한발 나아갔다. 따라서 이 선거결과는 '찬물을 끼얹는 것'이었으나, 새로운 이념이 사민당원에게도 침투되었다고는 말할 수 없었으며, "더구나 광범한 유권자에게는 거의 알려지지 않은 것이나 다름없다"는 점에 대해 엘란데르는 주의를 촉구한다(SAP Partisty-relsen, 1956).

문제는 이것이 부가연금문제와 어떤 관련이 있는가이다. 엘란데르는 중앙집행위원회에서 이미 협약에 의해 부가연금을 획득한 국가 및 지방 공무원층의 사민당에 대한 투표가 후퇴경향에 있다는 데이터를 제시하면서 부가연금문제가 이러한 층에 여전히 기득권 박탈이라는 불안을 안겨주고 있다고 지적했다. 화이트칼라 전략과 관련시키면서 부가연금문제를 위치 지울 필요성에 대해서는 다른 위원으로부터 발언이 있었다. 예를 들어 TCO의 집행위원을 겸하고 있던 오만(V. Åman)은 당의 부가연금정책은 화이트칼라의 이익에 중점을 두고 있다는 점에서 잘못되지 않았다고 하면서, 더욱 광범한 사람들에게 그것에 대해 정확히 알릴 필요가 있다고 주장하였다(SAP Partisyrelsen, 25 September, 1956).

사민당 내부에서 화이트칼라 획득을 노린 전략전환이 진행되는 가운데, 부가연금문제도 블루칼라의 권리확대 수단에서 화이트칼라 획득전략 중심으로 전환되기 시작하였다. 그리고 이러한 전환은 좀더 넓게 말하자면

'풍요로운 사회'의 복지국가이념 그 자체의 전환이기도 했다. 부가연금을 둘러싼 정치과정의 서술로 돌아가기 전에, 제도 설계를 둘러싼 약간 복잡한 논의를 정리하고, 이 전략전환 속에서 나타난 복지국가의 새로운 이념에 대해서 살펴보고자 한다.

4) 복지국가의 새로운 이념

(1) 보편주의의 다양성

우선 여기서는 스벤손(T. Svensson)에 따라서 사회보험제도의 다양성을 <표 3-2>와 같이 정리하여 지금까지의 논의를 종합하고자 한다. 사회보험제도를 재원과 갹출의 대응관계로 정리한 이 표에는 지금까지의 논의에서 다룬 주요 제도가 배치되어 있다. 오른쪽 윗칸에 위치하는 제도는 재원이 소득누진적인 조세에 기초하고, 급부는 소득증대에 따라서 삭감하거나 감소된다-결국 소득조사를 요한다-는 것을 의미하기 때문에 선별주의적인 프로그램이다. 전후 스웨덴의 제도에는 주택관계에 선별주의적인 프로그램이 많았는데, 주택수당(bostadbidrag)이나 연금의 주택부가(bostadstillägg) 등이 여기에 속한다. 소득의 증대와 상관없이 균일하거나 소득에 준해서 증대하는 경우(표의 2단 이하)는 보편주의적 프로그램으로 볼 수 있는데, 오른쪽 윗편으로 갈수록 소득의 상층에서 하층으로의 수직적 재분배 효과가 높다. 이 점에서는 묄레르의 국민연금, 베버리지연금, 부가연금은 같은 보편적 프로그램일지라도 효과는 명확히 달랐다.

사민당이 점차 부가연금과 같은 보편주의 설계로 기우는 하나의 이유는, 앞에서 살펴본 것처럼 화이트칼라층의 획득이라는 목적 때문이었다. 다음 절에서는 사민당이 화이트칼라층의 이익을 중시하면서 부가연금의 설계에 관해서 더욱 대담한 변경을 가하는 과정을 볼 것인데, 이와 같은 과정만을 놓고 본다면 그것은 실용주의적인 타협의 연속이었다. 그러나 여기서 강조하고자 하는 것은, 이와 같은 정책전환의 전제로서 사민당의 복지국가이념도 전환되고 있었다는 것이다. 1930년대부터 사민당이 내걸었던 복지이념은 수직적 재분배를 중시한 것이며, 이 점에서는 보편주의적 복지정책을 주도한 묄레르도 예외가 아니었다. 이에 비해 경제정책이 완전고용을 실현시켜 연대임금정책 등을 통해서 경제격차가 어느 정도 축소됨에 따라서 복지정책은 개인의 생활기회 확대에 중점을 둔 새로운 이념이 모습을 나타내기 시작하였다.

(2) 새로운 이념의 출현

1956년 사민당 대회에서 채택된 정치 프로그램 '진보의 정치'는 앞에서 사민당 정권의 렌·메이드네르 모델 수용을 의미하는 것으로 소개하였는데, 복지국가이념 전환을 나타낸다는 점에서도 중요한 의의를 가지고 있다. 좀더 정확하게 말하면 '진보의 정치'는 경제정책의 쇄신이 복지정책의 전환으로 이어진다는 전망을 제시한 것이었다. 즉, "완전고용이 실현되어 물질적인 곤궁이 없는 사회, 또한 노동능력이 있는 자가 생산에 종사하여 자립할 수 있는 사회에서는 사회보장에 대한 요구는 고도화된다."(SAP, 1956: 34). 사람들의 삶에 대한 기대는 한층 더 높아지며, 사람들은 자신이

〈표 3-2〉 급부 및 재원을 통해 본 복지정책의 다양성

소득의 증대에 따라 각출은 소득의 증대에 따라 급부는	감소	균일	증대–비례적	증대–누진적
감소	×		주택부가 · 주택수당(1947)	
균일		베버리지연금	국민연금(1947)	건강보험(1946)
증대–비례적			부가연금(1959)* 건강보험(1953)	
증대–누진적			×	

• 주: 문제가 되는 것은 어디까지나 주요원리임에 유의할 필요가 있다. 이러한 제도에서는 급부 증대의 산정기초가 되는 소득에 어느 정도의 상환을 설정하느냐에 따라 재분배효과가 강해지기도 하고 약해지기도 한다.

• 출처: Sevensson, 119: 216.

다양한 가능성에 도전하게 된다. 복지국가의 주요한 목적은 더 이상 빈곤의 구제나 단순한 최저한의 생활보장(안전망)에 머무르지 않는다. 새로운 복지국가의 역할은 사람들에게 오늘의 생활수준에 맞는 고도의 보장을 제공하여, 인생의 여러 위험을 회피하고 자신의 가능성을 추구할 수 있는 조건을 제공하는 것이 된다. 결국 '사회정책의 과제는 변화하는' 것이다. '진보의 정치'는 부가연금제도를 이러한 복지국가의 새로운 전개를 나타내는 것으로 위치 지웠다.

더욱이 엘란데르 자신이 1962년에 발표한 저서 『자유선택사회』에서는 복지국가이념 전환이 더욱 명확하게 언급된다. 이 책에서 엘란데르는 '풍요로운 사회'에서는 개인의 자유추구와 공공책임이 일체가 됨을 새삼 강조한다. 개인이 갖고 있는 가능성의 추구는 복지국가가 제공하는 교육, 주택, 의료, 교통, 각종 서비스 등에 의해서 뒷받침되고, 더 나아가 복지국가가 실현시킨 노동시간의 단축이나 장기유급휴가 활용을 통해서 비로소 가능하게 된다. 덧붙이자면 1950년대에는 주 노동시간이 3시간 단축되었으며, 4주간의 법정유급휴가의 제도화가 실현 직전에 있었다(현재는 5주간). 엘란데르는 새로운 시대의 사회민주주의 목적을 "사람들 자신이 가지고 있는 소질과 조건을 최대한으로 활용하면서 각각의 삶을 추구할 수 있는 가능성을 제공하는 것"이라고 정의한다(Erlander, 1962: 8). 말을 바꾸면 복지국가를 통한 자유선택사회의 실현이다.[5] 이 자유선택사회라는 발상은, 제2장에

5 이 복지국가이념의 전환은, 현대 정의론의 대표적인 연구자인 센(A. Sen)이 복지정책의 초점을 부의 배분에서 기초적 잠재능력(basic capability)의 배분 문제로 전환시킨 것에 대응된다고 하겠다. 센에 따르면, 복지정책의 평가는 부 자체의 배분에 의해서가 아니라, 부에 의해서 사람들이 무엇을 할 수 있는 가능성이 어디까지 넓게 퍼져있는가에 의해서 결정된다. 다양한 선택을 가능하게 하는 객관적 조건의 형성은 복지정책의 과제인데, 이러한 기반 위에서 사람들이 실제로 무엇을 지향하는가는 개인의 선택 문제이다. 따라서 복지정책이 선택 내용에 관여하는 것은 불가능하나 -여러 핸디캡을 가지고 있는 사람들을 포함해서- 선택의 가능성이 넓게 퍼져 있는가, 그렇지 않은가라는 점에는 책임을 지지 않으면 안 된다(Sen, 1985).
    센이 기초적 잠재능력의 배분에 주목하는 것은 복지를 당사자 주관의 문제로 환원시키는 공리주의와, 공리주의를 비판하면서도 역으로(센이 생각하기에) 복지를 부의 문제로 환원시키고 만 롤스(J. Rawls)의 논의를 동시에 넘어서려고 하기 때문이다. 센은 이 양자

서도 소개한 것처럼 원래는 렌이 적극적 노동시장정책의 목적의 하나로서 내걸은 것이었다. 엘란데르의 논의는 렌의 발상을 기초로 하면서도 자유선택사회의 조건으로서의 복지정책, 공공정책의 역할을 한층 깊이 있게 논한 것이라고 할 수 있다(Erlander, 1962: 65-76).

그 구상은 예를 들어 보수당의 헥셔가 복지국가 대신에 '선택의 자유가 개인의 독립을 지탱하는 자율적 사회'(Ljunggren, 1992: 136)를 제창한 것에 대해서, 오히려 보편주의적 복지정책이야말로 그와 같은 사회를 형성시킬 수 있다고 주장한 것이다.[6] 그런 의미에서 엘란데르의 논의는 시대를 앞선 네오리버럴적인 복지국가 비판에 대해 역수를 둔 것이며, 그 점에서 190년대 후반에 포스트 대처, 혹은 포스트 네오리버럴을 내세우며 등장한 유럽 사회민주주의 신세대를 선취한 것이다. 엘란데르가 동일한 이념을 자주 '강한 사회(Det starka samhället)'라는 용어로 표현한 것도 이 네오리버럴적인 복지국가 비판에 대한 대항을 보여 주는 것이었다. 결국 사민당이 지향하는 것은 강한 국가가 아니라 활력 있는 사회이며, 복지국가는 어디까지나 그것을 위한(가장 유효한) 수단으로 간주되는 것이다.[7]

의 상호관계야말로 중요하다고 본다. 그러나 다른 한편으로 롤스의 정의론에는 현실의 복지국가에서 제도나 정책의 기초가 될 수 있는 가이드라인이 있었다. 즉, 롤스는 공정으로서의 정의의 원리로, 제1법칙으로는 자유원리를, 그리고 제2법칙으로는 '가장 혜택 받지 못한 층에게 유리한 한도 내에서 격차의 승인'을 들었다. 아마 형식적인 평등론에 빠지는 것을 두려워했는지, 센의 논의에는 이와 같은 가이드라인을 찾기 어렵다(Rawls, 1971).

엘란데르가 정리한 새로운 복지국가이념은 센과 유사한 복지이념을 내걸면서도 그것을 실현하는 보편주의적 복지정책의 구조로서는 롤스의 공정원리, 특히 제2법칙인 격차원리와 유사한 소득대체원리(inkomstbortfallsprincip)를 도입한다. 스웨덴 사회민주주의도 복지국가에 대한 지지를 넓히고 경제적 기반을 확보하여 복지국가를 유지할 수 있는 한도 내에서 복지정책 내부의 사회적 격차의 재생산을 승인한다. 스웨덴의 보편주의적 복지이념과 센의 정의론과의 관계에 대해서는 로스슈타인의 논의도 참조하길 바란다(Rothstein, 1994).

6 당연하게도 이 문제는 행정의 할거주의와 자기결정, 적극적 자유와 소극적 자유의 긴장 등 일련의 문제들과 관련지어 생각해야 한다(cf. 武智, 1998).

7 다만 지향해야 할 시스템을 '강한 사회'로 표현하면서도 당시 사민당에게는 복지공급 주체로서 국가, 자치제 이외의 행위자는 염두에 없었던 것도 사실이다. 스웨덴어의 '사

나중에 다루는 조세개혁의 방향성을 포함하여 복지국가와 평등화를 둘러싼 신이념은 사민당의 정책에 침투되어 있었다. 예를 들어 1970년대 사민당의 평등화 정책에서 기초가 된 문서가 된 『평등을 향하여』(1971)는 스웨덴 사회에서 평등이 여전히 중요한 달성과제라고 하면서도 지향해야 할 것은 '선택의 자유에 있어서 평등'이라고 강조하였으며, 평등화가 비효율을 야기한다는 보수 · 중도정당의 비판에 대해서는 평등을 내세우는 의미는 '사회의 모든 자원과 능력의 활용'에 다름 아니라고 서술하고 있었다. 거기서는 복지정책의 목표로서 첫째로 '미래에 대한 사회적 투자'를 내걸었으며, 둘째로 소득유지, 셋째로 장애를 갖게 된 사람들에 대한 보상을 내걸었다. 구체적인 과제도 교육 및 노동시장에서의 기회의 균등, 양성간의 평등, 정치참가의 평등 등 철저한 수직적 재분배와는 달랐다.(SAP/LO, 1971: 15-16, 89). 다른 한편으로 유의할 것은 복지국가의 신이념은 계층간의 수직적인 재분배를 통한 평등화를 결코 부정하는 것은 아니라는 것이다. 사회적 격차가 어느 정도까지 억제되어 완전고용이 실현되는 것이 '자유선택 사회론'의 대전제였던 것이다. 게다가 사민당은 블루칼라층에 대한 대응을 위해서, 그후 정책이나 강령에서도 전통적인 평등화 상징을 계속 견지하였다. 보수파도 사민당의 형식적인 평등주의를 공격의 대상으로 하는 것에 장점이 있다고 보았기 때문에 상징의 차원에서는 새로운 복지국가이념이 반드시 정치적 대항의 초점이 되지는 않았다(Davidson, 1989: 255-256).

5) 부가연금의 성립

(1) 더 많은 양보

  여기서 다시 논의는 1958년의 부가연금문제를 둘러싼 정치과정으로 돌아갈 필요가 있다. 당초 엘란데르는 국민연금을 증액하여 부가연금에서도 자영업자층에 대해서 자유가입의 길을 열어줌으로써 적록동맹과 화이트

회(samhälle)'라는 용어에는 국가를 포함한 의미가 들어 있으며, 이 점에서 레빈은 '강한 사회'라는 슬로건을 사회와 국가의 '의도적인' 혼동으로 보고 있다(Lewin, 1988: 218).

칼라 전략을 양립시키는 것이 가능하다고 보고 있었다. 그러나 1956년의 선거에서 사민당과 마찬가지로 후퇴를 경험한 농민당은 이대로 적록동맹을 유지하면 자신들의 정치기반이 축소되어 매몰될 뿐이라고 생각하기 시작하였다. 이러한 적록동맹 내부의 모순을 들추기 위해서 보수당, 자유당은 국민연금의 내용에 대해 국민투표를 실시할 것을 주장한다. 국민투표를 실시하게 되면 사민당과 농민당은 서로 다른 진영으로 나뉘어 충돌하게 되어 연립정권의 유지는 매우 어렵게 될 것으로 예상하였다.

사민당 정권은 이 요구를 거부하려고 했으나 최종적으로는 굴복하여, 1957년 3월에 국민투표 실시를 결정한다. 국민투표를 제안하면서 사회부장관 닐손(T. Nilsson)은 복잡한 연금문제는 직접투표를 통해 결말을 짓기에는 적절하지 않지만 국민의 의향을 파악하기 위해서 국민투표를 실시한다고 밝혔다. 연금준비위원회(제3차 조사위원회)에서의 논의를 기초로 다음의 세 가지 선택안이 제시되었다(Molin, 1965: 59-81, Classon, 1986: 104-106).

- 제1선택안: 강제가입, 소득비례의 공적부가연금제도를 도입한다(사민당 및 LO가 지지하는 안)
- 제2선택안: 민간의 부가연금제도를 장려하지만 공적인 기준에 의한 보장을 의무 지운다(농민당이 지지하는 안)
- 제3선택안: 국가에 의한 보장 이외에 노사협약 등에 의한 민간의 부가연금제도를 장려한다(보수당, 자유당, SAF, SIF 등이 지지하는 안)

제2선택안과 제3선택안은 강제가입의 연금제도에 반대한다는 점에서 일치하면서도, 제2선택안에는 국민연금제도의 확충에 역점을 둔다는 함의가 있다는 것은 전술한 대로이다. 사민당은 제1선택안이 상대적 다수를 차지할 것으로 예상했기 때문에, 결과의 해석에 따라서는 국민투표를 계기로 이 문제를 사민당에게 유리한 전개로 몰아가는 것도 가능하리라고 보고 있었다. 자유당이나 보수당은 제3선택안의 설정 방식 -'국가에 의한 보장 이외에'라는 표현 등- 에 강한 불만을 표명했지만 이점에 대해서 사민당은 양보하지 않았다.

적록동맹이 해체가 불가피하게 됨으로써 사민당에게 화이트칼라 전략은 이제 물러설 수 없는 것이 되었다. 국민투표를 앞에 두고 사민당과 LO는 동맹전략의 전환을 위해서 대담한 타협을 거듭했다. 연금준비위원회의 다수파 보고는 연금수준을 이전 소득의 65%로 하고, 연금의 취득에 필요한 갹출 연한을 이전 안의 35년에서 30년으로 단축했으며, 급부 산정의 기초가 되는 임금을 가장 높았던 시기의 15년간으로 했다. 이것은 교육기간이 길고 임금체계가 연공서열적인 성격이 강한 화이트칼라의 고용조건을 배려한 것이었다. 건설노조 등 LO 산하의 산별조직에서는 소득대체 원리가 기초로 되어 있는 점이나 연금가입의 소득상환이 높은 점(3만 크로나)에 대해서 강한 비판이 나왔다. 그러나 LO 집행부는 국민투표의 제1선택안이 되는 연금준비위원회의 다수파 보고를 대체적으로 승인했다.

연금준비위원회의 TCO 대표는 이 안을 화이트칼라층의 이익이 배려된 것으로 평가하는 보고를 하였다. 만약 부가연금이 무산되어 국민연금의 증액이 추구된다면, 역으로 화이트칼라의 상대적 우위가 위협을 받을 우려가 있었기 때문에 TCO 산하 노조에서는 부가연금에 대한 적극적인 논조가 강해졌다. 그러나 SIF 등 기득권의 옹호를 중시하는 산별조직은 이에 동조하지 않았고 국민투표에서는 경영자단체, 보수당, 자유당과 함께 제3선택안을 지지하며 캠페인에 동참하였다. 국민투표를 맞이하여 TCO의 내부는 완전히 분열되었다. SACO도 내부를 하나로 모으지 못한 채 국민투표에 대해서는 자주 투표를 결정했다.

10월 투표 결과는 무효표를 제외하면 제1선택안 47.7%, 제2선택안 15.6%, 제3선택안 36.7%로 되어 예상한 것처럼 해석이 어렵게 되었다. 사민당과 LO의 부가연금 플랜은 상대적 다수를 얻었으나, 강제가입 부가연금에 반대하는 제2선택안과 제3선택안을 합산하면 과반수가 된다. 제2선택안을 내세웠던 농민당(중앙당)은 획득한 표수가 자신들의 기초표를 상회했기 때문에 중도정당이라는 신노선에 자신감을 얻게 되어 정권을 떠난다. 적록동맹이 해체되자 스웨덴 국왕은 보수당과 자유당에게 조각의 가능성을 물었다. 그러나 중앙당이 적록동맹으로부터 바로 보수정당과의 연립으로 옮기기를 망설였기 때문에 사민당은 소수단독정권을 구성하였다(Molin, 1965: 72-81).

이 단계에서 사민당은 강제가입 제도로 인해 기득권을 침식당할 것을 우려하는 화이트칼라층의 반응을 고려해서 더욱 많은 양보를 하게 된다. 1958년 2월 10일 사민당 중앙집행위원회에서는, 사회부 장관 닐손이 국민투표의 결과를 볼 때 강제가입에 대한 저항이 여전히 강하다는 것을 지적한 후에, 부가연금에서 개인 단위의 적용제외는 어디까지나 인정하지 않는다고 하면서도 형식상으로는 조합 단위의 결정에 기초한 적용제외를 인정할 것을 제안하였다. '그와 같은-민간의 제도를 중심으로 한-체제를 선택할 가능성을 보장하고 있다고 주장할 수 있다는 점에서 유리하다'는 것이 그 이유였다(SAP Partistyrelsen, 10 Februari, 1958). 강제 가입의 틀을 완화시키는 것에 대해서 과연 LO는 강하게 반대하였다. 그러나 사민당 집행부는 선거를 의식하여 '강제' 보험이라는 비판을 막는데 가장 역점을 두었다. 물론 사민당 집행부는 공적부가연금을 공동화시킬 생각은 없었다. 화이트칼라층에게 유리한 내용을 보장하면 조합 전체로서 이탈을 결정하는 일은 없을 것이라는 점을 알고 있었기 때문이다. 닐손은 사민당의 의원총회에서 이러한 옵션은 실제로는 행사될 조건이 아닌 '연말'이라고까지 언급하며 반대론을 저지하였다(Svensson, 1994: 256-261).

(2) 연금체제 성립

하원에서 사민당의 부가연금안은 일단 부결되었으며, 1958년 6월에 다시 선거가 실시되었다. 이 선거에서 사민당은 5석을 늘려 전진하였다. 이 선거에서 사민당은 블루칼라층 동원을 강화시킴과 동시에 화이트칼라층으로부터의 득표도 증가시켰다(Lewin, Jansson and Sörbom, 1972: 169-171). 보수당과 중앙당은 세력을 유지하였으나 자유당은 후퇴하였다. 선거의 막바지에 자유당계 유력지 《다겐스 뉘헤테르》의 편집장이었던 팅스텐이 지면에서 자유당에게 사민당 안을 받아들일 것을 주장했던 것이 큰 영향을 끼쳤다. 사민당은 화이트칼라층의 지지를 획득하기 위한 조정을 집요할 정도로 계속해왔는데, 그 복지국가 전략은 기본적으로 목적을 달성함과 동시에, 나아가 자유당 진영까지도 침식했다고 하겠다.

선거 후 세력분포는 사민당에 공산당을 더한 사회주의 블록이 116, 중앙당을 더한 이른바 부르주아 블록이 115였다. 사민당으로부터 투표권을 갖지 못하는 의장이 선출되기 때문에 의회의 세력은 부가연금문제에 관해서 완전한 균형상태가 되었다. 그러나 동요가 계속되었던 자유당에서 한 의원이 기권을 표명하여 부가연금은 1959년에 실로 1표차로 의회를 통과하였다. 아슬아슬한 성립이었음에도 불구하고 부가연금의 도입은 전후 스웨덴 복지국가의 전개에서 결정적인 의미를 가지고 있다. 사민당-LO 블록 내에서는 소득비례원리를 기초로 한 보편주의가 정통성을 얻었다. 화이트칼라층은 복지국가의 지지기반에 가담하게 되었으며, 사민당은 적록동맹 이후의 새로운 정치동맹의 가능성을 획득했다.

부가연금은 국가가 자금을 투입하지 않는 수정적립방식의 연금보험제도로서 출발하였다. 이 제도의 도입에 의해서 직역별 협약연금이 해소된 것은 아니었으며, 화이트칼라 영역에서는 부가연금 도입 직후인 1960년에 TCO와 SACO가 SAF와의 사이에서 종래의 직역연금을 재편하여 새로운 직역연금제도(ITP)를 발족시켰다. 부가연금의 대상이 되는 급여에 상한 -연금산정의 기준이 되는 기초액의 7.5배- 이 있었기 때문에 부가연금은 고액소득층의 필요에는 부합되지 못하였으며, 직역연금은 이 부분의 필요에 대응하는 의미도 있었다. 또한 이것을 모방하여 블루칼라의 영역에서도 1973년에 LO와 SAF간에 직역연금제도(STP)가 실시되었다. 이와 같이 스웨덴의 연금제도도 실제로는 3층 -혹은 이에 민간보험회사의 연금보험을 더하여 4층- 구조였는데, <표 3-3>에서 알 수 있듯이 가입률과 급부액에서 부가연금의 비중은 매우 높았으며, 직역연금과 민간연금보험에 의해서

<표 3-3> 각종 연금 가입자의 비율과 수급액의 평균

연령	66~			66~69		
	남성	여성	전체	남성	여성	전체
국민연금	28,000	34,100	31,500	28,200	31,000	29,700
부가연금	65,200 (95)	23,100 (60)	40,900 (75)	80,800 (98)	36,300 (77)	56,900 (86)
직역연금	17,100 (69)	7,500 (47)	11,600 (57)	19,200 (78)	8,300 (63)	13,300 (70)
사적연금	3,400 (11)	1,100 (5)	2,000 (8)	4,500 (15)	1,900 (8)	3,100 (11)
계	113,700	65,800	86,000	132,700	77,500	103,000

•주: 괄호 안이 가입자의 비율(%) 기초연금은 전원 가입
•출처: Waldensjö, 1997.

침식되지는 않았다(Wadensjö, 1997: 丸尾, 1993: 83-91).

6) 소득비례형 보편주의 확대

(1) 보편주의의 구조 전환

부가연금은 1930년대 및 1940년대의 가족정책에서 비롯된 보편주의적 복지를 소득비례원리의 강화라는 중대한 역점 이동을 해가면서 연금정책 영역에서 구체화된 것이었다. 이에 앞서서 건강보험제도가 동일한 원리로 도입되었다. 부가연금 이후 복지정책의 전개에서 중요한 것은, 이러한 소득비례형 보편주의가 이번에는 가족정책적인 성격을 갖는 프로그램을 포함하여 일련의 복지정책 속에 적용되고 확대되었다는 것이다. 물론 모든 사회보장이 소득비례형으로 전개된 것은 아니다. 국민연금과 같은 균일 급부형의 프로그램이나 소득조사가 수반되는 사회부조나 주택수당과 병존하였다. 소득비례형 프로그램이 요구하는 자격 -노동시장에 대한 계속적인 참가- 을 만족시키지 못하고 부가연금의 보충급부 혹은 건강보험, 부모보험, 실업보험의 최저한 보장에 만족하는 층이 적지 않았다는 것에 대해

서는 뒤에서 서술할 것이다. 그러나 공적부조의 수급자는 현저하게 감소하였고, 전체적으로 보면 소득비례형이나 아니면 노동시장참가를 급부의 조건으로 하는 노동시장참가 연관형 프로그램이 점차 확대되었다.

이에 비해서 완전고용 실현을 통해서 사회부조와 같은 선별주의적 프로그램의 비중이 감소하였고, 또한 균일 급부의 아동수당이나 국민연금도 상대적 비중이 감소하였다. 소득비례형 프로그램에 대한 지출 증대 경향과 그것의 대략적 비율에 대해서는 올손(S. E. Olsson)의 <그림 3-4>에 잘 나타나 있다. 이로 인해 스웨덴 복지국가는 모든 시민에 대한 최저한 소득 보장에서 현행 소득 보장의 방향으로 전환하였다(Esping-Andersen, 1988: 47-53). 평등 이념에서 보면 소득비례형 프로그램은 '결과의 평등'에서 '조건의 평등'으로 역점이 이동했다는 의미를 갖고 있다. 어쨌든 보편주의적 복지정책의 내용이 크게 전환되었다고 하겠다.

스웨덴 사회보장지출이 1970년대에 들어서 급증하는 것은 사회보장이

〈그림 3-4〉 이전적 지출의 급부 유형에 따른 비중의 변화

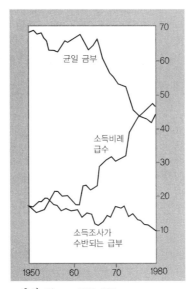

•출처: Olsson, 1990: 127.

〈그림 3-5〉 공공지출의 구성 변화

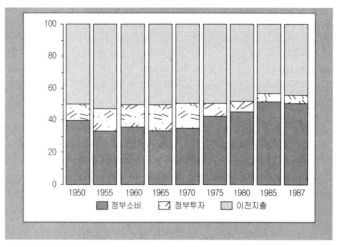

•출처: Statistika centralbyrån, 1990.

그 대상자를 중간층까지 확대했을 뿐만 아니라 보상수준이 중간층의 소득
수준을 지표로 하게 되었기 때문이다. 이로 인해 공공지출에서 이전지출이
차지하는 비율은 1970년의 36%에서 1987년의 52%까지 증대하였으며, 동
시에 공공지출 자체를 크게 상승시켰다(Statistiska centralbyån, 1990: 22).

〈그림 3-6〉 가계에 대한 이전적 지출과 프로그램 구성의 변화(GDP비)

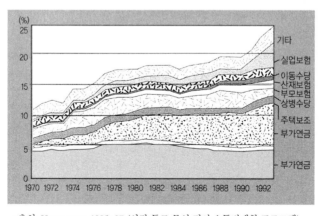

•출처: Hagemann, 1995: 37.(사각 틀로 묶인 것이 소득비례형 프로그램)

〈표 3-4〉 GDP에서 사회보장지출이 차지하는 규모 변화(1960-1980)

국가	% 1960	% 1980	성장률 1960-1980(%)	1960 순위	1980 순위
스웨덴	10.9	31.9	21.0	9	1
오스트레일리아	7.7	11.9	4.2	15	17
오스트리아	15.4	22.5	7.1	1	7
벨기에	15.3	25.9	10.6	3	5
캐나다	9.2	13.7	4.5	13	14
덴마크	11.1	29.9	18.8	8	2
핀란드	8.8	18.0	9.2	14	11
프랑스	13.2	26.7	13.5	4	4
독일	15.4	24.0	8.6	2	6
아일랜드	9.3	20.1	10.8	12	10
이탈리아	11.7	21.5	9.8	5	8
일본	4.9	10.8	5.9	18	18
네덜란드	11.1	28.3	17.2	7	3
뉴질랜드	11.5	16.6	5.1	6	13
노르웨이	9.4	20.2	10.8	11	9
스위스	7.5	13.7	6.2	16	15
영국	10.8	17.3	6.5	10	12
미국	6.8	12.6	5.8	17	16
평균	10.6	20.3	9.8		
표준편차	2.9	6.5	5.0		

•출처: van Kersbergen, 1995: 100.

비교론적으로 말하면 고령자 수발, 보육 등의 사회 서비스 지출 비중이 크다는 것이 스웨덴 모델(사회민주주의 모델)의 특질로 여겨왔는데 그것은 사실이다. 그러나 사회 서비스 확대의 전제가 되었던 것이 소득보장에 관한 이념 전환이었다는 것을 강조할 필요가 있다.

<그림 3-5>는 공공지출의 이전지출(가계, 기업 등에 대한 이전), 정부소비(사회 서비스, 일반행정비 등), 정부투자의 비율을 나타내고 있다. 이전지출 중 7할에서 8할은 가계에 대한 이전지출인데, <그림 3-6>은 그 프

로그램 구성의 변화를 나타내고 있다. 프로그램 명칭이 사각 틀 안에 들어있는 것이 소득비례형 프로그램이다(다만 각 프로그램에는 균일 최저 급부도 포함되는 경우도 있음에 주의). 여기서도 <그림 3-4>에서 본 소득비례형 프로그램에 대한 지출의 확대를 확인할 수 있다. GDP에서 사회보장 지출이 차지하는 비율면에서 본다면, 스웨덴은 1960년대에는 OECD 국가들 가운데 9위로 결코 유별난 존재가 아니었다(<표 3-4>). 현행 소득의 보장을 지향하는 '중간층의 복지국가'로 전환이야말로 스웨덴 복지국가의 규모를 OECD 국가 중에서 제1위로 끌어올렸던 것이다.

(2) 주요한 소득비례형 프로그램

주요한 프로그램 전개를 살펴보자. 1960년대 이후에는 건강보험제도의 질병수당(Sjukpenning)의 소득비례가 강화되었다. 1963년에는 급부 수준은 소득의 70%로, 1967년에는 대기일이 폐지된 데다가 소득보장이 80%로 끌어올려졌다. 더 나아가 1974년에는 급부 수준의 계산방식이 변경되어 소득보장은 사실상 90%가 되었다. 소득대체율이 높았던 질병수당은 병으로 인한 결근을 '유발'하는 문제가 발생해 대기일과 수당의 고용자 부담기간 도입을 통해 관리책임을 과하는 등의 방안이 시도되었다. 현행 제도에서 보상률은 80%이다.

가족정책의 영역에서는 1948년에 도입된 균일 급부의 아동수당이 한 동안 육아지원의 주축이었다. 1954년에는 정액 출산수당제도가 도입되었는데, 1974년에는 그것을 재편하여 소득보장이 부수되는 육아휴가제도인 부모보험제도(Föräldraförsäkring)가 만들어졌다. 이것은 육아와 관계되는 소득보장의 대상으로서 양성을 동등하게 대한다는 점에서, 그리고 노동시장 참가와 육아의 결합을 제도의 전제로 한다는 점에서 가족정책의 큰 전환점이기도 하였다. 제도는 질병수당과 같은 수준으로 소득비례형의 급부를 육아휴가기간 중에 실시하는 것인데, 현행 제도에서는 450일의 육아휴가기간 중에 300일은 소득의 80%(최저보장이 1일 60크로나), 90일은 60크로나의 수당(Föräldrapenning)이 지급된다. 육아부담이 여성에게 편중되는 것을 막기 위해서 부모 중 한쪽이 취득 가능한 육아휴가가 30일씩 있다. 또한 12세까지의 아동의 병간호나 통원을 위해 부모가 휴직할 경우에는 연간 60일까지 소득의 80%가 부가수당(Tillfällig Föräldrapenning)으로 지급된다.

또한 실업보험제도는 전술한 것처럼 노동조합관리의 보험조합(Arbetslöshetskassor)에 국가가 보조하는 형식이 유지되었고, 급부 조건은 점차 개선되었다. 120일을 상한으로 시작한 제도는 1974년에는 55세까지의 경우에는 300일까지 급부기간이 연장되었다. 급부도 개선되어 1988년에는 90%가 되었다. 1998년 현재는 질병수당, 부모보험과 마찬가지로 80% 급부가 되었다.

모든 급부가 일상 소득의 연장으로 간주되어 과세의 대상이 되고, 연금의 산정 기초에도 들어간다. 이상의 질병수당, 부모보험, 실업보험에 부가연금을 더한 네 가지가 스웨덴 사회보험의 중핵을 이루는 소득비례형 프로그램이다. 이 네 가지 프로그램은 질병, 출산, 실업, 노령이라는 인생에서 당연히 예상되는 여러 국면에서 생활을 지탱함과 더불어 시민의 선택 가능성을 넓히는 것을 목적으로 한다.

7) 조세와 부담

사회보장지출 및 사회 서비스의 급격한 확대는 말할 필요도 없이 조세부담의 증대 과정이기도 하다. OECD 국가들과 거의 같은 수준이었던 스웨덴의 조세부담비율이 상승한 것은 역시 1960년대에 들어서부터이다. 조세제도의 발전을 개관하는 것은 쉽지는 않으나 다음과 같이 정리해도 큰 문제는 없을 것이다.

개인 조세제도에서는 직접세에 대한 간접세의 비중이 일관해서 확대되었다. 여기서도 화이트칼라층의 지지를 중시하는 사민당의 복지국가 전략이 영향을 미치고 있다. 1947년에 전시 조세제도였던 거래세가 일시적으로 폐지되었을 때, 이에 반대했던 사람이 인플레이션 억제 수단으로서의 간접세를 중시하던 렌이었다. 그후 렌·메이드네르 모델이 경제정책으로서 정통성을 획득하고, 사민당의 복지국가 전략의 전환이 진행되는 가운데, 조세제도에 대해서도 간접세 중시의 사고가 사민당 내부에서 확산되었다. 1952년에 간접세 조사위원회가 보고서에서 거래세 도입을 권고했을 때, 노동운동 내부의 저항은 아직 강하지 않았다. 그러나 1958년에 재무장관 스트렝은 1960년부터 40%의 거래세를 도입함과 동시에 저소득자의 소득세 감액, 노령연금에 대한 물가슬라이드제 적용, 아동수당의 증액 등의 조치를 취할 생각을 굳혔다. 이것은 스트렝이 렌·메이드네르 모델을 이해하고 있었다는 배경도 있으나, 그 이상으로 소득세의 돌출이 화이트칼라층의 복지국가 이탈을 초래할 수 있다고 우려했기 때문이다(Steinmo, 1993: 26-128). 공산당을 포함하여 각 당의 반대는 강경했으나 엘란데르 수상은 1958년 선거에서의 후퇴로 해산을 두려워하고 있었던 공산당을 기권으로 유도하여 간신히 난국을 돌파한다.

간접세의 세율은 4.2%로 시작했는데, 그후 1964년에는 거래세를 부가가치세로 재편하여 세율을 대폭적으로 올리고, 대신에 저소득층의 소득세 감세, 고용자 부담금의 증대 등에 관한 정부제안이 행해졌다. 이에 LO와 사민당 일부에서 강하게 반발하여 간신히 1969년에 11.5%의 세율로 부가가치세가 도입되었다. 간접세의 비율은 그후에도 상승하여 1970년대 말에는 20%를 돌파하였다. 전술한 1990년대 개혁에서 간접세로 전환이 더욱 강화되었고, 1998년 단계에서는 부가가치세는 식료품 등을 제외하고는 25%로 되었다.

이에 비해서 소득세는 1950년대 이후 1970년대 말까지는 전반적으로는 누진성이 강해지는 경향이었는데, 그후 점차 누진성이 약해져 1991년에는 고소득자를 제외한 약 8할의 시민에 대해서는 국가의 소득세를 사실상 폐지하여 비누진적(소득비례적)인 지방세만 징수하는 대개혁이 이루어졌다. 지방세는 각각의 지자체가 자신들의 권한으로 세율을 정할 수 있는데 평균 30%를 약간 넘는다. 이와 같은 소득세 변천은 <그림 3-7>과 같이 정리할

〈그림 3-7〉 소득세의 한계세율 변화

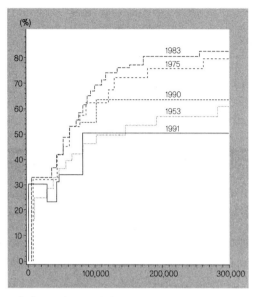

* 출처: Gustafsson and Klevmarken, 1993.

수 있다. 덧붙이자면 이 그림에서 소득 규모는 1980년의 크로나 가치를 기준으로 하고 있는데 1980년 제조업 블루칼라의 평균소득은 7만 1천 크로나, 화이트칼라의 평균소득은 9만 8천 크로나이다. 또한 1971년에는 스트렝의 주도로 세대별 납세방식이 개인별로 바뀌었다. 이 제도는 중간층 맞벌이 부부에 대한 감세효과가 컸다. 따라서 이 개혁은 여성의 노동시장 진출에 박차를 가하게 되었다.

다른 한편으로 법인세는 1950년대 이후에는 비교론적으로 말해도 결코 과중하지 않았다. GNP에서 차지하는 중앙, 지방세의 총액 비율은 1955년의 26%에서 1975년의 52%까지 증대되었음에 비해서, 세수입에서 차지하는 법인세의 비율은 동일한 시기에 11%에서 3%로 저하되었다. 또한 투자기금제도 등, 경제정책적인 관점에서 실시하는 각종 우대세제를 고려하면 실질적인 수준은 더욱 낮아진다(Pontusson, 1992: 72-73).

이와 대조적으로 경영자 측으로부터 강한 비판의 대상이 된 것은 고용자 부담금(Arbetsgivareavgifter)의 증대였다. 여기에는 피용자의 건강보험, 국민연금, 부가연금 등에 대한 고용자 부담이 포함되며, 법정분에 협약에 의한 추가분이 더해진다. 고용자부담이 급증한 것도 1970년대였다. 인플레이션 대책이 초점이 되었던 1970년대에는, 예를 들어 1974년, 1975년의 하가 협정과 같이 노동측에 임금인상 억제를 받아들이게 할 수단으로써 소득세를 감세하고 고용자 부담금을 증대시키는 방식이 취해졌다. 그 결과 블루칼라 노동자의 경우에 협약분을 포함한 것을 임금비로 보아 11%에 지나지 않았던 법정 고용자 부담금이 1980년대에는 35%가 되었다. 이에 협약에 의한 갹출금을 더하게 되면 고용자 부담은 무거운 것이었다.

조세제도 변천의 기본방향은 비누진적(소득비례적)인 조세를 넓게 과하는 것이었으며, 거기에서 엿볼 수 있는 사고는 역시 중간층에 대한 배려와 노동 유인책의 확대이다. 그러나 로스슈타인도 강조한 것처럼, 예를 들어 세율이 완전히 동일한 조세제도를 상정한다고 해도 고소득층의 부담은 저소득층에 비해서 크다. 스웨덴과 같이 세율 그 자체가 높은 경우 소득배분 효과는 적지 않다(Rothstein, 1994: 177-183). 조세제도에서도 복지정책에서 보여진 수직적 재분배와 화이트칼라 대책의 미묘한 균형이 추구되어왔다고 하겠다.

4. 스웨덴 모델의 구조

렌 · 메이드네르 모델을 기초로 한 선택적 경제정책이 완전고용과 경제성장을 결합시켜, 그것을 전제로 보편주의적 복지정책이 개인의 성과를 더욱 직접적으로 반영시키는 방향으로 재편되어 경제정책과 복지정책간에 연대가 이루어졌다. 이러한 연대는 곧 스웨덴 모델의 핵심으로 자주 거론되게 된다. 예를 들어 LO가 1986년 대회에 제출한 보고서 「노동조합운동과 복지국가」는 고용정책(적극적 노동시장정책)과 보편주의적 복지정책의 비중이 크고 공적부조의 역할이 적은 점을 스웨덴 복지국가의 특질로 인정하였으며, 이것을 고용정책과 보편주의적 복지보다도 공적부조에 주안을 둔 미국적 복지정책의 형태와 대조시키고 있다(LO, 1986). 그러면 양자의 연계 결과 스웨덴 모델은 어떠한 장점과 문제점을 갖게 되었는지, 여론의 평가나 젠더 특성은 어떠하며 경제성장은 어느 정도였는지 이 문제들에 대해서 이하에서 개관하고자 한다.

1) 여론은 복지국가를 지지했던가

(1) '중간층의 복지국가'

에스핑안데르센은 스웨덴 복지국가의 특질을 '중간층의 복지국가(Middle Class Welfare State)'라고 부른다(Esping-Andersen, 1992: 50). 또한 뉴질랜드의 연구자 데이비드슨(A. Davidson)은 스웨덴 복지국가의 이러한 특질을 '연대형 복지국가'라는 용어로 표현하면서 자국의 '평등형 복지국가'와 대조시켰다. 양자가 말하고자 하는 것은 거의 유사한데 스웨덴 복지국가가 완전고용을 실현하였고 복지정책에 있어서는 형식적인 평등에 고집하지 않고 중간층의 통합에 성공해 더욱 넓은 사회적 연대 기반을 만들어냈다는 것이다. 이에 비해서 평등화를 최우선으로 한 뉴질랜드 노동당은 선별주의적 프로그램을 고집하여 누진성이 높은 조세제도를 추구하였다. 그 결과 복지국가의 지지기반은 약했으며, 경제위기에 직면한 노동당 정부는 스스로의 손으로 복지국가의 대폭적인 축소에 뛰어들지 않을 수 없었다(Davidson, 1989: 299-325).

'중간층의 복지국가'에서는 중간층의 복지국가에 대한 반동(welfare backlash)이 생기지 않았다. 오히려 사민당은 화이트칼라층으로부터의 지지를 고정화시키는 데 성공했다고 하겠다. 1958년 '부가연금선거'에 이어

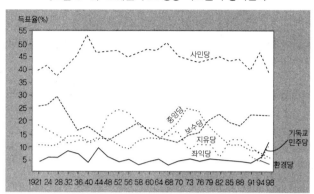

〈그림 3-8〉 스웨덴 주요 정당 득표율의 장기변화

- 주: 환경당은 비례대표제에서 의석을 얻을 수 있는 4% 선을 넘어선 1994년 이후, 기독교 민주당은
4% 선을 넘어선 1991년 이후의 득표율을 나타내고 있다.각 당의 당명 및 득표율의 집계에 대해서
는 이하의 점에 유의할 것.사민당의 1921년 득표는 분당한 좌익 사회당의 표를 합한 것이다.온건
당은 1968년 이전에는 우익당, 그리고 1938년 이전은 유권자연맹이었다.중앙당은 1956년까지는
농민당이었다.자유당은 1935년에 스웨덴 자유당과 자유국민당이 합당한 것이다. 1934년 이전의
득표는 양당의 것을 합한 것이다.좌익당은 1989년 이전에는 좌익 공산당, 그리고 1966년까지는
스웨덴 공산당이었다.기독교 민주당은 1995년까지는 기독교 민주주의 사회당이었다.
- 출처: Heclo and Madsen, 1987: 18(이 그림에 1988년 이후의 득표율을 추가하였다).

서 1960년 선거에서도 사민당은 거듭 승리하고, 1962년 자치제 선거에서
는 득표율이 드디어 50%를 돌파한다. 여기서 〈그림 3-8〉을 통해 스웨덴
모델의 형성기부터 각 당의 득표율 추이를 살펴보자. 사민당이 1956년 선
거까지의 완만한 하락 경향을 탈피했다는 것을 여기서 알 수 있다.

사민당의 득표를 계층별로 살펴보면, 기본적으로 블루칼라층이 지지기
반임에는 변화가 없다. 그러나 특히 1960년 선거 이후 사민당은 화이트칼
라층으로부터 표를 지속적으로 얻는 데 성공하였다. 화이트칼라 노조연합
(TCO)의 조합원 투표행동을 보면, 1968년에는 48%가 사민당에게 투표하
였으며, 그후로 정당지지도는 전체적으로는 자유당으로부터 보수당으로
이동이 보여지나, 사민당은 거의 일관되게 40% 전후 수준을 유지하고 있
다. 또한 〈그림 3-9〉는 화이트칼라층에 자영업자와 농민층을 포함시킨 중
간층의 사민당 및 좌파정당에 대한 투표 변화를 보여주고 있다. 블루칼라

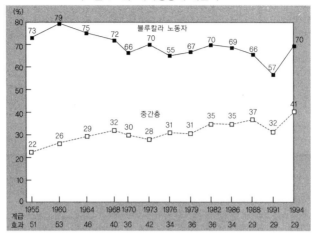

〈그림 3-9〉 좌파정당에 대한 투표

• 주: 중간층은 화이트칼라, 농민, 자영업자를 합한 것. 계급효과란 블루칼라의 좌파정당에 대한 투
표 비율에서 중간층의 투표 비율을 뺀 것을 말한다.
• 출처: Gilljam and Holmberg, 1955: 100.

층의 좌파 정당 지지율은 오히려 저하 경향임에 비해서, 중간층의 좌파정
당에 대한 투표는 1956년에는 22%이었으나 1994년에는 40%로 상승하였
다(Gilljam and Holmberg, 1995: 100-103).

(2) 지지와 반발의 분기점

사민당에 대한 지지의 증대를 중간층을 포함한 시민 속에 복지국가에 대
한 일정한 평가가 정착되었다는 것으로 이해한다면, 이것은 복지국가의 다
면적인 활동 중에서 어떤 측면에 관한 것인가. 스발포르스(S. Svallfors)는
1981년, 1986년, 1992년의 3회에 걸쳐 스웨덴 시민의 복지국가에 대한 태
도를 정책영역별로 조사하였다. '조세는 여러 목적으로 사용되고 있습니
다. 세금 중에서 다음의 목적에 사용되는 것은 늘려야 한다고 생각합니까,
현수준으로 유지시켜야 한다고 생각합니까, 아니면 줄여야 한다고 생각합
니까?'라는 질문에 대해서 '늘려야 한다'고 답한 사람의 비율에서 '줄여야
한다'고 회답한 사람의 비율을 뺀 것이 <그림 3-10>이다.

〈그림 3-10〉 스웨덴 시민의 복지정책에 대한 태도

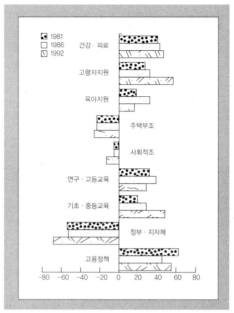

• 출처: Svalfors, 1996: 55.

여기서 의료, 고령자복지, 육아지원, 교육, 노동시장정책 등의 보편주의
적인 프로그램에 대해서 '늘려야 한다'는 회답이 '줄여야 한다'는 회답을 크
게 상회하였으며, 의료나 고령자복지에 관해서는 지지가 늘어나고 있음을
엿볼 수 있다. 또 한편으로 '줄여야 한다'는 회답이 상회하는 것은, 주택보
조, 사회부조 등 모두 소득조사를 수반하는 선별주의적 프로그램이었으며,
그리고 그보다 더 '줄여야 한다'는 회답이 높은 것이 중앙, 지방정부의 행정
기구에 대한 지출이었다(Svallfors, 1996: 53-56; 訓覇, 1997: 101-105).

1981년, 1982년 의식조사에 근거한 하데니우스(A. Hadenius)의 연구도
거의 동일한 결론을 내리고 있다. 하데니우스의 연구에 따르면 스웨덴 시
민의 복지국가에 대한 평가에서는 전체의 83.2%가 세금이 너무 높다고 회
답한 한편, 62.2%가 조세의 반대급부는 적당하다고 답하는 '일관되지 않
는' 경향이 보인다. 영미에서 보여지는 것과 같은 조세반대운동이 일어나

야 한다는 회답은 46.7%인데, 일어나지 않아야 한다는 49.12%를 하회한다.[8] 이와 관련하여 65.6%의 사람들이 감세는 자치체 및 국가 서비스의 악화로 이어진다고 답하고 있다. 사람들의 지지는 조세의 종류, 복지지출의 목적에 따라서 다르며, 수직적 재분배를 의도한 프로그램보다 보편주의적인 프로그램에 대한 지지가 일반적으로 강하다(이 부분의 자료는 스발포르스와 동일)(Hadenius, 1986: 7-12, 135).

스발포르스와 하데니우스의 연구는 보편주의적 복지가 계층을 초월하여 강력한 지지기반을 만들어내고 있음을 밝히고 있으나, 이것은 복지에 대한 태도결정에 관해서 계급이나 계층이라는 요인이 의미를 잃어버렸음을 뜻하지는 않는다. 특히 스발포르스의 연구는 계급, 계층요인이 태도결정에 여전히 영향을 미치고 있음을 보여주고 있다. 계급, 계층요인은 지출 레벨에 관한 물음에서는 태도결정에 특히 상관관계가 있음을 알 수 있다. <그림 3-11>은 <그림 3-10>의 회답 중에서 1992년도 분에 관해서, 화이트칼라 상층과 블루칼라층의 회답을 대비한 것인데, 선별주의적 프로그램을 특히 꺼려하는 것은 화이트칼라 상층임을 알 수 있다. 다른 한편으로 복지재원 등의 형태에 관해서는 계급, 계층을 불문하고 공적재원에 대한 지지가 강하다. 지출 수준이나 공급주체의 선택에 대해서는 계급, 계층이 영향을 끼치고 있으나, 재원의 형태로서의 공적복지에 대한 합의는 한층 더 폭넓게 형성되어 있다는 것이 스발포르스의 해석이다(Svallfors, 1996: 87).

두 연구에서 알 수 있듯이 '중간층의 복지국가'에서는 소득유지 프로그

---

8 1991년 세제개혁 이전의 자료라고는 해도 적지 않은 사람들이 조세반대운동에 긍정하고 있다는 것을 염두에 둔다면, 스웨덴의 조세반대운동의 부재를 보편주의적 복지정책의 정통성만으로 설명하는 데는 무리가 따른다. 하데니우스는 이런 운동이 현재화되지 않는 배경으로 다음과 같은 점을 들고 있다. ① 동조적인 정치문화, ② 안정된 정당시스템과 국민(주민)투표의 헌법상 위치의 낮음, ③ 조세반대운동의 긍정자는 개인의 이익으로서가 아니라 정치경제에 대한 일반적 의견으로서 회답하고 있다(회답자의 사회경제적 속성과 조세반대운동 긍정과의 관련성이 약함), ④ 운동화에 대한 정치적 자원 제약, ⑤ 조세반대감정은 다양한 탈세 테크닉으로 나타나 승화되고 있다(Hadenius, 1986: 61-83).

〈그림 3-11〉 각 복지 프로그램에 대한 계층별 지지

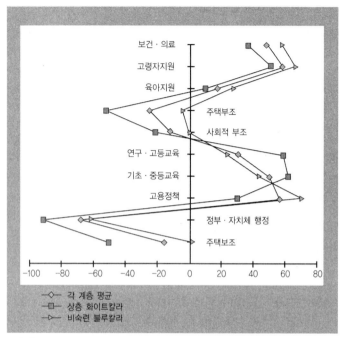

• 출처: Svallfors, 1996: 90.

램이든지 사회서비스이든지 보편주의적 프로그램에 대해서는 시민의 평
가가 거의 정착되었다. 그에 비해서 선별주의적 프로그램에 대해서는 부정
적인 평가가 강하다. 그리고 모든 프로그램에 대해서 그것을 집행하는 행
정의 형태 그 자체에 대해서는 비판이 집중되고 있음도 주목할 만하다. 특
히 보편주의적 프로그램에 대한 지지와 그것을 운영하는 행정에 대한 비
지지라는 언뜻 보기에 모순되는 회답의 존재는, 복지국가의 미래를 고려할
경우에 중요한 의미를 갖고 있는 것으로 여겨지는데, 이 점에 대해서는 제
5장에서 다시 살펴볼 것이다.

2) 복지국가는 노동의욕을 저하시키는가

(1) 웰페어인가 워크페어인가

매우 중요한 것은 이러한 복지정책과 시민의 노동 인센티브의 관계이다. 하버드대학 경제학자 프리먼은 여러 공동연구에서 스웨덴의 많은 사회보장이 노동시장 참가를 전제로 하고, 급부가 소득에 비례하는 점에 주목하여 워크페어(workfare)라고 부른다. 그리고 이 워크페어야말로 스웨덴 복지국가와 노동 인센티브를 양립시켰다고 지적하면서 "스웨덴은 복지국가, 즉 웰페어 스테이트(welfare state)라고 하기보다는 워크페어 스테이트(workfare state)라고 불러야 할 것"이라고까지 말했다(Freeman, Topel and Swedenborg, 1997: 23-24; Björklund and Freeman, 1997: 47-50). 프리먼 등의 편저 속에서는 부가연금이나 부모보험 등, 몇 개의 워크페어형 프로그램-우리들이 말하는 소득비례형의 보편주의-이 시민의 노동시장 참가를 높였다는 것을 실증적으로 밝히고 있다(Aronsson and Walker, 1997).

미국 복지의 현황에 관한 글을 조금이라도 읽어본 독자에게는, 이 프리먼의 스웨덴 복지=워크페어론은 폭론에 가깝게 들릴지도 모른다. 왜냐하면 웨크페어라는 용어는 미국의 대표적인 선별주의적 프로그램인 요보호아동부조(AFDC)의 수급조건에 노동시장 참가 의무를 과하는 것과 같은 경우에 사용되는 것이며, 일반적으로는 보편주의와는 대극에 위치하는 것으로 간주되기 때문이다. 여기서도 이 워크페어라는 표현을 그대로 승인하려는 것은 아니다. 적어도 이 용어에 관해서는 앞으로 정리가 필요할 것이다. 구태여 프리먼 등의 연구를 언급하는 것은, 그 고도한 실증성에 주목함과 동시에, 이러한 논의가 스웨덴 복지국가에 대해서 어느 정도 고정된 이미지를 타파하는 역할을 할 것으로 보기 때문이다.

이제까지 살펴본 것처럼 스웨덴의 사회보장의 주요 프로그램 중에서 부가연금, 질병수당, 부모보험, 실업보험 등은 '모든 시민'을 대상으로 한다기보다는 노동시장 참가를 전제로 하여 소득비례원리에 기초하여 설계되었다. 사회보장지출의 비율면에서 볼 때 주류는 이런 타입의 프로그램이다. 그런 의미에서는 살로넨(T. Salonen)이 에스핑안데르센을 비판하며 말한 것처럼, 스웨덴 복지국가가 '모든 시민'을 노동시장에서 놓여진 입장의 여하를 불문하고 동등하게 포괄하고 있거나, 탈상품화가 진전되었다고 보고 하는 것은 잘못된 이해이다(Salonen, 1994: 26-27). 사회보장수준은 당사자의 노동시장에서의 성과와 연계되어 있다.

그럼에도 불구하고 이러한 정의에 위화감이 없었던 것은 적극적 노동시장정책이나 여성의 취로지원책이 거의 모든 시민에게 노동시장 참가를 보장해왔기 때문이다. 그 다음에 이제는 역으로 스웨덴 복지국가의 '워크페어'적 측면이 노동시장 참가를 촉진했다. 단지 급부 수준이 노동시장의 성과와 연동되어 있을 뿐만 아니라, 최저 5주간의 유급휴가 등 노동시장 참가의 제도적 유인은 많았다.

노동시장에서의 위치와 결합된 사회보장제도는 적극적 노동시장정책과 연계함으로써, 즉 '모든 시민'이 노동시장에 참가하는 상황을 만들어냄으로써, 보편주의적으로 기능할 수 있었던 것이다. 이에 비해서 독일 등 에스핑안데르센이 말하는 보수주의 모델의 경우에는 사회보장제도가 노동시장에서의 위치와 연계되었다는 점에서는 동일하지만, 지역별로 조건이 달랐다는 점, 고용정책이 약해 실업이 많았던 점 등이 상호작용하여 사회보장급부에서 격차가 두드러졌다. 따라서 이러한 복지국가는 보편주의적이라고 간주되지 않았다.

(2) 노동 인센티브의 촉진과 감퇴

스웨덴의 사회보장제도와 노동 인센티브의 관계를 유급의 육아휴가제도인 부모보험제도를 예로 살펴보자. 전술한 것처럼 이 프로그램은 노동시장 참가를 전제로 현행제도에서는 360일간에 걸쳐서 종전소득의 약 80%를 급부하는 것이다(플러스 90일의 정액 급부). 이 제도를 전제로 스웨덴 여성에게는 일단 노동시장에 참가한 후에 급부의 수준이 어느 정도 높아질 때까지 계속 일을 하는 생활양식이 정착되었다. 일하지 않는 경우에도 보장이 있지만, 그것은 1일 60크로나로 저수준에 머문다. 그래서 급여수준이 일정 정도 수준에 도달하고, 동시에 출산연령으로서 무리가 없는 시점을 계산해 아이를 갖게 되며, 경우에 따라서는 둘째, 셋째를 낳는 경우도 드물지 않았다. 이와 같은 제도가 다른 한편으로 출생률의 상승에도 공헌하여 스웨덴은 선진공업국들 가운데 이례적으로 2.0을 넘는 한계특수출생률을 유지해왔다(실업률이 증대한 1993년 이후 저하).

다만 스웨덴 사회보장, 복지 프로그램의 모두가 노동 인센티브를 높였다고 말한다면 그것은 과대평가에 지나지 않을 것이다. 프로그램의 성격이나 노동환경의 상황에 따라서는 노동 인센티브를 심각하게 저하시킨 예도 적지 않다는 것을 지적하고자 한다.

자주 거론되는 예는 건강보험제도의 질병수당이다. 질병수당제도는 전술한 것처럼 소득비례를 강화하여 대기일을 없애는 등 제도개혁을 거듭해왔으나, 그때마다 수당의 취득자 수가 증대하였다. 질병수당의 급부가 가장 관용적이었던 시기(소득의 90%, 대기일 없음)에는 스웨덴의 근로자 한 사람당 평균해서 연간 20일 이상 질병결근이 기록되었다. 건강보험제도의 개정에 따라서 질병이 증대한다고는 생각할 수 없으므로, 이것은 분명히 급부의 내용이 노동 인센티브를 약화시킨 예이다.

질병수당에서는 대기일 도입 등의 개혁으로 결근율은 대폭 감소하였으나, 오늘날과 같이 실업자가 새롭게 납득할 수 있는 직장을 얻기 어려운 경우에는, 실업보험제도가 노동시장 참가에 소극적이게 만들어 실업률을 고정화시키고 있다는 점도 지적되고 있다. 80%의 소득보장에다가 개별 협약에 의한 실업급부의 추가분이 더해지면, 실업자는 거의 종전 소득을 유지할 수 있기 때문이다.

그러나 역으로 말하면 적극적 노동시장정책이 순조롭게 기능했을 때는 관용적인 실업보험제도의 존재가 취로의욕의 장애가 되지 않았던 것도 사실이다. 질병수당에서도 그 취득이 집중된 것은 급여수준이 낮은 심각한 노동환경에 처한 직장이며, 고도전문직 등의 경우 그 취득률은 전자의 3분의 1에 지나지 않았다(Olsson, 1990: 166). 관용적인 복지가 노동의욕을 빼앗는다는 단순한 관계를 상정한다면 이러한 사실은 설명하기 어렵다.

3) 스웨덴 모델의 이중구조

(1) 복지국가–시장관계에 대한 새로운 시점

스웨덴 복지국가가 '워크페어'적인 측면을 갖고 있다는 사실은, 어떤 이유에서 노동시장에 참가하지 못한 경우에 사람들은 연금, 부모보험, 건강보험, 실업보험 등 모두 최저한 보장의 수준에 한정되어 소득비례적인 사회보장제도에 의해서 커버되고 있는 층과 뚜렷한 격차가 생기는 것을 의미한다. 사실 이 점은 '스웨덴 복지국가=체제 차원에서의 보편주의'라는 등식이 신화화되는 것을 우려하는 몇 명의 연구자들에 의해서 지적되어왔다.

특히 마르클룬드(S. Marklund)와 스발포르스의 연구는 복지국가의 이론이라는 점에서도 흥미 깊다. 마르클룬드와 스발포르스는 복지국가와 노동시장의 관계를 둘러싼 세 개의 이론적 입장을 구별하여 그 모두를 비판한다. 그것은 첫째, 프리드먼(M. Friedman)이나 린드벡(A. Lindbeck)과 같이 복지국가가 노동 인센티브를 저해하여 경제발전과 대립된다고 보는 입장, 둘째, 코르피나 에스핑안데르센과 같이 복지국가가 노동력의 탈상품화를 진전시켜 점진적인 사회주의로 향해 나아간다고 보는 입장 그리고 셋째, 오페(C. Offe)나 고흐(I. Gough)와 같이 프리먼 등과는 정반대의 위치에 있는 네오 마르크스주의적 시점으로, 역시 복지국가와 자본주의경제 간의 모순과 대립을 강조하는 입장이다. 상극

마르클룬드와 스발포르스는 프리먼 등이 '워크페어'로 표현한 메커니즘에서 한발 더 들어가 분석하여, 스웨덴 복지국가는 프리드먼이나 오페가 말하는 것처럼 노동시장과 기능적으로 대립하지 않으면서도 오히려 노동시장 참가 인센티브를 강화시키는 측면이 있다고 지적한다. 그런 의미에서 복지국가는 더욱 안정된 시스템이 될 수 있으나 에스핑안데르센이 말하는 것과 같은 의미에서 탈상품화가 직선적으로 진행되지도 않으며 평등화가

자동적으로 이루어지는 것도 아니다.

(2) 보편주의적 복지국가의 이중구조

마르클룬드와 스발포르스가 주목하는 것은 부가연금제도를 비롯한 소득비례형 제도로 커버되지 않는 이른바 '주변층'의 존재이다. 확실히 스웨덴에서는 계속적으로 공적부조에 의존하는 시민은 상대적으로 적으며, 공적부조에 대한 지출 그 자체의 비율도 낮다(OECD編, 1992). 그러나 소득비례형 프로그램이 수급 요건으로 하는 노동시장에 대한 지속적인 참가를 어떤 이유로 하지 못해 부가연금의 고용보조금(Pensionstillskott)(부가연금 수급자격이 없거나, 수급액이 매우 적은 자에 대한 보조)이나, 아니면 건강보험, 부모보험, 실업보험의 최저보장제도 등 각 프로그램에서 보여지는 최저보장 수준에 한정되는 층은 결코 적지 않다. <표 3-5>는 마르클룬드와 스발포르스에 의한 계산에 살로넨이 1992년 자료를 추가시킨 것인데, 이것은 각 소득보장 프로그램의 수급자 중에서 노동시장 참가의 요건을 충족시키지 못하고, 최저한 보장의 급부밖에 받지 못하는 사람들의 비율을

〈표 3-5〉 사회보장제도의 주변집단에 속하는 국민의 비율(%)

사회보험	연도			
	1980	1984	1988	1992
노령연금	56	46	36	30
질병수당 1	17.3	17.0	15.1	17.2
2	10.6	12.3	13.6	16.
부모보험	14.7	9.8	8.5	6.3
실업보험 1	53.9	42.3	31.1	33.2
2	38.3	3.8	24.2	21.0

- 주: 노령연금은 연금보조금의 수급자 비율 · 질병수당 1은 보험 클래스 0이거나 1일 8크로나의 배우자 보험 수급자, 질병수당 2는 보험 클래스 0의 최저한 보장 수급자. 실업보험 1은 조합관리실업보험(A. Kassa)에 미가입된 자, 실업보험 2는 조합관리실업보험 미가입자를 위한 노동시장부조(KAS)의 수급자격마저도 없는 자.
- 출처: Salonen, 1994: 208.

보여주고 있다. 보상수준의 격차는 프로그램에 따라서 다르지만, 많은 프로그램에서 최상층과 하층 사이에는 약 7.5배의 차이가 있다. 최저한 보장의 수급에 머무는 층의 일부는 흔히 동시에 공적부조에도 의존하게 된다. 실은 여기에 스웨덴 복지국가의 이중구조 혹은 이원적 복지(dual welfare)가 있다고 하는 것이 마르클룬드와 스발포르스의 주장이다(Marklund and Svallfors, 1987: 21).

이와 같이 보편주의적 프로그램의 내용이 전환됨으로 인해 복지국가의 중간층에 대한 통합력은 증대하였지만, 다른 한편으로 사회전처로 보면 새로운 균열 가능성이 생겨났다. 그러나 이것을 가지고 바로 스웨덴 복지 국가가 이중구조화되었다고 단언하는 것은, 적어도 국제비교의 관점에서는 공평한 시각이라고 할 수 없다. <표 3-6>에서 알 수 있듯이, 지니계수를 가지고 본 소득의 평등을 소득이전 전후를 비교해보면 스웨덴의 소득재분배 효과는 매우 높다.

지금까지 강조해온 것처럼 소득보장 프로그램의 성격을 볼 때, 이 재분배에서 세대 혹은 생활단계 간의 소위 수평적 재분배의 비중이 높을 것으로 예상된다. 수평적 재분배와 해당 세대 내의(계층간의) 수직적 재분배를

〈표 3-6〉 지니계수로 본 조세 · 사회보장 이전의 재분배 효과

	1980			1985		
	이전 전	이전 후	재분배 효과	이전 전	이전 후	재분배 효과
스웨덴	0.417	0.197	53	0.439	0.214	51
오스트리아	0.414	0.287	31	0.437	0.315	28
캐나다	0.387	0.293	24	0.404	0.280	31
구서독	0.407	0.252	38	0.442	0.249	44
네덜란드	0.467	0.293	37	0.454	0.257	43
영국	0.410	0.266	35	0.490	0.304	38
미국	0.425	0.317	25	0.451	0.328	27

• 주: 재분배 효과=이전 전의 지니계수- 이전 후의 지니계수/이전 전의 지니계수×100
• 출처: Mitchell, 1992: 76.

구별하는 것은 쉽지 않으며, 또한 경제성장률이나 제도의 경과조치 등의 요인에 의해서 변화하는데, 장기적 데이터에 기초한 세대별 재분배 구조를 분석한 스톨베리(A-C. Ståhlberg)의 연구는 연금제도(국민연금 플러스 부가연금)에 관한 한 그 재분배구조가 세대 내의 소득계층에 대해서 거의 중립적이라는 사실을 밝히고 있다(Ståhlberg, 1990). 그러나 소득보장제도를 전체적으로 볼 경우, 다음과 같은 요인으로 인해 계층간 수직적 재분배도 결코 적지 않은 것으로 보여진다(Rothstein, 1994: 177-182; 戶原, 1988).

첫째, 각종 소득비례형 프로그램이 보상하는 소득에는 상한이 있으며, 그로 인해 소득격차가 바로 급부 수준으로 연결되지는 않으며, 여기에는 재분배 효과가 있었다. 둘째, 조세이건 갹출이건 그 부담의 차이가 재분배 효과를 만들어낸다. 스웨덴의 조세제도는 노동 인센티브에 대한 영향을 배려하여 누진성을 약화시키는 방향으로 개혁이 거듭되어왔으나, 전술한 것처럼 예를 들어 세율이 균일하다고 해도 소득의 상층은 더욱 많은 부담을 지게 되기 때문에 재분배효과가 생긴다.

이상의 것에 덧붙여서라기보다는 이상의 것을 전제로 하여, 적극적 노동시장정책을 통해 완전고용이 실현되고 있는 한 마르클룬드와 스발포르스가 지적하는 것 같은 사회적 균열은 현재화되지 않았다. 사실 <표 3-5>에서 알 수 있듯이 '주변층'에 속하는 사람들은 1980년대 말까지는 일관적으로 계속 감소해왔다. 선택적 경제정책과 보편주의적인 복지정책의 연대가 결정적으로 중요했다는 것을 엿볼 수 있다. 그런데 역으로 말하면, 이것은 완전고용이라는 조건이 흔들리게 되면 상술한 균열이 현재화될 가능성이 있음을 의미한다. 그리고 실제로 제5장에서 살펴보는 것처럼 1990년대 이후 실업률의 증대와 함께 '주변층'에 속하는 사람들이 증대하고 있다. <표 3-5>가 보여주는 것처럼 '주변층'은 1992년에 처음으로 증대하게 되었다.

제1장에서도 서술한 것처럼 여기에는 체제 차원의 보편주의와 정책 차원의 보편주의의 이율배반이라는 문제가 나타나고 있다. 영국에서는 베버리지 연금에서 보여지는 균일 갹출 균일 급부형의 보편주의정책은 화이트

칼라층의 필요를 충족시키지 못하여 민간보험의 확대와 체제 차원의 이중구조화를 초래하였다. 스웨덴의 소득비례형 보편주의정책은 그 대체안으로서 유효하였으나, 여기에도 선택적 경제정책과의 연대가 흔들리게 되면 체제 차원에서는 영국과는 다른 형태로 -즉 공적사회보장 내부에서의- 이중구조가 만들어질 위험성을 안고 있는 것이다. 그리고 <표 3-5>가 보여주는 것은 실제로 1990년대에 들어서 체제 차원의 보편주의가 흔들리기 시작했다는 사실이다.

4) 젠더 평등의 현실

전전 인구문제를 계기로 한 가족정책의 전개는 보편주의적인 복지정책의 형성이라는 점에서 중요한 의의를 가지고 있었으나, 여성의 사회적 역할에 대한 영향이라는 점에서 반드시 결정적인 것은 아니었다. 여성의 사회적 역할을 둘러싼 환경이 크게 변화한 것은 오히려 전후의 일이었다. 그렇다면 젠더의 관점에서 본다면 전후 스웨덴 복지국가는 어떻게 평가될 것인가? 제1장에서 복지국가의 젠더 특성을 고찰하기 위하여 시로프의 모델을 가지고 여성의 무상노동으로부터의 자유, 유상노동에 대한 자유, 제도의 성편향이라는 세 가지 시점을 제시하였다. 이 세 가지 시점에 비추어 스웨덴 복지국가의 젠더 특성을 정리해보자.

(1) 무상노동으로부터의 자유

무상노동으로부터의 자유 즉, 여성의 가사노동을 대체하는 가족복지의 전개를 보고자 한다. 아동수당이나 부모보험 등의 소득보장에 대해서는 이미 살펴보았으므로 여기서는 육아와 수발에 관련된 사회 서비스에 초점을 맞추고자 한다.

1960년대 후반에 들어서 여성의 급격한 고용확대에 대응하여 노동시장 참가를 조건으로 아동을 받아들이는 자치체의 보육원 건설이 급증하였으며, 보육원-통상의 보육원(Daglhem)와 일반가정에서의 보육에 대해 자치체가 보조하는 가정보육원(Familjedaghem)를 포함- 의 아동수가 1970년대 6만 5천 명에서 1988년의 34만 명으로 증가하였다(Statistiska centralbyrån, 1990: 126). 예산 베이스에서 보면 이러한 아동복지를 위한 예산은 1969년에는 코뮌 예산의 3.2%, GDP의 0.2%였던 것이 그후 각각 코뮌 예산의 12%, GDP의 2.5%로 증대하였다(1991년).

고령자 수발 서비스는 시설 중심의 사고로부터 재택 중심으로 전환하면서 총체적으로는 확대되었다. 1963년에 4만 5천 병상이었던 노인홈은 1973년의 6만 병상을 정점으로 점차 감소 경향으로 접어들었고, 대신에 홈헬프 서비스가 확대되었다. 1963년에는 홈헬프 서비스를 받는 노인 및 장애자는 9만 명이었는데, 15년 후에는 35만 명에 달했다. 홈헬프 서비스의 총시간 수는 1971년의 4천 만 시간에서 1988년에는 9천 만 시간을 넘어섰다(Statistiska centralbyrån, 1990). 홈헬퍼(가정봉사원) 수는 1956년에는 5천 명에 지나지 않았는데, 1970년에는 8만 명으로 증가하였다(岡澤 · 多田, 1998: 42). 그중에서 공무원 헬퍼의 비중이 급속히 확대되었다.

⑵ 유상노동에 대한 자유

관련 각 법을 통합하여 제정된 1982년 사회서비스법은 시민의 자기결정권을 확대한다고 하는 사회서비스의 목적을 명확히 한 후, 코뮌이 서비스 제공의 책임을 질 것을 명확히 했다. 이러한 사회서비스 전개는 스웨덴에서는 그대로 여성의 유상노동에 대한 자유, 즉 노동시장 참가 확대로 연결되었다(岡澤, 1994). 여성 노동 참여율(18~64세)은 1965년의 53.8%에서 1993년에는 77.2%까지 증대하였다(AMS, 1996). 특히 현저한 것은 7세 이하의 자녀를 가진 25세에서 45세까지의 여성이 노동시장 참여 증대로 1965년에 38%이었던 것이 1982년에는 이미 80%를 넘어섰으며, 이 층이 여성의 노동 참여율을 끌어올렸다는 것을 알 수 있다. 덧붙이자면 여성 노동자의 약 3할이 시간제 근로자인 일본과 대조해서 보면 스웨덴의 그 비율은 일본 이상으로 여성 블루칼라의 2명당 1명, 여성 화이트칼라의 3명당

1명이 시간제 근로자이다. 그러나 대부분 사회보험 등에 있어서 상근직 노동자와 동일한 자격이 주어지는 주 16시간 이상의 노동이며, 16시간보다 적은 시간제 근로자는 1.5%에 머무르고 있다(LO, 1994: 2).

유상노동에 대한 자유는 가족복지가 만들어낸 노동시장 참가 가능성만이 아니라 고용조건 그 자체도 중요한 조건이 된다. 즉 노동시장 참가가 가능하다는 것에 멈추지 않고 노동시장 참가에 대한 유인책이 제공되는 것이 중요하다. 특히 여성의 노동시장참가를 이끌어낸 요인으로 부가연금, 부모보험제도, 질병수당 등의 보장수준이 소득과 연동한다는 점, 부부에 대한 분리과세제도가 도입되었다는 점, 적극적 노동시장 정책의 성과 등을 들어왔으나 여기서는 남녀의 임금격차 축소의 의의도 강조하고자 한다. 앞서 설명한 것처럼 연대임금정책은 동일노동, 동일임금의 직무평가표 작성에 실패했기 때문에 저임금 노동자의 임금 향상을 주안으로 하게 되었으나, 그 경우 초점이 되는 것은 남녀 임금격차 축소였던 것이다. 1960년대에는 제조업에서 일반적이었던 여성임금의 별도 책정 관행자체가 5년의 기간을 들여 폐지를 결정하게 되었다. 제조업에서 남녀임금에 대한 여성임금 격차는 1970년에 80.1%, 1992년에 89.0%까지 접근되었다.

(3) 제도의 성편향

마지막으로 제도의 성편향 문제를 보면, 스웨덴 복지제도는 1930년대부터 일관해서 개인 모델의 성격을 강화해왔다고 하겠다. 우선 국민연금제도가 직역형의 연금이 아니라 수평적 보편주의의 형태를 취했다는 것 즉, 모든 국민을 대상으로 출발했다는 것이 그 전제가 되었다. 그후에 가족정책을 중심으로 복지정책이 본격화되었을 때도 브레드위너 모델은 세심한 노력을 통해 회피되었다. 이제까지 살펴본 것처럼 1930년대 출산지원책의 중심은 출산수당이었는데, 그 급부 대상이 임산부 본인이었다. 1940년대 가족정책의 한 축이었던 1948년의 보편주의적 아동수당에서는 급부 대상이 개개의 아동으로 설정되었다. 오늘날 육아에 관한 소득유지정책의 중심은 소득보장이 첨가된 육아휴가제도인 부모보험제도인데, 여기서는 부모가 함께 노동시장에 존재한다는 것을 전제로 제도가 설계됨과 동시에, 오히려 남성의 육아참가를 장려한다는 관점에서 부모의 한쪽(모친)만의 육아휴가로는 전액 급부를 받을 수 없는 구조가 되었다.

한편 부가연금, 건강보험, 실업보험 등에서는 부가연금의 과부연금 등 배우자를 독자적으로 처우하는 제도도 보인다. 이들 제도는 일정 기간의 노동시장 참가를 전제로 하며, 소득비례적이라는 점, 한편으로 현실적으로 주부층이 존재한다는 점을 고려한다면 브레드위너 모델로부터 완전한 이탈은 곤란할 것이다. 그러나 오늘날에는 여성의 다수는 노동시장 참가를 통해서 이러한 소득비례형 급부를 받고 있다는 사실은 강조될 필요가 있다. 건강보험의 질병수당에 대해서는 주부의 질병이나 상해에 대해서도 최저한 보장이 실시되는 것으로 되어 있으며, 여기에는 가사노동에 대해서도 그 사회적 가치를 승인한다는 발상이 돋보인다(Sainsbury, 1996: 64).

⑷ 숨겨진 젠더 불평등

제1장에서 살펴 본 시로프의 스코어에서도 밝혀졌으나, 이와 같이 전후 스웨덴 복지국가는 무상노동으로부터의 자유, 유상노동에 대한 자유 그리고 제도의 성편향이 모두에서 높은 수준을 실현하였다. 그러나 이것으로 스웨덴이 여성 해방의 모델국가로 간주되는 것에 대해서 일부 연구자는 강한 경계심을 표명하고 있다.

문제의 일면으로서 스웨덴에서 남녀 직역분리가 상당히 뚜렷하게 나타나고 있는 점이 지적된다. 무엇보다도 1970년대 이후 여성 고용이 수발이나 보육에 관련되는 지방공무원에 집중되었다는 점에서, 이 경향이 한층 현저해졌다. 현실적으로 조합원의 구성을 통해보면 코뮌의 노동자는 그 8할이 여성이다. 그리고 여성 고용의 3분의 2가 공공부문에 의한 것이다. 여성의 41%가 남성비율이 10% 이내인 직역에서 일하고 있으며 역으로 남성의 40%가 여성비율이 10% 이하인 직역에서 일하고 있다(Ministry of Health and Social Affarirs, 1995: 58). 이 직역분리를 염두에 둔다면 남녀의 임금격차가 적다는 것을 그대로 평등의 지표로 보기는 어렵다. 연금권의 취득상황을 나타낸 <표 3-3>에서 알 수 있듯이 퇴직시에 부가연금의 수급자격이 있는 여성은 60%(남성은 95%)이며, 전술한 스웨덴 복지국가의 이중구조가 젠더 불평등과 관련되어 있음을 알 수 있다. 퇴직자를 포함한 여성의 평균 수입은 남성의 66.1%이다(Higgins, 1996: 171).

권력 배분이라는 점에서는 사태가 한층 명료하다. 여성의 노동시장 참가는 영향력 확대로 직접 연계되지 않는다. 여성의 노동조합 조직률(1996년)은 블루칼라 남성의 83.9%에 비해서 86.6%, 화이트칼라 남성 78.5%에 비해서 85.2%로 남성을 상회하고 있다(LO, 1996). 그러나 조사위원회와 같은 코포라티즘 기관과 조합의 집행위원회에서 차지하는 여성의 비율을 보면, 1985년도 LO에서 각각 26%와 7%에 머물고 있으며, 여성조합원 자체의 증대를 고려한다면 대표율은 40년 전과 비교해서 변하지 않았거나 오히려 악화되었다고 보고되고 있다(Bergqvisit, 1991).

노동운동과 일체화되어온 점이 스웨덴 여성운동의 강점임과 동시에 약점이었다는 인식이 점차 확산되어, 노동운동과 여성운동 사이에 알력이 서서히 눈에 띠기 시작하고 있다(Acker, 1992). 1994년 총선거에서 사민당 여성연맹이 당으로부터 탈퇴할 움직임을 보여, 당 중앙이 비례대표제의 명단을 할당제로로 하여 남녀동수의 후보자를 내세우는 등의 조치를 취하게 되었다.

5) 스웨덴 모델의 성과

스웨덴의 복지국가 전략은 '완전고용'인가 '인플레이션 억제'인가 하는 모순을 넘어서 '경제성장'을 실현시키고, 더 나아가 이것을 복지국가를 통한 '평등' 혹은 '공정'에 연동시키려 한 것이었다. 흔히 상반되는 것으로 생각되는 다양한 목표의 동시 달성을 지향한 이 전략은 실질적으로 어느 정도까지 달성되었던가. 이들 목표의 달성도에 관해서는 '완전고용', '평등', '공정'면에서는 긍정적인, 그리고 '인플레이션 억제'면에서는 부정적인 평가가 거의 정착되었다고 하겠다. 그리고 '경제성장'의 평가에 대해서는 크게 견해가 나뉘어져 있다.

실업률에 있어서는 스웨덴은 OECD 국가들의 평균을 계속해서 하회하였으며, 특히 1970년대 이후 다른 OECD 국가들의 실업이 심각해지는 가운데 스웨덴의 저실업률은 두드러졌다. <그림 3-12>는 스웨덴 실업률을 EU 국가들 및 미국과 비교하고 있다. 다만 1990년대에 들어서는 실업률이 급등하여 EU 평균수준에 가까워졌다. 고용은 1998년 이후는 점차 개선되어 1999년 봄에는 실업률이 5.4%까지 저하되었으나 여전히 종래의 수준에서 일탈된 상태이다. 그 배경에 대해서는 후술할 것이다. 또한 평등에 관해서도 복지의 이중구조의 존재나 남녀 직역분리 등 '신화'와 상반되는 실태가 보이기는 하지만, 지니 계수나 임금통계를 통해 보는 한 스웨덴의 소득격차가 다른 선진공업국에 비해 눈에 띄게 작다는 것은 부정할 수 없다.

한편으로 스웨덴이 다른 OECD 국가들에 비해서 인플레이션 억제에 성공했다고 말하기는 어렵다. 그래도 1960년대까지는 불황기에도 재정 출동

〈그림 3-12〉 OECD 통계에 근거한 실업률의 변화(1961-1995)

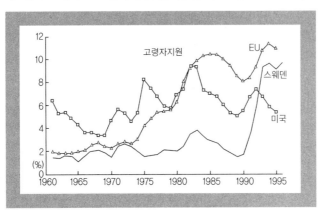

• 출처:Lindbeck, 1997: 66.

을 억제하는 경향이었으며, 렌·메이드네르 모델의 사고가 어느 정도 반영되었다는 것을 엿볼 수 있다. 인플레이션율은 OECD 국가와 비슷한 정도이거나 약간 하회하였는데, 1970년대 이후에는 OECD 국가들의 평균을 계속해서 상회하게 되었다. 재정정책은 점차 렌·메이드네르 모델의 틀로부터 일탈하게 되었으며, 또한 다음 장에서 보는 것처럼 1970년대에 들어서 노조 상호간의 임금상승 경쟁이 두드러지게 되어 인플레이션에 박차를 가하게 되었다(Meidner, 1992; Erixon, 1995: 32-37; Spånt, 1989: 9).

평가가 나뉘는 것은 스웨덴 모델이 경제성장에서 어느 정도 성과를 발휘할 수 있었는가 하는 점이다. 린드벡 등은 전후 스웨덴의, 특히 복지국가로서의 틀이 잡힌 1970년대 이후의 경제성장을 매우 엄격하게 평가한다. 국민 1인당 GDP의 성장률은, 1970년대부터 1993년 사이를 보면 OECD 국가들의 평균이 1.98임에 비해서 스웨덴의 경우에는 1.14에 머물렀다. 또한 국민 1인당 GDP를 구매력 평가로 조정한 후에 각국의 랭킹을 본다면, 스웨덴은 1970년대에는 제4위였으나 1990년대에 들어서는 경제가 하락하여 1995년에는 제16위까지 떨어졌다. 결국 스웨덴 모델이 경제성장의 발목을 붙잡았다는 것이 린드벡 등의 주장이다(Lindbeck, 1997; Henrekson, 1996).

이에 대해서 코르피 등의 입장은, 스웨덴 모델 혹은 고도로 발달한 복지국가는 경제성장에 관해서는 강력한 추진력이 되었다고까지는 말할 수 없어도, 적어도 중립적이었다는 것이다(Korpi, 1985b). 코르피에 따르면 린드벡 등이 OECD 국가들의 평균과 대조하여 스웨덴의 경제성장률을 말하는 것은 공평하지 않다. 거기에는 경제성장의 캐치 업(catch up) 효과가 고려되지 않았기 때문이다. OECD 국가 중에서도 후발 위치에 있는 국가들의 경제성장률이 높은 것은 당연하며, 이미 '풍요로운 사회'를 실현했다는 점에서 스타트 라인이 스웨덴과 가까운 유럽의 다른 국가들은 모두가 성장률이 낮다. 따라서 <그림 3-13>에서 드러나듯이 덴마크, 프랑스, 독일, 영국, 네덜란드, 스위스의 국민 1인당 GDP 절대치로 성장률을 비교하면, 1973년부터 1989년의 평균은 주요 6개국이 1.6임에 비해서 스웨덴은 1.7로 결코

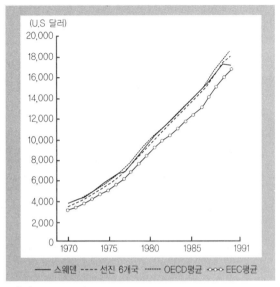

〈그림 3-13〉 국민 1인당 GDP(구매력 평가 환산)의 신장

* 출처: Korpi, 1996.

손색이 없음을 알 수가 있다(Korpi, 1996). 이른바 국민부담률과 경제성장 사이에는 의미 있는 관련이 인정되지 않는다는 점에 대해서는, 일본에서도 미야지마 히로시(宮島洋) 등의 연구에서 지적되고 있다(宮島, 1991: 35-44).

국민 1인당 GDP 순위에 관해서는, 각국의 위치 변동은 경기순환의 영향을 받으며, 반드시 일관된 경향을 보이는 것이 아니라고 지적되고 있다. 스웨덴의 위치는 예를 들어 1950년에 17위였던 것이 1990년에 6위로 상승되었다는 시각도 가능한 것이다(Dowrik, 1996: 1775).

이 논쟁에서 공공부문의 생산성 평가, 구매력 평가의 산출방법 등의 기술적인 문제가 논의를 좌우하는 경향이 있으며, 여기서는 더 이상 깊이 다루지 않을 것이다. 그런데 논쟁을 통해서 엿볼 수 있는 것은, 스웨덴의 경제성장을 엄격하게 평가하려고 하는 논자들이 1990년 이후의 경제위기를 특히 중시하려고 하는 데 반해, 적극적으로 평가하려고 하는 논자들은 1990

〈표 3-7〉 4개국 연금제도 공사 믹스의 구조(연금지출 총계에서 차지하는 비율)

	사회보험	공무원연금	민간직역연금	사적연금
스웨덴	85.5	8.8	4.4	1.3
미국	60.9	18.3	17.14	3.7
영국	67.3	21.1	10.5	1.1
구 서독	70.4	18.6	4.2	3.8

• 출처: Esping-Andersen, 1990: 85.

년대까지의 성과를 강조하는 경향이 있다는 점이다. 역으로 말하면 적어도 1990년대까지는 거대한 공공부문를 안고 있었던 스웨덴이, 훨씬 '장애'가 없음에 분명한 유럽 주요 국가들에 비해 결코 뒤지지 않는 경제성장을 실현하였던 것이다.

다른 한편으로 1990년대 들어서 스웨덴은 심각한 장기 불황에 돌입하였으며, 실업률도 급증하여 1991년부터 1993년 사이에는 마이너스 성장을 경험하였다. 1996년 이후 경제는 겨우 호전되었으며, GDP 순위에서도 어느 정도 만회가 예상되지만, 스웨덴 모델이 내외 환경 변화로 인해 이전처럼 작동할 수 없게 되었다는 것은 분명하다. 다만 린드벡 등의 논의는 이 구도를 단번에 거슬러 올라가 전후 스웨덴 경제 전체에 적용하려는 점에서 공정하지 않다. 이 스웨덴 모델의 동요에 대해서는 다음 장에서 더 자세하게 다룰 것이다.

5. 연금정책을 중심으로 한 비교

스웨덴 복지국가가 '중간층의 복지국가'로서 그 틀을 정비한 1950년대부터 1960년에 걸친 시기에 다른 복지국가 모델을 대표하는 미국, 영국, 독일에서는 어떠한 전개가 있었는가. 이 시기에 각 국가가 직면한 과제는 기존의 사회보장제도와 지금까지 제도에 의해서 포괄되지 못했던 사회계층이나 산업구조의 변화 속에서 대두한 화이트칼라층과의 관계를 어떻게 조정할 것인가라는 문제였다. 그런데 예를 들어 연금제도를 떼어서 보면, <표 3-7>에서도 알 수 있듯이 각국의 연금제도, 특히 공사(公私) 균형은 크게 달랐다. 이하에서도 어디까지나 스웨덴의 특징을 밝힌다는 목적에 한정해서 간단한 비교를 시도하고자 한다.

1) 미국 '복지폭발'의 함정

미국에서는 뉴딜 연합의 불안정한 기반 위에 미국 복지국가의 골격을 형성하는 1935년의 사회보장법이 제정되었다. 이 법의 설계이념을 특징짓는 것은 사회보장과 사회복지의 명확한 구분이다. 여기서 사회보장이란 시장원리에 더 적합한 사회보장제도를 가리키며, 노령연금, 실업보험, 산재보험 등으로 구성되어 있었다. 이에 비해 사회복지는 소득조사에 기초한 선별적인 공적부조를 의미하며, 모자가정에 대한 아동부조(ADC) 등이 포함된다. 20세기 초부터 1930년대 전반에 걸쳐서 미국에서도 육아기 여성의 소득보장이나 노동보호를 위한 입법조치가 계속되었는데, 결국 그것은 보편주의적 정책으로 정착하지 못하고 선별주의적인 프로그램에 흡수되었다. 이렇게 해서 미국에서는 사회복지(Social Welfare)라는 용어가 매우 부정적인 느낌을 갖게 되었다.

이 두 부분 중에서 사회보험제도야말로 사회보장법의 핵심으로 간주되었으며, 사회복지는 시장의 회복과 사회보험 확대로 점차 비중을 줄일 수 있다고 생각되었다. 스웨덴의 경험에서도 알 수 있듯이, 이와 같은 예측은 완전고용을 지향하는 경제정책과 연동된다면 일정 정도 현실성이 있었다. 그런데 미국에서는 완전고용이 정책이념으로서 마지막까지 정착되지 않았다는 것은 전술한 대로이다. 게다가 사회보험이 포괄하는 범위는 한정되었다. 남부의 농장주층이 경제적 부담을 회피하기 위해서 농업노동자나 서비스 노동자를 사회보험 밖에 놓을 것을 강하게 주장하여 흑인노동자의 약

5분의 3이 대상으로부터 벗어나게 되었다. 공적부조에 대해서도 남부 민주당 위원은 동일한 이유로 정부개입에 반대하였으며, 수급자의 인정이나 급부 수준의 결정 등을 주(州)의 권한으로 하였다(Quadagno, 1988).

전후에는 우선 사회보험에 관해서는 1950년 이후 몇 번에 걸친 개혁을 통해서 급부 수준의 개선이 이루어졌고, 대상도 농업노동자, 지방공무원, 일부 전문직 등으로 확대되었다. 동시에 민간의 기업연금이 확대되어 공적 제도와 연동하게 되었다. 미국에서는 전시 중 임금동결에 대한 반동으로 1940년대부터 1950년대에 걸쳐서 노사분쟁이 고양되는데, 그중에서 약 7할이 기업연금(협약연금)이나 건강보험제도와 관련되는 것이다. 예를 들어 광산노조나 철광노조는 기업연금의 관리를 단체교섭 사항으로 할 것을 요구하며 파업를 일으켰다. 노사관계의 긴장을 우려한 정부가 조합의 요구를 지지하여 이 시기 기업연금의 도입이 확산되었으며, 기업연금과 사회보장제도의 융합도 진전되었다(Stevens, 1986).

그러나 사회보장법체제가 포괄하지 못하고, 전후에도 노동운동으로 조직되지 않았던 흑인층을 중심으로 이러한 제도 조정의 혜택을 받지 못하는 층도 폭넓게 존재하였다. 전후 미증유의 번영과는 달리, 수천만 명의 미국인이 심각한 빈곤상태에 있다는 것이 여러 저작이나 보고서를 통해서 밝혀지고 있었다. 농업 기계화에 따라서 남부의 공동체를 떠나 북부로 이주한 많은 흑인층이 선거권을 취득하였고, 또한 공민권운동이 확산되는 가운데, 민주당 정권은 사태에 대처하지 않을 수 없게 되었다. 케네디(J. F. Kennedy)의 '뉴 프론티어 정책'이나 존슨(L. B. Johnson)의 '그레이트 소사이어티 정책'은 이것을 복지국가 확대를 통해 대응하려고 했다.

1965년에는 고령자 의료보험(Medicare)이나 저소득자 의료부조(Medicaid)가 개시되었으며, 나아가 요보호아동부조(AFDC)의 요건이 완화되어 적용 대상이 대폭 증대하였다. 여기서 '복지폭발'이라고도 불려지는 사회보장 지출의 급격한 확대가 일어났다. 그러나 '복지폭발'의 중심이 된 것은 소득조사를 수반하는 선별주의적 성격이 강한 프로그램이었으며, 신장률이 가장 높았던 것은 AFDC였다(馬場, 1988). 모자세대의 다수가 공적부조 프로그램엔 AFDC에 의존하게 된다. 그녀들은 '웰페어 머더'라고 불려 비대화되는 공적부조지출의 근원으로 간주되었다(杉本, 1993).

이러한 선별주의적 복지확대의 다른 한편에서는 적극적인 고용정책이 결여되어 있었다. 스카치폴 등은 이 시기의 고용정책이 흑인을 중심으로 한 고용상황을 개선하였다면 미국 복지국가를 계속적으로 제약해왔던 이중구조가 상당한 정도로 수정되었을 것이라고 보고 있다(Weir, Orloff and Skocpol, 1988: 424). 그러나 실업 그 자체에 대한 대처는 여전히 소극적이었다. 케네디 정권이 선택한 것은 감세를 통한 경기부양(케네디 감세)이라는 가장 저항이 적은 정책이었다. 동시에 이 시기에는 1961년의 지역재개발법(ARA), 1962년의 능력개발·훈련법(MDTA)과 같이 스웨덴의 노동시장정책의 발상에 가까운 선택적인 고용정책도 시도되었다. 그러나 이 두 법은 감세정책이면서 재원이 제약되었다는 점이나 주 단위의 집행체제로 되어 있다는 점 등으로 인해 큰 효과는 내지 못했다(Weir, 1992: 58-61; Weir, 1988: 171-180).

경제적 약자가 자율적인 경제능력을 획득하기 위한 전략이 결여된 채, 그들이 이러한 소득보장적 프로그램에 점점 더 의존하였기 때문에 경제 능력이 있는 다수와의 균열이 심각해져 복지국가의 정통성은 크게 흔들렸다. 여기서 미국 복지국가를 일관하는 사회보장(사회보험)과 사회복지(공적부조)라는 이중구조가 현재화되었으며, 1970년대 중반에는 화이트 칼라층을 중심으로 프로포지션 13으로 대표되는 감세운동과 복지정책에 대한 공세가 확산되었다.

2) 베버리지형 보편주의의 좌절

전시부터 전후에 걸쳐서 영국노동당은 연금정책에 대해서도 괄목할 만한 구상을 갖고 있지 못했다. 그런 가운데 전시 연립내각 하에서 제안된 베버리지에 의한 연금플랜이 전쟁을 견뎌낸 영국 국민의 강한 기대의 후방의 지원을 받아 실현되었으며, 전후 잠시 동안 영국을 복지국가의 대명사라 할 수 있는 지위로 끌어올린다. 노동당은 이것을 강하게 지지했으나, 베버리지 플랜 그 자체는 자유주의적인 발상에 대해서 설계된 것이었다. 수평적으로도 수직으로도 보편주의를 실현하고 있었으나, 그 대상이 보편적이었기 때문에 급부 수준은 최저(로 이해되는) 생활비로 억제되었으며, 바꾸어 말하자면 '최저생활비 이상을 국가가 보장해서는 안 된다'는 원칙이 관철되고 있었다(毛利, 1990: 20).

한편 영국의 경제정책은 경기순환에 수동적으로 대응하는 '스톱 앤드 고' 정책으로 시종 일관하였으며, 경제의 장기적인 쇠퇴에 제동을 걸지 못했다. 만성적인 인플레이션으로 공적연금의 급부액은 저소득층이 지불 가능한 수준에 맞추어 저액으로 억제되었으며, 공적연금만으로 중간층의 생활을 지탱하는 것을 불가능하게 되었다. 이런 가운데 공공부문이나 민간기업에서 부가 급부로서 제공되는 직역연금에 대한 가입자가 확대되어간다. 1930년대에 약 260만 명이었던 민간직역연금 가입자가 1954년에는 710만 명에 달하게 된다(山崎, 1983L 252).

영국에서도 소득비례형의 연금제도의 도입을 통해서 공적연금제도의 기반을 확충하는 방안이 검토되었다. 1955년에 노동당 내에 설치된 연금 문제 연구 그룹은 티트머스(R. Titmuss) 등을 중심으로 검토를 계속하여, 베버리지 연금의 원칙을 계속 고집한다면 국민의 계층분화가 한층 더 진행될 것이라고 경고하며 소득비례형의 연금 도입을 제창하였다. 그러나 노동당 내부에서는 좌파가 평등주의의 관점에서 소득비례형 연금에 난색을 표했다. 좌파는 균일 갹출 균일 급부 원칙 유지와 급부 수준의 개선을 주장하였으며, 다른 한편으로 노동조합연합(TUC)은 이미 좋은 조건의 직역연금을 획득한 층이 반발하여 대립이 심화될 것을 우려하였다. 최종적으로는 직역연금 가입자에 대한 적용제외 제도를 포함시킴으로써 노동당과 TUC 간 타협이 이루어졌으며, 1957년에는 소득비례형 연금으로 전환이 상호간 승인되었다(山崎, 1983: 257-266).

이와 같은 연금개혁의 방향성은 불명료하였을 뿐만 아니라 노동당의 정권전략과도 연계되지 않았다. 노동당은 1955년의 선거에서 1935년 이후 처음으로 절대투표수가 감소되는 패배를 당하였으며, 1959년 선거에서도 대패를 당하였다. 이 패배로 1959년 노동당 대회에서는 사회주의 전략의 수정과 당 규약 4조의 국유화 조항의 재검토가 제기되었는데 격렬한 논쟁 끝에 제안은 기각되었다. 스웨덴 사민당과는 대조적으로 노동당이 여당에 복귀하는 수단을 얻지 못한 채 연금개혁은 보수당의 손에 의해서 추진되었다.

베버리지 연금의 한계를 인정한다는 점에서는 보수당도 마찬가지였다. 노동당의 정책전환의 영향도 있어 보수당 정권 하에서 소득비례형 연금 도입으로의 움직임이 강하게 일어났으나, 보수당의 경우에는 직역연금이나 사적연금의 증대를 오히려 환영, 장려하는 입장이었으며, 소득비례형 연금도 보완적 제도로서 검토했다. 그 결과 스웨덴의 부가연금제도와 마찬가지로 1959년에 실현된 제도는 같은 소득비례형 연금이라도 스웨덴의 것과는 크게 달랐다. 소득비례 갹출의 산정 기준이 되는 것은 주급으로 15파운드까지였기에 당시의 평균임금이 주 12파운드 정도였다는 것을 고려한다면, 이 상한 설정으로는 소득비례는 그다지 실질적인 의미가 없는 것이 되었다. 급부 수준도 가장 갹출이 많은 층에서조차 극히 저액으로 억제되었다. 물론 적용을 제외하는 제도가 있어서 많은 노동자가 보다 유리한 민간 직역연금을 선택하게 되었다.

그 결과 소득비례형 연금의 도입에도 불구하고 공적연금제도 자체는 더욱 더 주변적 제도의 색채가 짙어졌다. '빈곤의 재발견'이란 말이 회자되었고, 보충급부제도(Supplementary Benefit)와 같은 소득조사를 수반하는 소득유지정책이 도입되었으며, 그 수급자는 계속적으로 확대되었다. 1950년대 말에는 연금 수급자 중에서 약 25%가 보충급부제도에 의존하고 있었다(Hockerts, 1981: 330). 영국의 보편주의적 연금은 그 형식적 평등성에도 불구하고 경제정책과의 유기적 연대를 결여하였고, 또한 화이트칼라층의 이익에 대응하지 못했기 때문에 영국 복지국가의 이중구조를 배태시키게 되었던 것이다.

3) 독일의 연금정책 전개

독일 사민당은 경제위기와 인구문제에 관해서 주도권을 발휘하지 못했던 것과 마찬가지로 비스마르크의 설계에 의한 연금제도에 대해서도 적극적인 대체안을 제시하지 못했다. 오히려 나치의 노동조직(DAF)이 연금제도의 통합을 제창하여 1938년에는 직인층을 화이트칼라의 연금제도에 통합시켰다. 1941년에는 연금수급자도 건강보험으로 커버하게 되었으며, 1942년에는 산재보험이 직역을 초월하여 모든 임금생활자에게로 확장되었다(Alber, 1986: 10).

제2차 세계대전이 종료되자 제도개혁의 적극적인 움직임이 각 점령구역에서 여러 형태로 나타났다. 비스마르크 연금제도의 보편주의화라는 점에서 선두를 달린 것은 소련 점령구역에서 실시된 셸렌베르크(E. Schellenberg) 플랜이었다. VAB(Versicherunganstalt Berlin)라 불리는 이 플랜은 노동자, 화이트칼라, 자영업자를 통일적인 사회보험제도에 끌어들이려 한다는 점에서 이전 제도의 근본적인 혁신을 의미하고 있었다. 소련 이외의 점령구역에서도 정도의 차는 있으나 유사한 플랜이 제시되었다. 각 점령구역을 통괄하는 관리평의회는 VAB를 가이드 라인으로 한 플랜 작성을 진행시켜 1946년 12월에는 실업보험을 제외하고 포괄적이며 보편적인 사회보험제도 구상이 제시되었다(Baldwin, 1990: 186-200; cf. 野田, 1998).

그러나 당시의 재정상황으로 인해 국고보조를 기대할 수 없었으며, 재원에 관해서는 노사절충의 갹출에 기초하는 것으로 했다. 이와 같은 구조는 상층 소득자에게는 갹출의 증대, 급부의 감소를 의미했다. 따라서 노조는 보편주의적인 개혁 그 자체에는 찬성하면서도 제도를 통한 재분배 강화나 국고보조의 삭감에는 강한 반대의사를 보였다. 냉전이 시작되는 가운데 서측 점령구역에서는 소련 점령구역의 보편주의적인 개혁 플랜과 거리를 두었으며, 구상에 반대하는 독일측의 의향을 존중하려는 분위기가 강해졌다.

독일의 정책형성에서 주권 회복이 진행되는 가운데, 1948년의 프랑크푸르트 경제평의회는 사회보험조정법(Sozialversicherungsanpassungsgesetz)을 기독교민주동맹과 사민당의 찬성 하에서 가결시켰다. 이 제도는 급부의 최저수준을 설정하는 등 공통 틀을 형성하면서도 원리적으로는 각 계층별로 분립된 기존 사회보험제도를 유지하였으며, 갹출이나 급부의 격차는 유지되었다. 연합국측은 이 제도가 고용자의 부담 증대와 장애자, 과부 연금의 수준 등에 대해서 약간 과도하다고는 생각하였으나 기본적으로 승인했다.

패전이라는 대변동 속에서라고 하지만 근본적인 보편주의적 개혁이 시도되었다는 사실은 제도적 유산(institutional legacies) 구속이 절대적이지 않으며, 노동운동 등의 복지국가 전략의 형태에 따라서는 큰 궤도수정의 가능성이 있다는 것을 보여준다. 그러나 그 후의 경제성장에 따라서 화이트칼라층이 대두하였으며, 독일에서도 이에 대응한 연금개혁의 과제가 부상하자 결국 흐름을 결정한 것은 제도적 유산의 구속력이었으며, 이것을 이용한 보수주의세력의 적극적인 정책 대응이었다.

즉, 직역적 격차를 수용한 독일과 같은 연금제도는 어떤 의미에서는 계층분화에 대응하는 데 더욱 적절한 구조였다(Esping-Anderson, 1990: 25). 따라서 아데나우어(K. Adenauer) 하에서 실시되었던 1957년 연금개혁은 이러한 제도의 특성을 살리면서 화이트칼라의 대두에 대해서 연금제도의 직역적인 격차를 유지하고 부분적으로는 확대함으로써 대처할 수 있었던 것이다.

개혁의 결과, 연금급부의 수준이 전체적으로 65% 전후로 크게 개선됨과 동시에 이전(갹출이 아닌) 소득과의 대응관계가 강화되었다. 동시에 부과연금으로의 전환을 통해서 급부 수준이 현행의 임금수준을 기초로 산정되는 이른바 동태연금이 되었다(Hockerts, 1981: 328-329; 平鳥, 1994: 73-77). 이렇게 해서 노동자와 화이트칼라 등 직역간 제도 분립이나 격차를 유지한 채, 전체적으로 볼 경우 연금제도의 신뢰성은 현저하게 상승되었다. 중핵적인 노동시장에 속하는 한 격차는 있지만 안정된 소득보장이 실현되는 시스템이라고 할 수 있었다(van Kersbergen, 1995: 114-115).

동시에 주목할 만한 것은, 화이트칼라의 대두에 대응한 이른바 보수주의적 조정의 진행에 대해서 사민당이나 노동조합은 일관된 대체안을 갖고 있지 못했으며, 복지국가 전략은 계속 동요되었다. 독일 사민당은 전후 한때 영국으로부터 강한 영향을 받아 베버리지형의 보편주의 방향으로 현행 연금제도를 개혁해갈 것을 요구했다. 1952년에 사민당이 발표한 연금 플랜은 기본적으로 베버리지 연금을 모방한 것이었다. 아데나우어 정권의 연금개혁시에는 사민당은 저소득층에 대한 최저한 보장의 도입 등을 요구했으나, 자민당이 강제연금 확대 그 자체에 반대하는 입장을 취한 것에 대항하여 최종적으로는 정부안을 받아들이게 되었다. 아데나우어에 의해 연금 개혁이 실현되었던 1957년은 역설적이게도 영국 노동당이 연금제도의 이중구조화에 강한 위기감을 느껴 베버리지 원칙으로부터 전환을 시도한 해이기도 했다(Hockerts, 1981: 330; Baldwin, 1990: 203; Alber, 1986: 105-106).

1959년에 독일 사민당은 고데스베르크 강령을 채택하여 다원적인 가치의 승인과 국민정당화에 발을 내디뎠으나 이러한 노선을 지탱할 만한 복지국가 전략은 보이지 않았다. 물론 사민당의 사회보험개혁 요구가 아데나우어에게 연금개혁을 추진하게 했다는 점을 부정할 수 없다. 그러나 이 이념과 전략이 독일 연금제도를 방향 지웠다고 말하기는 어렵다.

그후 독일 사민당은 1972년에 브란트 정권 하에서 집권당으로서 연금개혁을 주도하게 되었다. 이때는 저소득의 연금가입자에 대한 최저한 급부 도입, 연금수급의 개시 연한의 탄력화 등 노조의 주장 일부가 실현되었으며, 자영업자나 학생 등의 연금가입권이 확대되었는데 분립적인 연금제도의 골격은 그대로였다. 이와 같이 독일의 노동운동이 그때까지의 제도적 유산을 무너뜨리지 못한 채 독일은 저성장기를 맞이하였고, 신보수주의적 개혁 시대에 돌입하게 된 것이다(van Kerbergen, 1995: 123).

6. 소결론

여기서 다시 복지국가 전략의 3요소 -경제정책과 복지정책, 복지정책의 내용, 젠더와 가족- 와 정치과정에서의 전략, 제도, 합리성의 상호관련이라는 이 책의 분석 틀에 비추어 제3장의 논의를 정리하고자 한다.

1) 경제정책과 복지정책

선택적 경제정책과 보편주의적 복지정책은, 이미 1930년대 그 원형이 만들어졌는데, 1950년대부터 1960년대에 걸쳐서 양자는 재편성되어 상호 밀접하게 연대하게 되었다. 일반적인 수요환기책을 통한 완전고용의 유지는 장기적으로 보면 인플레이션을 항진시켜 경제를 피폐하게 만든다. 그에 비해서 새로운 경제정책의 기초가 된 렌·메이드네르 모델은 연대임금정책과 적극적인 노동시장정책을 조합시켜 임금격차 시정과 고용유동화를 전제로 한 완전고용을 지향하였다. 그리고 경제정책이 경제성장과 완전고용을 양립시킬 수 있다는 전망을 보였을 때 복지정책의 내용에도 변화가 생겼다.

2) 복지정책의 내용

경제가 성장하여 완전고용이 정착되었을 때 새로운 복지정책의 목적으로서 제창된 것은 '자유선택사회'라는 이념이었다. 이러한 복지이념의 전환과 맞물려 복지정책의 내용도 노동시장에서 개인의 성과를 직접 반영시키는 소득비례형의 보편주의로 전환되었다. 그 전환을 결정 지운 것이 부가연금의 도입이었다. 완전고용과 연동을 통해서 소득비례형의 보편주의는 화이트칼라층의 통합과 격차의 억제를 동시에 달성할 수 있었다. 그런데 이러한 시스템의 약점으로서 완전고용이 흔들리게 되면 소득비례형의 보편주의는 -소득비례급부의 수급자와 최저급부의 수급자라는- 복지의 이중구조를 배태시킬 수 있다는 문제를 안고 있었다. 다음 장에서 살펴보는 것처럼 1980년대 이후 이러한 문제가 드러나게 된다.

3) 젠더와 가족

원래 가족정책의 영역에서 형성된 보편주의적 복지정책은 연금이나 건강보험 등의 영역에 적용된 후에 다시 가족정책의 영역에서, 다만 이번에는 육아나 수발 등의 사회서비스에서 전개된다. 이렇게 해서 공공부문의 비대화라는 문제를 수반하면서도 무상노동으로부터의 자유가 달성되었고, 동시에 연대임금정책이나 적극적 노동시장정책이 유상노동에 대한 자유를 확대시켜 어린아이를 가진 여성의 취업률은 급속히 상승하였으며, 정치참가도 증가되었다. 역으로 그런 가운데 남녀 직역 분리의 고정화 등 종래의 노동전략이 초래한 성편향을 점차 강하게 의식하게 되었다.

4) 전략 · 제도 · 합리성

복지국가 전략의 전개는 일정한 제도상의 조건을 필요로 했다. 즉, 연대임금정책에서는 노사관계의 코포라티즘의 고도화(집권화)를, 적극적 노동시장정책에서는 노동시장청과 같은 코포라티즘적인 정책참가제도를 필요로 했다. 그로 인해 복지국가 전략의 성숙에 대응하여 1930년대 시작된 코포라티즘적인 제도 형성이 한층 더 활발하게 추진되기 시작했다. 부가연금 등의 복지제도와도 병행하여 이러한 제도는 일단 형성되면 노동운동의 자원동원에 유리한 조건을 만들어냈다.

다른 한편으로는 이 시기 노동운동의 복지국가 전략도 시민의 합리적 선택을 전제로 세워졌다. 다만 1930년대 전략이 시민사회의 공동체주의적인 의식에 호소했음에 반해, 1950년대의 복지국가 전략은 화이트칼라층의 좀 더 개인주의적인 경제합리성에 대응하는 것이 과제였다. 그렇다고 해서 복지국가 전략이 시장적인 경제합리성에 단지 뒤쫓아갈 것만은 아니다. '자유선택사회'와 같은 이념이나 소득비례형의 보편주의를 발판으로 하여 시민의 경제합리성을 복지국가의 정통성의 기초로 이용했던 것이다. 그 결과 미국과 같은 자유주의 모델에서는 반복지국가 세력화한 화이트칼라층을 복지국가의 새로운 지지기반으로 끌어들일 수 있었다.

제4장

스웨덴 모델의
동요

1. 1970년대의 급진주의

1970년대 중반을 지나 복지국가 스웨덴은 흔들리기 시작했다. 1970년대에는 산업민주주의 입법과 노동자기금문제 등 밑으로부터의 참가 요구가 분출하여 스웨덴 모델은 크게 좌파쪽으로 움직였다. 그러나 1980년대에 들어서자 펠트(K. O. Feldt) 등 사민당 우파가 정권 내부에서 영향력을 확대하자 스웨덴 모델은 우로 선회하게 되었다. 이러한 움직임의 끝을 맞이한 1990년대에는 그때까지의 협조적인 노사관계에 결정적인 변화가 생겨 코포라티즘적인 제도가 해체로 향하는 한편, 실업이 급증하여 스웨덴 모델의 종언이 회자되었다. 1999년 현재 경제는 회복기조에 있으며 실업률도 조금씩 개선되고 있으나, 여전히 5%대의 실업률은 이전 스웨덴을 생각하면 극히 높은 수준이다. 스웨덴 복지국가가 유례없는 심각한 곤경에 직면해 있는 것은 사실이다.

스웨덴 모델에 어떤 일이 벌어졌던 것일까? 한마디로 말하면 스웨덴 모델을 둘러싼 환경의 변화로 경제와 복지를 양립하게 했던 복지국가 전략이 기능부전에 빠졌다고 할 수 있을 것이다. 여기서 환경변화란, 첫째로 탈공업화 혹은 포스트 포디즘화라 할 수 있는 산업사회의 구조 변화이며, 둘째로 경제 글로벌리제이션화에 따른 노사 역학관계의 변화이다. 이하에서는 이 탈공업화와 국제화라는 두 충격이 스웨덴 모델을 어떻게 동요시켰는가를 고찰할 것이다. 다만 지면의 제약이 있기 때문에 이하의 서술은 이 책의 주제인 복지국가 전략에 관해서, 그 한계와 가능성을 묘사하는 수준에 머무를 것이다.

1) 노사교섭 시스템의 다원화

(1) 새로운 행위자의 대두

스웨덴의 탈공업화는 1970년대에 들어서 서서히 명확해졌으며, 두 가지 점에서 스웨덴 모델의 기초를 동요시켰다. 첫째, 선택적 경제정책을 뒷받침해온 노사교섭 시스템의 다원화이며, 둘째, 참가와 경제민주주의에 대한 요구의 현재화이다. 우선 첫 번째 문제부터 살펴보자.

스웨덴 모델을 지탱하는 노사관계의 원형은 LO와 SAF가 맺는 단선적인 교섭관계를 주축으로 한다. 그런데 스웨덴 사회의 탈공업화와 공공부문의 확대는 공공부문 노조와 화이트칼라 노조의 대두를 불러왔으며, 이것이 노동시장의 교섭 행위자 증대와 이해의 다원화를 가져왔다. 스웨덴의 정치학자 엘반데르(N. Elvander)는 이 원형을 1차원 모델이라고 불렀는데, 이 원형이 해체되어 교섭 시스템이 다원화되는 과정을 <그림 4-1>과 같이 정리

〈그림 4-1〉 임금교섭 시스템의 다원화(1956-1986년)

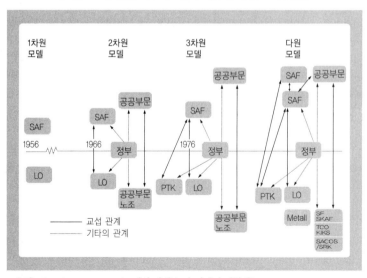

• 출처: Elvander, 1988: 253.(조직의 명칭은 각 시기의 명칭임)

하였다. 이하에서는 이 그림을 염두에 두고 스웨덴 모델의 조건 중 하나가 흔들리게 되는 경위를 살펴볼 것이다.

우선 1966년에는 공무원 노조가 파업권 획득과 동시에 교섭 공간에 정식으로 모습을 드러냈다. 공무원 노조는 LO에 소속하는 국가 부문, 지방 부문 각각의 블루칼라 공무원 조합(SF, SKAF), 화이트칼라 노조 연합의 TCO와 대졸전문직 조합(TCO-S, KTK, 및 SACO/SR-S, SACO/SR-K)이 국가 부문의 고용자 단체인 SAV와 지방 부문의 고용자 단체인 코뮌 연맹, 도 연맹과 교섭관계를 맺었다. LO, TCO의 공무원 노조는 일반적으로 상당히 강경하였으며 노사교섭의 파란 요인이 되는 경우가 자주 있었다. 1977년에는 스웨덴 지방공무원 노조(SKAF)가 금속노조를 제치고 스웨덴 최대 노동조합이 되었다.

민간 화이트칼라 노동자도 급격히 증대하였다. 다른 선진공업국과 비교해보면 공공부문으로 상당부분이 흡수되었다고는 해도 1950년부터 1970년 사이에 화이트칼라 노동자는 250% 증대하였다. 1969년에는 처음으로 화이트칼라 노조가 LO보다 앞서 SAF와의 교섭을 타결시켜, 그 대두의 인상을 강하게 심어주었다. 1973년에는 TCO, SACO에 소속된 민간 화이트칼라 노조의 교섭 카르텔(PTK)이 결성되었다. 공무원 노조 및 민간 화이트칼라 노조의 대두를 엘반데르는 교섭 모델이 1차원 모델에서 2차원 모델을 거쳐 3차원 모델로 이행하는 과정으로 보았다.

이와 같은 교섭 행위자의 증대와 이해의 다원화에 의해서 스웨덴의 단체교섭 절차는 동요되었으며, 임금교섭 과정은 제 노조간의 임금인상 경쟁이 성격이 짙어진다. 그 결과 중앙교섭으로 결정되었던 협약 임금에 대한 각 기업 단위의 추가분(임금 드리프트)이 증대하였다. 임금 드리프트를 포함한 각 부문별 임금인상폭의 차이는 항상 분쟁의 씨앗이 되었으며, 이것을 조정하는 기구로써 임금인상 보충보장(förtänstutvecklingsgaranti)이 도입되었다. 이것은 민간 경쟁 부문의 임금 드리프트분을 다음해의 교섭 기초에 산입하는 제도로, 비경쟁 부문의 블루칼라 노조에게는 임금 격차의 압

축이, 화이트칼라 노조에게는 블루칼라 노조와의 격차 유지가 목적이었다 (Olsson, 1991: 65-69; 稲上・ウィッタカー, 1994: 58-59).

⑵ 추축(樞軸)관계의 동요

1980년대에 들어서자, 나중에 살펴보게 될 임금교섭 분권화 추세와 관련하여 LO-SAF 관계 그 자체의 분해도 시작되었다. 1983년에 LO 내부의 고이윤 부문을 대표하는 금속노조와 그 경영측의 파트너인 금속연맹이 LO-SAF 중앙교섭을 이탈하여 독자교섭을 실시한 것이 단서가 되었다. 고이윤 부문인 금속노조가 중앙교섭으로부터 이탈하기 시작한 것은 연대임금정책이 벽에 봉착했음을 상징하는 사건이었다. 거의 이 시기부터 그 때까지 축소 경향을 보였던 각 부문간 임금격차가 조금씩이기는 하지만 확대 경향으로 전환된다(<그림 3-3> 참조).

이와 같은 변화에 대해서 연대임금정책의 구조를 조정하여 그 정신을 부활시키려는 시도도 있었다. 1970년에 발표된 SAF, LO, TCO의 전문가에 의한 보고서 「임금형성과 사회경제」는 그러한 시도 가운데 하나이다. 이 보고서에서 3인의 전문가(TCO의 G. Edgren, SAF의 K-O. Faxén, LO의 C. E. Odhner)의 앞 글자를 따서 EFO 모델이라고 불리는 교섭 틀이 제시되었다. 이것은 스웨덴의 산업구조를 수출산업 등의 경쟁 부문과 국내의 보호 부문으로 구분하여, 경쟁 부문이 임금설정의 모형 부문이 되는 것을 인정하려고 한 것이었다. 임금인상폭은 경쟁 부문에서 세계적인 기술수준이 획득 가능한 투자분을 확보할 수 있는 수준으로 설정되고, 나머지 잉여가 각 부문에 배분되는 연대적 임금형성이 EFO 모델의 원칙이었다. 이 모델은 렌・메이드네르 모델의 사고와 대립되지 않으나 경쟁 부문의 이윤 확보를 우선으로 한다는 점에서 역점이 달랐다. 결국 LO도 SAF도 이 모델을 정식으로는 수용하지 않았으며, TCO만이 이 모델을 임금교섭의 틀로 하려 했다(Martin, 1984: 241-248).

이러한 노력이 있은 후 스웨덴 모델의 중요한 기축이었던 임금 조정메커니즘은 점차 기능부전에 빠져들었다. 때마침 오일쇼크의 영향으로 경제가 축소되어 가는 가운데 스웨덴에서는 임금이 급격히 상승하였다. 중앙교섭의 협약임금은 이미 임금의 상한이 아니라, 그 위에 임금 드리프트가 포개지는 하한으로 간주되기 시작했던 것이다. 협약임금의 상승분과 임금 드리프트분을 합하면 1975년의 임금상승은 블루칼라가 18%, 화이트칼라가 16.5%이었으며, 1976년도에는 각각 13.3%와 13.7%에 이르렀다. 이 임금 상승은 고용자 부담금의 증대와 맞물려 급격한 인플레이션으로 이어졌다.

2) 노사관계 분권화와 경제민주주의

(1) 남겨진 과제

노사관계의 다원화와 병행하여 진행된 것이 분권화, 즉 경영참가와 경제민주주의의 강화를 향한 움직임이었다.[1] 경제민주주의에 관해서는 자주 스웨덴 모델의 일탈이라고 보는 견해가 제시되어왔으나, 적어도 노동운동의 복지국가 전략이라는 관점에서 본다면 결코 그렇게 말할 수 없다. 이 점에 관해서는 스웨덴 복지국가 전략의 원점을 떠올릴 필요가 있다. 복지국가 전략의 기초가 다져진 1920년대에 칼레비는 사회주의를 생산수단의 형식적인 귀속보다는 노동자의 영향력의 문제로서 보아 그것의 전면적인 확대를 내세웠다. 거기에는 복지정책을 통해서 노동자의 영향력의 기반을 형성한다는 문제와 병행하여 생산 현장의 권력문제도 물론 포함되었다. 그러나 비그포르스가 우려한 대로 실제로는 복지정책이 중점적으로 추구되어 경제민주주의 문제는 뒷전으로 물러났다. 노사관계의 기초가 되었던 살트셰바덴 협정에서는 경영측의 주된 존중이 천명되었고, 이와 연동한 SAF 규약 제32조(당시 23조)에서는 산하 경영자단체가 협약을 맺을 경우에는 경영권의 귀속을 명확히 할 것을 의무 지웠고, SAF가 이런 관점에서 협약 내

---

1 이 책에서는 직장이나 기업 단위에서 노동자의 영향력 확대를 '산업민주주의'라고 하고, 노동자기금 등 개별 기업단위를 넘어서는 투자활동에 대한 조정의 메커니즘을 포함한 경우에는 '경제민주주의'라고 부른다.

용 점검을 절차화하였다.

그런데 1970년대 초에는 경제민주주의 문제를 더 이상 접어둘 수가 없게 되었다. 우선 의도적으로 기업 도태를 추진하는 렌·메이드네르 모델의 귀결로서, 스웨덴에서는 산업 집중화가 현저하게 진행되고 있었다는 점을 들 수 있다. 1970년부터 1976년 사이에 3천 7백 개 기업의 합병이 이루어져 1976년에 스웨덴 피용자의 76%가 기업 규모 상위 2백 개 사에 고용되는 상황이 있었다. 대기업체제 속에서 노동자는 소외감을 더욱 강하게 느끼게 되었고, 참가와 자기실현을 요구하는 1970년대의 사회적 분위기와 맞물려 현장에서 반란이 확산되었다. 1969년에 스웨덴 북부 키루나의 국영광산에서 발생한 분쟁을 선두로 조합원이 본부의 지령 없이 벌이는 파업의 증대는 스웨덴 모델을 지탱하는 노동조합의 정통성을 흔들었다. 젊은 노동자의 이직률도 급격히 상승하였고, 탈공업화에 따른 새로운 참가 요구와 집권적이고 코포라티즘적인 시스템의 모순이 집중적으로 나타났다(Martin, 1984: 248-264).

(2) 경제민주주의의 어젠다화

1971년의 LO대회는 노동운동의 노선전환을 상징하였다. 이 대회에서는 1970년대 노동운동의 급진화를 상징하는 두 개의 이슈 즉, 산업민주주의 입법 및 노동자기금 문제가 함께 등장하였다. 우선 산업민주주의 입법에 관해서는 동 대회에 제출된 보고서 「기업민주주의」에 기초하여 데모크라시의 기업 단위로의 확산이 논의되었으며, 그 실현을 위한 수단으로써 단체교섭권의 확대가 제기되었다. 즉, 투자나 인사 등 지금까지는 경영측의 주권에 속하는 것으로 여겨왔던 문제도 단체교섭의 대상으로 포함시킴으로써 노동측의 영향력을 강화하려 했다. 그리고 그것과 함께 협약에서 경영측의 주권 명시를 요구한 SAF 규약 32조의 폐지 주장은 LO가 이전의 타협 틀을 넘어서려는 자세를 보여주는 것으로 주목되었다.

이 대회에서 또 하나의 중요한 움직임은 금속노조가 제출한 노동자기금 도입에 관한 동의였다. 다만 이 시점에서 이 동의는 산업민주주의 입법을 둘러싼 논의에 비하면 그렇게 많은 주목을 받지 못했고, LO 내부에서 조사 프로젝트 설치가 결정된 것에 지나지 않았다. 그러나 이 결의에 근거한 메이드네르를 위원장으로 하는 위원회의 활동 개시는 머지않아 스웨덴을 소란스럽게 만든 노동자기금 문제의 도화선에 불을 붙인 것을 의미하였다.

(3) 산업민주주의 전개

경제민주주의의 제도화 과정은 스웨덴의 정책과정의 룰에 따라서 진행되었다. 산업민주주의 입법에 관한 조사위원회인 노동법위원회(Arbetsrättskommittén)는 1971년에 의회 결의에 근거하여 설치되었으며, 노동자기금에 관한 조사위원회인 기금문제조사위원회(Foundutrdningen)가 1975년에 설치되었다.

노동법위원회로부터는 1975년에 보고서가 제출되었는데, SAF 규약의 32조 폐지, 단체교섭의 내용을 경영권과 관련된 문제로까지 확대하기 위한 법 제정 등이 담겨져 있었다. 중도정당이나 SAF의 대표위원마저 32조 폐지나 단체교섭에서의 협의 사항의 대폭 확대에 합의했다는 것은 주목할 만한 일이다. 이 보고는 각 단체에 대한 의견청취를 거쳐서 공동결정법으로서 법안화되어, 1976년에 의회를 통과하였다(Hadenius, 1983: 124-163).

그리고 이에 앞서 1972년에는 종업원 100명 이상 기업을 대상으로 노동조합이 이사회에 대표를 보내는 노동자중역제가 실현되었고, 1976년에는 대상이 종업원 25명 이상 기업으로 확대되었다. 또한 1974년의 노조의 직장대표위원법과 1977년의 노동환경법 등 노조의 직장대표위원활동 보장이나 직장의 안전환경에 대한 조합의 발언권 강화에 관련된 입법 조치도 취해졌다. 1970년대 말 시점에서 노동측은 경영 차원(노동자중역제), 단체교섭 차원(공동결정법), 작업현장 차원(노조의 직장대표위원법, 노동환경법)이라는 세 가지 차원의 산업민주주의 입법에 더하여 노동자기금 및 종전의 온건한 경제계획화 장치(투자기금제도, ATP기금 등)로 이루어지는 중층적인 경제민주주의 구조를 갖고 있었다고 하겠다.

⑷ 산업민주주의의 실제

그런데 산업민주주의 입법의 실질적인 효과는 반드시 노동측이 기대한 것처럼 되지는 않았다. 그 중핵인 공동결정법만을 보더라도 우선 노동측의 영향력에 대한 제도적 보장이 결여되어 있었다. 이 법에는 경영측에게 폭넓게 경영전반과 관련된 문제에 대해서 정보를 제공하고 교섭에 응할 의무는 있을지라도 노동자측의 견해에 구속될 의무는 없었다. LO 및 TCO는 다수파 보고에 대해서 그 점을 불만스러워했으며, 공동결정을 둘러싼 교섭에서 일정 영역에 노동측의 거부권을 인정할 것을 주장했으나 받아들여지지 않았다. 따라서 공동결정법이 개별 직장에서 어느 정도의 권리를 노동자측에 보장할 것인지는, 이 법을 기반으로 체결되는 부문 단위, 기업 단위의 개별 협약에 맡겨지게 되었다.

그후 공공부문에서는 국가 단위(1978)과 지방 단위(1980)에서 각각 공동결정법을 감안한 개별 협약이 맺어졌으나, 민간에서는 체결이 늦어져 1982년에 들어서 겨우 SAF, LO, PTK(민간 화이트칼라 노조의 교섭 카르텔) 간에 발전협약(Utvecklingsavtalet)이 맺어졌다. 그러나 발전협약은 어디까지나 생산성 향상과 신기술의 효과적 도입이라는 관점에서 참가와 노동내용의 개선을 주장하는 선에 머물렀으며, 노사의 교섭절차에 대해서는 구체화시키지 못한 채 끝났다. 그리고 그후 개별 기업 단위의 협약 체결은 진전되지 않았다(Simonson, 1989: 151-189).

이상과 같은 제도적 제약 문제도 있어 공동결정법이 기업 단위에서 노사관계에 가져온 실질적인 영향에 대해서는 많은 연구가 소극적인 평가를 내리고 있다. 예를 들어 베르그렌(C. Berggren)에 따르면 공동결정법 도입 후 기업경영에 대한 조합의 영향력은 노동환경에 관한 분야에서는 어느 정도 증대가 보이지만, 투자나 인사에 관해서는 거의 변화가 보이지 않는다. 또한 노동조합의 영향력 행사는 자주 의사결정과정의 최종단계에 한정되며, 그런 면에서 볼 때 조합은 극히 수동적인 참가에 머무르고 있다고 하겠다(Berggren, 1986: 102-104).

3) 노동자기금 문제

(1) 왜 노동자기금인가

1971년 LO대회로부터 자문을 의뢰받은 메이드네르를 위원장으로 하는 위원회는 노동자기금 문제에 대해서 검토를 계속해서 1975년에 보고서를 공표했으며, 1976년의 LO대회에서는 그 보고서에 기초한 리포트 '노동자기금을 통한 집단적 자본형성'을 제출하였다. 왜 노동자기금이 필요한가에 대해서 이 리포트는 세 가지를 들고 있다.

첫째, 그것은 렌·메이드네르 모델의 핵심이기도 했던 연대임금정책을 보완하기 위해서이다. 연대임금정책은 기업 이윤의 여하를 불문하고 직종별로 동일 임금 수준을 요구하는데, 고수익 기업의 임금은 이윤에서 볼 때 상대적으로 낮게 억제되기 때문에 잉여가 생긴다. 그 결과 해당 기업에서는 중앙교섭 후, 기업 단위의 임금 추가인상 즉, 임금 드리프트가 유발된다. 이것은 이른바 연대임금정책의 아킬레스건이었는데, 이것이 노사교섭의 다원화와 맞물려 연대임금정책을 공동화시켰으며, 그 결과 1970년대의 경제가 극히 불안정하게 되었다는 것은 이미 살펴본 대로이다. 노동자기금은 그 잉여분에 대해서 어떤 식으로든 공적인 통제를 가하여 임금교섭제도를 안정화시키려고 하였다. 보고서에서는 이 목적에 더하여, 둘째로 과도한 자본집중을 배제하여 대기업의 파워를 억제함, 셋째로 생산 현장에서 노동자의 영향력을 증대시켜 노사간 권력 균형에 변화를 가함 등을 들고 있다. 뒤의 두 가지는 경제민주주의의 확대와 관련된 문제였다(LO, 1976).

그러면 메이드네르의 플랜은 어떠한 형태로 이 세 가지 목적을 실현시키려고 했던 것인가. 오리지널 플랜에 따르면 일정 규모 이상의 기업은 강제증자 형태로 이윤의 20%를 기금에 입금시킨다. 기금은 중앙 단위의 조정기금과 부문별 기금으로 나뉘어 기능분담을 한다. 즉, 조정기금은 주식의 배당분을 폭넓게 직업교육이나 리서치 등의 목적으로 운용한다. 한편 부문기금은 해당기업의 임원회에 대표를 보내 소유권을 행사한다. 각각의 이사회는 노동조합과 다양한 사회 이익대표로 구성된다. 다만 해당 기업의 조합 조직도 영향력을 확보할 수 있도록 하기 위해서 해당 기업의 주식 취득이 20%에 이르기까지 소유권은 개별 기업의 조합 조직에 귀속시킨다. 그리고 그것을 초월한 분부터는 부문기금이 소유권을 행사한다.

(2) 노동자기금 문제의 전개

이와 같이 플랜은 급진적인 성격을 갖고 있었으며, 종전의 스웨덴 노동운동의 전략에서 크게 벗어났다. LO대회는 이 플랜을 승인하였으며 노동자기금 문제가 움직이기 시작했다. 미디어도 큰 관심을 보였는데, 예를 들어 보수계 유력지인 《스벤스카 다그블라데트》는 기금을 '위장된 사회화'라고 평하였다. 이에 대해서 메이드네르는 플랜 발표와 더불어 한 인터뷰에서 이 기금 모델의 핵심은 권력문제라고 강조하면서 기금의 지향점을 '일종의 사회주의로 받아들여도 좋다'고 발언했다(Åsard, 1985: 34). 이때 메이드네르에게는 지금까지의 렌·메이드네르 모델이 비그포르스 등에 의한 경제민주주의의 제기를 소홀히 했다는 자책감이 있었다고 한다.[2]

그러면 사민당은 이 문제에 어떻게 대응하려고 했던가? LO 내부에서 중대한 제안이 준비되고 있었음에도 불구하고 사민당은 기금문제에 대해서는 처음에는 큰 관심을 보이지 않았고, 메이드네르 플랜의 형성과정에서 LO-사민당 간에 접촉은 거의 없었다. 사민당 서기장 안데르손(S. Andersson)은 기금 플랜의 내용을 살펴보고 그것이 권력문제를 지나치게 강조하고 있다고 하면서 당혹스러움을 감추지 못했다(Åsard, 1985: 42).

그 때문에 LO대회 후에 있었던 1976년 총선거에서는 정면으로 권력문제를 내건 LO와 기금문제를 쟁점으로부터 제외시키려고 하는 사민당 사이에 서로 보조가 잘 맞지 않았다. 결과적으로 이 선거에서 사민당은 약 44

---

2 메이드네르는 1975년의 기금 플랜 발표 직전에 당시 94세였던 비그포르스를 방문했다. 그때 비그포르스는 '자네는 굳이 할 작정인가'라고 메이드네르에게 질문하며, 그것이 쉽지 않을 것이라는 견해를 보였다고 한다. 이 내용은 메이드네르가 필자에게 해준 말에 근거한다.

년만에 정권을 상실하게 되었다. 선거 때 실시한 조사에서 유권자의 주요한 관심은 경제정책과 원자력발전 문제였으며, 1970년대에 들어서 경제 악화가 정권교체를 촉진시킨 주요 요인이었다고 하겠다. 또한 급격한 산업구조 전환의 대가로서 특히 지방에서는 과소화와 경제적 정체가 문제가 되는 곳도 나타나기 시작하여 지방의 이익을 내세우는 중앙당이 지지를 신장시키게 되었음도 지적할 수 있다. 이에 반해서 기금 문제를 정당선택의 중요한 판단 재료로 삼은 유권자는 4% 정도였으며, 경영측의 비판 캠페인도 그 뒤와 비교해보면 약했다. 기금문제가 선거의 패배를 불러왔다고는 말할 수 없다(Gilljam, 1988: 31-32, 221; Lewin, 1988: 290).

그런데 이 선거 결과 그 자체는 기금문제의 행방에 결정적인 영향을 끼쳤다. 정권교체라는 사태 속에서 LO 의장 닐손(G. Nilsson)은 노동조합은 지금까지보다 사민당의 정치적 입장에 배려하지 않으면 안된다는 인식을 표명했다. 1977년 이후 LO와 사민당은 합동 작업 그룹을 만들어 기금 플랜의 구체적인 작업에 들어갔다. 여기서 사민당에서 참가한 우파 펠트의 영향력이 점차 커져, 기금 플랜을 환골탈태시켜 '무해'하게 만드는 데 힘이 기울여졌다. 구체적으로는 노동자기금의 역할을 권력 이행으로부터 경제활성화를 위한 자본형성으로 전환시켜가는 것이 이 그룹의 과제가 되었다. 1978년, 1981년의 두 번의 보고서를 거치면서 방향은 점점 명확해졌다. 메이드네르 자신은 얼마 안 있어 기금 플랜 검토 그룹에서 이탈하였다.

이와 같이 사민당과 LO가 계속 타협을 거듭해갔음에 반해 경영자단체의 대응은 오히려 점차 냉담해져갔다. 기금문제가 부상했을 때 경영자 단체, 특히 SAF는 노사교섭시스템이 동요되어 종전의 스웨덴 모델의 장점이 약화되었다고 보고 있었다. 그중에서도 다국적화되어 스웨덴 노동시장에 대한 의존이 약화된 금속산업의 경영자단체인 금속연맹(VF, 현재의 VI)은 더욱 그런 견해가 강했다. 1980년에 4개의 공무원노조(SF, SKAF, KTK, TCO-S)가 민간보다 앞서 통일된 요구를 내건 것을 계기로 전후 최대 공장 폐쇄로 발전된 이른바 '대분쟁'이 발생하자 금속연맹은 스웨덴 모델로부터의 이탈을 진지하게 모색하기 시작하였다(Brostöm, 1981; Martin, 1992: 144).

(3) 코포라티즘에서 미디어 정치로

사민당과 LO의 양보로 기금 플랜 그 자체는 경영자단체에게 직접적인 위협이 안되게 되었으나, SAF에서는 새로운 전략적 의도가 싹트고 있었다. 즉, 기금문제를 최대한으로 이용하여 노동조합에 대한 비판적인 여론을 형성시켜 노사의 역학관계를 바꾸고자 하는 의도였다.

SAF가 스웨덴 모델로부터 이탈하는 방향으로 움직이기 시작했을 뿐만 아니라 이와 같이 정치적이 된 배경으로는 1976년 이후 보수·중도정권의 배회를 들 수 있을 것이다. 보편주의적 복지국가의 정통성이 정착된 이상 보수·중도정권이라고 해도 대담하게 복지 삭감에 착수할 수 없었다. 1970년부터 1976년까지 연 8%를 보인 사회지출 신장률은 보수·중도 정권이 3년간 7.3%로 약간 기세를 누그러뜨린 정도에 지나지 않았다(Heclo and Madsen, 1987: 167-168). 오히려 보수·중도정권은 철강, 조선 등 수익이 악화된 기업에 대해서 거액의 기업 구제비를 투입하여 재정을 악화시켰다(戸原, 1988: 334-337). 또한 내부의 갈등도 현저해졌다. 특히 원자력발전 문제에서 반대입장을 취하는 중앙당과 추진파인 보수당으로 양극이 대립했던 페르딩 내각은 원자력발전 문제가 쟁점화되면서 와해되었다. 그 결과 보수·중도정권은 1979년 선거에서 간신히 다수를 유지했지만 사민당에게 맹렬한 추격을 받았다.

이와 같은 배경 하에서 기금문제는 이익조정이 필요한 정책문제라고 하기보다는 정치적인 이데올로기 대립의 초점이 되었다. 지금까지 이 책에서 다루어온 정치과정과는 달리 이데올로기 대립이 선행하는 상황에서는 코포라티즘적인 이익조정은 현실적이지 않다. 이것은 1975년에 설치된 기금문제조사위원회와 관련된 정치과정에서도 분명하다. 이 조사위원회에서 경영측을 대표한 발덴스트룀(E. Waldenström)은 중소기업 주체의 경영자단체(SI)를 배경으로 하는 노사협의파였으며, 독자의 기금 플랜을 준비하는 등 노동측과 실질적인 협의에 들어가려고 했다. 그런 움직임을 경계한 금속연맹을 비롯한 SAF 내부의 스웨덴 모델 해체파는 조사위원회 외부에서 발덴스트룀의 언동을 점검하는 그룹을 만들어 움직임을 제지하였다. 그 결과 기금문제위원회는 1981년 9월에 어떤 기금모델의 제안도 포함하지 않은 최종 보고서를 제출하고 해산한다(Åsard, 1985: 102-122).

SAF 전략은 코포라티즘으로부터 벗어나고, 미디어 구사를 통해 스웨덴 모델 탈각의 기초를 만드는 것이었다. SAF 내부에는 이사회의 주도로 미디어 대책 프로젝트팀이 만들어졌으며, 출판사 설립, 기업조직의 활용, 매스 미디어 동원, 공연 등을 통한 다양한 수단을 활용해 반기금 투쟁을 펼쳤다. 코포라티즘적인 제도를 무대로 한 이익조정 정치로부터 이데올로기 대립을 전면에 내세운 미디어 정치로의 이행을 엿보게 하는 움직임이었다 (Hansson, 1984).

⑷ 노동자기금의 '성립'

이와 같은 상황에서 스웨덴은 1982년 총선거를 맞이한다. 사민당은 1979년 선거에 비해 2.4포인트 증가한 45.6%의 득표를 획득하여 6년만에 정권에 복귀하였다. 반노동자기금 투쟁의 효과는 1981년에 SAF의 투쟁이 본격화된 시점부터, 그때까지 지지가 겨우 1%이라고는 하지만 반대를 상회했던 《다겐스 뉘헤테르》지의 조사를 포함하여 급격히 반대론이 증대한 것에서도 분명했다. 1976년, 1979년의 선거에서는 선거의 쟁점이 되지 않았던 기금문제였으나, 이 선거에서는 22%의 시민이 가장 중요 쟁점으로 들게 되었다. 그럼에도 불구하고 사민당이 정권에 복귀할 수 있었던 것은 보수 · 중도정권의 정책적 실책의 귀결로서 고용정책과 경제정책이 각각 21%, 10%로 중시되어 둘을 합하면 정당선택의 기준으로서 노동자기금 문제보다 강한 영향을 가졌기 때문이라고 보여진다(Gilljam, 1988; Lewin: 287-291).

선거 후 정권에 복귀한 사민당 팔메 내각은 최종적으로 의회에 제출할 기금안 검토를 시작했으나, SAF는 정부의 새로운 조사위원회의 참가를 거부하였다. 최종적으로 정리된 기금 플랜은 1978년 이후의 사민당·LO 플랜과 마찬가지로 어디까지나 자본형성에 중점을 두었으며, 한 기업당 취득 가능한 주식을 한정하는 등, 원래 메이드네르 플랜과는 전혀 달라졌다. 더나아가 결정적이었던 것은 1990년도에 기금 징수를 중지하는 시한 입법이 되었다는 점이었다. 기금 플랜이 발표되던 날 주식시장에서는 그 내용이 자본주의에 대한 위협이 되지 않을 것이라는 점이 호감을 사 주가가 상승하였는데, SAF에게는 내용이 문제가 아니었기 때문에 반기금 투쟁을 계속했다.

1982년 12월 21일, 스웨덴 의회는 이틀에 걸친 토론 끝에 노동자기금법안을 찬성 164, 반대 158로 가결시켰다. 사민당-LO 블록에 승리감은 희박했다. 기금법안의 심의 중, 한 지방 신문의 사진기자는 망원렌즈로 우연히 동 법안의 취지 설명을 막 끝낸 재무장관 펠트가 손에 들고 있던 서류에 쓴 메모 내용을 촬영하였다. 거기에는 '노동자기금은 쓰레기다. 맞다. 쓰레기를 여기까지 끌고 왔다'고 적혀 있었다.

2. '제3의 길'과 경제 글로벌리제이션

1) 경제정책의 동요

(1) 경제의 실상

'사회주의의 위협'으로 보았던 노동자기금이 겉모습만 갖추어 성립했던 1982년 국회에서, 펠트 등은 '제3의 길'이라 불리는 새로운 경제전략에 본격적으로 착수하고자 했다. 이 사실은 이 시기의 사회당 정치의 진폭이 격렬했음을 말해준다. '제3의 길' 노선도 스웨덴 모델이 직면한 곤경을 타개하고자 하는 전략이었는데, 노동자기금전략과는 정반대 되는 이념에 기초하였다.

1970년대를 거치면서 스웨덴 경제는 여러 가지 문제를 껴안게 되었다. 공공부문은 확대를 계속하여 공무원 수는 1965년의 53만 명에서 1979년 121만 명으로 급증했음에 반해, 민간에서는 고정자본투자 저조가 두드러졌으며, 생산성 상승률을 보면 1961년부터 1973년까지의 평균이 3.2%였던 것이, 1973년부터 1975년까지의 평균은 0.6%로 저하되었다. 한편으로 노동의 다원화와 중앙교섭시스템의 동요 속에서, 노동 비용은 수출 산업의 경쟁력 확보라는 이전의 합리적 기준을 초월하여 계속 증대해, 1965년부터 1970년까지의 평균 상승률이 8.4%인 데 비해, 1970년부터 1975년까지의 평균은 12%였다. 이것이 1977, 1978년도에는 각각 11%, 10%로 두 자리 숫자의 소비자물가 상승률을 낳아 실질임금을 끌어내림과 동시에 스웨덴 수출산업이 경쟁력에 타격을 주었다. 경상수지는 1974년에 적자로 전환되었고, 1980년에는 적자액이 185억 크로나로 GDP의 3.5%에 달했다(米村, 1984).

⑵ '위기 프로그램'

정권 복귀 직전부터 사민당 내에서는 펠트를 중심으로 하는 프로젝트팀 '위기문제 그룹'이 위기타개책을 강구했는데, 여기서 만들어진 것이 1980년대 전반의 경제정책 지침이 된 '위기 프로그램'이었다. '위기 프로그램'은 직면한 경제위기를 노동 비용의 불균형적인 상승을 요인으로 한 구조적인 위기로 보았다(Feldt, 1991: 20-21). 그리고 이 위기를 무엇보다도 스웨덴 대기업의 수익률 개선이라는 방법으로 타개하고자 했던 것이 '제3의 길' 노선이었다(岡澤, 1989).

구체적으로는 우선 1982년에 크로나의 16% 평가절하를 단행해 수출부문의 국제경쟁력 향상을 꾀했다. 동일한 관점에서 정부는 임금인상 억제에 적극적인 주도권을 발휘하여 1985년에는 팔메 수상이 노사대표를 관저로 불러 사실상의 소득정책적 개입을 하였다(Feldt, 1991: 37-114). '제3의 길' 노선은 대처리즘과도, 당시의 미테랑 정권에서 보여지는 전통적인 사회민주주의와도 거리를 둔다는 의미에서 그런 이름이 붙여졌는데, 기업의 수익성 회복을 가장 우선시했다는 발상에 한정해서 말한다면 전자에 가까웠다.

'제3의 길' 노선을 통해서 스웨덴은 중기적인 경제활성화에는 성공하였다. 자본이익률은 1960년대 수준까지 회복되었으며, 고정자본투자도 1983년부터 1988년 사이에 GDP의 10.5%에서 15%로 상승했다. 보수·중도정권이 증액시킨 일련의 기업 구제금 등을 삭감시켜 재정수지는 개선되었고, 1987년부터는 흑자로 돌아섰으며, 1989년에는 GDP 대비 5% 흑자 수지가 되었다. 그러나 한편으로 특히 장기적 관점에서 볼 경우 '제3의 길' 정책은 스웨덴 모델의 기반을 동요시키는 중대한 변화를 초래하게 되었다(Ryner, 1993).

2) 경제 글로벌리제이션과 복지국가

(1) 경제 글로벌리제이션의 진전

'제3의 길' 노선의 공과 문제는 1980년대에 급격히 진행되는 국제화와 관련시켜 이해할 필요가 있다. 스웨덴을 비롯한 선진공업국에서 경제 정책의 효과를 보장한 것은 브레튼우즈 체제라 불리는 국제경제의 틀이었다. IMF 협정을 기초로 한 브레튼우즈 체제는 달러를 기축통화로 하는 고정환율제였으며, 기본적으로 자유무역체제의 유지, 국제수지와 환율안정을 지향하였다. 자본이동에 제약에 없는 변동환율제 하에서는 한 나라의 경제정책(재정금융정책)의 효과는 한정되어 완전고용유지를 위한 수단은 제약된다. 예를 들어 공공투자를 확대해도 외국으로부터 투자가 몰려온다면 효과는 약해지며, 금융정책은 수요환기보다도 고정환율을 유지하는 것을 근본으로 하지 않을 수 없다. 그러나 제1차 세계대전과 제2차 세계대전 사이에 있었던 경제공황 경험을 고려한 브레튼우즈 체제에서는 각국에 자본의 국제이동을 제한하는 권한이 부여되었고, 또한 일정한 조건하에서 평가절하를 인정하는 등 한 나라의 경제안정과 완전고용에 길을 열어두었다.

1971년의 닉슨 쇼크로 인해 브레튼우즈 체제가 해체되었는데, 그후에도 각국은 실제적으로는 자본 유입에 대한 조정을 계속하였다. 그러나 그 배후에서는 유로 달러를 통한 역외 시장 형성, 다국적기업의 활동 확대 등으로 자본의 단기적 이동이 점차 활성화되었다. 1972년부터 1985년 사이에 국제무역의 증가율은 연 12.7%이었음에 비해 은행간 국제적인 자본 거래는 21.4% 비율로 증가하였다. 국제 환거래는 1970년 초에는 하루 약 1천 억 달러였으나, 컴퓨터 기술 진보에 의해서 1995년에는 1조 2천 억 달러를 넘어섰다. 1985년부터 1990년 사이에 해외직접투자는 매년 평균 34% 증대했는데, 다국적기업 내부에서 국경을 초월한 자금조정이나 해외시장에서의 자본조달이 용이하게 되면 국가의 재정금융정책의 효과는 약해져 공동화될 것이다(Goodman and Pauly, 1993: 57; Moses, 1994).

(2) 조정 방기

이 시기에 '제3의 길'을 추진하려고 하는 펠트는 이러한 흐름에 추종하여 금융의 규제완화를 단행하였다. 과거 스웨덴 중앙은행(Riksbanken)은 의회위원회의 정치적 통제 하에 있었으며, 독일에 비해서 자율성이 약했다. 바꾸어 말하면 여기에 정부의 경제정책이 금융정책을 끌어들여 정책 연계를 형성할 조건이 있었다고 하겠다(Scharpf, 1991: 203-209). 그러나 펠트는 이 조건을 스스로 방기하는 방향으로 개혁을 추진하였다.

하나의 계기가 된 것은 재정적자를 축소하기 위해 1982년, 1983년에 실시된 각종 국채발행이었다. 이것이 증권시장을 확대시켜 정부의 금융 규제의 한계를 노정시켰고, 역으로 규제완화론의 기세를 강화시켰다. 1985년 5월에는 은행의 금리규제가 폐지되었고, 11월에는 상업은행의 대출규제가 철폐되었다. 일련의 규제완화는 의회위원회 내부에서도 이렇다 할 논의도 거치지 않은 채 펠트와 중앙은행총재 덴니스(B. Dennis)의 주도로 추진되었다. 그런데 나중에 대출규제 철폐를 가리켜 '11월 혁명'이라는 용어가 사용되었던 것에서 엿볼 수 있는 것처럼 이 결정의 영향은 지대했다

(Svensson, 1996: 37).

첫째, 이 금융규제의 완화는 소비 붐과 부동산투기 확대 속에서 실시되어 이미 과열 기미를 보였던 스웨덴 경제에 기름을 붓는 격이 되었다. 인플레이션과 임금인상 경쟁에도 박차를 가하게 되었으며 중앙교섭시스템은 한층 더 불안하게 되었다. 그리고 시도된 기업의 생산성 개선이 충분히 이루어지지 않은 채 거품경제가 붕괴된다. 거기에다가 1990년의 조세개혁이 세금공제 후의 이자율을 상승시키는 결과를 초래하였고, 게다가 소비를 냉각시키는 효과도 가져왔기 때문에 국내 기업의 수익률은 급속히 악화되었다. 여기에 1990년대에 들어서 경제위기로 이어지는 정책실패가 있었다.

둘째, 좀더 장기적으로 볼 경우 일련의 금융규제 완화는 국가의 경제 조정 능력을 결정적으로 쇠퇴시켰다. 국내자본에 대한 안정된 자본공급이 반드시 보장되지는 않게 되었으며, 스웨덴 자본의 국제화가 촉진되었다. 통화 평가절하와 임금억제에 의해 고수익을 막 올리기 시작하였던 스웨덴 대기업은 새롭게 창출된 이익을 해외직접투자로 돌렸다. <그림 4-2>에서 볼 수 있는 것처럼 해외직접투자는 '11월 혁명'을 거친 1986년부터 4년

〈그림 4-2〉 스웨덴의 해외직접투자

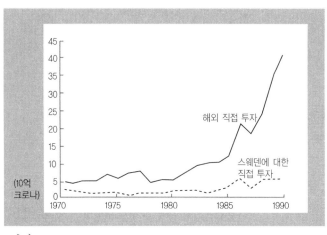

• 출처: Pontusson, 1992: 322.

간 거의 배로 증가하였다. 스웨덴 제조업 상위 10사를 보면 1991년도에 해외매출은 평균 총매출의 86%에 달했는데, 그에 더하여 직접투자의 급증으로 총종업원 중에서 스웨덴 국내 고용 비율은 29%까지 낮아졌다. 제조업 전체로 보면 국내 고용에 대한 해외고용의 비율은 1960년에 12%였는데, 1978년에는 26% 그리고 1989년에는 37%가 되었다. 스웨덴 자본은 국내에 조립라인을 두고 해외에 판매망을 갖는 수출지향형 기업에서 본격적인 다국적기업으로 변모하였다(Pontusson, 1992b).

3. 코포라티즘의 종언

1970년대 중반부터 진행된 탈공업화와 1980년대를 거치면서 현저해진 국제화에 의해서 스웨덴 모델의 환경은 크게 변하였다. 탈공업화에 따른 노동의 다원화에 의해서 중앙집권적 노사교섭제도는 이전과 같은 조정 능력을 가질 수 없게 되었다. 경쟁력 있는 기업은 이미 많은 노동력을 흡수할 수 없게 되었으며 잉여노동력은 공적부문에 흡수되었다. 또한 다국적화된 스웨덴 자본은 국가 단위에서의 단일한 노사타협을 필요한 것으로 보지 않게 되었다. 이러한 가운데 LO는 렌·메이드네르 모델을 경제 민주주의를 통해서 보강함으로써 사태에 대처하려고 했다. 이것이 노사의 이탈을 한층 더 부추겼다.

1990년대에 들어서 SAF는 스웨덴 모델 이탈의 제1보로서 코포라티즘 해체에 발을 내디뎠다. 이 책에서는 스웨덴의 코포라티즘을 노사 중앙교섭제도와 행정위원회나 조사위원회 등의 정책참가제도라는 두 개의 중심 요소를 가진 것으로 보아 스웨덴 모델의 제도적 조건으로 위치 지웠는데, SAF는 중앙교섭제도의 내용을 주변적인 문제로 한정함과 동시에, 행정위원회에 대해서도 대표위원을 철수시킬 것을 결단하였다. 그것은 구체적으로 다음과 같이 이루어졌다.

1) 중앙교섭제도의 해체

(1) 금속연맹의 전략

SAF 내부라 해도 유통, 호텔, 레스토랑 등 국내 중소자본 경영자는 여전히 협조형 노사관계와 코포라티즘이 이점이 있는 것으로 보고 있었다. 이에 반해 그 해체 움직임의 중심이 된 것은 급속히 다국적화 내지는 유럽기업화된 대기업이 많이 소속되어 있는 금속연맹(VF)이었다. 금속연맹 내부에서 특히 볼보나 SKF를 중심으로 하는 스웨덴 서부의 자본 그룹이 중앙교섭해체 움직임의 중핵이 되어간다.

금속연맹은 우선 노사분쟁에 독자적으로 대처하기 위해 투쟁기금을 설치함과 동시에 SAF에 대해서는 교섭분권화를 위한 규약개정을 요구했다. 구체적으로는 SAF가 더 이상 직접적으로 임금교섭을 실시하지 않을 것을 규약에 명시함과 더불어 가맹단체가 SAF의 승인 없이 공장폐쇄에 호소할 수 있도록 요구하였다. 이에 따라 SAF는 1981년 5월에 프로젝트팀을 발족시켜 중앙교섭에 대해 재검토하기 시작했다(De Geer, 1992: 160).

SAF 내부 논의에서 금속연맹의 자세는 매우 강경하였으며, 만약 규약 개정이 실현되지 않는다면 탈퇴도 불사하겠다고 밝혔다. 그 결과 SAF는 강한 이견을 남겨둔 채로 1982년 5월에 규약의 일부를 개정하여 가맹단체의 독자적 공장폐쇄를 승인하였다. 그러나 이 시점에서는 중앙교섭 자체를 방기하는 데까지는 이르지 않았다. 이러한 상황을 주목하여 금속연맹은 교섭 파트너인 금속노조에 직접적으로 협력을 요구하여 중앙교섭제도의 해체를 위해 독자 행동을 개시한다. 상대적인 고임금을 획득하여 조합원의 감소를 막기 위해서 금속노조측도 이에 응하여 1983년에는 금속연맹과 금속노조의 분리교섭이 실현되었다(De Geer, 1992: 162-164; Elvander, 1988: 79-98).

물론 분권화 움직임이 아무런 저항에 부딪히지 않고 일직선으로 진행된 것은 아니었다. 1983년, 1984년 분권교섭의 폐해를 중시한 사민당 정부는 1985년에 팔메 수상이 LO, PTK(화이트칼라 노조의 교섭카르텔), SAF의 대표를 로젠밧드의 수상관저로 불러 저소득층에 대해 감세조치 등을 하는 대신에 임금인상폭을 5% 이내로 억제할 것을 요청하여 기본적으로 받아들여졌다. 이른바 로젠밧드 회의이다. 또한 1986년 라운드에서는 1983년 분리교섭에 응한 금속노조가 지도부의 교체와 저임금조합의 임금인상을 조건으로 중앙교섭에 복귀하였다. 한편으로 금속연맹은 SAF에 대한 교섭위임을 거부하였고, SAF도 산별교섭을 촉구했으나, 팔메 수상 암살이라는 돌발 사태로 인해 노사는 모두 강경 자세를 취하기 어렵게 되어 정부조정을 통해 SAF-LO 사이에 2년 협약이 맺어졌다(Martin, 1992: 57-64). 그리고 1988년 라운드에서는 모든 교섭이 산별로 실시되었는데, 1989년에는 SAF의 중소 경영자단체는 노조상호의 임금경쟁을 경계하여 중앙교섭을 선택했으며, 금속연맹을 제외한 SAF-LO 사이에 협약이 체결되었다.

⑵ SAF의 결정

금속연맹은 분권화 행보가 너무 느리다고 느꼈다. 특히 1989년 라운드에서 다른 경영자단체의 타협적 태도에 조바심이 난 금속연맹은, 독자 행동을 통해서 SAF를 동요시키는 종전의 전략을 바꾸어, SAF 자체의 근본적인 방침 전환을 위해 전략을 경주한다. 특히 SAF 의장 교체가 중대한 초점이 되었다. 중앙교섭에서 여전히 전략적 가치를 찾아냈던 전임자가 은퇴한 후, 인사문제로 약간 혼란이 있었으나, 금속연맹의 강력한 지지에 의해 라우린(U. Laurin)이 의장에 취임한다. 라우린은 볼보·SKF 그룹의 음료수 제조업체 PLM 출신인데, 금속연맹의 지도부는 그를 의장으로 추천할 때 여러 명의 후보를 면접한 후 가장 적합한 인물을 신중히 선정했다고 한다.

신집행부하에서 SAF는 1990년 2월 2일 중대한 이사회 성명을 발표한다. 즉, 앞으로는 임금과 일반적 고용조건에 관한 단체교섭은 모두 산별 단위에서 실시한다고 선언했던 것이다. 다만 사회보험이나 노동환경 등과 관련된 교섭에 대해서는 SAF가 노동조합과 직접교섭에 임한다고 밝혔다(SAF, 1990). 1980년대부터 SAF 내부에서 계속되어온 논쟁에서 금속 연맹을 중심으로 한 분권파가 최종적으로 승리했다는 것은, 이 결정이 전원일치로 이루어졌다는 점에서도 분명하게 알 수 있다. 거의 동시에 SAF는 중앙교섭 담당국을 폐지했으며, 중앙교섭 존속파로 간주되었던 교섭책임자 알보게(L. Albäge)는 해임되었다. 또한 중앙교섭의 근거가 되는 임금통계 수집이 중지되었다. 라우린 의장은 SAF의 기관지에서 이 결의를 '역사적 결정'이라고 정의한 후, 분권적 교섭 하에서 SAF는 '서비스 · 조언기관'으로서 새로운 중요한 역할을 할 것이라고 하였다(SAF tidningen, 16 Februari, 1991).

그후 SAF는 노사교섭은 최종적으로는 기업 단위에서 실시해야 되며, 산별 교섭은 그것을 위한 경과조치라는 견해를 강조한다(SAF, 1993). 이미 많은 단위 기업에서 착수된 것처럼 노사간 이익분배제도나 보너스제도 등과도 조합하여 임금제도를 노무관리장치로써 활용하는 것이 SAF의 새로운 노선이다. 어쨌든 1952년에 SAF의 주도로 시작되어, 자주 스웨덴 모델의 핵으로 간주해왔던 노사중앙교섭은 사실상 약 40년간의 역사에 종지부를 찍었다.

2) 행정위원회제도 해체

(1) 정치전략의 전환

중앙교섭 해체 움직임과 궤를 같이 하여 행정위원회를 중심으로 하는 정책참가제도에 대해서도 SAF는 비판을 강화하였다. SAF가 정책참가제도 해체 결의를 굳힌 경위에도 가맹기업의 유럽기업화와 탈공업화가 크게 영향을 끼쳤다. 첫째, 급격하게 유럽 단위로 활동의 장을 넓힌 스웨덴 기업은 일국 단위의 정치경제적 틀을 더 이상 활동을 구속하는 것으로 보지 않게 되었다. 둘째, 스웨덴 사회의 탈공업화와 정보화 속에서 SAF는 정치적 영향력 행사의 방법으로서 코포라티즘적인 회로보다도 미디어를 구사한 이념투쟁에서 유효성을 찾게 되었다. 특히 전술한 것처럼 노동자기금 구상에 반대하는 격렬한 투쟁을 통해서 동 기금을 사실상 유명무실하게 만든 경험은 미디어 활용과 미국식 로비야말로 자본의 이익을 더욱 효과적으로 정치에 반영시키는 수단이라는 확신을 SAF에게 주었다.

행정위원회제도 해체를 향한 첫 번째 본격적인 움직임은, 1983년에 보수정권의 과제를 떠안으면서 행정위원회제도의 개선을 위한 조사위원회가 설치됨으로써 시작되었다. 이 조사위원회는 1985년에 답신을 제출하였는데, 몇 개의 행정위원회에 대해서는 폐지를 주장하였고, 나아가 행정위원회에서 이익집단대표의 역할을 순수하게 조언자로서 한정시킬 것을 제언하였다. SAF는 이 답신에 찬동함과 동시에, 여기에 보조를 맞추기나 하는 듯 행정위원회에 대한 대표 파견을 변경할 것을 결정하였고, 정부에게도 이 답신을 존중하도록 요구했다(Dagens Nyheter, 12 oktorber, 1985). 스웨덴 정책과정의 룰에 따라서 이 답신은 법안화되어 1986년 의회에 제출되었으나 사민당 정권이라는 영향 탓에 부결되었다.

(2) '안녕 코포라티즘!'

SAF는 이 첫 번째 움직임이 실패한 후, 내부에서 이견도 나왔기 때문에 주요 행정위원회에 대표를 머물게 했으나, 동시에 상술한 반노동자기금 투쟁 경험을 모방하여 각종 세미나 개최나 매스 미디어를 통해서 이익집단의 정책과정 참가를 비판하는 투쟁을 시작하였다. 그 최종단계인 1991년에는『안녕, 코포라티즘!(*Färväl till Korporatismen!*)』이라는 논문집을 간행하였으며, 그 속에서 라우린 의장 자신이 집필진을 이끌었다. 이 논문에서 라우린 EC 시장통합과 산업사회의 변동으로 거대이익집단과 정부의 결합인 코포라티즘은 이제 역할이 끝났다고 강조하면서, 탈코포라티즘화를 통해 정책결정을 투명화하여 민주주의를 회복시킬 필요가 있다고 주장했다 (Laurin, 1991).

이에 앞서서 SAF 이사회는 중앙교섭의 종결을 결정한 1990년 7월, 노동재판소 등 세 기관을 제외하고 행정위원회로부터 대표를 철수시킬 방침을 결정했다. 그리고 다음해 2월 이사회에서 이 결정을 1992년도 중에 실행에 옮길 것을 결정하였고, 2월 14일에는 전무이사 툰함마르 이름으로 칼손 수상 앞으로 보낸 서간에서 이것을 통고하였으며, 덧붙여 모든 이익집단의 행정기관에 대한 대표 파견을 앞으로 인정해서는 안 된다고 서술하였다(SAF, 1992). 이것은 중앙교섭 해체의 뒤를 이어서 SAF의 코포라티즘에 대한 최종적인 결별선언이었다. 툰함마르는 기관지 인터뷰에서 로비나 여론 형성 노력 등에 힘을 기울일 것이라고 밝혀, SAF의 정치적 영향력이 약해지지 않을 것이라고 강조하였다(SAF tidningen, 1 Februari, 1991). 그리고 실제로 SAF는 1992년도 중에 12개 행정위원회로부터 대표를 철수시켰다. 다만 이 단계에서는 사민당 정권은 이것을 SAF라는 하나의 이익집단의 결정으로 보았다.

그런데 1991년 가을에 9년만에 보수정권이 탄생하자 사태는 한층 더 진전되었다. 보수정권은 SAF 대표가 철수한 행정위원회를 이익대표의 균형을 결여한 극히 비정상적인 것이라고 보았으며, 1992년 봄에 SAF 대표가 모습을 감춘 행정위원회로부터 모든 이익집단대표가 철수하는 것을 내용으로 한 법안을 의회에 제출하여 사민당의 강한 반대에도 불구하고 가결시켰다(Micheletti, 1992: 80-81). 중앙교섭의 종언과 행정위원회로부터 경영대표의 철수는 스웨덴 코포라티즘의 주축 부분이 해체되었음을 의미했다.

4. 새로운 사회민주주의 전략—분권화·개인화·유럽화

지금까지 살펴본 것처럼 1970년대 말부터 1980년대에 걸쳐서는 스웨덴 모델의 동요가 현저해졌던 시기였다. 그 사이에 사민당이나 노조는 결코 수수방관을 한 것은 아니었다. 이 시기는 노동운동 내부에서도 여러 시점에서 그때까지의 복지국가 전략의 수정이 시작된 시기이기도 했다. 협의의 복지국가 전략에 관해서는 다음 장에서 중점적으로 고찰하는 것으로 하고, 여기서는 복지국가 전략과 밀접히 관련된 사회민주주의 전략의 전환으로서 스웨덴 모델의 분권화와 개인화 그리고 복지국가와 코포라티즘의 유럽화라는 세 가지 점을 덧붙이고자 한다.

1) 분권화와 한계

(1) 프리 코뮌 실험

가) 분권화 속의 집권화

앞장에서도 서술한 것처럼 '중간층의 복지국가화'는 우선 이전지출의 급증을 가져왔으나, 동시에 사회 서비스에 관한 소비지출도 절대량으로서는 크게 신장되었다. 1960년에 GDP 대비 16%였던 정부소비는 1980년에는 29%에 달했으며, 중앙·지방의 공무원 수는 동일시기에 고용자총수의 12.8%에서 30.7%로 늘어났다. 복지, 교육, 의료관계 지출은 기본적으로는 도(道)와 코뮌에 의해서 실시되었기 때문에 복지국가의 확대는 지방 정부의 팽창이었다. 따라서 정부소비의 GDP비는 중앙정부를 통한 것이 1960년부터 1980년 사이에 8%에서 9%로 늘어났음에 지나지 않았으나, 도·코뮌에 의한 것은 8%에서 20%로 늘어났고, 노동인구에서 공무원이 차지하는 수도 1960년에는 중앙정부가 5.3%, 도·코뮌이 7.5%이었던 것이, 1980년에는 중앙정부가 7.5%에 머물렀음에 비해 도·코뮌은 23.2%까지 증대하였다(Statistiska centralbyån, 1990).

그런데 자치체를 기초로 한 복지국가 발전 그 자체가 진정한 분권적 시스템 형성을 의미하지는 않았다. 한편으로는 코뮌 통합이 진행되어 1964년에는 1천 6개 있었던 코뮌이 1980년에는 2백 79개로 정리되었다(그후 2백 88개로 증가). 여기서 공공 서비스가 확대되었기 때문에 공급 체제의 효율성이 중시되었다. 이와 함께 시민과 정치적 대표자의 거리도 멀어졌다. 1960년대에는 3만 명 이상 있었던 지방의원수가 1973년 이후에는 1만 3천 명 정도로 감소되었다. 지역에 밀착한 정당활동은 한층 더 약해졌다. 또한 지역간 격차시정을 위해 획일적인 복지행정이 전개되어 시민은 형식적으로는 분권적인 시스템 속에서 실질적인 집권화와 관료화가 진행되고 있다는 느낌을 강하게 받았다(Petersson, 1992: 113-114).

나) 홀름베리 개혁

스웨덴의 투표행동연구의 선구자인 페테르손(O. Petersson)의 연구는, 1976년 선거에서 사민당의 패퇴와 40년만의 실권 배경의 하나로서, 행정의 관료화 문제에 있어서 사민당 정권에 대한 비판의 확산을 지적한다(Petersson, 1977). 사민당의 집행부 역시 동일한 인식을 갖고 있었다. 1982년 선거에서 보수 · 중도정권의 경제운영 실패로 사민당이 다시 정권에 복귀하였는데, 팔메 정권이 우선적으로 분권화를 축으로 한 관료제 개혁에 착수한 데에는 이러한 배경이 있었다(Mellbourn, 1986: 13).

팔메 개혁의 중점은 '관료제로부터 시민을 지키는 보루'로서 시민부(Civildepartementet)를 설치하는 것이었다. 시민부는 예산부 관할 하에 있던 공무원인사, 임금문제의 관할과 자치부 관할 하에 있던 코뮌, 도 행정관리와 국민운동관계의 관할을 이양 받는 형태로 발족하였으며, 담당 장관에는 베스테르뇔란드의 도지사이며 행정개혁 실적으로 잘 알려진 홀름베리(B. Holmberg)가 취임하였다.

시민부는 '서비스 문화' '목표에 기초한 관할' '규제완화' '할거주의 타파' '분권화와 민주화' '선택의 자유' 등을 키워드로 한 개혁노선을 제창하였다. 다만 민영화는 개혁 수단에 포함시키지 않는다는 것이 홀름베리의 구상이었다. 이러한 이념에 기초하여 행정관리, 정부간 관계, 민주주의에 관한 세 개의 조사위원회가 설치되었다.

바로 그때 브렉케를 비롯한 7개 코뮌 대표 등으로 구성된 연구 그룹으로부터 자치제 개혁 추진을 위해 중앙정부의 규제를 잠정적으로 유보시킬 것을 요구하는 움직임이 일어났다. 홀름베리는 재빨리 반응하였으며 세 개의 조사위원회의 중 하나인 정부간 관계 조사위원회가 이 문제를 검토하게 되었다. 이것이 이른바 프리 코뮌 실험(Frikommunförsöket)의 시작이었다. 1984년에는 실험에 참가하기를 희망한 9개 코뮌과 4개의 도에 대해서 코뮌의 행정위원회 구성 등 관련사항의 규제 유보를 결정한 프리 코뮌법이 의회를 통과하였다. 1986년 중반가지 정부간 관계 조사위원회에는 참가한 각 코뮌, 도로부터 2백 84개의 사항에 대해서 규제 적용 제외 신청이 몰려들었다. 그중에서 교육에 관한 사항이 72, 도시계획에 관한 사항이 64로 두드러졌다. 접수된 신청의 76%가 승인되어 실행에 옮겨졌다(Strömberg and Lindgren, 1994: 22-29).

또한 프리 코뮌 실험의 틀 밖에서도 사회 서비스 이용자가 육아, 고령자 수발 등 각각의 행정에 대해서 영향력을 행사하는 구조가 시도되었다. 예를 들어 시민이 이용자로서 행정과 교섭관계에 들어가는 이용자위원회 제도는 그런 시도의 하나이여, 이 시기에 각 코뮌에 확산되었다(Montin, 1993: 56-59). 또한 1980년대에는 규모가 큰 코뮌에서 하위조직으로서 서브 코뮌(Kommundelsnämnd)을 설치하는 움직임이 확산되었다. 1991년에는 예테보리, 웁살라, 외레브로 등 25개의 코뮌에서 지역의 교육, 복지, 문화 등에 책임을 지는 서브 코뮌이 활동을 하고 있었다(Petersson, 1992: 137-138).

(2) 프리 코뮌 이후

가) 개혁과 저항

그러면 이와 같은 개혁은 어느 정도로 실질적인 성과를 내고 있었는가? 우선 분명한 것은 이러한 분권적 개혁노선에 대해서는 사민당 정권 내부에서 두 개의 전혀 다른 입장으로부터 저항이 있었다는 것이다. 우선, 이제까지 복지행정의 중심이었던 사회부를 비롯한 복지, 교육관계의 부처가 여러 가지 형태로 개혁에 저항하였다. 실험의 평가에 대해서도 시민부와 거리를 두면서 독자의 관점에 서서 보고를 정리할 것을 주장했다(Mellbourn, 1986: 56; Strömberg and Lindgren, 1994: 30). 그들은 분권화를 통해서 무분

별하고 과도한 서비스 공급이 이루어진다면 보편주의적 복지정책이 근간이 위협받는다고 주장하였다. 한편 1980년대 우파 성향의 경제정책을 주도한 재무장관 펠트는 분권화 노선이 재정효율을 우선하는 개혁의 발목을 붙잡을 것을 우려하여 비협력적 태도로 일관하였다. 펠트의 입장에서 본다면 분권화가 아니라 경제성장이야말로 사민당 정권의 위신을 회복시키는 길이었다(Bengtsson, et al., 1992: 102-104).

이러한 제약 속에서 프리 코뮌 실험의 성과를 되도록 빠른 시기에 제도화하려고 하는 홀름베리의 의도는 실현되지 못했다. 그리고 1988년 국회에서 홀름베리가 가까스로 프리 코뮌 실험의 연장을 인정받아 실험 참가 코뮌수는 38개로 확대되었지만, 그 해 선거를 거쳐 새롭게 발족한 칼손 내각에 홀름베리는 재임되지 못하였다. 홀름베리 해임은 홀름베리 등 '분권파'가 재무부를 중심으로 하는 '경제파'와 사회부, 교육부 등을 중심으로 하는 '전통파'의 협공을 받아 이루어졌다(Premfors, 1991). 물론 홀름베리의 노력이 완전히 수포로 돌아간 것은 아니다. 1991년에는 프리 코뮌 실험의 성과로 인해 자치체의 행정조직의 형태에 대한 규제를 대폭 완화한 신지방자치법이 제정되었다. 또한 1992년에는 고령자의료에 관한 행정책임을 도에서 코뮌으로 이전시켜 의료와 복지를 통합하는 에데르 개혁이 실현되었다(山井·齋藤, 1994).

원래 중앙정부에 대해서 코뮌이 복지공급 주체였던 스웨덴에서 시민부가 지향한 것은 시민의 영향력 확대였다. 그런데 시민의 영향력 확대를 행정 내 권한 위임만으로 실현시키는 데는 한계가 있었다. 여론 조사 등에서 보여지는 시민의 행정에 대한 평가는 여전히 근본적으로는 개선되지 않았으며, 1991년 선거에서 사민당은 다시 정권을 잃게 된다.

(나) 분권화에서 다원화로

1991년 정권교체로 분권화를 둘러싼 논의의 형태는 크게 바뀌었다. 스웨덴에서는 미국류의 민영화노선은 보수·중도정권 하에서도 현실성이 없었지만, 보수·중도세력의 영향력이 강한 코뮌을 중심으로 다양한 형태로 시장원리를 지향한 개혁이 잇달아 도입되었다. 이미 1980년대 중엽부터 정치가의 역할을 행정의 기본목표 설정에 한정시켜 행정조직 자체의 효율성을 높이려는 움직임이 있었는데, 1990년대에 들어서자 이것이 '발주-수행 모델(Beställar-urförarmodellen)' 형태로 각 코뮌으로 확산되었다. 이전에 전문위원회 단위로 결정과 수행 기능을 겸하고 있던 코뮌의 행정조직을 정치적 결정-발주를 하는 위원회조직과 서비스 제공-수행을 담당하는 행정부문으로 나누어 재편하려는 것이다. 이것의 목적은 행정 서비스의 생산을 정치와 분리하여 전문성과 효율성을 향상시키고, 수발, 육아, 교육 등의 서비스에서 공공 부문과 민간 부문의 경쟁을 장려하려는 것이었다. 전술한 것처럼 1991년의 신지방자치법이 코뮌 행정조직의 자유화를 지향했다는 배경도 있어, 1992년부터 린셰핑, 노르셰핑, 솔렌투나, 순스발 등의 코뮌에서 이 모델이 도입되었다(Montin, 1993: 60-65; Petersson and Söderlind, 1992: 95-98). 또한 고령자복지서비스 등의 영역에서는 바우처를 발행하여 이것을 통해서 서비스를 공공 부문, 민간 부문으로부터 선택, '구입'하게 하려는 바우처제도의 도입도 잇따랐다(von Otter and Tengvald, 1992).

이러한 가운데 사민당 내부에서도 공공 부문의 개혁을 내부 권한 이양 문제에 한정하지 않고 공공 부문 내부 경쟁의 조직화(공공적 경쟁)와 일부 민간 부문의 참여 등의 가능성을 검토하고자 하는 움직임이 생겨난다. 즉, '자유선택사회'와 보편주의적 복지의 유지와 발전을 위해서 시민에게 공공 서비스 자체에 대한 '선택의 자유'를 보장하려는 움직임이다. 이와 같은 새로운 전략의 내용과 의의에 대해서는 다음 장에서 검토할 것이다.

2) 개인화의 새로운 단계

(1) 개인화와 탈노동조합

가) 권력조사위원회

1985년에 사민당 정부는 스웨덴 모델을 둘러싼 환경의 변화를 포괄적으로 조사하는 것을 목적으로 '스웨덴의 권력배분과 민주주의에 관한 조사위원회(이하, 권력조사위원회)'를 설치한다. 칼손(I. Carlsson) 수상의 자문 요청을 받은 조사위원회는 웁살라 대학의 정치학자 페테르손을 총괄책임자로 하여 마치(J. March), 버바(S. Verba), 스카치폴 등 외국연구자로 구성된 레퍼런스 그룹을 비롯하여 145인의 연구자를 동원하여, 5년에 걸쳐서 시민의식조사, 엘리트 분석, 자본의 네트워크 조사 등 복지국가의 권력구조를 포괄적으로 파악하는 실증연구를 실시하였다. 그 성과는 1990년에 발간된 메인 보고서 「스웨덴의 권력과 민주주의」 외에, 관련연구까지 포함시킨다면 41권의 서적과 다수의 보고서로 정리되었다(SOU, 1990).

메인 보고서는 스웨덴의 권력구조의 변화에 관해서 이익집단의 네트워크에 의거한 정치시스템=코포라티즘은 쇠퇴하였으나, 한편으로 개별 시민의 정치적 능력은 오히려 향상되어, 이익집단에 대한 자율성이 높아졌다는 인식을 표명하였다. 권력조사위원회의 프로젝트이기도 했던 카트리네홀름에서의 의식조사에 따르면, 1950년부터 1988년에 걸쳐서 노동자의 계급귀속의식은 블루칼라 노동자의 경우에 84%에서 51%로 30% 이상 감소하였다. 계급 정체성의 약화는 정당지지 유동화로 이어졌다. 계급귀속에 기초한 투표가 크게 감소했다는 것은, LO 조합원의 사민당에 대한 투표가 급감했다는 점에서도 엿볼 수 있다. 1968년에는 80% 이상의 LO 조합원이 사민당에게 투표했으나, 1991년에는 56%로 감소하였다. 또한 동시에 주목할 만한 것은 국회의원 선거와 코뮌 선거에서 투표정당을 달리하는 분할투표가 많아졌다는 것인데, 1970년에 6%였던 분할투표가 1991년에는 23%가 되었다. 국정 단위과 코뮌 단위에서 독자적 관점에서 투표 정당을 바꾸는 시민이 증대하였다(SAP, 1991: 31-53).

나) 사회민주주의 쇄신의 새로운 단계

권력조사위원회의 활동과도 호응하면서 1987년 사민당 대회에서는 칼손을 의장으로 하는 강령위원회가 설치되어, 1975년에 채택된 구 강령에 대한 개정이 시작되었다. 칼손은 '낡은 목표를 달성하기 위한 새로운 수단을 찾아내는 것에 만족해서는 안 된다. 전혀 새로운 목표를 내걸고 싸우지 않으면 안 된다'고 말하며 강령 개정에 임하였으며, 당내 토론을 거친 신강령안은 1990년 당 대회에서 채택되었다. 신강령의 채택에 앞서서 1988년에는 더욱 구체적인 정책전개에 관한 행동강령 작성이 결정되어 사민당의 1990년대 전략의 축이 되는 '1990년대 프로그램(90-tals programmer)'이 준비되었다(Sainsbury, 1993: 45-48; SAP, 1989). 또한 1991년 선거의 패배로 인해 사민당에 설치된 프로젝트팀은 「분석 그룹 보고서」를 정리하여 개인화 시대에 상응한 선거전략을 제시하였다(SAP, 1991).

이런 일련의 움직임은 1950년대 이후 추진해온 사민당 전략의 전환이 새로운 단계에 접어들었음을 시사하였다. 이 책에서 밝혀진 것처럼 스웨덴 사회민주주의는 이미 1950년대 말에 복지국가의 목적으로 개인의 생활기회 확대를 내거는 등, 이념 쇄신을 위해 노력해왔다. 그런데 이와 같은 전환은 주로 화이트칼라층을 복지국가의 지지기반으로 끌어들이기 위한 목적이었으며, 블루칼라층의 지지동원에는 여전히 전통적 수법이 사용되었다. 즉, 평등주의적 이념을 전면에 내세워 노동조합을 통해서 계급 정체성에 호소하는 수법이다.

그런데 전술한 것처럼 화이트칼라층의 지지를 계속 유지시키기 위해서는 복지국가의 분권화와 서비스 문화의 향상을 철저하게 할 필요가 있었다. 그뿐만 아니라 블루칼라층을 동원할 때도 이전과 같은 수법이 점차 효과를 발휘하기 어렵게 되었다. LO 노조원의 사민당 지지조차 반드시 자명한 것은 아니게 되었다. 따라서 이제는 블루칼라에 대해서도 개인으로서의 노동자에게 한층 더 비중을 둔 전략 수립이 요구되었다. 결국 사회민주주의의 전략전환은 새로운 단계를 맞이했다고 하겠다(cf. Kitschelt, 1994).

(2) 노동과 정치의 쇄신

가) 연대노동정책

사민당의 '90년대 프로그램'의 한 축이었던 '연대노동정책(Solidarisk arbetspolitik 혹은 Solidarisk arbetslivspolitik)'은 그와 같은 방향에서 새로운 전략 전개를 보여준 것이었다(SAP, 1989, 117-133). 연대노동정책은 그 명칭에서도 알 수 있는 것처럼, 스웨덴 모델의 정책적 지주의 하나였던 연대임금정책을 새로운 환경 하에서 발전시키려 한 것이다(Mahon, 991).

코포라티즘적인 집권적 노사관계를 전제로 한 연대임금정책 하에서는 기업 집중화에 박차를 가하는 한편, 개별 노동자의 자기실현이나 참가는 직접적인 과제가 되지 않았다. 그 때문에 1970년대 초에 밑으로부터 이견이 분출되어 일련의 산업민주주의 입법으로 연결되었다는 것에 대해서는 전술한 대로이다. 그러나 예를 들어 공동결정법을 보면 그 틀은 어디까지나 노동조합이 참가의 회로가 되도록 설계되어 있었기 때문에 반드시 개별 노동자에게 참가를 체감시켜주는 것은 아니었다. 또한 연대임금정책이 임금 폭을 전체적으로 압축시켜 더욱 높은 기술이나 승진을 지향하는 인센티브를 만들어내기도 점차 어렵게 되었다. 그런 때에 일본적 경영에서 힌트를 얻은 노무관리적 참가 시스템이 경영측의 주도로 확산되고 있었다. 기업 단위의 임금결정과 노무관리적 참가 시스템을 결합시켜 집권적인 코포라티즘을 대체시키는 것이 SAF의 전략이었다.

연대노동정책은 연대임금정책과 공동결정법이 안고 있는 문제를 주시하여, 개별 노동자의 참가와 자기실현의 요구에 대응할 수 있는 노동조직을 만들어, 노동 인센티브를 자극하는 합리적인 임금 시스템의 형성을 지향한 것이었다. 이 구상은 1985년 금속노조의 문서 '좋은 노동(Det goda arbetet)'에서 제기되어 점차 노동운동 속에 침투해 들어갔다. 1991년에는 LO대회에서도 공식 전략으로 승인되었으며 사민당의 프로그램에도 나타났다(Metall, 1985; Metall, 1989; SAP, 1989).

연대노동정책에서는 첫째, 모든 노동자가 개인으로서 '좋은 노동'에 종사하는 것이 목적으로 내세워진다. 고도의 ME화를 통해서 생산과정에서 유동성이 증대하여 화이트칼라와 블루칼라의 구분이 상대화되는 가운데,

노동의 구상과 실행의 엄격한 분리를 주장하는 테일러주의를 벗어날 수 있게 되었다. 이 가능성을 현실화시켜 노동의 내용을 풍부하게 하는 것이 새로운 노동운동의 과제가 되었다. 둘째, 개별 노동을 충실화시킴과 동시에, 관리직의 주관에 의존하지 않는 객관적인 노무평가에 기초한 계층적인 직무체계의 확립을 지향한다. 이 직무체계는 노동자를 계층화하기 위한 것이 아니라 개인으로서 노동자가 기술과 지식의 발전에 상응하여 임금을 획득하는 궤적을 보여주고 또 그것을 장려한다. 목적에 적합한 경우에 한해서는 합리적인 임금격차는 인정되어야 한다는 것이다. 셋째, 이 직무체계의 구축은 노사가 임금체계의 형성과 불가분한 관계에 있기 때문에 임금결정에서 기업 단위 교섭의 역할이 증대된다.

벨트컨베이어 노동을 배제시킨 획기적인 생산조직으로 알려져, 일본형 린 생산방식(도요티즘)의 안티 테제로서 우데발라이즘이라 불린 볼보사의 우데발라 공장은, 이 연대노동정책에 기초하여 노동조합의 전면적인 참여 하에서 만들어진 노동조직의 한 사례였다. 우데발라 공장의 노동조직은 자율적인 노동자 그룹 워크 내에서 노동자 개개인의 능력 향상이 꾀해졌는데, 동시에 노동생산성도 희생되지 않았다(Ellegård, 1989).

나) 탈코포라티즘의 정치전략

생산과정에서 개인을 초점으로 한 전략전환이 진행되려면 생산과정 밖에서도 정치의 개인화가 연동되어야 한다. 전에는 적어도 블루칼라층에게는 노동조합이야말로 정치참가의 중심이었다. 그러나 지금까지 살펴본 것처럼 코포라티즘의 해체와 계급 정체성의 약화가 진행되고 있다(Petersson, 1991: 38-39). LO 조합원이 거의 자동적으로 사민당원이 되는 집단가입제도는 자주 비판을 받아왔는데, 1986년에 최종적으로 폐지되었고, 그 결과 사민당의 당원수는 격감하였다. 그때까지 LO 조합원에 대한 정치동원은 직장의 사민당 그룹이나 지역 사민당 조직인 노동 코뮌을 통해 이루어졌으나 이러한 네트워크의 득표 능력도 약해졌다.

이러한 사태에 대응하는 새로운 정치전략에서는 포스트 코포라티즘 시대를 '활동적 시민(Aktivamedborgre)'의 시대로 간주한다. 활동적 시민의 시대에 대응하기 위해서는 우선 첫째, 집권적 코포라티즘 시대에 형성되었던 당 조직과 문화가 개혁되어야 한다. 당 조직은 더욱 평평해져야 하고, 활동적 시민 운동에 대해서는 개방적이 되어야 한다. 둘째, 시민의 자율적 판단의 비중이 높아지는 시대에는 개별 정책과제에 대한 지지동원보다도 자율적 판단의 기초가 되는 기본적 가리를 둘러싼 합의 형성이 중요하다. '시장과 자유'에 대한 이념투쟁을 정교하게 펼친 보수세력에 대해서 좌익은 이 점에서 결정적으로 뒤쳐졌다. 셋째, 활동적 시민은 단지 여론 형성 전략의 대상도 아니며 지지조달의 대상도 아니다. 기본적 가치에 대한 합의 형성을 추진하여 복지사회 형성의 부담을 나누어 갖는 동반자이다. '더욱 많은 사람들이 더 많은 것에 대해서 책임을 나눔으로써' 복지국가의 분권화와 탈관리화를 진전시킬 수 있다(SAP, 1991: 195-196).

LO가 1991년 대회 결의에 기초하여 수년 동안 진행시킨 레트비사 (Rätvissa, 公正) 프로젝트는 코포라티즘을 대체할 만한 정치동원의 실험이기도 했다. 이 프로젝트는 사민당-LO 블록이 신보수주의적 시장이데올로기의 침투에 대항하여 복지국가의 성과를 유지, 발전시킬 이념의 형성을 지향하여 전개한 것으로 위치지워졌다. 이 프로젝트는 어떤 개별 과제에 사람들을 동원하거나 기존관념을 주입하려고 하는 것이 아니다. 조합원이나 시민에게 토론을 제기하여 노동조직이나 성에 따른 분업에서 비롯되는 불공정 실태, 실현해야 할 공정한 사회의 이념, 다양한 차이의 존재와 공정원리의 양립가능성 등의 문제에 대해서 합의를 형성하고자 하는 일종의 대화운동이었다. 1993년에는 8백 45개의 서클이, 연 9천 회의 모임을 가졌다. 또한 공정한 스웨덴 사회에 관한 회의가 연속적으로 개최되었다(cf. Lindberg and Holmberg, 1993).

3) 유럽화에 대한 결단

⑴ 유럽정책의 전환

1990년대에 들어서자 사민당의 유럽정책은 급격한 전환을 보였다. 겨우 2주전까지는 EC 가맹에 신중한 자세를 굽히지 않았던 사민당 정권은, 1990년 10월 26일에 '스웨덴이 EC의 일원이 된다는 의지를 명확히 하는 새로운 EC 정책'을 추구할 것임을 밝혔다. 이런 사민당의 대전환으로 스웨덴 의회에서는 EC 가맹론이 단숨에 다수파가 되었으며, 다음 해인 1991년 7월에 칼손 수상은 EC 가맹 신청을 한다. EC 정책을 대전환한 이유로서는 국제환경의 변화가 내세워졌다. 즉, EC 가맹의 최대 장애이었던 외교상의 중립노선이 냉전의 종언으로 의미를 잃게 되었다는 것이다. 그러나 스트로스(B. Stråth)가 강조한 것처럼 대전환의 배경에 있었던 더욱 중요한 요인은 "이제는 '인민의 집'이 허약한 기반 위에 세워져 있다는 인식이 확산되었다"는 것, 바꾸어 말하자면 "일국사회민주주의적인 정치로 자율성을 유지할 수 있는 목가적인 세계에 대한 환상이 결정적으로 무너졌다"는 것이었다(Stråth, 1992: 25).

코포라티즘 해체 결단 등에서 보여지는 SAF의 전략전환은 사민당이나 노조의 관계자에게 이것을 통감시켰다. 1990년 11월에는 LO 내부에서도 의장인 말름(S. Malm)이 "스웨덴이 고용과 복지를 확보할 수 있는 유일한 방법은 유럽통합 활동에 적극적이고 과감하게 참가하는 것뿐이다"라고 언명한다(Misgeld, 1997: 323). 즉, 자본측이 명확히 한 '유럽화된 스웨덴' 노선에 대항하는 길은 '스웨덴화 된 유럽'을 지향하는 것밖에 없다는 인식이 확산되었던 것이다(Stråth, 1992: 26).

그러나 스웨덴 모델을 가능하게 한 주도면밀한 계획과 몇 개의 우연을 알고 있는 자라면 누구나 '스웨덴화 된 유럽'의 실현가능성에 대해서는 비관적이 되지 않을 수 없다. 실제로 사민당과 노조의 내부에서는 메이드네르를 비롯하여 신유럽정책 반대파가 형성되었으며, 1994년 국민투표를 맞

이해 노동운동 내부의 논의는 '유로 낙관주의'와 '유로 비관주의'로 나뉘어
지는 형태를 띄었다. 국민투표의 결과 52.2%대 46.9%로 약간의 차로 EU
가맹이 결정되었으나, 스웨덴 모델이 유럽으로 확장되리라는 전망이 보였
던 것은 아니다.

다만 스웨덴 모델을 뒷받침했던 코포라티즘적 제도, 보편주의적 복지 정
책, 적극적인 고용정책 등에서도 유럽 단위에서도 싹이 보이기 시작하는
것도 사실이다. 일국 단위에서 사회민주주의 전략이 한계에 달했음이 점차
명백해짐에 따라 유럽 노동운동은 그것을 전유럽 규모로 재구축하고자 했
다. 이하에서는 유로 코포라티즘, EU 단위의 복지(사회)정책, 고용정책의
전개에 대해서 개관하고자 한다.

(2) 유로 코포라티즘

가) 소셜 다이얼로그

1980년대 유럽자본의 형성은 스웨덴뿐만 아니라 각국에서 코포라티즘
의 쇠퇴를 야기했으며, '내셔널 코포라티즘으로부터 트랜스내셔널 다원
주의로'라는 방향이 유럽정치경제의 기조를 이룬다는 지적이 나타났다
(Streek and Schmitter, 1991: 144). 한편 전 유럽위원회 의장이었던 자크 들
로르의 주도로 시작된 노사협의제도, 이른바 소셜 다이얼로그는 마스트리
히트 조약 이후 그 역할을 강화하였으며, 이것이 유럽 단위에서의 코포라
티즘 즉, 유로 코포라티즘으로 전화되어갈 가능성도 또한 지적되고 있다.

소셜 다이얼로그는 1985년, 벨기에의 발 뒤세스에 EC위원회, 유럽산업
연맹(UNICE-22개국 32경영자단체, 스웨덴에서는 SAF, SI가 참가), 유럽
노련(ETUC-21개국 45노조, 4,500만인, 스웨덴에서는 LO, TCO가 참가)의
대표를 초청하여 개최된 이후, 유럽공공기업센터(CEEP-8개국 252공기업)
등의 행위자도 추가되어 고용문제, 신기술 도입문제, 경제정책 등에 대해
서 협의를 거듭하여 공통견해를 제출해왔다. 또한 1986년 단일유럽의정서
는 소셜 다이얼로그의 근거를 로마조약에 두었으며, 장래에는 이것을 유럽

노사협약으로 전개해나갈 전망을 제시했다. 그러나 그 권한이라는 점에서는 소셜 다이얼로그는 아무런 구속력이 없는 유럽 노사간 의견교환의 역할에 머물러왔다(cf. 恒川, 1992).

나) 사회정책에 관한 의정서

1988년 유럽노련 스톡홀름 대회에서 들로르가 사회적 기본권, 노동자 경영참가, 유럽 단위에서의 단체교섭 강화를 표명했으며, 1989년 12월에는 스트라스부르의 유럽이사회에서 영국을 제외한 11개국에 의해서 EC 사회헌장이 채택된 가운데 유럽통합의 사회적 차원이 점차 명확해진다. 그리고 결정적인 전환점이 된 것은 마스트리히트 조약에 따른 '사회정책에 관한 의정서'였다. 이 의정서에서는 우선 가맹국의 만장일치가 이루어지지 않아도 가중다수결에 의해서 EU 단위에서 입법화할 수 있는 정책영역을 '노동자의 건강과 안전', '노동조건', '노동자에 대한 정보 제공', '남녀 평등', '(핸디캡 때문에) 노동시장으로부터 배제된 이들의 통합'으로 확대했다. 또한 유럽위원회는 사회정책의 정책제기를 할 경우에 노사와 협의를 하여 만약 노사가 교섭을 통한 협약의 형태로 정책을 구체화시킬 것을 바란다면 그 의향을 존중할 것 그리고 협약이 성립되었을 때는 그것을 입법조치 대신에 적용할 것을 결정했다(Dølvik, 1997: 189-230; Addison and Siebert, 1994: 16-21).

이것은 EU 사회정책에 관한 정책과정에 유럽노사를 본격적으로 참가시켜 나가려는 것이며, 소셜 다이얼로그의 역할을 상당히 강화하는 것이었다. 물론 가중다수결의 대상으로서 다룰 수 있는 정책의 범위를 고려한다면 이것을 유로 코포라티즘의 출현으로 보는 것은 시기상조일 것이다. 그러나 여기서 그 맹아를 찾아볼 수는 있을 것이다.

LO나 TCO는 '사회정책에 관한 의정서'를, 국제화한 자본에 대항해서 유럽 규모로 복지사회를 형성시켜감에 따른 새로운 가능성을 열었다고 높이 평가하였다. 그리고 그 가능성을 현실화하기 위해서 다른 유럽 국가들에서 노동조직률 확대, 다국적 기업에서 노조조직 확립, 유럽노련과 산별위원회의 자원과 권한의 강화 등의 과제를 내걸고 있다. 또한 LO는 소셜 다이얼로그에 관해서 적어도 당분간은 자금문제를 논하는 것이 불가능하다고 하면서도, EU 정책과정에 대한 노사의 공동요구 형성이나 위원회 지침의 구체화에 관해서 합의를 형성하는 장소로서 활용할 뜻을 밝혔고, 소셜 다이얼로그의 실질화를 위해서 유럽노사의 네트워크를 산업분야별로 발전시킬 필요성을 주장하였다(Rönngren, 1992: 9-11).

(3) EU 사회정책 · 고용정책

가) 비관론과 새로운 전개

1989년에 EC 사회헌장이 체결되었고, 이어서 행동계획으로서 47의 규칙, 지령, 권고, 의견 등이 제기되었을 때 이것을 유럽 규모의 복지국가형성의 제1보로 평가하는 견해가 있었는가 하면, 이 헌장은 이른바 보완성 원리 즉, 각국의 제도 수립을 우선시한다는 사고를 전제로 하고 있으며 구속력이 결여되어 있기 때문에 정치적 선언 수준을 벗어나지 않는다는 지적도 많았다(Silvia, 1991). 전술한 것처럼 마스트리히트 조약의 부속 의정서가 가중다수결에 의해서 채결될 수 있는 정책영역을 확대하여 소셜 다이얼로그를 정책과정에 집어넣었을 때도 보완성 원리가 유지되었고, 또한 영국이 이에 가입하지 않았다는 점 등에서 EU 사회정책의 가능성에 대해서는 여전히 신중한 견해가 강했다(Streek, 1994). 슈트리크는 EU 사회정책의 가능성에 대해서는 기껏해야 극히 일부 정책영역만의 '캡슐화된 연방제'에 머무를 것으로 보고 있다(Streek, 1996: 88-89).

그러나 그후의 EU 사회정책의 전개는 예상 이상의 진전을 보이고 있는 것도 사실이다. 1994년에는 다국적기업의 노동자 참가에 대한 지침이 채택되었다. 이것은 기업 전체로 1천 명 이상, 2개국 이상에서 각각 150명 이상의 종업원을 고용하는 다국적기업에 유럽노사협의회 설치를 의무지운 것이다. 1970년대부터 계속하여 제기되어온 이 지침의 실현은, 마스트리히트 조약 하에서 EU 사회정책의 새로운 가능성을 보여준 것으로 받아들여졌다(Gold and Hall, 1994: 177-181).

또한 1996년에는 8세까지의 아이를 위한 최저 3개월의 육아휴가를 보장하였으며, 그것의 취득을 이유로 종업원에게 불이익을 주는 것을 금하는 지침이 채택되었다. 이 지침은 독일, 벨기에, 룩셈부르크, 아일랜드, 그리스에서 제도의 실질적인 개선을 가져왔으며, EU 사회정책이 처음으로 유럽 시민의 일상생활에 실질적인 영향을 끼친 사례로서 평가되었다. 그 결정에서 소셜 다이얼로그를 통한 노사협의가 중요한 역할을 하며 주목받았다. 1997년 암스테르담 정상회담에서는 시간제 노동 등의 비정규 노동의 규제에 관해서 합의가 이루어졌다. 영국에서 노동당 블레어 정권이 탄생하여 마스트리히트 조약의 사회정책의정서에 참가할 것을 결정했던 점도 이러한 EU 사회정책 전개를 가속시켰다. 그 결과 신유럽연합 조약에서는 사회정책의정서가 조약 본문으로 격상되었다(Dølvik, 1997: 311-360).

나) 고용정책의 향방

마스트리히트 조약 이후 EU 사회정책에는 탈공업사회가 요청하는 노동시장의 유연화를 사회정책(복지정책)의 힘을 이용해서 노동자의 다양한 생활양식을 지탱하는 '적극적 유연화(ETUC)'로 전환시켜가려는 발상이 있다. 그 점에서 최근 EU 사회정책에는 스웨덴의 자유선택사회구상과 통하는 면이 있는데, 스웨덴의 자유선택사회 구상에서 대전제가 되는 것은 완전고용의 실현이었다. EU 국가들은 총계 2천 5백 만에서 3천 만의 실업자를 안고 있어 이 문제의 해결 없이 유럽복지사회 형성은 있을 수 없다.

EU에서도 1993년의 '성장, 경쟁력 및 고용에 관한 백서'(이른바 들로르 백서), 1994년의 엣센 정상회담에서 채택된 '유럽 고용전략' 등에서 지금까지 각국에 위임되어온 노동시장정책이나 직업교육 등의 분야에서도 유럽위원회의 적극적인 주도권 발휘가 표명되어왔다. 특히 고용정책은 '유럽의 스웨덴화'를 지향하는 데 가장 중요한 영역이며, 스웨덴 정부는 유럽위원회 제5총국(고용 문제 등 담당)의 국장에 전 노동시장청장인 라르손(A.

Larsson)을 보내 유럽 차원의 고용정책 강화를 주장해왔다. 그 성과로 신유럽연합조약에는 조약의 목적으로서 각국에서의 고용 촉진이 내세워지게 되었다(Larsson, 1998).

그러나 현재까지 EU 고용정책은 유럽 사회정책과는 달리 각국의 경제정책에 영향력을 끼칠 수단을 결여하고 있으며 유럽산업연맹의 반응도 극히 둔하다. 일련의 문서도 실업률의 증대가 EU에 있어서 위협이라는 것을 지적하면서 일반적 목표를 내세우는 정도에 머물고 있다. 오히려 유럽통화동맹(EMU)의 조정 과정에서 각국 정부가 경제정책 수단을 제한당해 실업은 증대하고 있다. 스웨덴에서도 유럽정책의 전환이 실업률 증대 배경의 하나가 되고 있다. 유럽노련은 통화 통합 조건형성이 우선되고 있는 현상에 대해서 고용 문제에 유효한 방안을 강구하지 않는다면 공통통화의 도입 자체가 실패로 끝날 것이라고 경고하였다.

제5장

스웨덴 모델을
넘어서

1. 복지국가는 어떻게 될 것인가

1) 4개의 가설

스웨덴 모델이라는 복지국가 전략을 지탱해온 환경은 근본적으로 변화하고 있다. 동시에 복지국가 전략을 새로운 환경에 대응하여 조정, 적응하려는 움직임도 시작되었다. 스웨덴 모델은 쇠퇴할 것인가, 아니면 새로운 모델로 거듭날 수 있을 것인가? 새로운 모델이 가능하다면 그것은 어떠한 시스템이며, 일본을 비롯한 선진공업국의 복지정책에 어떠한 시사점을 줄 것인가?

여기서 다시 복지국가 이론으로 돌아가서 고찰하고자 한다. 스웨덴이 직면한 경제 글로벌리제이션과 포스트 포디즘화는 스웨덴 고유의 문제가 아니다. 따라서 노동의 다원화, 노사관계의 분권화, 경제정책의 기능부전, 코포라티즘의 후퇴도 거의 대부분의 복지국가에서 진행되고 있는 일이다. 이와 같은 환경변화가 복지국가 그 자체의 형태에 커다란 영향을 끼친다는 점에 대해서 대부분의 연구자들이 인식을 같이 하고 있다. 그러나 그 변화의 방향에 대한 견해가 반드시 일치하는 것은 아니다.

여기서는 복지국가의 미래에 대한 논의를 4개의 가설로 정리하고자 한다. 그리고 각각의 가설과 대조하면서 스웨덴 복지국가의 동향을 검증하고자 한다. 4개의 가설을 여기서는 쇠퇴설, 지속설, 분기설, 재편설이라고 부를 것이다(cf. Midgley, 1997: 149-156).

(1) 쇠퇴설

복지국가의 쇠퇴설은 모든 복지국가는 발달의 조건을 상실하였기 때문에 근본적인 축소와 재편의 길을 걷게 된다고 본다. 예를 들어 제솝(B. Jessop)이나 굴드(A. Gould) 등의 이 입장에 속한다고 볼 수 있다.

제솝은 복지국가의 쇠퇴, 그것의 배경 그리고 포스트 복지국가 체제에 대해서 가장 명쾌한 전망을 제시하고 있다. 제솝에 따르면 일국주의적인 포디즘을 기초로 한 케인스주의적 복지국가(Keynesian Welfare State)는 경제의 포스트 포디즘화 속에서 슘페터주의적인 워크페어 국가(Schumpeterian Workfare State)로 이행하지 않을 수 없다. 이 포스트 복지국가체제의 의미에 대해서는 약간의 설명이 필요할 것이다.

우선 슘페터주의라는 용어는 슘페터(J. Schumpeter)의 학설과 깊은 관계가 있다기보다는, 국가의 경제정책이 종전의 케인스주의적인 수요관리로부터 공급 측면의 혁신 추구형의 경제정책으로 전환되어가고 있음을 가리켜 사용되고 있다. 케인스주의적 경제정책을 지탱해온 국가의 기능은 위로(국제통합을 통해서), 밑으로(지역이나 기업으로의 권한이양을 통해서), 밖으로(국가를 초월하는 다국적기업 등의 네트워크를 통해서)라는 3중의 공동화 과정을 걷고 있다. 한편, 글로벌한 경쟁의 격화를 수반했던 세계시장의 재편성에 대응하기 위해서 선진공업국은 국가의 공공기반시설이나 경제정책 등을 비롯한 '구조적 경쟁력'을 위해서 점점 더 많은 자원을 배분하지 않을 수 없게 된다.

이러한 경제정책의 전환에 대응한 복지정책의 전환은 복지국가에서 워크페어 국가로의 전환으로 간주된다. 이 워크페어라는 용어는, 이 책 제3장에서도 소개한 것처럼 공적부조나 사회서비스 수급시에 일정 기간의 노동시장 참가를 조건으로 하는 경우 등에서 사용된다. 제솝의 경우는 그와 같은 의미에 덧붙여, 이 용어를 복지정책의 목표 전환을 가리키기 위해 사용하고 있다. 즉, 워크페어의 목표는 완전고용이나 사회권의 확충이 아니라 유연한 생산체제에 적합하도록 노동자의 선별이나 유동화를 꾀하는 것에 있는 것이다. 결국, 제솝이 예견하는 복지국가의 미래상은 신보수주의의 구상과 같이 국가 역할이 최소화된다기보다는 기능이 근본적으로 전환한다고 보는 것이다(Jessop, 1993).

굴드는 일본, 영국, 스웨덴 비교연구를 통해서 기본적으로는 제솝과 동일한 인식에 도달하고 있으며, 그런 관점에서 에스핑안데르센의 복지국가론을 비판한다. 탈상품화 정도를 복지국가발전의 기준으로 보는 에스핑 앤더슨의 유형론은 복지정책의 전환과 관련하여 각국에서 진행되는 재상품화(recommodification)의 현실을 설명할 수 없다. 영국은 물론 스웨덴조차도 복지정책의 급부수준이 저하되어 노동자의 생활은 다시 시장 논리에 맡겨지고 있다. 동시에 복지에서 공공부문의 비중이 저하되어 공급 주체가 다원화되고 있는 움직임을 고려한다면, 각국의 복지국가는 일본형 복지로 접근, 즉 일본화(Japanization)라 할 만한 상황이 진행되고 있다. 즉, 일본형의 작은 복지국가를 기준으로 하면서 각국에 새로운 수렴현상이 진행되고 있다는 것이 굴드의 평가이다.

⑵ 지속설

복지국가의 해체가 진행되고 있다는 주장에 대한 두 번째 입장은, 복지국가는 일단 성립된 후에는 생활의 필요한 조건이 되기 때문에 해체는 용이하지 않다고 주장한다. 이와 같은 주장을 쇠퇴설에 대응시켜 지속설이라고 부르고자 한다. 복지국가의 위기나 종언이 안이하게 논의되는 경향에 대항해서 복지국가의 '현재 모습'을 실증적으로 밝히는 연구는 적지 않으나, 그중에서도 신제도론적 관점에 선 피어슨(P. Pierson)의 분석은 주목할 만하다(Pierson, 1994).

피어슨에 따르면, 미국이나 영국과 같이 강력한 신보수주의적 정권이 탄생하여 복지국가 반동이 현저했던 국가에서조차 흔히 말해지는 정도로 복지국가의 후퇴는 일어나지 않고 있다. 미국과 영국의 사회지출은 1978년을 100으로 할 경우, 1992년은 각각 156.8과 142.7이 되며, GDP 대비로 본 경우에도 1978년에 미국이 11.2%, 영국이 24.1%였는데, 1992년에는 각각 13.0%와 27.0%로 증대했던 것이다. 두 국가는 노동자의 자원동원이 상대적으로 약하고, 선별주의 성격이 농후하다. 권력자원론의 관점에서 본다면 복지국가의 기반이 가장 허약해 해체되기 쉬운 국가였던 것이다(Pierson, 1994: 142-146).

피어슨에 따르면, 에스핑안데르센 등의 권력자원론은 복지국가의 형성 과정에 대한 설명에는 유효하였으나, 해체인가 지속인가 하는 국면에 대한 설명에는 적합하지 않다. 피어슨의 지적은 복지정책은 제도화되어 정착되면 고유의 수익자 네트워크를 만들어낸다는 사실이다. 독립변수로서 제도를 강조하는 신제도론에 따르면 복지국가의 제도 그 자체가 수익자, 관료, 정치가 등이 구성하는 새로운 정치 조건을 만들어내는 것이다. 결국 복지국가 형성의 추진요인과 복지국가 해체의 저항요인은 별개가 되는 것이다. 신보수주의 세력이 복지국가 해체에 성공하는 것은 이 네트워크가 상대적으로 약하거나, 복지 삭감책의 목적이나 효과를 애매하게 만들거나, 어떤 대가를 준비하거나 해서 이 네트워크를 분단시킬 수 있을 때이다(Pierson, 1994: 28-30).

그렇다고 하면 소득조사를 수반하는 선별주의적 프로그램 등 수익자의 네트워크가 약한 영역에 대해서는 더욱 강력한 공격이 가해졌던 것인가? 미국 등에서 선별주의적인 복지의 증대가 프로포지션 13 등 중간층의 반 복지 여론을 유발시켰다는 것을 염두에 둔다면 이것은 있을 법한 일이다. 그러나 피어슨에 따르면 미국이나 영국에서도 빈곤층을 대상으로 하는 소득보장 프로그램의 삭감은 흔히 생각하는 것보다 훨씬 완만했다.

미국에서는 레이건 취임 직후인 1981년에 AFDC 수급자격에 대해서 워크페어화가 진행되었고, 식료 구입권 지출도 삭감되었다. 그러나 1980년대 후반에는 이러한 프로그램에 관한 지출은 다시 증대 기조로 전환되었다. 또한 영국에서도 소득유지 프로그램의 개혁이 실시되었으나 개혁의 주안은 급부의 대폭적인 삭감이라기보다는 절차의 간소화나 중점적인 급부 대상의 변경에 있었다. 실업률 상승과 격차의 확대 속에서 이러한 소득보장의 수급자는 증대하고 지출은 확대되었다. 피어슨에 따르면 보편주의적 사회보험 등의 영역과 달리 공적부조의 영역은 민영화라는 대체책에 의존할 수 없고, 급부수준도 빠듯해서 조정 가능한 부분을 찾기 어렵다는 점에서 재정삭감을 요구할 수 있는 영역으로서는 적절하다고 말할 수 없다

(Pierson, 1994: 126-128).

이와 같이 복지국가의 저항력은 의외로 강력하다는 것이 피어슨의 주장인데, 그렇다고 해서 복지국가가 장래에도 안전하다고 보는 것은 아니다. 피어슨은 지금가지 본 것처럼 개별 정책영역에서 '프로그램 삭감(programmatic retrenchment)'과 체제의 존립조건에 관련된 '체제기반 침식(systemic retrenchment)'을 구별한다. 체제의 기반으로서 중요한 것은 여론, 재원, 정치제도, 이익집단의 4개 차원이다.

여론에 대해서는 미국에서도, 영국에서도 복지국가에 대한 반발은 두 신보수주의 정권의 탄생 직전이 절정이었으며, 프로그램 삭감이 시작되고 나서는 오히려 여론은 리버럴화 경향을 보였다. 역으로 이익집단은 양 정권 하에서 모두 체제기반이 약화되었다. 대처 정권은 노동조합에 대해서 주도면밀한 공격을 가하여 기반을 약화시켰다. 레이건의 분권화 정책에 의해서 워싱턴의 이익집단은 로비의 초점을 상실하였고, 상호연대가 어렵게 되었다.

이에 비해서 재원 및 정치제도에 대한 두 신보수주의 정권의 움직임은 대조적이었다. 대처는 재정건전화를 통해서 장기적으로 보면 오히려 복지국가의 기반을 재건시켰다고도 볼 수 있다. 그 과정에서 노동당의 영향력이 강한 런던 시의회 폐지를 단행하는 등 행·재정구조를 집권화하여 복지삭감에 대한 책임을 묻기 쉬운 환경으로 만들고 말았다. 그에 비해서 레이건은 감세를 실시하면서 정치제도로서는 일괄보조금 확대 등 분권화를 진전시킴으로써 장기적으로 보면 주정부가 스스로 복지삭감을 실시하지 않을 수 없는 구조를 만들었다. 결국 '프로그램 삭감'과 '체제기반 침식'은 경우에 따라서는 상반되며, '프로그램 삭감'에 대해서는 대처 정권에 한 발 양보한 레이건 정권은 '체제기반 침식'에 대해서는 복지국가해체에 유리한 행·재정구조를 만들어냈던 것이다(Pierson, 1994: 146-163).

블레어 정권 하에서 일방적인 복지해체의 길을 궤도수정하고 있는 영국과 클린턴 정권 하에서 AFDC 해체로 나아갔던 미국의 그후 전개는 이러한 피어슨의 예측을 기본적으로 확증시켰다고 본다.

(3) 분기설

여기서 분기설이라 명명한 세 번째의 입장은, 복지국가의 새로운 환경에 대한 적응력은 타입에 따라서 달라지는 것으로 보며, 복지국가 일반에 대해서 지속이나 쇠퇴를 논할 수는 없다고 본다. 최근의 에스핑안데르센의 논의가 이 입장을 대표한다고 하겠다.

에스핑안데르센은 우선 피어슨과 마찬가지로 각국의 최근 사회지출이 모두 약간씩 증가하는 경향을 보이고 있으며, 복지국가의 후퇴는 전체적으로 그다지 대단한 것은 아니라고 지적한다. 그리고 복지국가의 위기와 변화는 3개 타입에 대응한 서로 다른 궤도를 보이고 있다고 강조한다. 즉, 사회민주주의 모델이 걷는 '스칸디나비아 노선', 자유주의 모델이 걷는 '신자유주의 노선', 그리고 보수주의 모델이 추진하려고 하는 '노동 삭감 노선'이 그것이다(Esping-Andersen, 1996b: 10-20; Esping-Anderson, 1999: 170-184).

스웨덴을 비롯한 사회민주주의 모델이 심각한 곤경에 직면했다는 점은 에스핑안데르센도 인정하고 있다. 그러나 에스핑안데르센에 따르면 이러한 '스칸디나비아 노선'의 동향은 종전의 사회민주주의 모델의 체제전환을 의미하는 것이 아니며, '신자유주의 노선'와 혼동해서는 안 된다. '스칸디나비아 노선'에서 실시되는 제도개혁 중 상당수는 새로운 환경에 사회민주주의 레짐을 대응시키려는 시도이기도 하다. 특히 복지를 사회적 투자로 보아 가족정책이나 직업교육으로 남녀노동자의 노동시장 참가를 지원하는 노선은 노동력의 유연성이 증대하는 포스트 포디즘 사회에서 한층 더 유효성을 발휘할 가능성이 있다.

이에 비해서 자유주의 모델의 국가가 걷고 있는 '신자유주의 노선'은 노동시장의 더욱 철저한 규제완화와 복지국가의 선별주의 강화를 통해서 대응하려고 하는 것이다. 이것은 미국에게는 이제까지 전략의 계승이 되나,

괴거 나름대로 고용보장이나 보편주의 지향을 가지고 있었던 뉴질랜드나 영국에게는 커다란 전환이었다. 결과적으로 이들 국가들에서는 고용 상황이 개선되었으며 노동생산성도 향상되었다. 그러나 반면에 저임금층의 평균소득이 저하되었으며 공적부조의 수준저하와 맞물려 계층화가 한층 더 현저해졌다. 또한 고용의 중심이 협약에 의한 직역복지가 적용되지 않는 서비스업으로 이동되었기 때문에 서비스업의 비숙련노동자는 '빈곤의 덫'에 걸려들 가능성이 한층 높아졌다.

또한 독일, 네덜란드, 이탈리아 등 보수주의 모델 국가들이 걷고 있는 길은 '노동삭감 노선'이라고 불리는 방향이다. '스칸디나비아 노선'이나 '신자유주의 노선'이 전혀 대조적인 형태로 탈공업화에 대응하려고 함에 비해서, 이들 국가의 대응은 퇴행적이며 악순환에 빠져 있다고 에스핑안데르센은 보고 있다. 중핵적인 노동시장에 있는 한 고용보장이 안정되어 있고, 직종별로 특권화된 사회보험을 갖고 있는 국가들에서는 노동력의 유동화가 억제된다. 한편 노동 비용이 상대적으로 높아 젊은 층의 노동 시장 참가는 억제된다. 젊은 층 노동자나 가족주의 장벽을 넘어서 노동시장에 진출하려고 하는 여성은 좀더 비공식적이고 주변적인 노동시장에 남겨질 가능성이 높다. 노동시장의 인사이더와 아웃사이더의 분화가 진행됨과 동시에 노동시장의 노동공급이 전체적으로 삭감된다.

1988년의 노동인구비율을 세 모델을 가지고 비교하면, 미국이 72%, 스웨덴이 75%임에 비해, 유럽대륙의 이전 EC 국가들에는 20년 간의 64%에서 57%로 떨어졌다. 이것은 과세 기반의 축소로 이어져 장기적으로 보면 복지국가의 쇠퇴가 불가피하게 될 것이라고 에스핑안데르센은 전망한다(Esping-Andersen, 1966b: 18-20).

(4) 재편설

네 번째 입장은 재편설이라고 부를 수 있는데, 구체적으로는 에버스(A. Evers), 페스토프(V. Pestoff), 로스슈타인 등 복지다원주의 관점에서 복지국가의 위기를 파악하려는 연구자들의 논의를 총칭한다. 그들의 논의는 공공부문를 중심으로 한 복지국가 대신에 복지체제 담당자로서 민간 행위자의 비중이 높아진다고 전망한다는 점에서 쇠퇴설에 가깝다. 다만 재편설의 특징은 이러한 변화를 보편주의적 복지의 후퇴로 보지 않고, 오히려 그러한 원리의 발전으로 이어질 가능성을 중시한다는 점에 있다. 즉, 그들은 굴드와 같이 복지의 다원주의화를 바로 복지국가의 해체로 간주하는 것이 아니라, 거기에서 보편주의적 복지에 참가와 선택의 자유를 부가시켜 발전해 나갈 수 있다는 가능성을 찾아낸다.

복지다원주의나 복지믹스라는 사고가 복지를 삭감하는 입장의 구상으로 간주되는 경우가 많았던 것은, 1980년대 미·영의 보수주의 정권이 복지국가의 해체를 꾀해 복지다원주의나 민영화를 밀여붙였다는 역사적 경험 때문이다. 그러나 대처 정권 탄생 전년에 영국에서 월펜덴 위원회 보고서가 복지다원주의를 주장했을 때, 그 속에는 이른바 신보수주의적 함의는 들어 있지 않았으며, 오히려 신보수주의 시장화 노선의 대안으로서 복지국가가 달성한 수준의 향상이 지향되었다(Hadley and Hatch, 1981: 108-111). 그 직후에 등장한 대처 정권이 복지삭감을 정통화하기 위해서 복지다원주의라는 간판을 이용했던 것이다(Evers, 1993).

월펜덴 보고서는 '비영리 조직의 미래'라는 표제에서도 엿볼 수 있듯이, 복지다원주의의 기축으로서 비영리부문에 중심적인 역할을 기대했다. 보고서에서 시장부문의 위치 설정은 놀라울 정도로 낮다(Wolfenden Committee, 1978: 23). 따라서 '재편론'에 선 에버스나 페스토프 등의 연구자는 비영리조직에 의거하여 보편주의적 복지국가의 달성을 유지·발전시키려고 했다는 점에서 복지다원주의의 '원점'을 계승하고 있다고 할 수 있다.

페스토프는 복지체제의 다원화 노선을 앵글로색슨적인 시장지향 노선, 동유럽적인(혹은 일본적)인 커뮤니티·가족의존 노선, 비영리부문 중심의 노선으로 구별한다. 그리고 페스토프는 비영리부문이 시민의 요구에 신속한 대응이나 복지노동자의 경영참가의 상황에서 공적부문이나 민간영리부문보다도 유리한 조건을 갖추고 있다고 강조한다. 따라서 비영리부문을 대안으로 한 민영화를 통해서만 복지국가의 성과를 계승하면서 발전시킬 수 있다고 본다.

에버스의 경우, 페스토프에 비해 다소 신중하게 비영리부문 그 자체가 복지공급 중심이 된다기보다는 국가, 시장, 그리고 가족 등의 비공식 부문 등 지금까지 복지공급을 담당해온 여러 부문들을 연계시켜 상승적으로 발전시키는 매개자로서의 역할에서 그 가능성을 찾고 있다. 즉, 복지다원주의란 비영리 부문이 매개자가 되어 복지국가의 보편주의, 시장의 효율성, 비공식 부문의 요구 밀착성 등 각각의 장점이 드러나고 단점이 상호 억제되는 체제이다. 바꾸어 말하면 비영리부문는 국가, 시장, 가족 · 커뮤니티가 시너지 효과를 발휘하는 '시너제틱 믹스(synergetic mixes)'의 견인차이다(Evers, 1993: 23-25). 이 '시너제틱 믹스'의 구체적 내용에 대해서는 후술한다.

⑸ 복지국가의 향방

제솝과 굴드 등의 논의는 주로 체제상의 변화를 거시적인 방향성이라는 측면에서 모델화하려는 시도였다. 그런데 제솝과 굴드가 강조하는 방향을 이미 걷고 있는 미국이나 영국에 대한 피어슨의 연구는 오히려 복지국가의 지속성을 강조하였다. 복지국가의 형성 과정에서 중요한 역할을 한 행위자가 쇠퇴해도, 그것이 그대로 복지국가 해체에 대한 저항요인의 쇠퇴를 의미하지 않는다는 지적은 중요하다. 다만 피어슨이 '프로그램 삭감'과 '체제기반 쇠퇴'를 구별하고, 미국처럼 전자가 두드러진 진전을 보이지 않아도 후자가 계속 진행하는 사례가 있다고 한 지적도 기억하지 않으면 안 된다. 제솝 미치 굴드의 논의와 피어슨의 논의는 이 '체제기반 침식'이라는 인식에서는 서로 겹친다.

그러면 체제 차원에서 복지국가의 약체화라는 거시적인 방향성은 이제 어떻게 할 수 없는 것인가? 에스핑안데르센의 분기설은 주로 체제 차원에서 복지국가의 지속가능성을 특히 복지정책 내용과 노동시장의 관계를 통해 분석하여, 복지국가의 환경적응력에는 명백한 차이가 생기므로 그 미래는 크게 분기할 가능성이 있다고 주장했다. 여기서도 에스핑안데르센의 논의는 시사하는 바가 많으나, 스웨덴 등의 복지체제가 새로운 환경에 적응할 가능성이 있는 것은 사실이라고 해도 이 가능성을 끌어내기 위해서는 구체적으로 어떠한 조치가 강구되지 않으면 안 될 것인가, 직면한 위기를 어떻게 타개해나갈 것인가라는 문제에 이르면 그 전망은 결코 밝지만은 않다. 에스핑안데르센이 스웨덴 모델이 안고 있는 어려움에 대해서 다소 '후한' 평가를 하고 있다고 보는 이도 적지 않다.[1]

재편설에 서 있는 연구자들의 논의는 그 점에서 복지체제의 미래에 대해서 어느 정도는 구체적인 상을 그리고 있다고 말할 수 있다. 그러나 복지다원주의에 대한 전망은 지금까지 보건대 복지공급체제의 형태에 논점이 한정되어 있어 새로운 복지체제의 전체상에 대해서는 논의가 정리되지 않았다. 이 점에 대해서는 이전의 복지국가 전략, 예를 들어 보편주의적 복지정책이나 선택적 경제정책이 어떻게 계승될 수 있는가를 비롯하여 재편의 구체적인 내용이 검토되어야 할 것이다. 다음에서는 이러한 논의의 실상과 스티븐스 등에 의한 검증을 포함해 스웨덴 복지국가의 현상과 개혁논의를 개관하고, 선진공업국의 새로운 복지시스템에 대해서 어떤 시사점을 얻을 수 있는지를 검토하고자 한다.[2]

---

1 에스핑안데르센이 최근 저서에서는 기존의 복지국가체제와 새로운 환경의 부조화에서 요구되는 개혁의 방향에 대해 한층 더 깊이 있는 고찰을 하고 있다(Esping-Andersen, 1999: 145-168).

2 스티븐스 등의 연구는 최근 국의 복지지표 변화와 복지국가 모델의 관계에 관한 것이다. 그것에 따르면 첫째, 연금, 질병수당, 실업보험에 대해서는 일부를 제외하고 현저한 삭감은 보이지 않으나, 의료관계의 지출 삭감은 두드러진다. 둘째, 보수주의 모델에서 정치적 변수의 영향력은 1980년대 이후 보이지 않게 되었다. 그에 비해 사회민주주의 모델과 정부소비 증가 사이에는 유의한 관련이 있다(Stephens, Huber and Ray, 1999; 宮本, 1999b).

2. 스웨덴 복지국가의 현재

1) '쇠퇴'를 내포한 '지속'

복지국가의 미래에 대해서 쇠퇴, 지속, 분기, 재편이라는 서로 다른 전망을 제시하는 네 가지 가설을 살펴보았다. 그렇다면 흔히 복지국가의 운명과 동일시되는 스웨덴 복지국가의 실상은 위의 가설들에 비추어볼 때 어떠한 설명이 가능한가? 혹은 어느 가설을 뒷받침해주는 것인가?

쇠퇴설이 주장하는 것처럼 스웨덴 모델에서도 각종 급부의 삭감, 급부조건의 엄격화, 민영화 동향 등은 명료하며, 특히 1980년대 말에 거품경제가 붕괴되어 경제가 악화된 후 스웨덴 복지는 많은 영역에서 삭감이 진행되어왔다. 여기서는 급부와 서비스의 억제, 이중구조의 현재화, 민영화, 제도개혁이라는 네 가지 측면에서 정리하고자 한다.

첫째, 1990년대에 들어서 스웨덴 복지국가의 각종 급부와 서비스는 일관되게 수준이 저하되었다고 말할 수 있다. 1990년 2월 경제위기 시에는 칼손 내각의 위기관리 패키지와 관련하여 내각이 사임하는 혼란 속에서 특히 질병수당에 대해서는 최초 3일간의 보상률을 90%에서 60%로 삭감, 4일째 이후도 급부를 80%로 하는 등의 조치가 취해졌다. 1991년 선거에서는 사민당이 37.6%로 1928년 이후 최저득표율을 기록하는 가운데 정권이 교체되었으며, 보수당의 빌트(C. Built)를 수반으로 하는 보수·중도정권이 등장하였다. 신정권 하에서도 실업률은 급상승을 계속하여 경제는 마이너스 성장에 접어들었다. 1992년에는 유럽의 통화위기로부터 크로나를 방어하기 위해서 보수·중도정권은 두 개의 위기관리 패키지를 내걸었으며, 1993년 봄에는 질병수당에 대기일이 재도입되었다. 또한 실업보험에 대해서도 비사민정권은 5일간의 대기일을 도입하고 보상률을 80%로 했다. 부모보험제도의 급부도 다른 소득비례형 프로그램과 보조를 맞추어 삭감되었다.

실업률의 급증은 각종 부조적인 지출의 증대와 과세 기반의 축소로 이어졌으며, 1993년부터 중앙정부의 보조금이 인하되어 코뮌의 재정은 압박을 당했다. 자치체 노동자는 1990년부터 1997년 사이에 5만 6천 명, 약 9할이 삭감되었다(Dagens Nyheter, 30 April, 1998).

둘째, 스웨덴 복지국가는 제도적으로 보면 노동시장 참가를 조건으로 하는 소득비례형의 보장과 최저보장의 이중구조로 되어 있으며, 완전고용이 흔들리면 이중구조가 현재화될 가능성이 있다는 점에 대해서는 이미 지적하였다. 1990년대 이후 실업률의 증대와 함께 이러한 이중구조가 현재화되고 있다. 이러한 이중구조를 지적한 이가 마르클룬드와 스발포르스이었는데, 살로넨은 이 둘의 견해를 계승하여 1990년대 이후에 대해서도 동일한 계산을 실시하였다. 그 결과 감소 경향을 걷고 있던 '주변층'이 1992년 이후로는 증대로 전환하였음을 확인하였다. 살로넨에 따르면 새롭게 150만 명, 성인 인구의 6명당 1명 이상이 '주변층'에 속하는 상황이 벌어지고 있다(제3장 <표 3-5> 참조).

셋째, 특히 보수 · 중도정당의 영향력이 강한 자치체에서는 복지 서비스의 민영화가 착수되었다. 비사민정권은 사회복지 서비스에 대해서 '선택의 자유'를 내세워 서비스공급에 민간영리조직, 비영리조직이 참가하는 조건을 확대했다. 1991년 법개정으로 자치체가 민간 보육원에도 공립 보육원과 동일한 조건으로 보조금을 배분하는 것이 가능하게 되었다. 또한 1992년부터는 자치체가 사립 소학교에 코스트의 85% 이상을 보조하도록 되었다. 또한 보수, 중도정당의 영향력이 강한 자치체에서는 고령자 수발에 바우처제도를 도입하는 곳도 증가하였다(Finansdepartementer, 1995: 25).

넷째, 1998년 7월에 연금제도 개혁이 거의 10년에 걸쳐 실현되었으며, 과도적 조치를 거쳐 1954년 출생자 이후 세대에게 전면적으로 적용되었다. 크링스발 사회부 장관은 이것을 1913년의 국민연금, 1959년의 부가연금 도입의 뒤를 잇는 제3의 대개혁으로 자리매김했다(Klingsvall, 1998).

개혁의 목적은 경제환경에 대한 대응력 강화, 노동 유인책과 연금제도간의 조화이다. 부가연금제도에서 소득이 가장 높았던 15년간을 기초로 해서 산정되었던 급부가 전 생애에 걸친 소득을 기초로 산정되도록 개정되었다. 부가연금제도에서는 경영측만 갹출을 부담하였으나, 신제도에서는 노사가 9.25%씩 부담하게 되었다. 다만 노동자의 부담증가에 대해서는 임금협약을 통해서 보상조치가 취해진다. 이와 같은 번잡한 조치를 취하는 이유는 연금에 대한 개인의 의식을 높이기 위해서다. 노사 양쪽으로부터 갹출한 18.5% 중에서 16%는 부과방식으로 연금수급자의 급부재원으로 소비된다. 그리고 2.5%는 개인의 선택에 따라서 시장에서 운용된다. 16%의 갹출분에 임금상승률을 근거로 산정된 이율분과 2.5%분의 개인운용실적을 더한 것이 개인연금 지불액 산출 기초로 기록된다(Dagens Nyheter, 10 January, 1988; Dagens Nyheter, 18 January, 1998).

이 개혁의 포인트는 연금제도의 개인책임 원리의 명확화이다. 이 책에서도 분명해진 것처럼 노동 유인책과의 조화는 화이트칼라층의 통합을 지향한 부가연금제도에서도 중시된 바 있다. 크링스발 사회부 장관도 신제도에 대해 '부가연금제도의 핵심을 계승했다'고 언급했다(Klingsvall, 1998). 그런데 완전고용의 유지가 곤란하게 되어 사회적인 격차가 확대되는 상황에서 소득비례와 개인책임의 원리를 철저화시킨다면 이중구조의 확대를 조장할 가능성이 있다.

이상 네 가지 측면에서 '쇠퇴' 경향이 엿보이기는 하나, 한편으로 보편주의적 복지국가의 골격 그 자체가 여전히 유지되고 있음을 강조할 필요가 있다. 각종 사회보장이나 서비스는 그늘이 보이기는 하지만 매우 높은 수준에 있다. 민영화가 진행된다고 하지만 스웨덴의 경우에는 모든 복지의 민영화가 아니라 공적인 재원 하에서 서비스 공급을 민간사업자에게 위탁하는 것을 의미하는 것에 지나지 않는다. 그것도 복지 서비스 공급에서 민간영리 · 비영리 부문의 비율은 아직 극히 한정되어 있으며, 고용자의 수적인 면에서 보면 보육이 5%, 초등교육이 3%, 고령자복지가 4% 선에 머물고 있다(Finansdepartement, 1995).

또한 1990년대에 진행된 복지국가의 후퇴는 거품경제 붕괴에 따른 경제 위기가 만들어낸 면이 있으며, 완만하기는 하지만 경제가 회복기조를 보이고 있어 실업도 감소경향을 띠는 가운데 부분적으로는 궤도 재수정이 나타난다. 1998년의 춘기 예산에서는 가을 선거를 의식한 복지예산이 대폭적으로 증액되었다.

2) '분기'를 위한 '재편'

분기설의 입장에 서 있는 에스핑안데르센은 '모든 사람에게, 여기서, 지금 바로(for all, here and now)'라는 평등이 아니라, 생활기회의 균등한 배분을 실현하여 인적자본의 개발로 연결시키는 노선을 '사회적 투자전략'이라고 명명하고, 거기서 포스트 포디즘 시대의 복지국가의 가능성을 찾고 있다(Esping-Andersen, 1996a: 259-260). 이 책에서 밝힌 것처럼, 이 노선은 스웨덴 사민당이 1950년대 말부터 1960년대에 걸쳐서 '자유선택사회' 이념을 통해서 추구하기 시작한 노선이다. 그런 면에서 스웨덴 복지국가는 일찍이 새로운 시대로 조정을 시작하였다고 말할 수 있을 것이다. 때문에 스웨덴 복지국가는 여전히 저소득층만이 아니라 중간층을 비롯한 광범한 지지를 얻을 수 있는 것이다. 분기설이 주장하는 것처럼 스웨덴 복지국가는 어떤 면에서는 포스트 포디즘적인 사회변화에 적응하고 있는 것이다.

그러나 에스핑안데르센도 인정한 것처럼 다른 한편으로 이 적응이 반드시 충분한 것은 아니며, '사회적 투자전략'이 그 진가를 발휘하기 위해서는 아직도 많은 개혁이 필요한 것도 분명하다.

무엇보다도 노동시장정책에 관한 개혁이 필요하다. 스웨덴의 실업률이 다른 유럽국가들과 비슷한 수준이 되고 만 배경에는 거품경제 붕괴로 인한 경제정체와 더불어 지금까지의 완전고용을 실현시켰던 메커니즘이 충분히 기능하지 못하게 되었다는 사실이 있다. 자주 지적되는 것이 적극적 노동시장정책의 내용상 문제이다. 즉, 스웨덴의 직업재교육은 아직 그 내용이 전통적인 제조업을 염두에 두고 구성되어 있으며, 결코 서비스 부문이나 하이테크 부분으로 노동자 이동을 촉진하는 것이 되지 못하고 있다(Esping-Andersen, 1996a: 260). 노동시장청의 링홀름(B. Ringholm)은 새로운 구인의 3건당 1건이 대졸 이상의 지식과 기능을 필요로 하고 있음에도 불구하고 현행의 직업훈련 시스템의 내용으로는 훈련을 이수한 자의 13%밖에 그러한 요청에 부응하지 못하는 실정을 보고하며 적극적 노동시장정책의 개혁을 주장하였다(Ringholm, 1998).

또한 연대임금정책이 실현시킨 임금격차의 압축이 더욱 높은 수준의 직종으로 상승의욕을 약화시키고 있는 면도 부정할 수 없다. 원래 연대임금정책은 '모든 사람에게, 여기서, 지금 바로'라는 형식적인 평등을 지향한 것이 아니라 어디까지나 동일노동 동일임금이 그 이념이었다. 그런데 객관적인 직무평가체계를 만드는 것이 어려웠기 때문에 실제로는 직종에 관계없이 임금격차가 압축되었던 것이다. 이에 대해서 앞장에서도 소개한 것처럼 합리적인 임금격차의 설정을 비롯해 연대임금정책의 내용 자체를 혁신해 가려는 움직임이 노동운동 내부에서도 나타나고 있다(LO, 1993).

더 나아가 고등교육정책에 대해서도 동일한 문제가 나타나고 있다. '자유선택사회'를 지향한 리카렌트 교육은 언제든지 대학에 갈 수 있도록 여건을 조성했으나, 이것이 임금격차의 축소로 인한 대졸의 이점 감소와 맞물려 결과적으로 스웨덴의 대학진학률을 저하시키고 말았다. 특히 1960년대 중반 출생 세대 중 대학교육을 마친 자의 비율은 8~10%에 지나지 않는데, 1940년대 후반부터 1950년대 전반에 출생한 세대가 14~16%이었음에 비하면 상당히 낮아진 것이다. 이 점은 '사회적 투자전략'의 파탄으로 이어질 수 있는 중대한 사태이다. 오늘날의 스웨덴에서 국제경쟁력 강화를 지향하는 리카렌트 교육정책의 수정, 대학의 대폭적인 증설 등이 추진되고 있는 이유가 여기에 있다(Lindbeck, 1997: 40; Sohlman, 1997).

3. 새로운 복지시스템

스웨덴 모델이 새로운 환경에 대한 적응을 확고하게 하기 위해서는 개별 정책조정을 넘어선 보다 더 대담한 복지국가체제 재편, 전략의 혁신이 요구되고 있다. 그 중핵이 될만한 새로운 복지시스템의 이념은 과연 무엇인가? 종전의 복지국가 전략을 계승하면서 그것을 새로운 환경에 적응시킬 수 있는 이념은 현재로서는 다음과 같이 정리될 수 있을 것이다.

1) 복지이념의 유지와 발전

(1) 계승 가능한 이념

스웨덴의 복지국가 전략 전개에서 우선 계승해야 할 것은 개인의 자율과 발전에 초점을 맞춘 보편주의적 복지이념일 것이다. 스웨덴에서는 일찍이 1950년대 '풍요로운 사회'의 도래와 리버럴리즘과의 대결을 배경으로 '자유선택사회'라는 이념이 배태되었는데, 동일한 발상에 기초한 논의가 최근에는 독일 사민당의 '자조에 대한 원조'라는 구호나 영국 노동당의 '복지의 뉴딜'이라는 구상 속에서도 보여진다. 에스핑안데르센이 이와 같은 복지정책의 형태를 '사회적 투자전략'이라고 부른다는 것은 전술한 대로인데, 영국 노동당 정권의 브레인이기도 한 기든스(A. Giddens)는 이와 같은 복지정책을 전개하는 국가는 복지국가라고 하기보다는 '사회적 투자국가(Social Investment State)'로 부르는 것이 타당하다고까지 말한다. 기든스에 따르면 유럽의 복지국가의 규모는 유지되어야 하지만 지출의 방향은 인적자본을 위한 투자로 전환되어야 하는 것이다(Giddens, 1998: 117-128). 또한 신시대의 복지를 전망한 1994년의 OECD 보고서에서는 더욱 단적으로 다음과 같이 정식화되었다.

정부를 무언가 베풀어주는 존재로 생각하는 것은 더 이상 적절하지 않다. 정부는 사람들이 스스로의 인생에 대해서 주도적이 되어 환경을 한층 더 확실하게 조정할 수 있게 하고, 그것을 위한 힘을 부여하는 파트너이다. 이러한 정부와 사람들 사이의 새로운 파트너십은 국가별 사회적 전통의 차이에 입각해 만들어지는 것인데, 단지 개인에게 책임을 전가하려는 것이 아니라 인간의 잠재적 가능성과 모든 개인에게 선택의 기회를 넓혀, 개인의 존엄과 경제에 활용 가능한 자원을 증대시키려는 것이다(OECD, 1994: 12).

(2) 사회적 약자의 포섭

대상을 폭넓게 확대하고, 목적을 잠재능력에 대한 지원에 두는 복지이념에 대해서, 사회적 약자에 대한 대응이 소홀해지지 않을까 하는 우려가 생길지도 모르겠다. 잠재능력에 대한 지원이라는 이념은 확실히 결과의 평등에서 기회의 평등으로 이행하는 이미지를 주는 면이 있다. 그러나 사람들의 잠재능력 발휘의 조건을 형성하여 선택의 자유를 확대하는 것은, 이른바 일반시민과 사회적 약자의 경계를 상대화함을 의미하는 것이지 사회적 약자에 대한 배려를 후퇴시키는 것은 결코 아니다. 사회적 약자를 방치하는 것도, 특권화하는 것도 아니며 잠재능력의 발휘가 가능한 형태로 '포섭'해 가는 것이 중요하다(Giddens, 1998: 104-111).

이것은 '복지의 잠재능력 접근'을 내세운 센이 장애자, 여성 혹은 지역격차의 문제에 특히 힘을 기울였다는 점에서도 엿볼 수 있다. 즉, 기초적 잠재능력을 발휘하는 조건의 평등이 문제가 되는 경우에는 어떠한 장애를 가진 자의 조건을 향상시킨다는 사고가 당연히 수반되기 때문이다. 센은 물질적인 재분배의 평등에만 관심을 보이는 접근은 롤스의 경우도 포함하여 다양한 주체의 자유 조건에 관한 배려가 철저하지 않다고 본다(Sen, 1992). 이와 같은 센의 발상은 북유럽의 장애자복지 속에서 발전해온 정상화 사상과도 연결되는 것으로 보인다. 정상화(normalization)란 장애자가 능력을 발휘할 수 없는 이유를 사회측으로부터 찾아내어 장애자가 일반 시민과 동일하게 사회에 참가할 수 있는 환경 조성을 지향하는 사상이었기 때문이다.

한편, 잠재능력 발휘의 조건을 평등하게 배분한다는 것은 시민의 능력 발휘의 성과나 실적을 경시하는 것이 결코 아니다. 단순한 결과의 평등을 요구한다면 잠재능력 발휘의 조건을 평등화한다는 것 자체가 의미를 잃어버린다. 능력 발휘의 결과가 소득의 수준으로 나타나는 일면이 있기 때문에 스웨덴의 소득비례형의 보편주의는 중간층을 비롯한 다수의 지지를 얻을 수 있고, 노동 유인책을 강화하기 위해서도 유효하다. 그러나 잠재능력 발휘의 조건을 평등화하는 것과 능력 발휘의 성과를 중시하는 것은 상황에 따라서는 모순될 수도 있다. 예를 들어 노동시장에서 퍼포먼스를 반영하여 경제적인 격차가 일정 수준을 넘어서 확대된다면 그 자체가 기초적 잠재능력의 불평등한 배분으로 간주될 것이다.

스웨덴 복지국가가 추구해온 보편주의 속에서 이 두 요소는 경우에 따라서 대립하는 것이며, 오래된 모순이 근본적으로 해결된 것도 아니었다. 그러나 양자의 균형을 유지할 수 있다는 것 또한 스웨덴 모델의 경험을 통해 확인할 수 있다.

(3) 새로운 합의의 기반

보편주의적 복지국가의 정통성이 흔들리고 있는 가운데 시민들 가운데 새로운 복지이념에 대한 지지기반을 확산시킬 조건은 존재하는가? 벡(U. Beck)에 따르면, 한편으로는 복지국가의 위기를 조성시킨 산업사회의 변화는, 다른 한편으로는 보편주의적 복지에 대한 새로운 합의 형성의 조건을 만들어내고 있다. 벡은 '위험 사회'라는 구상을 통해서 산업사회의 변화와 보편주의적 복지의 새로운 관계를 보여주고자 한다(Beck, 1992).

벡에 따르면 오늘날의 사회를 우선 미시적으로 볼 경우, 사람들은 고도 산업문명의 탓에 국경을 초월한 환경 파괴, 새로운 바이러스, 대규모 재해 등 새로운 위험에 직면하며 살아가고 있다. 이러한 위험은 계급이나 계층에 따라서 편재하는 경향도 있으나, 기본적으로는 그 특성 때문에 모든 사람들에게 영향을 끼친다. 한편 거시적으로 볼 경우 고용의 유동화나 가족의 변화로 사람들이 일생 동안 하나의 직업이나(전업주부 등의) 정체성을 갖고 살아가는 것은 오히려 드물어졌다. 롤스는 복지국가의 근거로서 사람들이 빈부, 성별, 능력 등의 주어진 속성을 일단 모두 잊어버리고 나서 스스로가 속하는 사회질서를 선택한다는 가정을 하여 이것은 '무지의 베일'이라고 불렀는데, 벡의 지적에 입각한다면 오늘날의 사회에서는 이 '무지의 베일'이 완전한 허구는 아니게 되었다고 말할 수 있다.

벡은 '필요(need)에 기초한 연대로부터 불안(anxiety)으로 인한 연대로'라는 표현으로 새로운 합의 형성의 조건을 밝혀낸다(Beck, 1992: 49-50). 포디즘의 단계에서는 노동운동의 응집력이 보편주의적인 복지의 추진력이었다. 복지국가는 노동운동의 조직 자원에 의해서 발전되어왔다. 포스트포디즘 단계에서는 확실히 이전과 같은 수준에서 노동운동의 응집력을 유지하기는 어렵다. 그러나 여성이나 고령자 등의 새로운 수혜층에 더하여 한층 더 광범위한 사람들이 자발적으로 보편주의적인 복지정책을 지향하는 '새로운 복지정치'의 조건이 만들어지고 있다(宮本, 1999b).

2) 고용정책과의 융합과 '자유선택사회'

(1) 적극적 유연성으로

이른바 일반 시민인가, 사회적 약자인가를 불문하고 잠재능력을 발휘할 조건의 근본은 고용이다. 이 점도 또한 스웨덴 모델의 경험으로부터 얻어진 중요한 교훈이었다. 스웨덴 복지국가의 전개에서도 렌이 '자유선택사회'의 구상을 제기했던 배경에는 렌·메이드네르 모델을 통해서 완전고용을 유지시킬 수 있다는 전망이 있었다. 그러나 복지국가의 환경 변동으로 렌·메이드네르 모델은 기능부전에 빠졌으며 완전고용의 조건이 흔들리고 있다. 이것이 보편주의적인 복지이념의 전제를 무너뜨릴 가능성이 있다. 특히 중간층의 통합을 중시했던 소득비례형의 보편주의에서는 실업의 증대는 바로 사회적 균열을 증대시켜 이중구조 출현으로 연결된다.

사실 렌 자신은 1970년대 중반에 거의 이러한 변화의 방향을 예측하고 있었다. 그는 1977년의 「자유선택사회를 향해」라는 제목의 논문에서 노동시장의 유연화는 싫든 좋든 증대될 것이라고 지적한다. 즉, 노동시장단축,

리카렌트 교육의 확대, 휴가의 장기화, 노동 이동의 증대, 서비스 부문의 대두, 여성의 노동시장진출, 교통 · 통신수단의 발전에 따른 심야 · 조조 노동의 확대 등이다. 이러한 동향은 노동운동의 쇠퇴와 실업률의 상승, 주변적 노동력의 출현과 연결된다. 그러나 이러한 변화를 종합적인 소득보장제도의 정비 등 복지정책의 재편과 연동시킨다면 유연화의 증대를 더 적극적인 방향으로 활용할 수 있다. 렌에 따르면 보편주의적 복지정책과의 연동을 통해서 노동시장의 유연화는, 사람들이 교육, 노동, 퇴직으로 확연하게 구별된 세 개의 단계를 순서대로 밟아 가는 것이 아니라 필요를 느꼈을 경우에 자유롭게 노동시장을 떠나거나 교육을 받거나 하는 조건이 되기도 한다. 즉, 산업사회의 새로운 변화는 기존의 복지국가 전략에 대한 위협임과 동시에, '자유선택사회'를 한층 더 철저화시키는 좋은 계기이기도 하다 (Rehn, 1977a).

이와 같은 발상은 포스트 포디즘화에 더욱 능동적으로 대응해가려고 하는 유럽 노동운동의 전략으로 계승되어가고 있다. 예를 들어 유럽노련 (ETUC)은 고용의 불안정화를 야기하는 노동시장의 유연화를 새로운 고용정책 및 복지정책과 연동시킴으로써 생활양식의 다양화나 양성 간의 육아 · 가사의 분담에 대응한 '적극적 유연화'로 전화시켜나갈 것을 제창한다 (ETUC, 1995).

(2) 고용과 관련한 신모델

'적극적 유연화'를 추진하기 위해서는 고용정책과 복지정책에 어떠한 혁신이 필요한가? 종전에 완전고용이라는 의미는 양성 중 한쪽(사실상 남성)이 풀타임으로 한 직장에서 지속적으로 근무하는 것이었다. 그와 같은 의미에서는 확실히 완전고용으로의 복귀는 곤란하게 되어가고 있다. 그러나 지원형의 복지정책과 연동시킴으로 해서 양성 모두가 더욱 유연한 직업설계를 하면서 스스로의 다양한 가능성을 추구할 수 있게 되고 만다. 그와 같은 시스템을 실현하기 위해서는 고용정책과 복지정책의 경계선은 지금까지보다 더욱 상대적인 것이 되고, 양자의 연동은 한층 밀접해질 것이다.

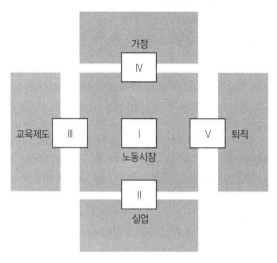

〈그림 5-1〉 가교적 노동시장 모델

가정

Ⅳ

교육제도   Ⅲ   Ⅰ   Ⅴ   퇴직

노동시장

Ⅱ

실업

- 주: Ⅰ. 풀타임과 파트타임, 노동과 훈련의 가교 조치 Ⅱ. 고용과 실업의 가교 조치 Ⅲ. 고용과 교육의 가교 조치 Ⅳ. 고용과 가정의 가교 조치 Ⅴ. 고용과 퇴직의 가교 조치
- 출처: Schmid, 1995.

그러한 이미지는 슈미트(G. Schmid)의 구상에서 찾아볼 수 있다(Schmid, 1995).

  슈미트는 메이드네르의 80세 생일을 기념하는 심포지움에서 포스트 포디즘적인 환경 하에서 노동시장의 이념을 '가교적인 노동시장(Transitional Labour Market)'이라고 명명하며 <그림 5-1>과 같이 표현하였다. 여기에는 렌 · 메이드네르 모델의 경험을 새로운 조건 하에서 응용하여 '자유선택 사회'의 확충으로 연계시키는 기본적인 구상이 나타나 있다고 말할 수 있다. 슈미트에 따르면 '가교적 노동시장'에는 다섯 개의 정책영역이 있다. Ⅰ의 영역은 노동시장 내부에서 워크셰어링을 가능하게 하는 다양한 정책, Ⅱ의 영역은 실업이나 전직 등에 의해서 일단 노동시장에서 벗어나도 다시 돌아갈 수 있도록 하는 적극적 노동시장정책, Ⅲ의 영역은 개인의 관심이나 산업사회의 변화에 대응하여 노동시장과 교육 사이를 왕래하기 위한 교육수당, 리카렌트 교육 등, Ⅳ의 영역은 여성(혹은 남성)을 가정의 무상노동에 구속시키지 않고 노동시장과 연결시키는 육아휴가나 수발지원 그리고 Ⅴ의 영역은 고령자의 고용촉진책이나 조기퇴직제도 등이다.

Ⅰ에서 Ⅴ까지의 영역에서 복지정책 혹은 고용정책이 전개됨으로써 지금까지의 복지국가체제가 상정해온 것보다 유연한, 성편향이 적은 '완전고용' 체제가 형성되어 '자유선택사회'가 심화된다는 것이 슈미트의 구상이다. 여기서 복지정책이 더욱 지원적인 성격을 강화하여, 한편으로는 고용정책이 한층 더 개별화되어 세대나 젠더의 특성에 배려한 것이 됨으로써 양자는 접근되고, 부분적으로는 겹쳐질 수 있을 것이다. 복지정책과 고용정책의 연동이 스웨덴 복지국가의 특질이었는데, 양자의 관계는 더욱 진전되어 융합관계에 들어간다고 말할 수 있을지 모르겠다.

3) 복지다원주의

(1) 공급체제의 다원화

새로운 복지전략의 제3요소는 복지공급체제의 재구축과 관련되어 있다. 복지이념의 변화가 스웨덴 모델이 성숙하는 과정에서 서서히 진행되었음에 반해, 복지 서비스 공급체제의 변화는 스웨덴 모델의 위기가 현재화된 1990년대 이후 비교적 급속히 진행되고 있다. 협동조합 등을 중심으로 한 민간비영리조직을 포함시킨 다원적인 공급체제로의 이행이 보여지는 점에 대해서는 앞장에서도 간단히 다루었다. 보육 서비스의 영역으로부터 시작된 협동조합의 확대는 고령자복지의 영역에도 침투해 들어가고 있으며, 또한 지방에서는 고용확대를 위해서도 중요한 역할을 하고 있다. 그러면 그것의 구체적인 구조는 어떻게 이루어져 있는가. 여기서는 복지공급체제에 관련된 새로운 전략을 복지다원주의 이념에 주목하면서 개관하고자 한다.

복지다원주의 혹은 복지 믹스란 국가, 시장, 가족ㆍ커뮤니티 그리고 비영리조직 등이 상호 연대하여 하나의 복지체제를 형성해가는 것을 가리킨다(宮本, 1999a). 말할 필요도 없이 각 부문은 각각 적극적인 면과 소극적인 면을 갖고 있다.

정부는 보편적인 영향력을 행사하여 평등을 실현시킬 수 있는 반면, 권위적이며 획일적인 서비스에 빠지기 쉽다. 시장은 효율적이며 선택 가능성을 넓히나 다른 한편으로 영리지향으로 인해 불평등을 확대한다. 가족 · 커뮤니티는 친밀한 서비스 제공이 가능하나, 서비스 제공의 대상을 배타적으로 한정하는 경향이 있다. 비영리조직은 임기응변적인 활동이 가능하며 서비스 수급자의 참가도 환영하나 다른 한편으로는 아마추어리즘에서 벗어나지 못하는 면이 있다. 일본의 복지공급체제도 일종의 복지 믹스라고 할 수 있는데, 그것은 결코 각 부문의 적극적인 면이 상승적으로 작용하는 '시너제틱 믹스'라고 말할 수 없다.

(2) 시너제틱 믹스

스웨덴을 자주 '혼합경제'체제의 대표격으로 간주해왔는데, 그 의미는 경제는 시장, 복지는 국가라는 분리이며, 복지에서 최적의 '혼합' 형태가 모색된 것은 아니었다. 복지는 기본적으로는 공공부문의 독점에 맡겨졌다. 이와 같은 보편주의적 복지국가가 '시너제틱 믹스'로 이행을 꾀할 경우, 초점은 국가가 실현한 보편주의 틀을 유지하면서 어떻게 시장원리를 도입하고 비영리조직을 활용할 수 있을 것인가에 있을 것이다. 이 점에 관해서 스웨덴 행정개혁에서 주도적인 역할을 한 연구자 폰 오터(C. von. Otter)는 복지행정에 대한 조정의 확대라는 관점에서 다음과 같이 정리하였다.

종전 스웨덴 모델에서 복지행정에 대한 조정은 세 개의 회로에 한정되어 있었다. 즉, ① 선거의 정치적 민주주의 ② 법적 통제 ③ 전문가의 자기조정이다. 그러나 이러한 기존 회로에 한계가 있다는 것은, 예를 들어 스웨덴 시민이 보편주의적 복지에는 지지를 보내면서도 복지행정의 행태에는 비판을 집중시키고 있는 점에서도 분명하다. 그런데 여기서 비영리 부문를 중심으로 복지체제의 다원화와 시장원리의 도입이 진행됨에 따라서 새롭게, ④ 시민의 서비스 공급에 대한 직접 참가 및 이의 신청, ⑤ 선택의 자유라는 새로운 회로의 가능성이 나타나고 있다(von Otter, 1997: 157-160). 허슈만(A. O. Hirschman)이 시장사회에서 영향력 행사의 방법으로 발언(voice)과 퇴출(exit)을 들었다는 것은 잘 알려져 있으나, 폰 오터가 말하는 이의 신청과 선택의 자유는 이 발언과 퇴출과 관련되어 있다(Hirschman, 1970). 복지의 다원화와 선택의 자유가 실현된다면 서비스 공급자는 지금보다 더 서비스 수급자의 목소리에 신중하게 귀기울이게 될 것이다. 따라서 퇴출의 자유는 어떤 면에서는 시민의 발언권을 강화할 가능성 있다. 그러나 거기에는 위험 요인도 있다.

⑶ 다원주의의 함정

첫째, 참가 가능성이 확대된다고 해도 서비스 수급자=시민의 시간에는 제약이 있고, 그들 삶의 관심이 항상 사회 서비스의 행태에 있는 것도 아니다. 따라서 현실적으로는 ⑤의 회로, 즉 선택의 자유를 행사한 퇴출(어떤 서비스 공급주체로부터 다른 것으로 바꿈)이라는, 어떤 의미에서는 '안이한' 방법으로 영향력을 행사하는 케이스가 증대할 것이다. 퇴출 옵션의 존재는 참가와 발언의 회로를 충실하게 할 뿐만 아니라, 반대로 그것이 가장 간단한 영향력 행사의 회로인 만큼 에너지를 필요로 하는 발언 옵션이 행사되는 기회가 감소될 것으로 예상된다. 그 경우에 시민은 복지의 수동적인 소비자라는 포지션으로 고정화될 가능성도 있다.

둘째, 만약 퇴출 옵션의 행사가 순수한 시장관계에 의해서 매개된다면 퇴출 옵션을 행사하여 한층 더 질 높은(그러나 고액) 서비스로 바꿀 수 있는 층과, 자원이 결여되어 있기 때문에 공적부문의 서비스에 불만을 갖고 있으면서도 머물 수밖에 없는 층으로 분화되고 마는 경우도 상정할 수 있다. 이와 같은 양극화는 보편주의적 복지의 근본을 위협하게 될 것이다.

따라서 새로운 다원적 복지 시스템은 이러한 위험부담을 억제하면서 한편으로 시민의 영향력 확대 가능성을 최대한으로 끌어낼 수 있는 방향으로 구상될 필요가 있다(cf. 坪鄕, 1989: 156-179). 스웨덴에서 보육, 고령자 복지, 의료 등의 영역에서 현재 추진되고 있는 개혁은 신보수주의적인 방향의 개혁과 새로운 보편주의의 실험의 줄다리기라고 볼 수 있다(von, Otter, 1991). 보편주의적인 복지국가의 성과를 계승하는 새로운 복지다원주의란 각 부문간의 어떠한 분업관계를 가리키는가? 그것은 예를 들면 복지의 재원, 공급, 조정의 각 측면을 둘러싸고 서로 다른 부문이 어떠한 분업관계를 형성하는가 하는 문제이다. 이에 대해서 테일러(M. Taylor)는 재원을 정부가, 공급을 민간비영리복지조직이, 그리고 조정을 양자가 협의하는 관계를 복지다원주의 방향으로 보고 모든 것을 국가부문이 담당하는 구 복지국가, 모든 것에 대해서 시장의 역할이 돌출한 신보수주의(뉴 라이트) 전략과 대조시켰다(Taylor, 1992: 150).

그러나 이와 같은 정식화는 하나의 이미지를 포착할 경우에는 유효하지만 너무나 단순하다. 재원, 공급은 정부와 비영리조직 중 하나에 전면적으로 귀속되는 것이 아니라 시장이나 가족을 비롯하여 복잡한 분업관계가 성립되어 있다. 비영리부문의 담당영역이 확대되어간다고 해도 국가부문 및 시장부문과 어떤 분업관계가 형성되는지가 핵심이다. 비영리 민간단체의 활용이나 선택의 자유 확대를 촉진하면서 보편주의적 복지의 틀을 유지하는 것은 가능하다. 그것이 '재편설'을 취하는 논자들의 확신이었다. 그러나 구체적인 방법에 대해서 아직 세밀한 설계도가 제시되었다고 말하기는 어렵다.

제6장

일본과 한국에 대한 시사

1. 일본에 대한 시사

이제 이 책을 마치면서 이 책의 고찰이 오늘날 일본에 시사하는 바를 정리하고자 한다. '복지국가에서 복지사회로'라는 이행이 논해지고 있는 시대에 그리고 복지국가에 관한 경험과 논의가 부족했던 일본사회에서 보편주의적인 복지국가라는 경험으로부터 어떤 교훈을 얻을 수 있는 것인가.

1) 일본 모델과 스웨덴 모델

(1) 일본 모델이란 무엇인가

제1장에서 다루었듯이 비교론적으로 본 일본형 복지국가의 특질은 논의의 쟁점이 되어왔다(新川, 1993; 宮本, 1997; 理橋, 1997). 일본형 복지국가는 사회지출의 규모나 복지프로그램에서 농후하게 나타나는 선별주의적인 성격을 고려한다면 미국적인 자유주의 모델에 가깝다. 그리고 복지제도의 직역별 분절화와 계층성 혹은 가족에 대한 강한 의존 등에 대해서 일본형 복지국가는 보수주의 모델에 가까운 특성도 갖고 있다고 하겠다. 또한 낮은 실업률이나 정치적인 '안정성'이라는 점에서는 자유주의 모델과 대극을 이루는 사회민주주의 모델을 대표하는 스웨덴과 유사하다. 스웨덴과 일본의 실업률을 비교해보면, 1960년부터 1974년까지의 평균은 동일하게, 1.7%, 1975년부터 1980년까지도 동일하게 1.9%이었으며, 1980년부터 1984년까지는 스웨덴이 2.7%임에 비해서 일본이 2.9%로 거의 동일한 수치를 보여주고 있다(Wilensky and Turner, 1987: 26).

일본형 복지국가가 대기업 노사연합을 기초로 한 자유주의세력과 지방의 보수주의세력을 포괄하는 자민당 정권 하에서 자유주의 모델과 보수주의 모델의 성격이 혼합된 형태로 형성되었다는 것은 분명하다. 그러나 예전의 일본의 저실업률을 사회민주주의 모델과 관련지어 논한다면 그것은 잘못된 해석이 될 것이다. 일본형 복지국가가 고용에 역점을 둔 것은 자유주의 전략과 보수주의 전략의 독특한 결합 방법에 유래되는 것이지 사회민주주의 전략의 영향에 의한 것이 아니다.

여기서 문제가 되는 것은 자율성을 강화하고 있었던 자유주의 세력(대기업 노사연합)과 협의의 복지국가 노선을 꺼려한 보수주의 세력의 결합이다. 1960년대 말의 정치적인 유동과 혁신자치체의 약진에 대응하여 시작된 공적복지의 신장이 석유위기를 거쳐 1970년대 후반에는 다시 억제기조에 들어갔다. 그에 호응하여 대기업에서는 기업 내 복리후생이 정비되었고, 연공서열제도와 경쟁원리를 조합한 기업질서가 정비되었다. 여기서 이익의 일체성을 강화시킨 대기업 노사연합은 점차 자민당 정권의 중요한 기반이 되어갔다.

한편 집권당으로서 자민당에게 지방의 보수주의 세력의 이익 또한 무시할 수 없는 중요성을 갖고 있었다. 유럽 대륙의 가톨릭 보수주의가 자유주의나 사회주의와의 대항관계 속에서 복지국가를 때에 따라서 이용했음에 반해 일본의 보수주의는 복지국가를 지역이나 가족의 전통적 질서에 적대하는 것으로 보았다. 따라서 지방을 기반으로 하는 정치가들은 이전보다도 더 대량의 공공사업이나 보호·규제를 통한 보수지반의 배양을 꾀했다. 그 결과 기능적으로 보면 대기업 노사연합이 관료제의 지원을 받아 만들어낸 경제성장의 과실을 협의의 복지정책을 통하지 않고, 공공사업이나 각종의 보호·규제에 의한 고용창출을 통해서 재분배하는 구조가 만들어졌다. 일본의 노동시장은 형식적으로는 완전고용에 가까워도 중소기업 노동자나 자영업·가족종사자가 고용자의 다수를 차지하며, 대기업 중심의 민간부문과 공공부문이 고용의 상당 부분을 창출한 스웨덴과는 대조적인 구조를 갖게 되었다(野村, 1998).

물론 일본에서도 자유주의 세력과 보수주의 세력의 타협이 항상 안정적이었던 것은 아니다. 특히 저성장으로의 이행으로 인해 대기업의 정부로부터의 자율화가 진행되고, 동시에 대기업노사의 이익 일체성이 의식되면서

-즉 대기업노사가 자유주의세력으로서 점차 확연해짐에 따라서- 두 세력 간의 이익대립 또한 점차 자각되었다(伊藤, 1988). 두 이익은 자주 도시적 이익과 지방적 이익으로 표현되었고, 양자의 대립은 나카소네 정치나 제2 임조 등 다양한 형태로 현재화되었으며 경우에 따라서는 연출되었다. 그러 나 두 정치세력의 순화와 자립화를 의도한 보수양당제의 시도가 좌절된 것 에서도 알 수 있는 것처럼 결국 양자의 상호의존관계는 해체되지 않은 채 오늘에 이르렀다.

(2) 유사성과 대극성

복지국가체제로서 고용을 중시하여 '안정'시킴으로써 정권을 장기화시 켰다는 점에서는 스웨덴의 사민당 정권과 일본의 자민당 정권은 공통적이 며, 양 정권은 선진공업국 중에서는 대표적인 장기정권으로서 어깨를 나 란히 한다. 그러나 양자의 유사점은 여기까지이며, 양 정권의 고용 '안정화' 방법이나 복지와 고용을 연계시키는 방법은 어떤 의미에서는 대조적이었 다. 스웨덴 사민당 정권은 적극적 노동시장정책에 의해서 노동시장을 유동 화시켜 고용을 확보하였고, 그 위에 두터운 지원형 복지를 전개하였다. 이 에 반해서 일본에서는 고용은 장기고용관행과 이익유도정치의 산물로서 기업과 지역(가족)에 대한 귀속을 통해서 확보되었다. 실제로 대기업의 기 업질서가 정비되고, '토건국가'의 시스템이 형성되자 도시로의 인구유입은 진정되었으며, 도시 젊은 층의 이직률도 낮아졌다. 도시의 대기업이든지 지방의 중소기업과 지역사회든지 사람들은 커뮤니티에 대한 귀속을 다시 강화시키고 있다.

일본형 복지국가의 경우, 창출된 고용은 대기업이든지, 공공사업이나 규제행정의 혜택을 받는 중소기업이든지간에 기본적으로는 남성소득자 를 대상으로 한 것이었다. 다른 한편으로 수발이나 육아의 사회 서비스는 극히 최근까지 선별주의적 성격이 강했으며, 따라서 시민의 복지 욕구에 충분하게 대응하지 못했다. 그 결과 육아나 고령자수발은 남성소득자의 수입을 기초로 해서 가족 특히 여성이 부담하는 구조가 정착되었다. 일본에서는 이런 시스템 형성과 궤를 같이하여 선진공업국으로서는 예외적으로 전업주부가 증대하였다(落合, 1994). 제1장에서 소개한 시로프의 비교분석에서도 나타난 것처럼 일본은 성편향 면에서는 스웨덴의 대극에 위치해 있다.

2) 일본 모델의 전환점

(1) '일방통행형 사회'의 곤경

일본형 복지국가가 만들어 낸 사회는 앞에서 인용한 슈미트 모델을 염두에 두고 서술한다면, 교육, 노동, 결혼, 퇴직이 개인의 생활단계로서 확연하게 단계화되어, 도중에서 핸들을 돌리기 어려운 사회가 되었다. 실력 차이에 따른 선별을 통해, 일단 노동시장에서 포지션이 정해진 후에는 노동시장을 벗어나 코스 변경을 시도하는 데는 커다란 위험 부담이 따른다. 여성의 경우, 출산·육아시에도 노동시장을 벗어나 가정에 들어가면 특별한 기능을 가지고 있지 않는 한 파트타이머 이외의 형태로 노동시장에 복귀하는 데는 곤란이 따른다. 슈미트의 모델이 이념으로 내거는 것은 교육, 노동, 결혼, 퇴직, 전직이라는 5단계를 어느 정도 자유롭게 왕래 가능한 '교차점형' 사회라고 한다면, 일본은 슈미트의 모델에서는 우에서 좌로 일직선으로 진행할 -여성의 경우에는 도중에 위쪽으로 방향전환을 한다- 것이 요구되는 이른바 '일방통행형' 사회였다고 할 수 있다.

대기업 남성노동자에 한정하여 말한다면, 거기에는 종신고용을 전제로 '기초적 잠재능력'에 대한 지원을 중시하는 조직 풍토가 있었다는 것도 사실일 것이다. 대기업에서 인사고과는 장기적인 관점에서 본 잠재능력에 대한 평가에 포인트가 있었다. 그러나 그것도 결국은 한 기업 내부에서 능력개발이며, 결과적으로는 노동력을 조직에 견고하게 묶는 것이었다(熊澤, 1997). 전체적으로 말하면 일본사회에서 학력, 성, 기업, 연령이라는 4개의 변수에 따라서 인생의 선택여지가 엄격하게 한정되어왔던 것이다.

기업이나 관료제 등의 2차 집단이 의사혈연관계와 같은 응집력을 가진 사회는 '이에(家) 사회'라고 불렸으며, 사람들의 직장에 대한 헌신적인 기여야말로 경제성장의 원천으로 평가되었다(村上·公文·佐藤, 1979). 이에(家) 사회론자가 강조한 것은 일본인에게서 집단귀속 그 자체가 가져다주는 기쁨이었다. 그것을 부정하지 않을지라도 커뮤니티로부터 이탈 가능성이 엄격하게 제약된다면 커뮤니티는 굴레로 바뀐다. 미타 무네스케(見田宗介)도 지적하는 것처럼 기업이든 가족이나 지역이든지 커뮤니티에 귀속하는 기쁨은 개별 커뮤니티를 넘어선 규범이 확립되어 개입의 커뮤니티 귀속이 초규범적 자유의지에 기초해 이루어질 때에야 가능하게 된다(見田, 1996).

이 책이 스웨덴 모델의 의의로서 가장 중요한 부분으로 든 시민에 대한 생활 기회 혹은 '기초적인 잠재능력'의 배분이라는 점에서 일본형 복지국가의 현실은 크게 뒤쳐져 있다.

(2) '이에 사회'와 '일본개조계획'을 넘어서

일본형 복지국가의 제도를 지탱해온 모든 조건은 좋은 의미에서든 나쁜 의미에서든 이미 근본부터 흔들리기 시작했다. 생산성 상승과 경쟁력의 회복을 지상명령으로 하는 대기업에서 장기고용관행 유지는 이미 불가능해지고 있다. 재정파탄에 따른 공공사업비의 억제, 규제완화에 따른 보호·규제의 철폐가 진행되고 있다는 점은 여기서 다시 상술할 필요도 없을 것이다. 대기업의 고용관행과 공공사업 및 보호·규제라는 일본형 복지국가를 지탱해온 고용전략의 두 기둥은 이제는 더 이상 유지하기 어렵게 되고 있다. 덧붙이자면 가족과 여성에 대한 과도한 부담 때문에 여성 미혼률의 상승과 소자화가 진행되고 있다. 1930년대의 스웨덴을 덮친 인구문제 위기는 이제 일본에서 심각해지고 있으며, 1980년대 후반부터 일본의 출생률은 거의 스웨덴의 1930년대 수준까지 저하되었고, 멈출 기세는 보이지 않는다.

이러한 가운데 일본형 복지국가에서 사회적 모빌리티와 선택의 자유의 결여에 대해서는 그 부정적 측면이 점차 지적되고 있다. 이전의 이에 사회론에 대신해서 일본의 신보수주의 정치가는 '일본개조계획'을 논한 저작 속에서 성·연령으로부터의 자유, 기업으로부터의 자유, 장시간 노동으로부터의 자유 등을 내세워 이에사회 타파를 주장하였다. 개인의 자기 책임에 기초한 선택의 자유를 확대시키기 위해서는 규제완화와 시장원리의 철저화야말로 결정적으로 중요하다는 것이 신보수주의 정치가의 비전이었다(小澤, 1993).

이에 대해서 '자유선택사회'를 지향한 스웨덴 모델의 경험이 보여주는 것은, 그와 같은 자유는 복지정책과 고용정책을 연동시킨 사회적 지원에 의해서만 실현 가능하다는 것이다. 다시 슈미트의 모델을 전제로 다소 비유적으로 말한다면, 교육, 노동시장, 가족, 실업, 퇴직이라는 다섯 개의 섬에 리카렌트 교육, 육아·수발지원, 적극적 노동시장정책, 고령자 고용지원 등의 정책 실행을 통해서 왕복 가능한 '다리'를 건설하여, '일방통행형' 사회를 스스로의 책임과 판단에 의해서 방향전환이 가능한 '교차점형' 사회로 전환시켜 나가는 것이 요구된다. 구체적인 시스템의 설계에 관해서는 적극적 노동시장정책의 재구축이나 '시너제틱 믹스'의 내용 등 스웨덴에서도 문제는 미해결 상태이며, 수입 가능한 모델은 이제 더 이상 존재하지 않는다.

2. 한국에 대한 시사

1) 복지국가로서의 한국

이상으로 스웨덴의 경험이 일본의 복지국가의 장래를 전망하는 데 있어서 어떠한 시사점을 주는가를 검토하였다. 그 시사하는 점은 일본뿐만 아니라 상당한 정도는 한국에 대해서도 타당한 것으로 생각된다. 왜냐하면

〈그림 6-1〉 복지레짐의 경계 사례

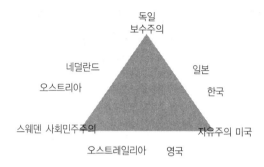

• 출처: Esping-Andersen, 1999를 참고로 필자가 작성.

한국과 일본은 복지국가의 동아시아 모델로서 많은 특징을 공유하기 때문
이다. 이하에서는 우선 이 동아시아 모델에 대해서 에스핑안데르센의 복지
국가유형과 관련하여 서술하고자 한다.

저자는 본서에서 우선 에스핑안데르센의 세 가지 모델에 비추어 일본을
자유주의적인 성향을 가진 보수주의 모델로 규정했다. 에스핑안데르센은
그의 세 유형에 딱 들어맞지 않는 몇 가지의 사례에 대해서는 복수 모델간
의 경계 사례로 자리를 매겼다(Esping-Andersen, 1999). 예를 들어 기본적
으로는 자유주의 모델에 속하지만 노동운동이 상대적으로 강력하여 의료
제도 등에 보편주의적인 요소가 들어 간 영국, 보수주의 모델에 가까우나
사회민주주의와의 경합 속에서 사회보장지출이 사회민주주의 모델 수준
으로 확대되었던 네덜란드 등이 있다.

한국에서는 의료보험은 1989년에 개보험을, 연금은 1999년에 도시의 자
영업자를 포괄하는 형태로 개보험을 형식적으로 달성하였으나 급부수준
등의 격차는 크며, 또한 의료보험은 자기부담이 크다. 사회서비스는 보육
소 수의 급격한 증대가 보여지나 가족에 의존하는 비율이 아직 높고, 가족
수당이 아직도 도입되지 않았다. 사회보장지출이 GDP에서 차지하는 비율
은 1997년에 6.7%이었는데, 이것은 1965년에 0.71%였던 점을 감안한다면

크게 신장되고 있지만 OECD 국가들 중에서는 여전히 매우 낮은 수준이다 (cf. Lee, 1999). 일련의 경향은 일본과 공통 -한층 더 주변적이며 가족주의 적이지만- 의 특질을 가지고 있으며, 에스핑안데르센의 유형에 비추어 성 격을 특징짓는다면 역시 일본과 마찬가지로 자유주의적인 특징을 가지고 있는 보수주의 모델의 위치를 차지한다고 하겠다(<그림 6-1> 참조).

그런데 에스핑안데르센의 모델은 기본적으로는 서구 선진공업국에 초 점을 맞춘 모델이다. 후발복지국가인 한국과 일본을 그것에 따라 위치 지 우려고 하면 어긋나는 부분이 많이 있다.

한국과 일본의 복지국가의 발전경로를 보면 복지국가를 주도한 정치세 력의 구성과 이데올로기는 에스핑안데르센이 서구 국가들에서 추출한 세 세력(노동운동 기독교 보수주의 자유주의)과는 다르다. 또한 에스핑안데 르센이 정치적 영향력 행사의 전제로서 상정하고 있었던 의회제 민주주의 의 제도조건도 적어도 1987년까지의 한국에서는 갖추어졌다고 말하기 어 렵다. 복지정책의 영역에 한정해서 보자면 세 세력 중 어느 하나의 뚜렷한 영향력도 찾아볼 수 없으며, 대신에 국가관료제의 영향력이 강력했다. 노 동운동의 영향력을 찾아낸다고 해도 그것은 관료제와 깊이 연계된 국가 코 포라티즘의 그것이다. 그리고 국가관료제는 복지정책에 관한 주도권을 발 휘함에 있어서 서구 혹은 서구제도 도입에 앞선 일본의 경험을 자주 모방 하기도 했다. 그것도 다른 모델로부터 그때 그때의 필요에 따라서 이식하 는 '임기응변적 학습(Peripatetic learning)'이었으며, 따라서 제도의 성격도 모자이크적으로 되었다고 지적된다(Goodman and Peng, 1996: 211-212).

2) 동아시아형 발전

그렇다고는 해도 동아시아의 후발복지국가의 제도이념까지 모자이크적 이었던 것은 아니다. 오히려 이점에서는 일관된 이념이 보여지고 있는데, 그것은 경제성장을 최우선 과제로 해서 복지정책을 개발정책 혹은 경제정 책에 종속시켰다는 점이다. 이와 같은 복지정책(사회정책)의 존재 형태에

대해서 데요가 '개발보완형 사회정책'이라 불렀다는 것은 잘 알려져 있다(Deyo, 1992: 304). 동아시아의 복지체제라고 하면 존슨과 같이 유교주의의 영향을 강조하는 견해가 많으며, 에스핑안데르센도 일본에서는 유교적인 이념이 보수주의 레짐에서의 기독교 민주주의의 기능적 대체물이 되었다는 견해를 보였다(Jones, 1993; エスピン・アンデルセン, 2001). 그런데 한국과 일본의 복지국가의 특질로서 에스핑안데르센의 유형모델로부터 일탈된 부분은 역시 후발복지국가의 '개발보완형 사회정책'이라는 관점에서 설명하지 않을 수 없다.

예를 들어 굿먼, 화이트, 권혁주는 동아시아 복지의 특질을 유교원리로 간단히 환원시켜버리는 경향이 있는 '복지 오리엔탈리즘'을 비판하면서 어디까지나 정치적, 혹은 제도적인 관점에서 '동아시아 복지모델'의 특질을 추출한다(Goodman, and Kwon, 1998). 그 기본적인 특질은 역시 재정자원을 경제개발에 집중시켜 그 틀 내에서 개발에 적합한 복지체제를 설계하는 것에 있다. 사회보험 원리가 우선되며, 제도는 세분화되고, 계층화된다. 그리고 정치구조에 관해서는 이러한 개발지향의 체제는 정치적으로는 -자민당의 일당우위체제를 포함하여- 권위주의적 체제에 의해서 지탱될 필요가 있었다는 것이 굿먼 등의 견해이다. 결과적으로 협의의 복지에 대한 정부지출은 억제되며 정부의 규제는 강화된다. 그러한 체제 하에서 협의의 복지국가적 소득보장 및 사회서비스 대신에 기업, 가족, 코뮤니티 등의 비정부기관이 복지공급의 주체가 된다(White and Goodman, 1998: 13-15).

한국이든 일본이든 에스핑안데르센의 유형론을 기준으로 자리를 매기려 한다면 자유주의적 성격이 강한 보수주의 모델이 된다. 일본이나 한국의 경제규모를 생각한다면 우선은 서구 국가들과의 공통 비교유형에서의 위치를 확인하는 것은 중요하다. 그런데 거기에서 불거져 나오는 특성에 관해서는 서구와 복지국가로서의 출발선이 달랐던 후발복지국가로서의 동아시아 모델로서 설명할 수밖에 없다. 선진국과 어깨를 나란히 하는 수준에 근접하게 된 후발복지국가는 이러한 다각적인 시각으로 접근할 필요가 있다.

3) 한국복지국가의 발전과 스웨덴의 경험

복지국가를 둘러싼 사회과학적 고찰은 결코 어떤 국가를 유형론의 정리함에 집어넣는 것 자체를 목적으로 하는 것은 아니다. 유형론적 고찰은 어디까지나 새로운 국제적, 혹은 국내적인 환경 하에서 해당 국가가 택할 수 있는 정책 옵션을 명확히 하는 데 도움이 되어야 한다. 한국과 일본이 보수주의 모델의 계보에 속한다는 점에서 본다면 에스핑안데르센이 보수주의 모델이 글로벌화와 탈공업화에 대한 대응에서 가장 허약하다고 지적한 점은 더욱 주의를 끈다. 동아시아의 후발복지국가라는 성격이 여기에 중첩되는 한국과 일본에서는 사람들은 보다 강하게 기업이나 가족에 의존하고 있으며, 글로벌화의 임팩트에는 매우 약한 구조이다.

1997년 한국의 경제위기는 많은 시민의 생활기반을 해체하여 이것을 분명하게 보여주었다. IMF의 개입 결과 한국은 글로벌한 시장경제에 보다 긴밀하게 연계되어졌는데, 의외로 한국에서는 이것을 계기로 복지국가의 강화라는 과제가 새롭게 부상되었다. 1997년 5월에는 개개인의 복지에 대한 국가의 책임을 요구하는 한국인은 49%이었으나, 1998년 10월에는 이것이 83%로 증대되었다. 실제로 경제위기 후 국민기초생활보장법(1999년)의 성립, 실업보험의 대상확대, 새로운 공적부조 프로그램의 도입과 종래 제도의 수급자격확대, 국민연금제도의 확대(1999년), 의료보험의 통합(2000년) 등 계속해서 복지국가를 강화하는 정책이 나왔다(Shin, 2000).

그런데 실은 이것은 결코 의외의 것은 아니다. 글로벌화와 탈공업화는 분명히 일면에서는 경제정책의 자율성을 붕괴시키고, 혹은 노동운동의 조직력을 약화시켜 복지국가의 기반을 동요시킨다. 그러나 다른 면에서 사람들의 생활에 새로운 위험 부담을 초래하여 복지국가의 요청을 강화시킨다(Garret, 1998). 노동시장이 유동화 되면 직역형의 사회보장의 신뢰성이 후퇴하기 때문에 새로운 복지압력이 생긴다(Iversen, 2001). 특히 종래의 안

전망의 기능이 약하다면 더욱 그렇다.

문제는 이것이 어떠한 복지국가인가 하는 점이다. 현재까지만 보면 경제위기 이후의 한국의 복지국가화는 시장에서 전락한 층에 대한 협의의 안전망을 중심으로 한 것으로 보여진다. 그런데 한편으로는 김대중 대통령의 '생산적 복지론'처럼 기본적으로는 정부책임의 확대를 주장하는 논조도 보이고 있다.

그리고 그것이 어떠한 내용의 정부책임인가를 생각할 때 복지국가를 인간의 가능성에 대한 투자로서 추구해 온 스웨덴의 경험은 중요하다. 그 사고방식에는 동아시아의 경제발전에서 일관되어 온 인적 자본 중시의 사고방식과 의외로 가까운 면이 있다. 더욱이 본서의 '한국어판 서문'에서도 서술한 것처럼, 혹은 일본에 관한 부분에서 강조한 것처럼 '자유선택사회'를 지향하는 복지정책은 적극적 노동시장정책이나 수발·육아지원을 통해서 기업 커뮤니티를 이탈하거나 기업 커뮤니티와 가족 커뮤니티에 균형 있게 소속되는 것을 가능하게 한다. 이것은 기업이든 가족이든 아니면 지역이든지 커뮤니티의 가치를 중시하는 동아시아에 커뮤니티를 주체적으로 선택하는 기회를 부여함을 의미한다. 여기서 동아시아 시민사회의 고도화 가능성도 배태되는 것이다.

石原俊時, 1996,『市民社會と勞働文化』, 木鐸社.

伊藤光利, 1988,『大企業勞使連合の形成』,『リヴァイアサン』2號.

稻上毅・H, ウィッタカー, 1994,『スウェーデン・モデルの崩壞』(稻上毅他,『ネオ・コーポラティズムの國際比較：新しい政治經濟モデルの探索』, 日本勞働研究機構)

理橋孝文, 1997,『現代福祉國家の國際比較：日本モデルの位置づけと展望』, 日本評論社.

大澤眞理, 1995,『'福祉國家比較のジェンダー化'とベヴァリッジ・プラン』,『社會科學研究』第47卷 4號.

岡澤憲芙, 1989,『スウェーデン・モデルの挑戰』, 日本政治學會 編,『轉換期の福祉國家と政治學』, 岩波書店.

____, 1991,『スウェーデンの挑戰』, 岩波書店.

____, 1994,『おんなたちのスウェーデン：機會均等社會の横顔』, 日本放送出版協會.

____・多田葉子, 1998,『エイジング・ソサエティ』, 早稻田大學出版部.

奧野(藤原)正寬, 1997,『福祉社會の比較制度分析』,『季刊　社會保障研究』第32卷 4號.

小澤一郎, 1993,『日本改造計畵』, 講談社.

落合惠美子, 1994,『21世紀家族へ』, 有斐閣.

加藤哲郎, 1986,『國家論のルネサンス』, 靑木書店.

北明美, 1997,『ジェンダー平等：家族政策と勞働政策の接點』, 岡澤憲芙・宮本太郎 編,『比較 福祉國家論：搖らぎとオルタナティブ』, 法律文化社.

熊澤誠, 1997,『能力主義と企業企業社會』, 岩波書店.

訓覇法子, 1997,『現地から傳えるスウェーデンの高齡者ケア：高齡者を支える民主主義の土壤』, 自治體研究社.

新川敏光, 1993,『日本型福祉の政治經濟學』, 三一書房.

____, 1999,『戰後日本政治と社會民主主義：社會党・總評ブロックの興亡』, 法律文化社.

杉本貴代榮, 1993,『社會福祉とフェミニズム』, 勁草書房.

關嘉彦, 1969,『イギリス勞働党史』, 社會思想史.

武川正吾, 1999,『福祉社會の社會政策』, 法律文化社.

武智秀之, 1998, 『福祉政策と自己決定』, 日本行政學會 編, 『年報行政學33行政と責任』, ぎょうせい.

恒川謙司, 1992, 『ソーシャル・ヨーロッパの建設：EC社會政策とソーシャル・パートナー』, 日本勞働研究機構.

坪郷實, 1989, 『新しい社會運動と緑の党：福祉國家のゆらぎの中で』, 九州大學出版會.

戸原四郎, 1984, 『福祉國家スウェーデンの生成と展開』, 東京大學社會科學研究所 編, 『福祉國家1 福祉國家の形成』, 東京大學出版會.

____, 1988, 『スウェーデン經濟と福祉國家の現狀』, 東京大學社會科學研究所 編, 『轉換期の福祉國家』(上), 東京大學出版會.

長沼弘毅, 1948, 『各國家族手當制度論』, ダイヤモンド社.

野田昌吾, 1998, 『ドイツ戰後政治經濟秩序の形成』, 有斐閣.

野村正實, 1998, 『雇用不安』, 岩波書店.

馬場宏二, 1988, 『レーガン主義の文脈』, 東京大學社會科學研究所 編, 『轉換期の福祉國家』(上), 東京大學出版會.

姫岡とし子, 1993, 『近代ドイツの母性主義フェミニズム』, 勁草書房.

平岡公一, 1988, 『普遍主義—選別主議論の展開と檢討課題』, 社會保障研究所 編, 『社會政策の社會學』, 東京大學出版會.

平島健司, 1993, 『ドイツ現代政治』, 東京大學出版會.

眞渕勝, 1994, 『大藏省統制の政治經濟學』, 中央公論社.

丸尾直美, 1993, 『スウェーデンの經濟と福祉：現狀と福祉國家の將來』, 中央經濟社.

三浦文夫, 1995, 『社會福祉政策研究：福祉政策と福祉改革』, 全國社會福祉協議會.

見田宗介, 1996, 『交響圏とルール圏』, 『岩波講座　現代社會學26 社會構想の社會學』, 岩波書店.

宮島洋, 1991, 『高齢者時代の社會經濟學：家族・企業・政府』, 岩波書店.

宮本太郎, 1997, 『比較福祉國家の理論と現實』, 岡澤憲芙・宮本太郎 編, 『比較福祉國家論：搖らぎとオルタナティブ』, 法律文化社.

____, 1999a, 『福祉多元主義の理論と現實』, 富澤賢治・川口清史 編, 『福祉社會と非營利・協同センター』, 日本經濟評論社.

____, 1996b, 『福祉國家の世紀と政治學：'新しい福祉政治'へ』, 日本政治學會 編, 『二〇世紀の政治學』, 岩波書店.

村上泰亮・公文俊平・佐藤誠三郎, 1979, 『文明としてのイエ社會』, 中央公論社.

毛利健三, 1990, 『イギリス福祉國家の研究』, 東京大學出版會.

山口定, 1988,『現代ヨーロッパ史の視點』, 大阪書籍.

山崎泰彦, 1983,『ベヴァリッジ體制と年金政策の轉換』, 小山路男 編,『福祉國家の生成と變容』, 光生館.

山井和則·齋藤彌生, 1994,『スウェーデンの發 高齡社會と地方分權 : 福祉の主役は市町村』, ミネルヴァ書房.

米村紀幸, 1984,『スウェーデンの敎訓 : 財政危機と福祉社會のゆくえ』, 日本貿易振興會.

米本昌平, 1989,『遺傳管理社會 : ナチスと近未來』, 弘文党.

渡辺治·後藤道夫 編, 1997,『講座現代日本 4 日本社會の對抗と構想』, 大月書店.

Acker, Joan, 1992, Reformer och kvinnor i den framtida välfärdsstaten, J. Acker, m. fl., *Kvinnors och mäns liv och arbete*, SNS Förlag.

Addison, J. T. and W. S. Siebert, 1994, Recent Development in Social Policy in the New European Union, *Industrial and Labor Relations Review*, Vol. 48, No. 1.

Ahlén, Kristina, 1989, Swedish Collective Bargaining Under Pressure, *British Journal of Industrial Relations*, Vol. 27, No. 3.

Alestalo, Matti, and Stein Kuhnle, 1987, Scandinavian Route: Economic, Social, and Political Development in Denmark, Finland, Norway, and Sweden, R. Erikson, et al.(eds.), *The Scandinavian Model: Welfare States and Welfare Research*, M. E. Sharpe.

AMS(Arbetsmarknadsstyrelsen), 1996, *Arbetsmarknadspolitik i förändring: En grundläggande bok om arbetsmarknadspolitikens villkor*, Fritzes.

Aronsson, Thomas and J. R. Walker, 1997, The Effects of Sweden's Welfare State on Labor Supply Incentives, R. B. Freeman, R. Topel, and b. Swedenborg(eds.), *The Welfare State in Transition: Reforming the Swedish Model*, The University of Chicago Press.

Åsard, Erik, 1985, *Kampen om löntagarfonderna: Fondutredningen från samtal till sammanbrott*, PA Norstedt & Söners Förlag.

Axelsson, Roger, K.G. Löfgren, and L.G. Nilsson, 1979, *Den svenska arbetsmarknadspolitiken under 1900-talet*, Prisma.

Baldwin, Peter, 1990, *The Politics of Social Solidarity: Class Bases of the European Welfare State 1875-1975*, Cambrdge University Press.

Beck, Ulrich, 1992, *Risk Society: Towards a New Modernity*, SAGE Publications.

Bengtsson, H. A., et al., 1992, *En ny socialdemokrati*, Tiden Förlag.

Benner, Mats, 1997, *The Politics of Growth: Economic Regulation in Sweden 1930-1994*, Arkiv Förlag.

Berggren, Christian, 1986, Top Management and Codetermination: Greater Union Influence Results in Better Decisions, *Economic and Industrial Democracy*, Vol. 7.

Bergqvist, Christina, 1991, Corporatism and Gender Equality: A Comparative Study of Two Labour Market Organizations, *European Journal of Political Research* 20.

Bergström, 1988, *Socialdemokratin i regeringsställning: Program och ekonomisk politik 1920-1988*, FLEF.

Bergström, Villy, 1984, Arvet från tjugotalet präglar dagens politik, *Tiden* 76, 8/1984.

Björklund, Anders and R. B. Freeman, 1997, Generating Equality and Eliminating Poverty: The Swedish Way, R. B. Freeman, R. Topel, and B. Swedenborg(eds.), *The Welfare State in Transition: Reforming the Swedish Model*, The University of Chicago Press.

Borberg, Gunnar and Mattias Tydén, 1997, Kunskapen fanns: Men ingen reagerade, *Dagens Nyheter*, 13 September, 1997.

Borstöm, Anders, 1981, Storkonflikten, 1980, A. Broström(red.), *Storkonflikten* 1980, Arbetslivscentrum.

Brown, John, 1995, *The British Welfare State, A Critical History*, Blackwell.

Carlson, Allan, 1990, *The Swedish Experiment in Family Politics: The Myrdals and the Interwar Population Crisis*, Transaction Publishers.

Castles, F. G., 1978, *The Social Democratic Image of Society: A Study of the Achievements and Origins of Scandinavian Social Democracy in Comparative Perspective*, Routledge & Kegan Paul.

____, 1985, *The Working Class and Welfare: Reflections on the Political Development of the Welfare State in Australia and New Zealand*, 1890-1980, Allen & Unwin(岩本敏夫他譯, 『オーストラリア. ニュージーランド福祉國家論』, 哲文社, 1991年).

Castles, F. G. and Deborah Mitchell, 1992, Identifying Welfare State Regimes: The Links Between Politics, Instruments and Outcomes, Governance, Vol. 5, No. 1.

Classon, Sigvard, 1986, Vägen till ATP: *En berättelse om den allmänna tjänstepensionens tillkomst*, Försäkringskasseförbundet.

Cutright, Phillips, 1965, Political Structure, Economic Development, and National Social Security Programs, *American Journal of Sociology* 70.

Davidson, Alexander, 1989, *Two Models of Welfare: The Origins and Development of the Welfare State in Sweden and New Zealand*, 1888-1988, Almqvist & Wiksell Internatonal.

De Geer, Hans, 1986, *SAF i förbandlingar: Svenska Arbetsgivareföreningen och dess förbandlingsrelationer till LO och tjänstemannaorganisationerna 1930-70*, SAF.

___, 1992, *Arbetsgivarna: SAF i tio decennier*, SAF.

Deyo, Frederic C, 1992, The Political Economy of Social Policy Formation: East Asia' s Newly Industrialized Countries, R. P. Applebaum(ed.), *States and Development in the Asian Pacific Rim*, SAGE.

Dowrik, Steve, 1996, Swedish Economic Peformance and Swedish Economic Debate: A View from Outside, *Economic Journal*, No. 106.

Dølvik, J. E., 1997, *Redrawing Boundaries of Solidarity?: ETUC, Social Dialogue and the Europeanisation of Trade Unions in the 1900s*, ARENA Report No. 5.

Ellegård, Kajsa, 1989, Metalls medverkan i projekteringen av Volvos Uddevallafabrik, Metall.

Elmér, Åke, 1960, *Folkpensioneringen i sverige: Med särkild hänsyn till ålderspensioneringen*, CWK Gleerup Bokförlag.

___, 1963, *Från fattigsverige till välfärdstaten: Sociala förhållanden och socialpolitik i sverige under 1900-talet*, Aldus/Bonniers.

Elster, Jon, 1982, Marxism, Functioonalism, and Game Theory: The Case for Methodological Individualism, *Theory and Society* 11.

___, 1989, *The Cement of Society: A Study of Social Order*, Cambridge University Press.

Elvander, Nils, 1969, *Intresse organisationerna i dagens sverige*, CWK Gleerup Bokförlag.

___, 1988, *Den Svenska modellen: Löneförbandlingar och inkomstpolitik 1982-1986*, Publica.

Erixon, Lennart, 1995, A Swedish Economic Policy: A Revindication of the Rehn-Meidner Model, Institutet för arbetslivsforskning.

Erlander, Tage, 1954, *Människor i samverkan*, Tidens Förlag.

___, 1962, *Valfribetens sambälle*, Tidens Förlag.

___ and B. von Sydow, 1976, Efterskrift, N. Karleby, *Socialismen införverkligheten: Studieröver socialdemokratisk åskådning och nutidspolitik*, Tidens Förlag.

Esaiasson, Peter, 1990, *Svenska valkampanjer 1866-1988*, Publica.

Esping-Andersen, Gøsta, 1985, *Politics aganinst Markets: The Social Democratic Road to Power*, Princeton University Press.

＿, 1990, *The Three Worlds of Welfare Capitalism*, Polity Press.

＿, 1992, The Making of a Social Democratic Welfare State, K. Misgeld, K. Molin, and Åmark(eds.), *Creating Social Democracy: A Century of the Social Democratic Labor Party in Sweden*, The Pennsylvania State University Press.

＿, 1996a, Positive-Sum Solutions in a World of Trade-Offs?, G. Esping-Andersen(ed.), *Welfare State in Transition: National Adaptations in Global Economies*, SAGE Publications.

＿, 1996b, After the Golden Age?: Welfare State Dilemmas in a Global Economy, G. Esping-Andersen(ed.), *Welfare States in Transition: National Adaptations in Global Economies*, SAGE Publications.

＿, 1999, *Social Foundations of Postindustrial Economies*, Oxford University Press.

＿ and Walter Korpi, 1985, Social Policy as Class Politics in Post-War Capitalism: Scandinavia, Austria, and Germany, J. Goldthorpe(ed.), *Order and Conflict in Contemporary Capitalism*, Clarendon Press.

ETUC, 1995, Jobs and Solidarity at the Heart of Europe, ETUC.

Evers, Adalbert, 1993, The Welfare Mix Approach: Understanding Pluralism of Welfare Systems, A. Evers and I. Svetlik(eds.), *Balancing Pluralism: New Welfare Mix in Care for Elderly*, Aldershot.

Feldt, Kjell-Olof, 1991, Alla dessa dager: I regeringen 1982-1990, Norstedts Förlag.

Finansdepartementet, 1995, *Vad blev det av enskilda alternativen?, En kartläggning av verksambeten inom skolan*, vården och omsorgen, ESO Ds 1995: 25.

Finegold, Kenneth, 1988, Agriculture and the Politics of U. S. Social Provision: Social Insurance and Food Stamps, M. Weir, A. S. Orloff, and T. Skocpol(eds.), *The Politics of Social policy in the United States*, Princeton University Press.

＿ and Theda Skocpol, 1995, *State and Party in America's New Deal*, The University of Wisconsin Press.

Freeman, R. B., 1995, The Large Welfare State as a System, *American Economic Review*, Vol. 85, No. 2.

＿, Robert Topel, and Birgitta Swedenborg, 1997, Introduction, R. B. Freeman, R Topel, and Swedenborg(eds.), *The Welfare State in Transition: Reforming the Swedish Model*, The University of Chicago Press.

Fulcher, James, 1991, Labour Movements, *Employers and the State: Conflict and Co-operation in Britain and Sweden*, Clarendon Press.

Garrett, Geofferey, 1998, *Partisan Politics in the Global Economy*, Cambridge University Press.

Giddens, Anthony, 1998, *The Third Way: The Renewal of Social Democracy*, Polity Press.

Gilljam, Mikael, 1988, *Svenska folket och löntagarfonderna: En studie i politiskåsiktsbildning*, Studentlitteratur.

___ and Sören Holmberg, 1995, *Väljarnas val*, Fritzes Förlag.

Ginsburug, Norman, 1992, *Divisions of Welfare: A Critical Introduction to Comparative Social Policy*, SAGE Publications.

Gold, Michael and Mark Hall, 1994, Statutory European Works Councils: the Final Countdawn?, *Industrial Relations Journal*, vol. 25, No. 3.

Goodman, J. B. and L. W. Pauly, 1993, Obsolescence of Capital Controls?: Economic Management in an Age of Global Markets, World Politics 46.

Goodman, Roger, White, Gordon and Kwon Huck-ju(eds.), 1998 *The East Asian Welfare Model: Welfare Orientalism and the State*, Routhledge.

Goodman, Roger., and Peng, Ito, 1996, The East Asian Welfare State: Peripatetic Learning, *Adaptive Change, and Nation-Building*, G. Esping-Andersen(ed.), Welfare States in Transition: National Adaptation in Global Economies, SAGE Publications.

Gould, Arthur, 1993, *Capitalist Welfare Systems: A Comparison of Japan*, Britain and Sweden, Longman.

Gourevitch, Peter, 1986, *Politics in Hard Times: Comparative Responses to International Economic Crises*, Cornell University Press.

Greider, Göran, 1997, *En kvarleva från äldre tänkande, Dagens Nybeter*, 24 September, 1997.

Gustafsson, Björn and Anders Klevmarken, 1993, Taxes and Transfers in Sweden: Incentive Effects on Labour Supply, A. B. Atkinson and G. V. Mogensen(eds.), *Welfare and Work Incentives: A North European Perspective*, Clarendon Press.

Habermas, Jurgen, 1981, *Theorie des Kommunikativen Handelns*, Suhrkamp(河上倫逸 他譯,「コミュニケイション行爲の理論」(上・中・下), 未來社, 1985~1987年).

Hadenius, Axel, 1976, *Facklig organisationsutveckling: En studie av Landsorganisationen i Sverige*, Rabén & Sjögren.

___, 1983, *Medbestämmandereformen*, Almqvist & Wiksell International.

___, 1986, *A Crisis of the Welfare State? Opinions about Taxes and Public Expenditure in Sweden*, Almqvist & Wiksell International.

Hadenius, Stig, Björn Molin and Hans Wierlander, 1988, *Sverige efter 1900: En modern politisk historia*, Bonniers.

Hadley, Roger and Stephen Hatch, 1981, *Social Welfare and the Failure of the State: Centralised Social Services and Participatory Alternatives*, George Allen & Unwin.

Hagemann, Robert, 1995, Social Security in Sweden, D. Lachman, et al., *Challenges to the Swedish Welfare State*, Occasional Paper 130, IMF.

Hall, P. A. and R. C. R. Taylor, 1996, *Political Science and the Three New Institutionalisms*, Political Studies, Vol. 44, No. 5.

Hansson, S. O., 1984, *SAF i politiken: En dokumentation avnäringslivsorganisationernas opinionsbildning*, Tidens Förlag.

Hatje, Ann-Katrin, 1974, *Befolkningsfrågan och välfärden: Debatten om familjepolitik och nativitetsökning under 1930-och 1940-talen*, Allmänna Förlaget.

Heclo, Hugh, 1974, *Modern Social Politics in Britain and Sweden: From Relief to Income Maintenance*, Yale University Press.

___, 1981, Towards a New Welfare State?, P. Flora and A. J, Heidenheimer(eds.), *The Development of Welfare States in Europe and America*, Transaction.

___ and Henrik Madsen, 1987, *Policy and Politics in Sweden: Principled Pragmatism*, Temple University Press.

Hedborg, Anna, and Rudolf Meidner, 1984, *Folkhems modellen*, Rabén & Sjögren.

Henrekson, Magnus, 1996, *Sweden's Relative Economic Performance: Lagging Behind or Staying on Top?*, Economic Journal 106.

Hibbs., D. A., 1978, *On the Political Economy of Long-Run Trends in Strike Activity*, British Journal of Political Science, Vol. 7.

___, 1990, Wage Dispersion and Trade Union Action in Sweden, I. Persson(ed.), *Generating Equality in the Welfare State: The Swedish Experience*, Norwegian University Press.

Higgins, Winton, 1985, *Ernst Wigforss: The Renewal of Social Democratic Theory and Practice*, Political Power and Social Theory, Vol. 5.

___, 1996, *The Swedish Municipal Worker's Union: A Study of the New Political Unionism*, Economic and Industrial Democracy, Vol. 17.

Hirdman, Yvonne, 1989, *Att Lägga livet till rätta: Studier i svensk folkhemspolitik*, Carlssons.

Hirschman, A. O., 1970, *Exit, Voice, and Loyalty: Responses to Decline in Firms,*

Organizations, and States, Harvard University Press(三浦隆之 譯, 『組織社會の論理構造:退出 · 告發 · ロイヤリティ』, ミネルヴァ書房, 1975年).

Hobsbawm, Eric, 1994, Age of Extremes: The Short Twentieth Century 1914-1991, Michael Joseph(河合秀和 譯, 『極端な時代: 20世紀の歴史』(上 · 下), 三省堂, 1996年).

Hockerts, H. G., 1981, German Post-War Social Policies against the Background of the Beveridge Plan: Some Observations Preparatory to a Comparative Analysis, W. J. Mommsen(ed.), *The Emergence of the Welfare State in Britain and Germany 1850-1950*, Croom Helm.

Huber, Evelyne and J. D. Stephens, 1998, Internationalization and the Social Democratic Model: Crisis and Future Prospects, *Comparative Political Studies*, Vol. 31, No. 3.

Iversen, Torben, 2001, The Dynamics of Welfare State Expansion: Trade Openness, de-industrialization, and Partisan Politics, P. Pierson(ed.), *The New Politics of Welfare State*, Oxford University Press.

Janoski, Thomas, 1994, Direct State Intervention in the Labor Market: The Explanation of Active Labour Market Policy from 1950 to 1988 in Social Democratic, Conservative, and Liberal Regimes, T. Janoski and A. M. Hicks(eds.), *The Comparative Political Economy of the Welfare State*, Cambridge University Press.

Jessop, Bob, 1990, *State Theory: Putting the Capitalist State in Its Place*, Policy Press(中谷義和 譯, 『國家理論: 資本主義國家を中小仁』, お茶の水書房, 1994年).

___, 1993, Towards a Schumpeterian Workfare State?:Preliminary Remarks on Post-Fordist Political Economy, *Studies in Political Economy* 40.

Johansson, A. L., 1989, *Tillväxt och klass samarbete: en studie av den svenska modellens uppkomst*, Tidens Förlag.

___, 1994, *Te Swedish Model: A Comprehensive Systems Concept*, Research Report No. 6, Arbetslivscentrum.

Johansson, Alf, 1989, Arbetarklassen och Saltsjöbaden 1938: Perspective Ovan-och underifrån, Redaktionskommittén, *Saltsjöbadsavtalet 50 år*, Arbetslivscentrum.

Johansson, Jan, 1992, *Det statliga kommittéväsendt: Kunskap, kontroll, konsensus, Statsvetenskapliga institutionen*, Stockholms universitet.

Johns, Catherine, 1993, The Pacific Challenge, C. Jones(ed.), *New Perspectives on the Welfare State in Europe*, Routhedge.

Jones, H. G., 1976, *Planning and Productivity in sweden*, Croom Helm.

Kälvermark, Ann-Sofie, 1980, *More Children of Better Quality? Aspects on Swedish Population Policy in the 1930's*, Almqvist & Qiksell International.

Karleby, Nils, 1976, *Socialismen inför Verkligheten: Studier över socialdemokratisk åskådning och nutidspolitik*, Tidens Förlag.

Kato, Junko, 1996, *Institutions and Rationality in Politics: Three Varieties of Neo-Institutionalists*, British Journal of Political Science 26.

Katzenstein, P. J., 1985, *Small States in World Markets: Industrial Policy in Europe*, Cornell University Press.

Kitschelt, Herbert, 1994, *The Transformation of European Social Democracy*, Cambridge University Press.

Klingsvall, Maj-Inger, 1998, 1913, 1959 och 1998: Tre gånger påett sekel, *Svenska Dagbladet*, 8 Juni, 1998.

Korpi, Walter, 1983, *The Democratic Class Struggle*, Routledge & Kegan Paul.

___, 1985a, Power Resources Approach vs. Action and Conflict: On Causal and Intentional Explanations in the Study of Power, *Sociological Theory*, No. 3.

Korpi, Walter, 1985b, Economic Growth and theWelfare State: Leaky Bucket or Irrigation System? European Sociological Review, Vol. 1, No. 2.

___, 1996, Eurosclerosis and the Sclerosis of Objectivity: On the Role of Values among Economic Policy Experts, *Economic Journal* 106.

___ and Michael Shalev, 1980, Strikes, Power and Politics inn the Western Nations, 1900-1976, M. Zeitlin(ed.), *Political power and Social Theory 1*, JAI Press.

Larsson, Allan, 1998, The European Employment Starategy and EMU: You Must Invest to Save, a Paper Delivered at the 1998 Meidner Lecture, Arbetlivsinstitute, March 1998.

Laurin, Ulf, 1991, Farväl till översåtligheten?, *Farväll till Korporatismen!*, SAF.

Lee, H. K., 1999, "Globalization and the Emerging Welfare State: The Experience of South Korea," *International Journal of Social Welfare*, No. 8.

Lewin, Lief, 1967, Planhushållningsdebatten, Almqvist & Wicksell.

___, 1988, *Ideology and Strategy: A Century of Swedish Politics*, Cambridge University Press.

___, 1992, *Samhället och de organiserade intressena*, Norstedts.

___, Bo Jansson, and Dag Särbom, 1972, *The Swedish Electorate 1887-1968*, Almqvist & Wiksell.

Lindbeck, Assar, 1997, *The Swedish Experiment*, SNS Förlag.

Lindberg, Ingemar and Per Holmberg, 1993, *En bok om rättvisa*, Utbildningsförlaget brevskolan.

Lindqvist, Rafael, 1989, Konflikt och kompromiss vid den allmänna sjukförsäkringens tillkomst, *Arkiv för studier i arbetarrörelsens historia*, 41/42.

Lindqvist, Sven, 1997, Välfärd stoppade steriliseringar, *Dagens Nyheter*, 30 Augusti, 1997.

Ljunggren, Stig-Björn, 1992, *Folkhemskapitalismen: Högerns programutveckling under efterkrigstiden*, Tidens Förlag.

LO(Landsorganisationen i Sverige), 1951, Fackföreningrörelsen och den fulla sysselsättningen: Betänkande och förslag från Landsorganisationens organisationskommitté.

___, 1961a, Kongressprotokollet.

___, 1961b, Samordnad näringspolitik.

___, 1986, Fackföreningrörelsen och välfärdsstaten: Rapport till 1986 års LO-kongress från LOs utredning om den offentliga sectoren.

___, 1993, Rätt lön: Solidarisk lönepoltik påarbetsplatsen.

___, 1994, Women in the Swedish Labour Market.

___, 1996, Den fackliga organisationsgraden bland kvinnor och män.

Löfström, Åsa, 1990/1991, Kvinnors löner i industrin: Den solidariska lönerpolitikens effekter, *Arbetarhistoria* 56-57.

Lundberg, Erik, 1985, The Rise and Fall of the Swedish Model, *Journal of Economic Literature* 23.

Mohon, Rianne, 1991, From Solidaristic Wages to Solidaristic Work: A Post-Fordist Historic Compromise for Sweden?, *Economic and Industrial Democracy*, Vol. 12.

Marklund, Staffan and Stefan Svallfors, 1987, Dual Welfare: Segmentation and Work Enforcement in the Swedish Welfare System, Research Reports from the Department of Sociology, University of Umeå, No. 94.

Marshall, T. H. and Tom Bottomore, 1992, *Citizenship and Social Class*, Pluto Press(岩崎信彦・中村健吾 譯, 『シティズンシップと社會階級』, 法律文化社, 1993年).

Martin, Andrew, 1979, The Dynamics of Change in a Keynesian Political Economy: The Swedish Case and Its Implications, C. Crouch(ed.), *State and Economy in Contemporary Capitalism*, St. Martin's Press.

___, 1984, Trade Unions in Sweden: Strategic Responses to Change and Crisis, Gourevitch, P., et al., *Unions and Economic Crisis: Britain, West Germany and Sweden*, George Allen & Unwin.

___, 1992, *Wage Bargaining and Swedish Politics: The Political Implications of the End of Central Negotialtions*, FIEF.

Meidner, Rudolf, 1973, Samording och solidarisk lönepolitik under tre decennier, *Tvärsnitt: Sju forskningsrapporter utgivna till LO:s 75-årsjubileum 1973*, Prisma.

___, 1992, The Swedish Model: Concept, Experience, Perspectives, Working Paper from Center for Research on Work and Society, York University(宮本太郎 譯, スウェーデンモデル:概念、經驗、射程』《立命館法學》, 第233號, 1994年).

Mellbourn, Anders, 1986, *Bortom det starka samhället: Socialdemokratisk förvaltpolitik 1982-1985*, Carlsson Bokförlag.

Metall, 1985, *Rewarding Work*, Swedish Work Environment Fund.

___, 1989, *Solidarisk arbetspolitik för det goda arbetetet*, Gotab.

Meyerson, Per-Martin, 1991, *Den svenska modellens uppgång och fall*, SNS Förlag.

Micheletti, Michele, 1992, Civil Society and State Relations in Sweden, *Department of Political Science*, Stockholm University.

Midgley, James, 1997, *Social Welfare in Global Context*, SAGE publications.

Milner, Henry, 1994, *Social Democracy and Retional Choice: The Scandinavian Experience and Beyond*, Routledge.

Ministry of Health and Social Affairs, 1995, Shared Power Responsibility: National Report by the Government of Sweden for the Fourth World Conference on Women in Beijing 1995.

Misgeld, Klaus, 1997, *Den fackliga europavägen: LO, det internationella samarbetet och Europas enande 1945-1991*, Atlas.Mishra, Ramesh, 1984, The Welfare State in Crisis: Social Thought and Social Change, Wheatsheaf Books.

Molin, Björn, 1965, *Tjänstepensionsfrågan: En Studie i svensk partipolitik*, Akademiförlaget.

Möller, Gustav, 1946, De planerade socialreformerna. *Tiden*, 38, 2/1946.

___, 1952, Svensk socialpoltik, *Tiden*, 44, 7/1952.

Montin, Stig, 1993, *Swedish Local Government in Transition: A Matter of Rationality and Legitimacy*, Örebro Studies 8, University of Örebro.

Moses, J. W., 1994, Abdication from National Policy Autonomy: What's Left to Leave?, *Politics & Society*, Vol. 22, No. 2.

Myrdal, Gunnar, 1938, Population Problems and Policies, *The Annals of the American Academy*, May 1938.

___, 1982, Hur styrs landet?, Rabén & Sjögren.

Myrdal, Alva and Gunnar Myradal, 1934, Kris i befolkningsfrågan, Albert Bonniers

Förlag.

Nyström, Per, 1991, Hur man löser ett skenproblem: Enligt logikens lagar, *Tiden*, 83, 2/1991.

O'Connor, J. S. 1993, Gender, Class and Citizenship in the Comparative Analysis of Welfare State Regimes: Theoretical and Methodological Issues, *British Journal of Sociology*, Vol. 44, No. 3.

OECD, 1994, *New Orientations for Social Policy*, OECD.

___ 編, 1992, 『OECD經濟統計』, 原書房.

Ohlander, Ann-Sofie, 1992, The Invisible Child?: The Struggle over Social Democratic Family Policy, K. Misgeld et al.(eds.), *Creating Social Democracy: A Century of the Social Democratic Labor Party in Sweden*, The Pennsylvania State University Press.

Öhman, Berndt, 1973, LO och arbetsmarknadspolitiken efter andra världskriget, Tvärsnitt: *Sju forskningsrapporter utgivna till LO:s 75-årsjubileum*, Prisma.

Olsson, A. S., 1991, *The Swedish Wage Negotiation System*, Dartmouth.

Olsson, Bertil, 1958, Aktiv arbetsmarknadspolitik, *Tiden*, 50, 2/1958.

Olsson, S. E., 1990, *Social Policy and Welfare State in Sweden*, Arkiv.

Orloff, A. S., 1993, Gender and the Social Rights of Citizenship: State Policies and Gender Relations in Comparative Research, *American Sociological Review*, Vol. 58, No. 3.

___ and Theda Skocpol, 1984, Why Not Equal Protection?: Explaining the Politics of Public Social Spending in Britain, 1900-1911, and the United States, 1880s-1920, *American Sociological Review* 49.

Pedersen, Susan, 1993, *Family, Dependence, and the Origins of the Welfare State: Britain and France, 1914-1945*, Cambridge University Press.

Pestoff, Victor, 1983, The Swedish Organizational Community and Its Participation in Public Policy Making: An Introductory Overview, Department of Political Science, Stockholm University.

___, 1992, Third Sector and Co-Operative Services: An Alternative to Privatization, *Journal of Consumer Policy*, No. 15.

Petersson, Olof, 1977, *Väljarna och valet 1976*, SCB.

___, 1991, Makt: *En sammanfattning av maktutredningen*, Allmänna Förlaget.

___, 1992, *Kommunalpolitik*, Publica.

___ and Donald Söderlind, 1992, *Förvaltningspolitik*, Publica.

Pierson, Christopher, 1991, *Beyond the Welfare State?: The New Political Economy of Welfare*, Policy Press(田中浩・神谷直樹 譯, 『曲がり角にきた福祉國家』, 未來事, 1996年).

Pierson, Paul, 1994, *Dismantling the Welfare State?: Reagan, Thatcher, and the Politics of Retrenchment*, Campridge University Press.

Pontusson, Jonas, 1988, Swedish Social Democracy and British Labour: Essays on the Nature and Conditions of Social Democratic Hegemony, Western Societies Program Occasional Paper No. 19, Cornell University.

＿, 1992a, *The Limits of Social Democracy: Investment Politics in Sweden*, Cornell University Press.

＿, 1992b, *At the End of the Third Road: Swedish Social Democracy in Crisis*, Politics & Society, Vol. 20, No. 3.

Premfors, Rune, 1991, The 'Swedish Model' and Public Sector Reform, J-E. Lane(ed.), *Understanding the Swedish Model*, Frank Cass.

Przeworski, Adam and Michael Wallerstein, 1982, The Structure of Class Conflict in Democratic Capitalist Societies, *American Political Science Review 76*.

Quadagno, Jill, 1988, From Old-Age Assistance to Supplemental Security Income: The Political Economy of Relief in the South 1935-1972, M. Weir, a. S. Orloff, and T. Skocpol(eds.), *The Politics of Social Policy in the United States*, Princeton University Press.

Rawls, John, 1971, *A Theory of Justice*, Havard University Press(矢島鈞次監 譯, 『正義論』, 紀伊國屋書店, 1979年).

Rehn, Gösta, 1959(1988), Reformistisk förnyelse II, Tiden, 51, 4/1959(*Full sysselsättning utan inflation: Skrifter urval*, Tidens Förlag, 1988).

＿, 1964(1988), Vägar till valfrihet, *Stockholms-Tidningen, 6 Oktober, 1964(Full sysselsättning utan inflation: Skrifter i urval*, Tidens Förlag, 1988).

＿, 1977a, Towards a Society of Free Choice, J. J. Wiatr and R. Rose(eds.), Comparing *Public Policies*, Ossolineum, Wroclaw.

＿, 1977b(1988), Finansministrarna, LO-ekonomerna och arbetsmarknadspolitiken, J. Herin och L. Werin(red.), *Ekonomisk debatt och ekonomisk politik: Nationalekonomiska föreningen 100 år, Norstedts(Full sysselsättning utan inflation: Skrifter i urval, Tidens Förlag*, 1988).

＿, 1984, Cooperation between the Government and Workers' and Employers' Organizations on Labour Market Policy in Sweden, The Swedish Institue.

＿, 1985a. Swedish Active Labour Market Policy: Retrospect and Prospect, *Industrial*

Relations, Vol. 24, No. 1.

___, 1985b, Erlander beredde väg för en ny modell, *Dagens Nyheter*, 28 July, 1985.

Ringholm, Bosse, 1998, Nya jobb inget för arbetslösa, *Dagens Nyheter*, 5 Oktober, 1998.

Rönngren, Bo, 1992, Förhandlingar och kollektivavtal i EG-perspectiv, LO.

Roothstein, Bo, 1985, Managing the Welfare State: Lessons from Gustav Möller, *Scandinavian Political Studies* 13.

___, 1986, *Den socialdemocratiska staten: Reformer och förvaltning inom svensk arbetmarknads-och skolpoltik*, Arkiv.

___, 1990, Marxism, Institutional Analysis, and Working-Class Power: The Swedish Case, *Politics & Society*, Vol. 18, No. 3.

___, 1991, Social Class and Political Institutions: The Roots of Swedish Corporatism, L. Kavonen and J. Sundverg(eds.), *Social Democracy in Transition: Northern, Southern and Eastern Europe*, Dartmouth.

___, 1992, Labor-Market Institutions and Working Class Strength, S. Steinmo, K. Thelen and F. Longstreth(eds.), *Structuring Politics: Historical Instututionalism in Comparative Analysis*, Cambridge University Press.

___, 1994, *Vad bör Staten göra?: Om välfärdsstatens moraliska och politiska logik*, SNS förlag.

Ruin, Olof, 1990, *Tage Erlander: Serving the Welfare State 1946-1969*, University of Pittsburgh Press.

Ryner, J. M., 1993, The Economic "Success" and Political "Failure" of Swedish Social Democracy in the 1980's, Research Report No. 1, Arbetslivscentrum.

Söderpalm, Sven-Anders, 1976, Direktörsklubben: Storindustrin in svensk politik under 1930-och 40-talet, Rabén & Sjögren.

SAF(Svenska arbetsgivareföreningen), 1990, Decision by the Board of the Swedish Empoloyer' Conferderations(SAF) concerning Co-ordination throug SAF of Negotiations by employer Associations to apply from 1991 inclusivve(DOC. No. 124, press Release), February 2, 1990.

___, 1992, SAF's Decision to Leave the Governing Boards of State Authorities(Doc No. 1097), September 1992.

___, 1993, Lön i praktiken(Bilaga till SAF tidningen, 5 mars, 1993).

Sainsbury, Diane, 1968, A Critique of Lief Lewin's Planhushållningsdebatten, *Statsvetenskaplig tidskrift* 1968.

, 1980, Swedish Social Democratic Ideology and Electral Politics, 1944-1948: A Study of the Function of Party Ideology, Stockholm University.

, 1993, The Swedish Social Democrats and the Legacy of Continuous Reform: Asset or Dilemma?, R. Gillespie and W. E. Paterson(eds.), Rethinking Social Democracy in Western Europe, Frank Cass.

, 1994, Women's and Men's Social Rights: Gendering Dimentions of Welfare States, D. Sainsbury(ed.), Gendering Welfare States, SAGE Publicarions.

, 1996, Gender, Equality and Welfare States, Cambridge University Press.

Salonen, Tapio, 1994, Välfärdens marginaler, Publica.

SAP(Sveriges socialdemokratiska arbetareparti), 1944, Arbetarrörelsens efterkrigsprogram.

, 1956, Framstergens politik: Utgiven av Socialdemokratiska partistyrelsen.

, 1989, 90-tals programmet: En debattbok om arbetarrörelsens viktigaste frågor under 90-talet, Tidens Förlag.

, 1991, Analysgruppens rapport, Utbildnings Förlaget.

SAP/LO, 1971, Towards Equality: First Report of the Working Group on Equality set up by the Swedish Social Democratic Party and the Swedish Confederation of Trade Union, Prisma.

Scharpf, F. W., 1991, Crisis and Choice in Eropean Social Democracy, Cornell University Press.

Schmid, Günther, 1995, Är Full sysselsättning fortfarande möjlig?: Övergångsarbetsmarknader som en ny strategi för arbetsmarknadspolitiken, PM Bäckström Förlag.

Sen, Amartya, 1982, Choice, Welfare and Measurement, Basil Blackwell(大庭健·川本隆史 譯(抄譯), 『合理的な惠かな者:經濟學=倫理學研究』, 勁草書房, 1989年).

, 1985, Commodities and Capabilities, North-Holland(鈴村興太郎 譯, 『福祉の經濟學』, 岩波書店, 1988年).

, 1992, Inequality Reexamined, Oxford University Press(池本辛生·野上裕生·佐藤仁 譯, 『不平等の再檢討:潛在能力と自由』, 岩波書店, 1999年).

Shalev, Michael, 1983, Class Politics and Western Welfare State, S. E. Spiro and E. Yuchtman-Yaar(eds.), Evaluating the Welfare State, Academic Press.

Shin, Dong-Myeon, 2000, "Financial Crisis and Social Security: The Paradox of the Republic of Korea," International Social Security Review, Vol. 53.

Siaroff, Alan, 1994, Work, Welfare, and Gender Equality: A New Typology, D.

316 복지국가 전략

Sainsbury(ed.), *Gendering Welfare States*, SAGE Publications.

Silvia, S. J., 1991, The Social Charter of the European Community: A Defeat for European Labor, *Industrial and Labor Relations Review*, Vol. 44, No. 4.

Simonson, Birger, 1989, *Arbetarmakt och näringspolitik: LO och inflytandefrågorna 1961-1982*, Arbetsmiljöfonden.

Skocpol, Theda, 1992, *Protecting Soldiers and Mothers: The Political Origins of Social Policy in the United States*, The Belknap Press of Harvard University Press.

Sohlman, Åsa, 1997, *Framtidens utbildning: Sverige i internatiionell konkurrens*, SNS Förlag.

SOU(Statens offentliga utredningar), 1990, *Demokrati och maktSverige: Maktutredningen huvudrapport*, SOU 1990: 44.

___, 1999, *Steriliseringsfrågan i Sverige 1935-1975: Ekonomics ersättning*, Delbetänkande av 1997 års steriliseringsutredning, SOU 1999: 2.

Spånt, Roland, 1989, Rehn-Meidner modellen inför 1990-talet, Arbetslivscentrum.

Ståhlberg, Ann-Charlotte, 1990, Lifecycle Income Redistribution of the Public Sector: Inter-and Intragenerational Effects, I. Persson(ed.), Generating Equality in the Welfare State, Norwegian University Press.

Statistiska centralbyrån, 1990, Offentliga sektorn: utveckling och nuläge.

Steinmo, Sven, 1993, *Taxation and Democracy: Swedish, British, American Approaches to Financing the Modern State*, Yale University Press.

Stephens, J. D., Evelyne Huber and Leonard Ray, 1999, The Weltare State in Hard Times, H. Kitschelt, P. Lange, G. Marks and J. D. Stephens(eds.), *Continuity and Change in Contemporaty Capitalism*, Cambridge University Press.

Stevens, Beth, 1986, *Complementing the welfare State: The Development of Private Pension, Health Insurance and Other Employee Benefits in the United States*, ILO.

Strömbberg. Lars and Lena Lindgren, 1994, The Swedish Case: Political Change and Administrative Resistance, H. Baldersheim and K. Ståhlberg(eds.), *Towards the Self-regulating Municipality: Free Communes and Administrative Modernization in Scandinavia*, Dartmouth(大和田健太郎 譯, 『北歐の地方分權改革:福祉國家におけるフリーコミューン實驗』, 日本評論社, 1995年).

Stråth, Bo, 1992, *Folkhemmet mot Europa: ett historskt perspektiv på 90-talet*, Tidens Förlag.

Streek, Wolfgang, 1994, European Social Policy after Masstricht: The 'Social Dialogue' and 'Subsidiarity', *Economic and Industrial Democracy*, Vol. 15.

___, 1996, New-Voluntarism: A New European Social Regime?, G. Marks, F. Scharpf, P. C. Schmitter and W. Streek(eds.), *Governance in the European Union*, Sage Publications.

___ and P. C. Schmitter, 1991, From National Corporatism to Transnational Pluralism: Organized Interest in the Single European Market, *Politics & Society*, Vol. 19, No. 2.

Svallfors, Stefan, 1996, *Välfärdsstatens moraliska ekonomi: Välfärdsopinionen i 90-talets sverige*, Boréa Bokförlag.

Svenson, Torsten, 1994, *Socialdemokratins dominans: En studie av den svenska socialdemokratins partistrategi*, Almqvist & Qiksell International.

Svensson, Torsten, 1996, *Novemberrevolutionen: Om rationalitet och makt i beslutet att avreglera kreditmarknaden 1985*, ESO, Ds 1996: 37, Finansdepartementet.

Swenson, Peter, 1989, *Fair Shares: Unions, Pay, and Politics in Sweden and West Germany*, Adamantine Press Limited.

___, 1991, Bringing Capital Back in, or Social Democracy Reconsidered: Employer Power, Cross-Class Alliances, and Centralization of Industrial Relations in Denmark and Sweden, *World Politics* 43.

Taylor, Marilyn, 1992, The Changing Role of the Nonprofit Sector in Britain: Moving toward the Market, B. Gidron, et al.(eds.), *Government and the Third Sector: Emerging Relationship in Welfare States*, Jossey-Bass.

Teitelbaum, M. S. and J. M. Winter, 1985, *The Fear of Population Decline*, Academic Press.

Thelen, Kathleen and Sven Steinmo, 1992, Historical Institutionalsim in Comparative Politics, S. Steinmo, K. Thelen, and F. Longstreth(eds.), *Structuring Politics: Historical Institutionalism in Comparative Analysis*, Cambridge university Press.

Therborn, Göran, 1989, Arbetarrörelsen och välfärdsstaten, *Arkive för studier iarbetarrörelsens hestoria*, 41/42, 1989.

Tilton, Timothy, 1984, Utopia, Incrementalism, and Ernst Wigforss' Conception of a Provisional Utopia, *Scandinavian Studies* 56.

___, 1990, *The Political Theory of Swedish Social Democracy: Through the Welfare State to Socialism*, Clarendon Press.

Tingsten, Herbert, 1941, *Den Svenska socialdemokratiens idéutveckling I·II*, Tidens Förlag.

Trousdell, Elizabeth, et al., 1986, Bibliographical Essay: Organizaing Principles and Issues in the Welfare State Literature, N. Furniss(ed.), *Futures for the Welfare State*, Indiana University press.

Unsitalo, Hannu, 1984, Comparative Research on the Determinants of the welfare State, *European Journal of Political Research* 12.

van Kersbergen, Kees, 1995, *Social Capitalism: A Study of Christian Democracy and the Welfare State*, Routledge.

von Otter, Casten, 1991, Reform Strategies in the Swedish Public Sector, Reprint No. 3, Institutet för afbetslivsforskning.

___, 1997, Creative Destruction of the Public Sector?: Approaching Welfare Markets in Sweden, F. Naschold and C. von Otte, *Public Management Transformation*, John Benjamins Publishing Company.

___ and Karin Tengvald, 1992, Vouchers: A Revolution in Social Welfare?, *Economic and Industrial Democracy*, Vol. 13.

Wadensjö, Eskil, 1997, The Welfare Mix in Pension Provisions in Sweden, M. Rein and E. Wadensjö(eds.), *Enterprise and the welfare States*, Edward Elgar.

Weir, Margaret, 1988, The Federal Government and Unemployment: The Frustration of policy Innovation from the New Deal to the Great Society, M. Weir, A. S. Orloff, and T. Skocpol(eds.), *The Politics of Social Policy in the United States*, Princeton University Press.

___, 1992, *Politics and Jobs: the Boundaries of Employment Policy in the United States*, Princeton University Press.

___, Ann Shola Orloff, and Theda Skocpol, 1988, Epilogue: The Future of Social Policy in the United States, M. Weir, A. S. Orloff, and T. Skocpol(eds.), *The Politics of Social Policy in the United States*, Princeton University Press.

___ and Theda Skocpol, 1985, State Structures and the Possibilities for 'Keynesian' Responses to the Great Depression in Sweden, Britain, and the United States, P. B. Evans, D. Rueschemeyer, and T. Skocpol(eds.), *Bringing the State Back In*, Cambridge University Press.

White, Gordon and Goodman, Roger, 1998, Welfare Orientalism and the Search for an East Asian Welfare Model, R. Goodman, G. White and H. Kwon(eds.), *The East Asian Welfare Model: Welfare Orientalism and the State*, Routhedge.

Wigforss, Ernst, 1926, Socialism: Dogm eller arbetshypotes?, Eskiltun(*Ernst Wigforss Skrifter i urval 1 Socialisten*, Tidens Förlag, 1980).

___, 1932, Arbetare och bönder under krisen, Tiden, 24, 6/1932(*Ernst Wigforss skrifter i urval 2 Agitatoren*, Tidens Förlag, 1980).

___, 1958, Om provisoriska utopier, Hans Larssonsamfundet, *Insikt och Handling 2(Ernst Wigforss skrifer i urval 1 Socialisten*, Tidens Förlag, 1980).

____, 1967, Ideologiska linjer i praktisk politik: Randanmärkning till Lief Lewins Planhushållningsdebatten, *Tiden 59*, 9/1967.

Wilensky, H. L., 1975, *The Welfare State and Equality: Strucrural and Ideological Roots of Public Expenditures*, University of California Press(下平好傳 譯, 『福祉國家と平等』, 木鐸社, 1984年).

____, 1982, Leftism, Catholicism, and Democratic Corporatism: The Role of Political Parties in Recent Welfare State Development, P. Flora and A. J. Heidenheimer(eds.), *The Development of Welfare State in Europe and America*, Transaction Books.

____ and Turner, 1987, *Democratic Corporatism and Policy Linkages*, University of California, Berkeley.

Welfenden Committee, 1978, *The Future of Voluntary Organisations: Report of the Wolfenden Committee*, Croom Helm.

Woytinsky, W. S., 1960, *Stormy Passage: A Personal History through Two Russian Revolutions to Democracy and Freedom 1905-1960*, New York(直井武夫 譯, 『歷史を生きる』, 論爭社, 1961年).

Zaremba, Maciej, 1997a, Rasren i välfärden, *Dagens Nyheter*, 20 Augusti, 1997.

____, 1997b, De olönsamma skars bort, *Dagens Nyheter*, 21 Augusti, 1997.

____, 1998, Från rashygien till friskvård, *Dagens Nyheter*, 22 Juni, 1998.

그 외 자료

AK(Riskdagens p 스티븐스 등의 연구는 최근 각국의 복지지표 변화와 복지국가 모델의 관계에 관한 것이다. 그것에 따르면 첫째, 연금, 질병수당, 실업보험에 대해서는 일부를 제외하고 현저한 삭감은 보이지 않으나, 의료관계의 지출 삭감은 두드러진다. 둘째, 보수주의 모델에서 정치적 변수의 영향력은 1980년대 이후 보이지 않게 되었다. 그에 비해 사회민주주의 모델과 정부소비 증가 사이에는 유의한 관련이 있다(Stephens, Huber and Ray, 1999; 宮本, 1999b).) 스티븐스 등의 연구는 최근 각국의 복지지표 변화와 복지국가 모델의 관계에 관한 것이다. 그것에 따르면 첫째, 연금, 질병수당, 실업보험에 대해서는 일부를 제외하고 현저한 삭감은 보이지 않으나, 의료관계의 지출 삭감은 두드러진다. 둘째, 보수주의 모델에서 정치적 변수의 영향력은 1980년대 이후 보이지 않게 되었다. 그에 비해 사회민주주의 모델과 정부소비 증가 사이에는 유의한 관련이 있다(Stephens, Huber and Ray, 1999; 宮本, 1999b).rotokoll med bihang)(스웨덴 상원 의사록).

Partistyrelsen(Verställande utskottet, protokoll och bilagor), Arbetarrörelsens arkiv, Stockholm(사회민주당 중앙위원회 의사록)